中国外语教育研究丛书：外语教师教育与发展

U0658388

Exploring the Context of Teacher
Professional Development:
A Chinese Perspective

中国高校英语教师专业发展环境研究

顾佩娅 等 著

外语教学与研究出版社
FOREIGN LANGUAGE TEACHING AND RESEARCH PRESS
北京 BEIJING

图书在版编目 (CIP) 数据

中国高校英语教师专业发展环境研究 / 顾佩娅等著. —— 北京：外语教学与研究出版社，2017.4（2024.1 重印）
（中国外语教育研究丛书. 外语教师教育与发展）
ISBN 978-7-5135-8813-3

Ⅰ. ①中… Ⅱ. ①顾… Ⅲ. ①高等学校－英语－教师－师资培养－研究－中国
Ⅳ. ①H319.3②G645.12

中国版本图书馆 CIP 数据核字 (2017) 第 099851 号

出 版 人　王　芳
项目负责　董一书
责任编辑　毕　争
执行编辑　董一书
封面设计　袁　璐　高　蕾
出版发行　外语教学与研究出版社
社　　址　北京市西三环北路 19 号（100089）
网　　址　https://www.fltrp.com
印　　刷　北京九州迅驰传媒文化有限公司
开　　本　650×980 1/16
印　　张　23.5
版　　次　2017 年 5 月第 1 版 2024 年 1 月第 7 次印刷
书　　号　ISBN 978-7-5135-8813-3
定　　价　69.90 元

如有图书采购需求，图书内容或印刷装订等问题，侵权、盗版书籍等线索，请拨打以下电话或关注官方服务号：
客服电话：400 898 7008
官方服务号：微信搜索并关注公众号"外研社官方服务号"
外研社购书网址：https://fltrp.tmall.com

物料号：288130001

记载人类文明
沟通世界文化
www.fltrp.com

总　序

这是一个研究我国外语教师教育和成长的专著系列。

三年前，我和北京外国语大学中国外语与教育研究中心的同仁们启动了教育部人文社科重点研究基地重大科研项目"高校英语教师教育与发展研究"，规划中的研究成果是一部学术专著。那时，并没想到要做一个以"外语教师教育与发展"为主题的系列。几年探索中，不仅逐渐增进了对外语教师教育与发展的认识，还有幸直接和间接结识了一批志同道合的教师研究者，有机会分享他们的智慧、成果和执著的求实求是精神，最终萌生了要做一个开放系列的念头。把不断产出的研究成果奉献给大家，引起研讨，视情况而付诸实践，从而进一步推动我国外语教师教育与发展的研究与实践，是发起这个系列的初衷。

教师在教育（含教学）中的重要地位不言自喻。没有教师，何谈教育？正如教育同样离不开学生一样，这是从教与学这对矛盾统一体的视角而言。更加宏观地看，"中国的振兴靠教育，教育的振兴靠教师"（胡锦涛语，2004 年教师节），教师在教育中的主导地位不容置疑。我国近年来教育改革的实践说明，教育振兴意味着教育必须在继承已有优良传统的基础上面向改革，而改革成败之关键在于教师，在一个单位如此，在一个地区乃至全国也如此。

第二语言／外语教育研究领域，曾经经历了为期不短的教学法辩论，终因其视野狭窄、思路拘僵、失衡而失去势头。随着语言教学从以教师为中心向以学生为主体的转型，自 20 世纪 80 年代开始，研究取向逐渐转向学习者及其学习过程。二语习得研究曾经经历了"盲人摸象"的阶段，发展到现在研究思路日臻成熟。与之相比，对第二语言／外语教师的系统研究相对滞后，90 年代起步，其标志为 Richards 与 Nunan 所著的 *Second Language Teacher Education* 一书于 1990 年问世，二语／外语教师教育与发展一直是教师研究领域的核心课题。在我国，这方面的研究大致上落后十年，但我们毕竟已经起步，一些研究取得了原创性成果，另一些已经启动或在规划之中，有望在未来形成势头。

本系列的主题是中国外语教师教育与发展，研究课题涉及：（1）构成外语教师专业基础的"教师知识";(2)外语教师的"学科教学知识"(pedagogical content knowledge, PCK);(3)外语教师的个人理论;(4)外语教师的课堂决策;(5)外语教师的职前教育;(6)在职外语教师的学习与发展;(7)外语教师教育课程;(8)优秀外语教师的专业素质;(9)外语教师的主体性;(10)中国外语教师教育理论与发展模式。规划中的本系列是个开放系列,我们期待研究课题的拓展和已有研究的不断深化。

涉足外语教师教育与发展研究,就是涉足以人为主体的研究,这里的人当然是社会的人。我们的关注点是外语教师的教学与生活实践和他们的成长。对于像笔者这样具有语言学、应用语言学和 TEFL(Teaching English as a Foreign Language)背景的外语教师/研究者,几年下来有个深刻体会,即原有的知识基础不足以胜任这类研究。从知识领域角度来讲,我们还需要懂得教育,尤其要学习教育学中的教育哲学(含方法论)、教育心理学和社会学。早在 20 多年前,Stern(1983)就在他颇具影响的研究专著 Fundamental Concepts of Language Teaching 一书中指出,语言教学的四大基础学科支柱分别是:(1)语言学;(2)社会学、社会语言学及人类学;(3)心理学和心理语言学;(4)教育学理论。现在才切身体会到他的观点和论证是多么贴切。从研究方法及态度角度,语言学、心理学普遍被认为是"客体性"科学(当然也存在不同声音),其研究方法服务于对客观事实及其规律的发现与挖掘,主流是科学的、定量的;而社会学、人类学和教育学属于"主体性"学科,所关注的是生命的成长和社会的发展,其本质是人文的、社会性的。与自然科学研究一样,人文知识的研究也着眼于揭示事实,然而人文范畴所关注的事实,是"经过价值解释、理解和选择了的事实,是(一个)被意义化价值化了的事实"(见张祥云著"大学教育:回归人文之蕴",2004:100),它遵循现象学-解释学方法论,研究方法的主流是定性的。外语教师教育与发展研究的跨学科知识基础要求研究者熟悉定量与定性的研究方法,但其更为突出的人文学科属性使我们更偏重定性的研究方法。

本系列丛书有以下几个特点。首先,作者都是常年耕耘在教学一线的外语教师加研究者,作者选择的研究切入点来自教学工作中最为熟悉而又百思不得其解的现象,背后凝聚着他们多年教学实践的经验与反思。在这个意义上,他们没有矫揉造作,为科研而科研,或在功利的驱使下去写作；他们寻求的是对外语教育的理解，探寻的是其意义和价值。第二是他们的研究态度。不少作者既是研究者，也是被研究群体中的一员；无论是或不是后者，研究者都会把自己"摆进去"，与被研究者进行平等的心灵"对话"，倾听他们的"独白"，切身体会他们的言语和行为，他们的研究过程往往是与被研究者共同探索的经历，对所观察的人和现象的理解与理性升华具有感染力。第三，在研究方法上，除研究界比较熟悉的问卷、日记和访谈外，作者尝试了一些在我国外语教育领域尚不普遍的定性研究方法，如叙事、话语分析、隐喻、对话研究等，用多维度的研究方法寻求对一种现象的解析，力求达到贴切。第四，作者的研究"结论"都是通过观察、思考、论证得出的，但却不是板上钉钉式的结论，更不是客观真理，而是对所研究的人与事物的理解和赋予他们的意义和价值，具有开放性。我们不妨将它们比作向读者发出的邀请函，邀请读者来分享和探讨外语教师教育与发展中共同关心的问题。

外语教师教育与发展是极为复杂的研究课题，其促进和制约因素多多，其动态性永恒。希望本系列研究专著的推出能够引发更多质量上乘的研究，吸引更多的研究者／教师和我们共同研究自己的事情，从而推动教师领域研究的健康发展。

最后，我们应该感谢所有作者／研究者、外语教学与研究出版社、北京外国语大学、中国外语与教育研究中心以及所有支持和参与我们研究的机构和同仁。没有他们，本研究专著系列不可能顺利诞生。

吴一安
2005 年 9 月
于北外

目　录

总序（吴一安）………………………………………………… i

    表格目录　………………………………………………… v

    图示目录　………………………………………………… vii

导　言（顾佩娅）………………………………………………… viii

第一部分　背景篇：理论与方法 ………………………………… 1

    第一章　教师专业发展环境研究综述 ……………………… 2

    第二章　叙事研究理念下的方法设计与应用 …………… 29

第二部分　现状篇：教师环境体验与文化探究 ……………… 51

    第三章　境由心生：高校英语教师专业发展环境调查 …… 52

    第四章　"伊甸园"的守望：高校英语教师文化个案研究 …… 83

第三部分　发展篇：教师与环境互动研究 ………………… 121

    第五章　"痛并快乐着"：高校英语教师科研情感案例研究 …… 122

    第六章　"良心饭"的心境变迁：高师英语专业教师情感

            劳动研究 ………………………………………… 164

    第七章　在重压下反弹：高校英语教师职业韧性研究 …… 198

    第八章　如何把握自我人生：高校英语教师能动性探究 …… 233

    第九章　解放自我：高校青年英语教师转化性学习研究 …… 265

    第十章　对话的绿洲：大学英语教师 PART 学习共同体

            实践研究 ………………………………………… 305

结　语 ……………………………………………………… 342

课题组成员 ………………………………………………… 345

表格目录

表 1–1　教师专业发展环境研究理论视角变迁 ··················· 6

表 2–1　科研环境主题（N = 346 人） ·····················　40

表 3–1　参与教师基本信息（N = 346 人，占 %） ·············　55

表 3–2　职业人际关系环境叙事主题（N = 346 人） ···········　58

表 3–3　教学环境叙事主题（N = 346 人） ···················　59

表 3–4　科研环境叙事主题（N = 346 人） ···················　61

表 3–5　学校 / 教育改革环境叙事主题（N = 346 人） ·········　62

表 3–6　生活环境叙事主题（N = 346 人） ···················　63

表 3–7　教师发展环境、影响因素及期望矩阵网 ···············　67

表 3–8　叙事问卷科研维度"复杂心态"的编码过程与
　　　　结果示例（N = 346 人） ·····························　81

表 4–1　数据编码 ··· 119

表 5–1　研究参与者基本信息 ······························· 131

表 5–2　编码表 ··· 161

表 6–1　参与教师基本情况 ································· 172

表 6–2　参与教师情感劳动过程 ····························· 174

表 6–3　参与教师情感劳动结果 ····························· 182

表 6-4　参与教师人格特质数据分析结果 ····················· 185

表 6–5　参与教师师生互动数据分析结果 ····················· 186

表 6–6　教师在教学中的情感体验分析 ······················· 197

表 7–1　参与教师基本情况 ································· 204

表 7–2　高校英语教师职业韧性的影响因素 ··················· 215

表 7–3　高校英语教师职业韧性特质 ························· 222

表 7–4　参与教师职业韧性特质比较 ························· 223

表 7–5　访谈资料编码示例 ································· 231

表 8–1　参与教师个人信息 ································· 239

表 8–2　个案数据分析 ····································· 264

表 9–1　转化性学习理论模型（Mezirow，2000） ············· 268

表 9–2　参与教师基本信息 ·· 272
表 9–3　五阶段转化性学习故事过程分析 ··························· 278
表 9–4　编码表 ··· 301
表 9–5　高校青年英语教师转化性学习经历的总体特征 ·········· 302
表 10–1　教师学习共同体核心成员基本信息 ······················ 314
表 10–2　数据编码总表 ··· 317
表 10–3　参与教师在共同体中的发展轨迹 ·························· 320
表 10–4　共同体专题研讨会接触摘要单样例 ······················ 339
表 10–5　教师科研知识与能力的编码及参考点举例 ··············· 340

图示目录

图 3–1 高校英语教师专业发展环境构成图 ······················ 65

图 3–2 教师发展环境结构模型 ································· 68

图 3–3 叙事问卷科研维度"复杂心态"的一级编码截屏
(N=346 人) ······································· 80

图 5–1 NVivo 10 编码截屏 ································ 163

图 6–1 本研究的具体分析框架 ······························ 169

图 7–1 教师职业韧性的发挥过程、影响因素和特质 ············ 225

图 9–1 高校青年英语教师转化性学习框架 ···················· 288

图 10–1 教师 T6 完整的三维对话学习过程 ··················· 325

图 10–2 教师 T8 不完整的三维对话学习过程 ················ 326

导　言

　　本书是国家社会科学基金项目"中国英语教师专业发展环境研究"（编号：11BYY042）的主要成果。该项目于 2011 年 7 月立项，历时 4 年。本文简要介绍本项目的研究背景、目的、方法与设计，提炼所取得的成果，阐述其意义和启示。

第一节　研究背景

　　教师专业发展是提高教师素质并从源头上解决我国教育质量问题的关键。自 20 世纪 80 年代开始，教师专业发展研究经历了由内而外不断拓展的过程，从关注教师的知识结构，到研究教师的认知能力和专业素质形成过程，再到对教师成长规律、阶段性特征、成因和促进机制等的多方位研究。随着社会文化理论视角的兴起，教师专业发展的情境性已成为共识（Freeman，2002；Putnam & Borko，2000）。中国是一个讲究和谐的国度，环境的影响无处不在，尤其在当今全球化与社会变革的大背景下，外部强加结构与内部发展意义两者间的矛盾日益激化，很多教师对职业发展前途感到困惑和迷茫（徐浩，2014；张莲，2013；周燕，2005，2011）。因此，探究教师的生命价值和真实生活世界（叶澜等，2001），帮助教师走出困境，实现专业发展已成为当务之急。

　　本项目源起于笔者主持和参与的两项相关研究。一项是对一组优秀中小学英语教师认知过程和专业成长的案例研究（顾佩娅，2009）。研究发现，在中国教师专业发展中，环境是最大的影响因素。教师的个人素质比他们的知识和行动更重要，真正对教师发展起重大影响的是教师作为一个完整的"人"及其与周围的人和环境的关系。另一项是规模性的中国外语教育传统研究。该项研究的一个重要发现是老一代外语教师是"用精神行走的人"。在当年外语教学资源极其匮乏的条件下，老一代外语教师用精神力量为国家立心、为学生立命、为外语教育劈天路（周燕，2011）。基于对教师专业发展环境重要性的认识，特别是基于对老一辈优秀教师主动与环境互动的积极关系和当下教师受环境制约的被动关系的思考（顾佩娅、古海波，2015），我们认为，研究当代教师生存和发展环境，帮助教师找回主体精神意义重大而深远。

那么，对于中国高校英语教师而言，到底什么是教师专业发展环境？教师与他们的职业发展环境究竟有怎样的关系？为什么要研究外语教师专业发展环境？我们如何考察和解读教师专业发展环境？要清晰解答这些涉及环境的本体论、认识论和方法论问题，有必要进行系统深入的调查研究，从而把握当前高校英语教师专业发展环境的本质与内涵及其与教师主体的关系，为建构优良的本土化外语教师发展环境提供理据与基础。这成为本项目研究的出发点。

纵观数十年国内外相关文献，普通教育学界针对教师发展社会心理环境的研究已经积累了不少成果（参见 Fraser，1989，1998；Moos，1974，1984），特别是对环境要素类别与结构的精细化分析和基于量表的调查研究已从不同角度反映了不同群体教师的社会心理环境现状（Dorman，2000；孙云梅，2010）。然而，由于深受行为主义二元对立思维模式的影响，已有研究常把本质上相互依赖、相互作用的教师与环境相分离，强调客观环境对教师的单向影响，忽视了教师作为专业发展主体对环境的感知，更少关注教师作为全人与多元环境因素的互动。社会文化视角下的环境研究挑战了传统心理学的环境观，从教师主体及其复杂的社会性和交互性出发审视环境，突出强调了宏观社会政治和文化环境对教师发展的影响（Jurasaite-Harbison & Rex，2010；Lasky，2005）。

近年来教师专业发展研究的生态学转向（宋改敏、陈向明，2009）凸显了对教师发展环境的关注，更强调成长中的教师主体对环境的感知和回应。基于人本主义的人类发展生态学（Bronfenbrenner，1979，2005）集社会文化理论、复杂系统论以及叙事探究等先进理念为一体，与"以人为本、天人合一"的中国传统文化思想高度契合，为我国英语教师发展环境系统研究提供了新视角和新方法。该视角将环境界定为包含着发展中个体的、影响人的发展、同时也受人的发展影响的所有事件或条件之和。从生态学视角出发，教师专业发展环境就是教师的生活世界，也即教师感知和体验到的职业生存和成长环境，由个人环境、学校环境和社会文化环境三层彼此内嵌相连的环境组成（Barkhuizen，2008）。这种以人的发展为目的的新环境观让我们为许多熟悉的教师发展现象找到了理论归宿和方法依据。

第二节　研究目的

作为一项专门探究我国外语教师专业发展环境的规模性实证研究，本课题旨在回答 3 个基本问题：（1）我国高校英语教师感知到的职业生活和发展环境是怎样的？（2）我国高校英语教师是如何回应和驾驭他们的专业发展环境的？（3）什么样的环境有利于我国高校英语教师的专业发展？

第一个问题聚焦我国高校英语教师专业发展环境的概貌特征与意义结构。第二个问题关注我国高校英语教师与环境互动的本质和规律，涉及教师与环境的互动关系和机制、教师应对策略等复杂认知、情感和行为等内容。第三个问题涉及改善英语教师发展环境的探索性实践。三个问题所探究的内容在深度上层层递进，共同揭示出中国高校英语教师专业发展环境的重要内涵和宏观图景。

第三节　研究框架与方法

一、研究框架

本课题由相互独立又彼此关联的 10 个子课题构成，涵盖理论与方法、教师环境体验与文化探究、教师与环境互动三个维度。课题组成员来自国内不同地区三所不同类型（综合类、外语类、师范类）的高校（本书内简称 A 校、B 校、C 校）。本项目研究内容包括：

第一部分 背景篇：理论与方法
1）教师专业发展环境研究综述（第一章）
2）叙事研究理念下的方法设计与应用（第二章）

第二部分 现状篇：教师环境体验与文化探究
1）境由心生：高校英语教师专业发展环境调查（第三章）
2）"伊甸园"的守望：高校英语教师文化个案研究（第四章）

第三部分 发展篇：教师与环境互动研究
1）"痛并快乐着"：高校英语教师科研情感案例研究（第五章）
2）"良心饭"的心境变迁：高师英语专业教师情感劳动研究（第六章）

3）在重压下反弹：高校英语教师职业韧性研究（第七章）

4）如何把握自我人生：高校英语教师能动性研究（第八章）

5）解放自我：高校青年英语教师转化性学习研究（第九章）

6）对话的绿洲：大学英语教师 PART 学习共同体实践研究（第十章）

第一部分"背景篇"为整个课题的设计与实施提供了理论基础和研究方法：第一章在综述国内外教师专业发展环境研究理论与实践背景和研究现状的基础上，确立了人类发展生态学为指导本项目研究的理论视角。第二章基于人本主义的方法论，论证了叙事理念与本项目的适切性，重点论证了叙事问卷和案例研究这两种方法在数据收集、整理、分析和结果呈现中的具体应用及效果。

第二部分"现状篇"包括一项全国叙事调查和一项教师文化个案研究，旨在呈现我国高校英语教师专业发展环境的概貌特征与意义结构。第三章基于一项规模性叙事问卷调查，探究了国内高校英语教师人际关系、教学、科研、改革和生活五个维度的环境体验及意义，发现高校英语教师身处复杂困难的发展环境系统，他们在与系统各层面（个人、学校和社会）的交互中产生了矛盾感受和艰辛体验，如与行政人员存在人际距离、教学自主受限、科研发展艰难、教改话语权缺乏、职业生活中面临多重角色冲突等。最后据此构建了一个由职业心态、教研实践和发展环境三要素构成的教师发展环境结构模型。第四章聚焦教师文化，通过深描一所重点高校中英语教师的职业生活，挖掘出该群体教师文化的外部特征及内部意义结构，认为教师在时间文化、数字文化和空心文化中进行妥协、回避和自救。这两章相辅相成，全面且深刻地揭示了我国高校教师专业发展环境现状及核心内涵，为其他子课题的研究提供了背景。

第三部分"发展篇"的六个章节以不同的研究专题为载体，探究了来自不同群体、具有不同个性特征的教师与环境互动的本质和规律，涉及教师重要人文素质与环境的互动关系和作用机制、教师应对策略等复杂认知、情感和行为问题。第五章和第六章分别探究了高校英语教师在科研和教学生活中的情感体验，特别是教师如何通过采用不同情感调节策略或情感劳动应对职业生活中的各种情感事件。第七和第八章分别探究了高校英语教师如何在不够积极的专业发展环境中通过发挥职业韧性应对压力和通过发挥能动性把握自我人生。第九和第十章聚焦高校中青年英语教师，分别探究了他们如何通过批判性反思挣脱外在环境和内在自我的束缚以解放自我，以及如何通过教师学习共同体中的三维对话机制实现科研的协同发展。

二、研究方法

基于以上研究目的，本课题采用规模性叙事问卷调查与案例研究相结合的质性研究方法（见第二章），具体分两步展开实证研究。第一步为规模性叙事问卷调查。我们基于叙事框架设计了一套涵盖教师职业生活世界五个维度的调查问卷（顾佩娅等，2013），收集了全国十所高校近四百位一线英语教师的大样本质性调查数据，探究了他们对专业发展环境的感知和体验（顾佩娅等，2014）。第二步是叙事案例研究。我们基于对上述三所不同类型高校英语教师的深度访谈和案例素材等多元数据，进一步验证和丰富全国叙事问卷调查结果，深度探究教师与环境的互动本质与规律。这个阶段开展的多个专题研究包括教师文化、教师情感、职业韧性、职业能动性、转化性学习和学习共同体实践等。总之，本课题综合发挥叙事问卷、深度访谈等多种质性研究方法的优势，获得丰富和可靠的数据，以全面深入地呈现我国高校英语教师的心声以及他们与环境的互动关系。

第四节　主要成果

一、生态学视角下的教师发展环境研究

（一）理论与方法

基于对国内外 40 多年的教师发展环境研究的梳理，本课题确立了人本主义的人类发展生态学为教师发展环境研究的理论视角（见第一章），并从人文价值到探究精神，论证了叙事理念及其方法与本项目的适切性（见第二章），实现了研究视角和方法上的创新。

在理论层面，以往的教师发展环境研究理论没有充分认识到教师也是环境的一员，教师具有主体能动作用，而本研究从人本主义的生态学视角出发，强调了教师与环境的整体性和交互性，探究了教师主体对职业生活世界的感知和体验。我们认为，要科学地理解教师专业发展，就

需要研究包括教师本人在内的真实的职业生活和成长环境，探究各种环境因素之间及其与教师发展之间的复杂关联，以及这些结构和联接如何直接或间接地影响教师发展，并基于实证研究探索构建本土化教师发展环境理论（见第一章）。

在方法层面，本研究进行了两项重要探索和创新：（1）在国内率先采用基于叙事框架的调查问卷，为大规模收集质性数据提供了范例；（2）采用叙事与案例研究相结合的方法，并发挥规模性调查与案例研究相结合的优势，从宏观到微观，全面深化对相关问题的认识。这种有叙事特色的质性研究过程特别有利于让更多一线教师参与反思，通过叙事重构现实，与研究者一起创造性地拓展发展空间，实现共同发展。本课题在这方面的探索为其他有意从事教师发展环境研究的研究者、教师和研究生提供了可资借鉴的研究范式和方法（见第二章）。

（二）教师发展环境模型

在对全国十所高校进行叙事问卷调查的基础上，本课题构建了一个教师专业发展环境模型（见第三章），用于概括和解释教师发展环境核心因素关系特征及其结构。该模型建立在教师发展生态系统概念层面上，从内而外由三个核心因素构成：职业心态、教研实践和环境条件。这三个核心因素的关系特点及其结构体现在：教师发展环境的层级性(个人、学校、社会文化环境)、三因素之间的关联性（环境条件的必要性、职业心态的基础性、教研实践的中介性），以及个人环境中的职业心态和教研实践与外部两个层级环境的交互性和开放性等方面。

这里的"职业心态"指教师关于职业生活的心理状态，涵盖认知和情感两个方面，具体表现为教师对发展环境的感知、理解和情感体验；"教研实践"主要指教师职业生活中对教学和科研环境的回应方式和策略。教师职业心态与教研实践的互动构成了教师个人的专业实践世界，即对教师发展影响最直接的个人环境。在这个最近环境中，教师的职业心态是基础，它决定教师对周围发展环境的认知、情感以及行为反应。好的心态不但让教师更有热情、更愿意利用现有环境条件开展教研实践，还能更好地享受职业生活带来的成就感和幸福感。从这个角度来看，教师的教研实践是中介，教师主要通过专业实践来体验和提升对所处环境以及自己与环境关系的认识，从而变得越来越有能力去发现、调节、掌控或改变环境的一些特性，使之更加符合自身和周围他人的发展需要。教师发展中环境条件的必要性不仅是因为教师发展离不开他们赖以生存的专业实践环境，而且因为这个最近个人环境与外部两个层级环境中的条件因素，如学校政策、学术评价标准、国家教育管理导向等，有着千丝万缕的复杂关系。教师发展环境体验就是教师在与个人、学校和社会文化三个层级环境的互动过程中形成的。

二、高校英语教师专业发展环境现状

本课题的规模性叙事问卷调查与教师文化个案研究相辅相成，揭示了当下中国高校英语教师发展环境的概貌特征和核心内涵。

（一）概貌特征

全国叙事问卷调查研究表明，高校英语教师身处复杂困难的发展环境系统，与系统各层面（个人、学校和社会）交互而产生矛盾感受和艰辛体验，如教师与行政人员存在人际距离，教学自主受限，科研发展艰难，教改话语权缺乏，职业生活中面临多重角色冲突等；这些层面互相影响、交叉作用，共同构成了当下高校英语教师专业发展困难重重的环境体验（见第三章）。

（二）核心内涵

教师文化是教师发展环境的核心内涵，它由教师这一特定的社会职业群体共享的价值取向、行为方式、物质特征、制度环境和社会关系与教师的内在信念、情感、思维方式等共同交织而成。教师文化研究通过深描一所重点高校中英语教师的职业生活，挖掘出该群体教师文化的外部特征及内部意义结构。研究发现，教师职业生涯考核的数字化、教师职业生活实践的时间性、教师参与教育教学改革是高校英语教师文化的外部特征。为了应对教育行政化的文化规约，教师在冲突中妥协，在高压下回避，在妥协和回避中自救，形成了教师文化之网的内部意义结构。该成果生动、深刻地呈现了教师在与环境的互动中回归教学这个"伊甸园"的教师文化现状（见第四章）。

三、高校英语教师在与环境的互动中发展

人类发展生态学特别强调人的个体特征与当下环境的交互作用（Bronfenbrenner，2005）。在生态学视角下，教师人文素质涵盖所有教师之所以为"人"的特征，包括教师年龄、性别等生理特征，教师知识、情感及相关社会物质资源特征，以及教师意志、动机等动力特征。由于教师发展环境研究的终极目的是激发教师改造环境的主体解放性精神，我们将上述教师人文素质涵盖的三类个人特征合并为两类，将前两类并称为基本人文素质，将第三类动力特征改称为解放性素质（Habermas，1978；吴一安等，2008）。基于研究素材和 Habermas（1978）对人类知识的分类，这里的解放性素质可以理解为主体精神驱动下的全人发展能力，特别是面对压力和困境，通过深度学习转变自我信念体系，或者通过发挥主观能动性和群体合作力量，摆脱消极因素的束缚，从而驾驭环境和把握自我人生的能力。

本课题的多个子课题就是从中选择那些研究较少却非常重要的人文素质（如教师的科研与教学情感、职业韧性、能动性、转化性学习能力以及群体合作创造环境的能力等）作为切入口，通过叙事案例研究，揭示这些人文素质特征与环境互动的本质、规律和机制（见第五、六、七、八、九、十章）。其中，第五到七章聚焦教师基本人文素质，如情感、韧性等，第八到十章则逐步走向解放性素质，如能动性、深度学习能力和群体合作能力等。

（一）教师的基本人文素质与环境交互作用

三项对高校英语教师基本人文素质与环境互动的叙事案例研究揭示了对教师发展极具影响力的两个重要个体特征，即教师情感和职业韧性与多元环境的交互作用过程和结果。对教师情感的研究表明：由于教师职业的特殊性和所处变革时代的复杂性，外语教师的教学和科研生活充满着与价值观相关的各种丰富而复杂的情感；处于不同发展阶段、不同工作环境的教师采用不同的策略，努力调节自己的情感，使之适合工作需要。开展这方面的研究有利于缓解当下外语教师的职业压力和倦怠，提升情感智力，并助力专业发展（见第五、六章）。

对教师职业韧性的研究表明，职业韧性的特质（如心理调适能力、顺应环境能力、创造环境的能力和持续发展能力）是教师应对压力的重

要人文素质。与西方文献不同，中国教师职业韧性更多地体现了良好的师德、顺势而为的策略和忧乐共存的人文精神，其根基是刚健有力、坚韧不拔的中国传统文化精神。不同年龄段高校英语教师职业韧性的发挥是一个持续、复杂的动态循环过程，主要受个人特质、社会环境和中国传统文化的影响。教师面对压力或挑战表现出主动出击或被动抵御两种不同的应对样式，不同程度的韧性发挥对教师在压力下的复原和成长带来不同的结果（见第七章）。值得一提的是，虽然韧性是我们中华民族的文化传统，对在压力或挑战中表现出主动出击的外语教师而言，他们的职业韧性在性质上已经从基本人文素质走向了解放性素质。

（二）教师的解放性素质与环境交互作用

三项子课题分别考察了中青年高校英语教师解放性特质（教师能动性、转化性学习、群体合作共建）与环境的互动体验和作用机制。

教师能动性研究表明，高校英语教师能动性由选择能力和补偿能力构成，具有连续性、个体差异性和动态性的特征，并受到个人特质与多层面复杂环境因素影响。该研究对补偿能力的发现是对教师职业能动性研究领域的贡献，是基于能动性的时间维度和情境性探究所得的成果，体现了中国教师能动性内涵的特征，即教师基于对自己行动合理性和意义的评价以及对成败经验的归因，调整认知和行动，以补偿或避免失败带来的负面影响，维持对职业生活的积极心态和对专业发展方向与路径的控制感。这不仅为处于发展困境中的中国高校英语教师群体寻求自救之路提供了重要启示，也为相似文化背景下的教师能动性研究提供了有价值的参考（见第八章）。

对一组在读博士高校青年英语教师的转化性学习研究显示，教师转化性学习在内容上具有多样性，在形式上渐变多于突变，在途径上以非正式活动为主，表现出全人发展的特征；他们的转化性学习过程具有解放性，与西方发现的不同之处体现在触发事件的多样性、批判性反思的反身性、最近环境中他人的重要性、行动阶段的模糊性和转化性学习结果的多元化等方面；此外，研究发现的多种影响因素，如教师情感和人格特质、人际关系、情境因素中的评价机制和学院工作氛围，映射出中国社会文化的印记（见第九章）。

与上面两项子课题研究不同，历时一年半的教师学习共同体研究具有探索性实践的特征。该研究从教师合作文化的创建和运作过程入手，通过叙事探究呈现了教师群体能动性素质如何在特定环境中发挥作用。研究表明，基于三维对话的学习共同体是大学英语教师摆脱科研困境的一种有效发展模式。在这样一个有行政支持和研究者指导的校本学习共同体中，教师持续地与自己、同事或专家以及项目进行三维对话，这一过程促进了教师科研心态的转变、科研能力的提升、科研实践的推进以及科研环境的优化；教师的动机强度与导向、研究兴趣的一致程度以及互助的人际关系三者共同作用，形塑了教师学习共同体的成效（见第十章）。

第五节　意义与启示

一、理论意义与实践意义

本课题的理论意义在于确立了人本主义生态学理论作为指导中国外语教师发展环境研究的视角，论证了该新视角下的叙事理念及其方法的适切性，并基于规模性叙事调查和个案研究，较为系统地探讨了我国外语教师发展环境研究中的理论前沿问题和实践难题，研究成果为构建中国本土化的外语教师发展环境理论提供了实证依据，有助于与国际同行的对话交流。

本课题的实践意义在于采用叙事与案例研究相结合的方法，通过倾听教师心声，接近教师职业工作和生活的本质，有效揭示了当下高校英语教师专业发展坏境现状；研究过程和成果有助于激发教师反思，促进其在与环境的积极互动中实现自我解放；特别是为期一年半的大学英语教师学习共同体探索性实践促进了教师的科研成长，对其他高校开展类似的环境改善实践有积极的参照意义。

二、研究启示

（一）重新认识教师发展环境的本质内涵

从人本主义生态观出发，再次审视本课题的研究结果，我们对教师发展环境的本质内涵得出三点启示。首先，就教师个体而言，我们得出的最大启示是：境由心生。当代外语教师对教育的迷失一定程度上反映了对传统的迷失。既然老一辈外语教师在那样艰难困苦的历史条件下可以用精神的力量为国为民开辟外语教育天路，当下高校英语教师走出发展困境的关键还在于发挥主体精神，调整心态，与环境积极互动。其次，就教师群体而言，教师文化是外语教师发展环境的核心内涵，这是因为文化环境是教师群体按照自己意识和精神的创造力造就并共享的氛围或环境。教师可以被动地让所处的职业生存氛围潜移默化地影响其所思所想所行和所追求，也可以主动组织起来，"聚众为环"，即通过某种形式的教师群体共同创建出更适合自己成长的合作文化环境。第三，作为研究者，只有当我们走进教师的生活世界并触及深层的教师文化环境，才能揭示出教师发展环境的本质，即个人、社会文化价值观和行为方式的碰撞与冲突。我们呼吁未来外语教师发展环境研究从生态学视角审视环境，因为这种生态环境观与中国"以人为本、天人合一"的传统文化思想高度契合，将指导我们实现教师与环境的和谐发展。

（二）关注教师个体特征与多元环境的互动

没有情境的教师发展研究是没有意义的，没有教师发展的环境研究也同样难有实践价值。关注教师发展，不仅要关注教师的生活世界，更要关注教师主体如何与所处最近环境交互，即教师个体特征和当下所处教学、科研等具体情境特征之间的交互过程和结果。研究表明，这是一个教师对环境、对自己与环境关系认识不断提高和深化的过程，是教师变得越来越有能力和热情去发现、掌控或改变环境的一些特性，使之更加符合自身发展需要的过程。只有通过聚焦人境多元互动，才能深入教师与环境交互作用的内部机制，揭示出教师发展环境在多因素联合作用下的系统变化规律与特征，以实现环境研究促进教师发展的目的。

（三）关注教师群体合作文化

在中国社会文化环境下，教师个人与环境的互动对改善发展环境的效果和影响非常有限。除了行政支持外，教师发展需要团队，这已成为共识。教师学习共同体作为一种重要发展途径也已得到承认，但是对共同体中的知识流动、对话沟通以及合作文化的形成和发展等微观过程的探索和成效机制的研究远远不够。本课题基于三维对话的学习共同体，通过搭建基于项目的教师职业交际圈，优化了教师所处的最近环境，教师在与自我的反思性对话、与项目的知识性对话以及与共同体其他成员的沟通性对话中实现了专业成长。该项目及更多类似的探索性实践必将促进大环境的改善，乃至高校外语教师队伍的整体发展，这也正是大力支持教师群体合作文化研究和共建的意义所在。

（四）关注教师所处的学校和社会文化环境

学校与教师的个人环境紧密相连；时代文化、传统观念与社会期望等中国社会文化环境以及全球化的强大影响力穿透各个环境层面，无时无刻不影响着教师文化，影响着教师内在价值观与外在价值和行为取向之间的互动过程和结果。显然，当下教师感受到的总体上被动和受制约的环境现状不利于教师发展。去行政化是高校英语教师实现自主发展的迫切需求，更是培养创新人才的前提；教师发展需要更多交流平台、专家支持和进修培训机会；"重科研、轻教学"的教师职称评价体系严重限制了教师发展。所有这些发展环境问题启示我们：学校的行政化管理急需改革，政府主管部门要在教育体制改革进程中引导正确的价值观，着力改善管理环境，使之真正以人为本，为教师发展服务。

（五）叙事研究理念下的多元方法探索

生态学视角下的教师发展环境研究，其人文属性和对教师经验的关注，使叙事研究成为最佳选择。叙事研究理念代表了一种新的价值观和方法论，它挑战了已有研究范式，同时也受到来自研究范式的挑战。其开放性拓展了教师发展环境研究的范围与内容，也丰富了质性数据的收集、分析和呈现形式，但是对该理念下各种叙事形式与结构之间的和谐统一和优势共享等问题，学界还没有统一的认识，也没有一个评判叙事研究的标准，一切还在探索中。尽管如此，叙事理念的探究精神鼓励我们在这方面进行了一些大胆探索和有益尝试，特别是通过叙事去发现和营造更有利于教师成长的土壤、氛围与空间，以实现叙事促进教师发展的转化功能。然而，我们深感在叙事理念应用的自然度和深度等方面需要更多探究。再者，中国高校教师发展环境研究是一个宏大的领域，未来研究可以考虑在现有研究基础上适度引入兼有质的和量的混合研究方法，以实现在深度和广度上的有效互补，最大程度提升教师发展环境研究的现实意义和应用价值。

第六节 结 语

本项目源自笔者及课题组全体成员对当代高校英语教师专业发展环境的深切关注。四年来，我们围绕着教师发展环境本体论、认识论、价值论和方法论等多种复杂问题，开展了一系列开拓性的、具有一定规模和深度的艰苦调研和探索。本研究首次比较系统地解答了我国外语教师发展研究亟待解决的几个关键问题：当下高校英语教师感知到的发展环境是什么样的？教师作为有智慧、有情感的人，他们是如何回应和驾驭他们的发展环境的？什么样的环境有利于我国高校英语教师的专业发展？我们如何考察和解读教师发展环境？作为高校英语教师发展环境研究在国内的首项规模性研究，我们希望本项目成果能呼唤出未来更多、更高质量的相关研究。

为此，特总结本课题在研究内容和成果上的两项创新性探索。第一，以往教师发展环境研究鲜有涉足教师文化这个触及环境核心本质性研究，也很少关注教师个人特征（教师情感、职业韧性、能动性、深度学习能力等）与复杂环境系统的互动，本课题紧扣这些前沿性强、难度大的选题，综合叙事和案例研究的优势，深入了解教师的内心世界，深度考察教师基本人文素质和解放性素质与多元环境因素之间的相互作用和影响，相信所得成果具有较好的学术价值，也能给读者带来新的启示和思考。第二，环境研究的终极目的不只是为了填补研究上的空白，也不只是为了解放自我，更重要的是通过此类研究带动更多一线教师组织行动起来，发挥主体精神，从改善当下教师所处的职业生活环境着手，逐步改善大环境。本课题的研究过程，特别是有关 PART 学习共同体探索性实践的研究过程，很好地体现了自上而下的行政支持与自下而上的自主努力相结合而形成的合力作用和效果，相信对其他高校开展类似环境改善的探索性实践和研究有重要的启示和意义。

总之，本课题虽然借鉴了一些西方学者的跨学科理论，但研究问题和内容都来自本土情境，理论视角也经过了本土化改造，切实将外语教师置于由多系统构成的社会文化环境中进行考察，努力呈现当代中国高校外语教师发展环境现状、本质和人境互动机制，相信所取得的成果会有抛砖引玉的效果。让更多的教师、研究者、教育管理者对当下外语教师发展环境持有清醒的认识，其意义不仅在于清楚地揭示我们目前的处境,透彻地理解我们的发展需求,而且在于明确我们作为发展主体的社会责任,以及担负着在这个特殊时代、特殊环境中的使命和未来。这也正是本研究的目标所在。

致 谢

在本项目结项和成果准备出版之际,我代表课题组衷心感谢参与调查的所有高校英语教师。我们在大家身处的美丽校园里以"教师发展环境研讨会"为契机,与数百名教师通过叙事问卷、电话、邮件等方式进行交流的情境依然历历在目,没有他们的积极参与和真诚分享,本项目无法完成。此外,特别感谢北京外国语大学的吴一安教授,没有她的远见指引、精神鼓励和倾心相助,本项目就不会有今天的成果,同时感谢她评阅本书初稿并多次提出修改意见。也要感谢北京师范大学的王蔷、罗少茜,香港大学的 Ora Kwo,浙江大学的吴宗杰,广东外语外贸大学的欧阳护华等教授在项目实施不同阶段给予的指导和宝贵建议。同样,真诚感谢本研究涉及的、包括苏州大学在内的所有十所高校院系领导和同仁数年来提供的多方面支持。

最后,我要感谢全体课题组成员。特别感谢北京外国语大学的周燕教授,她自始至终倾心尽力,为本项目提供了关键的引领。也要感谢其他课题组成员,几年来他们精诚团结,进取向上,始终坚持着"大雁南飞"的理念,互帮互助,不离不弃,终于能够通过本书到达了与更多同行分享研究成果的彼岸。

顾佩娅

2016 年 6 月

于苏大外院崇远楼

参考文献

Barkhuizen, G. (2008). A narrative approach to exploring context in language teaching. *ELT Journal*, 62 (3), 231-239.

Bronfenbrenner, U. (1979). *The Ecology of Human Development*. Cambridge, MA: Harvard University Press.

Bronfenbrenner, U. (2005). *Making Human Beings Human: Bioecological Perspectives on Human Development*. Thousand Oaks: Sage Publications.

Dorman, J. P. (2000). Validation and use of an instrument to assess university-level psychosocial environment in Australian universities. *Journal of Further and Higher Education*, 24(1), 25-38.

Fraser, B. J. (1989). Twenty years of classroom climate work: Progress and prospect. *Journal of Curriculum Studies*, 21(4), 307-327.

Fraser, B. J. (1998). Classroom environment instructions: Development, validity, and applications. *Learning Environments Research*, (1), 7-33.

Freeman, D. (2002). The hidden side of the work: Teacher knowledge and learning to teach. *Language Teaching*, 35(1), 1-13.

Habermas, J. (1978). *Knowledge and Human Interests* (2nd edition). London: Heinemann.

Jurasaite-Harbison, E., & Rex, L. A. (2010). School cultures as contexts for informal teacher learning. *Teaching and Teacher Education*, 26, 267-277.

Lasky, S. (2005). A sociocultural approach to understanding teacher identity, agency and professional vulnerability in a context of secondary school reform. *Teaching and Teacher Education*, 21(8), 899-916.

Moos, R. H. (1974). *The Social Climate Scales: An Overview*. Palo Alto, CA: Consulting Psychologists Press.

Moos, R. H. (1984). Context and coping: Towards a unifying conceptual framework. *American Journal of Community Psychology*, 12(1), 5-36.

Putnam, R., & Borko, H. (2000). What do new views of knowledge and thinking have to say about research on teacher learning? *Educational Researcher*, 29(1), 4-15.

顾佩娅，2009，优秀外语教师成长案例研究。北京：外语教学与研究出版社。

顾佩娅、古海波，2015，在与环境的互动中成长：老一代优秀英语教师发展案例研究，《外国语文研究》(3)：95-104。

顾佩娅、古海波、陶伟，2014，高校英语教师专业发展环境调查，《解放军外国语学院学报》(4)：51-58，83。

顾佩娅、许悦婷、古海波，2013，高校英语教师专业发展环境叙事问卷的设计与初步应用，《中国外语》(6)：88-95。

宋改敏、陈向明，2009，教师专业成长研究的生态学转向，《现代教育管理》(7)：49-52。

孙云梅，2010，大学综合英语课堂环境调查与研究，《外语教学与研究》(6)：438-444，481。

吴一安等，2008，《中国高校英语教师教育与发展研究》。北京：外语教学与研究出版社。

徐浩，2014，高校外语新教师专业发展现状的调查研究——参与教师的视角，《解放军外国语学院学报》(4)：59-66，114。

叶澜、白益民、王彤、陶志琼，2001，《教师角色与教师发展新探》。北京：教育科学出版社。

张莲，2013，高校外语教师专业发展的制约因素及对策：一项个案调查报告，《中国外语》(1)：81-88。

周燕，2005，高校英语教师发展需求调查与研究，《外语教学与研究》(3)：206-210。

周燕，2011，《用精神行走的人：记北外老一代外语教师的教育人生》。北京：外语教学与研究出版社。

第一部分 背景篇: 理论与方法

　　本部分论述了本课题的研究背景，由两个章节组成。第一章是对国内外教师专业发展环境研究的综述。该章梳理了已有相关研究，明确了本项目在当前教师研究领域中的位置，特别是确立了人类发展生态学为指导本项目研究的理论视角。第二章阐述了本项目研究的方法论。该章从价值观转变到探究精神，论证了叙事理念和方法与外语教师发展环境研究及本项目的适切性，尤其重点论述了叙事问卷和叙事案例研究这两种方法在本项目数据收集、整理、分析和结果呈现中的具体应用及效果。上述两个章节为全书奠定了理论和方法基础。

第一章
教师专业发展环境研究综述[①]

顾佩娅、陶伟、古海波、金琳

第一节 引　言

环境是哲学、心理学、社会学、人类学和生物学等多个领域常见的研究议题（Bronfenbrenner，1979；Fraser，1989；马志政，1997）。不同研究者基于多元的理论视角与方法对环境进行了深入的研究，取得了丰硕成果。普通教育学领域对环境的关注始于 20 世纪 70 年代初期，1998 年学术期刊 *Learning Environments Research* 的创办标志着该领域走向成熟（Fraser，1998）。外语教师专业发展环境研究起步较晚。从社会文化理论视角的兴起至今，相关文献对教师发展情境性的关注也只有十几年的历史（Johnson，2009）。学界开始认识到在外语教师发展过程中，"环境就是一切"（Freeman，2002：11），它以不同的方式发挥作用（Kelchtermans，2014），"只有清晰地探究教师学习过程中的社会文化环境，才能充分地研究和理解教师学习过程"（Freeman & Johnson，1998：407）。我们认为，在我国外语教师专业发展面临实践困境的背景下（顾佩娅等，2014；周燕，2005），探索适切我国国情的外语教师专业发展环境研究理论视角和方法已成为当务之急。

我们以 teacher 和 context、environment、climate、factors、atmosphere、culture、conditions、community 等为搜索词，在 CNKI、SAGE、ELSEVIER、EBSCO 等国内外主要数据库中搜索相关文献，并通过浏览标题、关键词、摘要、期刊信息等对文献进行初步筛选；然后再次阅读文献摘要和浏览正文，保留相关文献作为本综述的基础文献。我们最终使用的文献包括过去 40 多年中，发表在普通教育学中的 *Learning Environments Research*、*Teaching and Teacher Education*、*Teachers College Record*、

① 本章主要内容发表在《外语教学与研究》2016 年第 1 期。衷心感谢北京外国语大学吴一安教授给予的指导和编辑部及评审专家的修改建议。

Journal of Teacher Education、*Adult Education Quarterly* 等刊物，外语教育研究领域的 *TESOL Quarterly*、*Applied Linguistics*、*ELT Journal*、*Language Teaching* 等刊物，以及出版于重要国际国内出版社和发表在国内期刊上的相关文献。对这些文献的把握和呈现帮助我们理清了整个领域的发展脉络。

　　本文基于广泛的文献检索，对国内外教师专业发展环境研究进行综述，涵盖环境概念基础、环境研究的理论视角变迁与方法转换，以及已有环境研究的主题与发现。基于对已有研究局限的评析，本文提出生态学理论视角是未来外语教师发展环境研究的重要取向。

第二节　教师专业发展环境概念基础

　　作为本研究的核心概念，"教师专业发展环境"概念复杂、内涵丰富，目前还没有统一的定义。但是环境哲学、传统心理学理论、社会文化理论、人类发展生态学理论等对"环境"（context）概念的不同界定都为我们提供了重要启示。

　　从环境哲学的观点来看，"自然环境、社会环境和文化环境构成了人类赖以生存和发展的统一的环境"（马志政，1999：71）。这一环境认识的深刻性体现在将文化环境从社会环境中抽离出来作为与自然环境和社会环境同等重要的成分，因为文化环境是人类依靠意识和精神创造的精神文化条件，是社会环境中具有弥漫性和熏陶性的非物质性氛围，是形塑个人和社会的深层原因，只有触及深层的文化环境才能够抵及环境最核心的本质（马志政，1997，1999）。

　　在教育学领域，社会心理环境研究者综合已有研究后认为，环境是存在于课堂教学或学校教育中，并对教育教学活动过程和效果产生影响的各种物理、心理和社会因素的总和。（Tye，1974；Fraser，1989，1998）。该领域对环境内涵的代表性理解是 Moos（1974，1984）提出的三维环境框架，认为环境主要由关系维度、个人发展或目标指向维度、系统维持与变革维度三个核心维度组成。虽然 Moos 对环境结构的分析理解因为具有跨情境性而被广泛接受和应用，但是这种聚焦于一般社会心理环境的认识忽视了教师的主体作用以及他们所处的复杂社会文化环境。

社会文化理论挑战了基于传统心理学的环境观，从教师主体及其发展的社会性和交互性出发审视环境。Sharkey（2004）综合过去 25 年中教师教育领域对环境概念的深刻认识，指出环境超出了形塑课堂实践的地理位置和其他具体因素（如物理空间、学生数量、项目类型和教学材料），还包括与教师工作政策、实践和互动高度相关的价值观、意识形态等社会文化和社会政治因素。Johnson（2009：5）更加突出地强调了这个始终存在并一直变化的"组成教师职业世界、形塑教师活动也被教师活动所形塑的社会、文化和历史宏观结构"，如教育改革政策、高风险考试等等。但是，社会文化理论在论述环境概念及内涵时，对环境的具体情境及其结构还有各种环境因素之间的系统性关联阐释不够清晰。

人类发展生态学理论在继承社会文化理论的基础上进一步拓展和深化了环境概念。Bronfenbrenner（1979，2005）将环境界定为包含着发展中个体的、影响人的发展也受人的发展影响的所有事件或条件之和，认为环境在内涵上表现为一组多个层级内嵌相连的类似俄罗斯套娃的结构，从里到外分别为微观系统、中观系统、外系统、宏观系统和时间系统。放到教师专业发展领域中，这个多层系统交织而成的环境结构可以凝缩为三个核心的层级：个人环境、学校环境和社会文化环境（Barkhuizen，2008）。最内层的个人环境建构于教师的最近环境中，涵盖教师内心想法、情感、理念、个人实践理论以及教师在教学实践中参与的社会互动。第二层的学校环境超越教师最近的心理和人际环境，包括工作环境中他人决策的后果、他人态度、期待和规约，如学校语言教育政策、学生所在社区的需求、教师被要求使用的教材教法和关心绩效的行政管理人员。最外层的社会文化环境指的是影响教与学发生的宏观社会政治环境，如国家语言教育政策、教育部课程标准和区域社会经济状况。可以看出，Bronfenbrenner 生态观对环境概念的拓展体现在环境的情境因素结构更趋清晰化，且各层级的系统性关联也更加凸显。而该理论对环境概念的深化主要表现在强调了发展中主体的个体特征及其与最近环境的持续交互作用对发展的影响。就教师发展而言，教师的个体特征在与环境的复杂互动过程中，既是发展的产物也影响着发展的方向和效力。总之，生态学理论将对环境的认识引向了对教师真实生活世界的关注。

进一步分析发现，人类发展生态学理论对环境深刻的认识透视着中国"以人为本"和"天人合一"的传统文化思想。首先，以人为本的人文精神是中国文化最根本的精神和最重要的特征（楼宇烈，2015）。中国古代典章制度书籍《礼记》上说："人者，天地之心也。"这一观点强调了人的主体性，与人类发展生态学凸显主体重要性的认识一致：在人的发展中，人的主体性、独立性和能动性起着根本性作用，是最重要的环境因素，位居于各层环境因素的中心。其次，中国人历来秉承天人合一的"整体论思想、有机论思想、演化生成思想"（林坚、马建波，2006：96）。作为"四书"之一的《中庸》上说："中也者，天下之大本也；和也者，天下之达道也。致中和，天地位焉，万物育焉。"这一观点强调了环境本身所具有的整体性和关联性，而人与环境也是"中和"的互动关系。这正是人类发展生态学的观点，即各层次环境本身彼此紧密相连，而不是孤立作用；人与环境的互动成为发展的动力，人正是在与环境不断的互动中达成和谐并实现发展。

　　基于上述不同理论的环境定义和内涵阐述，我们认为人类发展生态学理论的环境观最为全面、深刻和具体，也最适应中国传统文化背景。因而本研究依据人类发展生态学理论，将教师专业发展环境界定为教师的生活世界，亦即教师感知和体验到的职业生活和成长环境。这个环境是教师作为一个全人与自身心智的关系，与当下或更远他人（学生、同事、领导、专家等）的关系，以及与支持或阻碍其发展的所有条件的关系的总和。三者由近及远可以依次概括为相互关联作用的教师个人环境、学校各层环境和社会文化环境（Barkhuizen，2008）。

第三节　教师专业发展环境研究的理论视角变迁

　　虽然上述多个理论对环境的本质内涵及其与人的关系的阐释各不相同，但是基本可以概括为行为主义和人本主义两种认识论取向。行为主义取向下的环境理论聚焦环境本身，关注人对客观环境的看法（Moos，1974），而人本主义取向的环境理论强调情境中的主体经验和人与环境系统的交互（Barkhuizen，2008；van Lier，2004）。相比行为主义的环境决定论，人本主义的环境观将系统理解人与环境共同作用下个体的发展过程和结果作为环境研究的终极目的，这为我国英语教师发展环境多因素系统研究提供了重要视角和方法。

回顾 40 多年的教师发展环境研究，我们发现该领域的历史沿革就是行为主义和人本主义两大思潮影响下的三个理论视角变迁：传统心理学视角、社会文化理论视角和生态学视角。传统心理学视角受行为主义认识论影响，常常把本质上相互依赖、相互作用的人和环境分开研究；社会文化理论视角强调人与所处的动态社会文化环境之间的互动关系；而生态学视角不仅将交互作为研究的首要原则，而且将人境互动与发展放到更完整、更复杂的动态环境系统中去考察，努力还原人与环境复杂关联的生态本质。正是这些理论视角的变迁使得该领域呈现出起步、发展和全面深化三个发展阶段，每个阶段对环境的认识不足导致了研究内容的演变以及研究范式和方法的转换（见表 1-1）。

表 1-1　教师专业发展环境研究理论视角变迁

认识取向	行为主义	人本主义	
理论视角	传统心理学视角	社会文化理论视角	生态学视角
研究阶段	起步阶段	发展阶段	全面深化阶段
环境认识	环境决定论 单向、孤立、静态的环境观： • 环境由外在结构组成，与教师主体相互孤立 • 环境各层级相互孤立 • 主要为课堂和学校环境	人与环境交互作用论 宏观、互动的环境观： • 环境由教师内在认知、情感、实践与外在环境相互作用而成 • 社会文化和历史宏观结构 • 环境的具体结构不够清晰	全人发展环境系统论 整体、系统、互动的环境观： • 环境由教师全人与多因素结构系统互动而成 • 环境各层级紧密关联 • 教师个体特质的影响力 • 环境即教师真实生活世界
研究内容	环境要素与结构 外在环境对教师的影响	环境与教师的关系 教师个人特征与环境相互影响	教师生态环境现状 教师环境改善实践探索
研究范式／方法	实证主义 量化研究	实证主义、解释主义 量化研究、质性研究	解释主义、批判主义 质性研究、混合研究、行动研究

文献显示，20 世纪 70 到 90 年代是教师专业发展环境研究的起步阶段，行为主义取向下的传统心理学视角在这一阶段发挥了主导作用。

普通教育学领域的 Moos、Fraser 等研究者是这一视角的代表人物。在这一视角及其指导下的研究中,环境被认为是独立于主体的外在结构(Roth,1999),可通过实证主义的量化研究方法进行精确的测量和分析。这一视角奠定了环境研究的重要地位,推动了环境内涵结构的清晰化以及相关量具的开发和广泛应用。然而,由于过分强调客观环境对教师的影响,没有对教师主体及其与环境的互动给予足够的重视,这类研究难以呈现教师发展环境的复杂性和动态性。

从 20 世纪 90 年代末开始,人本主义取向下的社会文化理论视角逐渐成为环境研究的统领性视角,将该领域带进了发展阶段。Day、Hargreaves、Sato 等一批研究者是这一视角的代表人物。在社会文化理论视角下,环境不再是完全孤立于主体的客观存在;相反,教师认知、情感和实践都与外在环境条件相关,而且教师之间存在个体差异。此外,教师与环境的交互作用深受宏观的社会政治和文化环境影响。因此,环境研究应该聚焦在宏观社会文化环境的影响下不同教师在自身生活世界中与环境互动的过程、结果及意义(Gu & Day,2007)。在此视角下,以诠释为内涵和目的的解释主义的质性研究逐渐增多,虽然量化研究依然存在,但是叙事研究、案例研究等质的方法正在得到越来越多的运用。社会文化理论视角挑战了传统心理学视角,从教师主体及其发展的社会性和交互性出发审视环境(Johnson,2009;Sharkey,2004)。但是,社会文化视角对环境本身的多因素系统性认识不足,对教师作为一个全人的综合素质结构与环境结构的多元互动关注不够。

近年来,同样隶属于人本主义取向的生态学视角正引领着环境研究走向全面深化阶段,代表人物为 Bronfenbrenner。该视角是对社会文化理论的继承和发展,凸显了教师主体的个人特征和环境的层级性以及系统关联性。生态学视角不仅高度重视环境中的教师主体,而且更加凸显了教师多种个体特征(如动力特征、资源特征和生物性要求特征)的影响力,且认为主体的多种特征构成一个有机的整体,动态地影响发展过程。生态学视角还沿袭了社会文化视角对宏观社会文化环境的重视,但对环境的层级性和系统性有了更清晰的论述,并将主体置于环境的中心位置,与各层关联的环境,特别是最近环境动态互动。教师与环境之间的互动关系决定了教师不再是独立于环境的存在,而是(积极或消极)环境的营造者。在生态学视角影响下,教师发展环境研究转向关注教师的职业生活环境中那些阻碍或者支持发展的多因素作用机制，以及探索和创建适宜教师生存和发展的生态环境。这种研究需求使得质性研究（叙事探究、案例研究）以及以解决真实、复杂实践问题为特征的混合研究和行动研究得到更多接受和应用，出现了解释主义和批判主义教师发展环境研究范式并存的态势。

综上所述，教师专业发展环境研究的理论视角转变体现了从行为主义到人本主义的演进。这种演进不仅促进了环境认识的不断完善，也推动了研究方法从量化研究为主导转向质性研究与各种研究方法并用。研究取向和方法的转换映射了价值观的质变，即从强调研究的科学价值转向关注教师发展和解放的人文价值。我们认为，最新兴起的生态学视角是这种价值观的最佳体现，它与"以人为本、天人合一"的中国传统文化思想高度契合，为外语教师专业发展环境研究提供了概念框架：环境是包括教师在内的一个多层级系统，教师主体位于这一系统的中心，是最重要的组成部分；而学校文化和社会文化则最能揭示这一系统运行的深层内核；教师的个体特征（认知、情感、实践等）与其他各层环境，特别是与最近环境（教学与科研实践中的人与事）的积极互动，推动着教师的发展。

第四节　教师专业发展环境研究主题

上述教师专业发展环境概念内涵的不断清晰、理论视角的动态演进及研究方法的多样化走向共同推动了教师发展环境研究的累积和发展。对国内外该领域40多年相关文献的分析显示，最突出的主题可以分为三类：教师发展环境要素与结构研究、环境与教师的关系研究、教师专业发展的生态环境及其改善实践研究。它们可以依次归属到上述三个理论视角之下。

一、传统心理学视角下的教师发展环境要素与结构研究

早期教师专业发展环境实证研究深受传统心理学视角影响，聚焦客观环境是什么和现状怎么样这两个基本问题。首先是对教师环境要素与结构进行精细化静态分析，以达到可控化的目的。这类研究以环境量具

研制和规模性调查为主。

（一）量具研制

教师环境量具研制是教育学界相关研究的一大热门主题。该类研究多以 Moos（1974）提出的三维环境框架为基础，将其改编并引入教师环境研究中，实际研究主要从三个方面展开：量具维度的精细化、量具条目的简约化和量具的具体学科化。

为了更精细化地测量教师感受到的课堂和学校环境，许多研究者对环境的结构维度进行了精细化分析。比如，Rentoul & Fraser（1983）对环境的结构进行了精细化分析。他们在回顾 Moos 三个环境维度及其指导下的各种问卷后，探索和验证了包含 8 个要素 56 个条目的新学校环境问卷：同事交往、学生支持、专业兴趣、成就指向、学校仪礼化、教师行政参与、创新环境和资源充分性。两位作者还先后通过对澳大利亚两个地区共 117 位中小学教师的调查研究对问卷进行了检验和修订。这种对问卷维度细化的研究有助于更精准地评估和测量教师环境。

为了提升量具的可操作性，有的研究者对教师环境问卷进行了简约化验证。比如，Johnson & McClure（2004）在一个历时项目第一年的工具论证研究中对 Taylor 等人编制的建构主义学习环境问卷进行了简化。两位研究者将原始问卷发放给 290 名职前和在职中小学教师。通过量化检验和质性材料的补充验证后，两位作者保留了原始问卷的 5 个维度，即人际关系、不确定性、批判声音、共同决策和生生交流；但每个维度的条目数由 6 个简化到 4 个，最终形成由 20 个条目组成的教师课堂环境问卷。这种简化后的环境量具所需时间更少，更易获得研究数据。

也有一些研究者尝试建构和验证适用于特定学科教师的环境量具。比如，Ellett & Monsaas（2011）报告了在美国佐治亚一项历时 5 年的科学和数学合作改革项目中，科学和数学教师学习环境问卷的开发和验证过程。他们通过多次大规模实证检验，建构了适用于科学和数学教师的三维度 52 条环境量具。三个维度是基于探究的教与学、基于标准的教与学以及基于传统的教与学。这种经过学科化处理的环境量具具有更强的针对性，也验证了 Moos 三维环境框架的跨情境性特征。

不论是量具维度的精细化，还是量具条目的简约化，亦或是量具的具体学科化，这些量具研制均因过分强调客观环境构成，未重视教师主体及其与环境交互的本质特征而难以帮助深度认识教师的真实职业生活世界。

(二) 规模性调查

基于上述量具研制, 许多研究者对不同教师群体环境进行了规模性的问卷调查, 这些研究可以进一步分为: 教师发展环境现状调查、不同学科教师环境比较以及教师与学生环境比较。

大量环境现状调查研究反映了来自不同国家和地区、不同学校和学科教师对学校环境的看法。比如, Huang (2006) 调查了中国台湾 52 所中学 900 名理科教师对学校环境的看法。分析发现, 大多数教师感受到了高度的同事关联、良好的师生关系、有效的校长领导、强烈的专业兴趣和较低的工作压力, 但也感到缺乏自由。又如, Dorman (2000) 采用基于 Moos 三维环境框架开发的大学环境问卷调查了澳大利亚 28 所公立大学 52 个系 489 名教师的环境看法, 以探究不同学科教师之间的环境差异。问卷由 7 个维度, 即学术自由、对本科生学习的关心、对研究和学术成就的重视、教师赋权、教师间的联系、使命的一致性和工作压力构成。研究发现三类不同大学的教师在其中 4 个环境维度上 (学术自由、对研究和学术成就的重视、教师赋权、使命的一致性) 看法明显不同, 而英语系教师对大学环境的看法与生物系和教育系的教师没有显著差异。这类研究有助于了解不同大学及不同学科的教师环境现状, 但难以探明导致环境差异的深层社会文化原因和作用机制。

国内也有研究者在改编上述已有量具的基础上开展规模性课堂环境调查。比如, 孙云梅 (2010) 通过改编的大学英语课堂环境评估量表调查了我国 5 所大学的师生对大学综合英语课堂环境 7 个维度 (同学间的亲和关系, 教师的支持, 课堂参与, 任务取向, 学生间的合作、平等性、学生的责任, 教师的领导, 教师的创新) 的看法。分析发现, 教师对大学综合英语课堂社会心理环境所有维度的感知值均明显高于学生, 表明他们对自己创造的课堂环境满意度高于学生。毕雪飞 (2013) 运用经过改编的经典课堂心理环境量表, 对国内高校英语专业 1000 名高校英语专业学生和 17 位教师的课堂心理环境进行了调查。数据分析显示, 高校英语专业师生对现实和理想课堂环境的看法存在显著差异。教师对课堂环境的现实感知水平和理想期盼值都高于学生。该研究揭示了高校英语专业课堂心理环境的特征，但与上述不同学校和学科教师的环境比较研究一样，对导致师生环境认识差异的原因、机制等缺乏文化主位的阐释。

纵观教师发展环境量具研制和现状调查研究，我们发现，这些对环境因素与结构的精细化分析为该领域的发展奠定了基础，也从不同侧面反映了教师专业发展环境的现状。但因未重视教师主体的个体差异性以及个体教师与环境交互的本质特征，这种客观环境研究不利于深度认识教师的生活世界，研究结果难以指导改善教师发展环境的实践。

二、社会文化视角下的环境与教师关系研究

受社会文化视角影响，教师专业发展环境研究过去十多年涌现出的一个重要主题是环境与教师间的关系，包括环境与教师认知、环境与教师情感和环境与教师实践三类关系，主要聚焦环境对教师主体的影响和人境互动。研究方法依然以量化研究为主，但叙事研究、案例研究等质性研究逐渐增多。

（一）环境与教师认知

环境与教师认知紧密关联。一些研究者对两者的关系进行了探究，相关研究主要有两个方面：环境对教师认知的影响、教师认知与环境的互动。

环境与教师认知关系研究涉及教师信念、认同、能动性和韧性等。多数研究揭示了环境对教师认知的形塑和制约作用。比如，Day（2011）基于一项对英国 100 所中小学 295 名教师历时 4 年的规模性访谈数据的分析指出，教师职业认同受三类环境因素的共同影响：社会文化／政策因素（文化、社会、政策等对教师和教学的期待，教师的教育理想和道德目标）、工作情境／本土社会因素（学校和课堂等教师最近工作环境中的微观政治和社会关系）、个人因素（校外生活、过去经历、当下生活、家庭、社会关系、个人效能感和职业脆弱性）。三类因素交互作用强度的差异使教师职业认同趋于 4 种不同的样态：三类因素平衡产生影响的样态、一类因素主导的样态、两类因素主导的样态和三类因素相互冲突的样态。处于 4 种不同样态中的教师在职业满意度、幸福感、自我效能感、职业脆弱性、职业承诺和职业韧性等多个方面存在巨大差异。可见，

该研究发现的环境因素与上述社会心理环境的规模性调查结果相比，更注重教师主体因素以及社会文化因素的重大影响，同时也验证了教师认知对环境的依赖性。

上述对国外教师认知维度受环境影响研究的发现在国内研究中也找到了照应。张凤娟和刘永兵（2011）通过问卷调查的方法分析了影响中学英语教师信念的多元因素。对来自全国各地733份问卷数据的分析显示，教师信念受内外因素的共同影响。影响教师信念的外因包括：课程改革、学校创新文化、学校资源、教师激励制度、同事、学生、考试和学校类型。影响教师信念的内因则有：教师专业发展观、学历、性别、年龄和教龄。在所有内外影响因素中，教师专业发展观、学校创新文化、同事、考试4个因素对教师信念具有最大的预测作用。该研究在一定程度上反映了中国文化情境的独特性，如考试的中心地位。不难发现，不管是在国内还是国外，环境（特别是社会文化环境）对教师信念、期待、认同等产生了深远影响。

最近也开始出现环境对一些新兴教师认知维度，如教师能动性和职业韧性的作用研究。研究表明，虽然这些维度更能体现教师的主体作用，但是也深受环境因素的作用。比如，Campbell & O'Meara（2014）采用量化研究的方法收集了488份问卷数据，以探究美国一所研究性高校中的组织环境（教职聘任过程的清晰公正性、组织透明度、工作生活关系情况、个人组织配适、专业发展资源、同事关系）与教师能动性信念和行为的关系。通过验证性因子分析和结构方程分析发现，工作生活关系情况、个人组织配适和专业发展资源显著影响教师能动性信念，而能动性信念又进一步影响教师能动性行为，这验证了教师能动性信念和行为也是教师环境作用的结果。

环境与教师韧性的关系也开始受到领域关注。Beltman et al.（2011）基于对50篇教师韧性文献的元分析，评述了对教师韧性可能产生削弱或保护作用的内外环境因素。分析发现，可能削弱教师韧性的个人因素有负向自信、求助困难、个人信念与实践冲突等；削弱教师韧性的外界环境因素涉及无效的职前培训、不够支持的家庭和学校或更大范围的职业工作环境。保护教师韧性的个人因素包括强烈甚至无私的教学动机和较强的自我效能感等；保护教师韧性的外界环境因素有包括人性化的学校行政管理、有效的教师培训、相互支持的同事关系和亲和的师生关系等。此外，教师韧性的削弱因素与保护因素，个人因素与外界环境因素之间均存在交互作用。整个研究呈现了内外多层次环境因素联合作用对教师韧性的正负向影响。

教师认知不仅受环境影响，还与环境双向互动。已有少量研究开始探究教师认知在某个特定时期与某个特定场景中环境的相互作用。比如，Tang（2003）采用质性案例研究的方法，探究了中国香港 7 位职前教师在教育实习中的学习经历，特别是他们在行动环境（也即课堂）、社会专业环境（实习教师与原授课教师、实习同伴和其他学校工作人员的关系）和指导教师的管理环境中建构教学自我的过程。研究发现，职前教师在三类不同的环境中遇到了不同的挑战，也得到了不同的帮助。在行动环境中，学生特征和课堂群体动力决定了实习教师所遇挑战的程度。个体教师与社会专业环境互动的范围、程度和本质存在差异，表现出 4 种关系类型：相对分离、联系紧密、积极参与或部分孤立。而实习教师的指导教师以外来者的身份入校对他们进行指导，主要采用多种策略谈论课堂实践问题。实习教师在这多元环境中的学习也反映出 4 种模式：低挑战低支持的环境不利于教师的有效学习；低挑战高支持的环境能够促进教师的有效学习；高挑战低支持的环境导致实习教师退缩和缺乏自信；高挑战高支持的环境最有利于教师有效学习的产生。这项研究很好地说明了教师认知与环境互动对学习和发展效果的影响。

教师与环境双方在互动中的力量有时并不平衡，一定程度上决定了人境互动的偏向。比如，Sato & Kleinsasser（2004）历时一年的研究综合对日本一所高中 19 位英语教师的访谈、观察和案例素材数据，探究了该学校的技术文化（价值观和规范体系）和个体英语教师的信念、实践和人际互动如何互相影响。结果发现，该校教师缺乏很多学习机会；由于教师间合作仅是巩固现行实践，很多教师因此丧失学习动力。个体教师对技术文化的趋同远大于学校技术文化对教师个人信念、实践和人际互动的适应。这说明教师虽然具有独特性和能动性，但是其作用无法与强大的学校技术文化力量抗衡。

也有个别研究者通过叙事方法深入研究教师认知某个维度的具体方面与环境的复杂交互。例如，Gu & Day（2007）在一项有关教师韧性的个案研究中，通过呈现和分析处于不同职业发展阶段的三位具有职业韧性教师的故事，探究了三位教师自我效能感、职业和自我认同等要素间的互动，以及处于不同职业发展阶段的教师对这些内部因素与外部职业情境互动的掌控经历。分析发现，职业使命感和自我效能感是教师韧性的最重要内涵，教师主要就是通过维持使命感和发展效能感而做到在与积极和消极外在环境的交互中体验积极情感，并实现职业承诺和教学有效性。值得注意的是，叙事探究的运用促成了该研究对教师主体与环境复杂交互作用的细致呈现。

不论是教师认同还是教师能动性，探究这些教师认知维度与环境因素的单向或双向互动能够从一定程度上反映教师发展过程、结果和条件的一个侧面；而在这方面质性研究方法，特别是叙事探究的优势正在被发现。

（二）环境与教师情感

与认知一样，教师情感也与环境紧密关联。相关研究多聚焦于教师职业怠倦、工作满意度和自我效能感。前者主要是探究外部环境的负面影响，后面两个主题对外部环境的探究则包含积极和消极两个方面。

多项研究显示，环境因素是教师职业怠倦的触发和调节因素。例如，Skaalvik & Skaalvik（2009）采用问卷调查的方法，收集了 563 名挪威中小学教师关于学校环境（领导支持、时间压力、与家长关系、自主性）、职业怠倦（情绪衰竭、去人性化、低个人成就感）和工作满意度的数据，以探究三者间的关系。分析显示，教师职业怠倦三个维度与环境因素的相关性不同，情绪衰竭维度与时间压力相关性最强，去人性化维度和低个人成就感维度则与教师与家长关系维度联系最为紧密。国内也有学者做了类似研究。例如，张庆宗（2011）通过对 5 位教师的访谈收集数据，探究了导致国内高校外语教师职业怠倦的复杂环境因缘。作者对访谈材料的整理分析得出了导致教师职业怠倦的 5 对矛盾：教师对学生高付出与低回报之间的矛盾，教师教学工作的重复性与创造性之间的矛盾、教师的教学工作与自身专业发展之间的矛盾、教师教学工作与以科研为导向的评价机制之间的矛盾，以及教师的劳动报酬与市场需求之间的矛盾。研究说明教师生存和发展环境中的各种矛盾是引发教师职业怠倦的重要原因，而教学与以科研为导向的评价机制之间的矛盾反映了国内高校"重科研，轻教学"的现实情况。

同样，教师职业满意度和效能感也受所处职业环境影响。Johnson

et al.（2012）通过规模性调查，探究了美国马萨诸塞州一所公立学校教师的工作环境对教师工作满意度等的影响。研究发现，工作环境（同事、社区支持、设备、管理、校长、职业专长、资源、学校文化、时间）对教师工作满意度和留职时间以及学生表现具有重要影响。其中，最重要的积极环境因素是学校文化、校长领导力、同事关系等社会条件，而带有这些支撑性因素的教师工作环境促进了学生表现。这一研究说明，创建积极的人文环境是教师积极情感体验的前提和保证。另外两位学者Brannan & Bleistein（2012）研究了促进新手教师教学效能感的积极因素。他们综合采用质性和量化研究方法，探究了47位毕业于两个英语教育（TESOL）硕士项目的新手教师对社会支持和教学效能感的看法以及两者间的关系。研究发现，新手教师认为指导教师、同事和家人是三类主要的社会支持因素；教学策略、学生参与和课堂管理是教师感知到具有效能感的维度；家人支持与教师的教学效能感显著相关。该研究反映出人际因素在促进教师效能感中的积极作用。与对积极因素的探究相反，Conley et al.（1989）通过对纽约州87所中小学教师的问卷调查研究了教师所在学校工作环境（官僚主义、权力缺失、人际接触、管理、职业发展、课堂环境）与教师职业不满意度的关系。研究发现，各种环境因素对教师职业不满意度的影响复杂，但除权力缺失因素外，其余五大因素均与教师职业不满意度有不同程度的关系。

　　与上述研究侧重环境单向影响不同，少数研究也揭示了教师情感与环境的双向互动。例如，Pyhältö et al.（2011）依托一项针对芬兰237所中小学教师的国家社科研究项目，通过对其中9所中小学68位教师的访谈，探究了教师如何感知幸福感缺失和倦怠的职业片段中自身与环境的关系。研究发现，教师对环境感到有负担，而且不同的教师表现出4种与环境的适应样式：由环境问题、特征和不合理要求导致的不适应，教师个人与环境共同导致的不适应，积极的教师与积极的环境相适应，以及个人资源或能力局限导致的不适应。这一研究揭示出在同样的环境中，教师与环境不同的互动方式会带来不同的情感体验。

　　国内这类研究也开始出现。例如，Xu（2013）采用叙事探究的方法，研究了国内某中学三位新手英语教师的人际交往情感体验。作者以Hargreaves（2001）的情感地理为分析框架，通过深度访谈收集了三位教师在与学生、同事、家长以及管理人员交往中的情感体验。对三位新手教师情感体验故事的深度分析显示，在与不同人的互动中，教师体验到了复杂的情感，这些情感与三类因素交互作用：政治距离、道德距离和物理距离，其中：源于社会等级观念的政治距离决定了教师与他人交往的情感规则；教师与学生、家长间的道德距离可通过关怀、忍让和交际策略来缩小；而物理上的亲近，可以借助虚拟交流工具来实现。这一研究表明，教师情感体验是在等级距离等传统文化因素影响下与周围他人互动的过程，启示重视社会等级观念影响，关注改进同事关系的交际策略，以及关心教师工作环境中情感的迫切需求。

上述研究显示，教师情感与教师认知和学习紧密相关，对教师自身的专业发展以及学生的有效学习均有重要影响（Day & Gu，2009；Hargreaves，2001；Johnson，2009），因而探究环境对教师情感因素的影响以及教师情感因素与环境的互动具有重要的现实意义。

（三）环境与教师实践

环境与教师实践深度相关，已有研究探究了环境与教师教学、科研和专业学习等多种实践的关系，反映出环境对教师各种实践的制约。这些实践都关涉教师信念得以实施的程度，因此关涉教师生命价值，是教师生存和发展极为重要的方面。

教师的教学实践深受环境影响。比如，下面三项来自亚洲区域的研究都反映出亚洲传统教育教学文化对教学新理念、新方法、新政策的阻碍作用。Gorsuch（2000）通过对日本 876 位中学英语教师的问卷调查，探究了日本教育改革背景下影响教师日常教学的国家、学校和课堂层面因素，以及这些因素与教师对交际教学活动感知的关系。分析显示，对教师教学影响最大的因素是日本教育中高校入学考试的统领地位，其次是本土的学校和实际的课堂因素；学校和课堂因素与教师对交际教学活动的感知显著相关。韩国研究者（如 Shin，2012）也得出了类似发现。国内王丽娟（2008）通过课堂观察和访谈收集了 200 多名高校外语教师（包括英专、大外和日语教师）教学风格、课堂组织和交流活动方面的数据，以探究外语教师课堂教学行为现状以及影响课堂教学功效的因素。分析显示：外语教师的专业知识与教学知识的冲突、现代教育理念与传统教育理念的冲突、教育创新与教育评估的冲突、学术自主和教材／教参的冲突是影响外语教师课堂教学功效的主要因素。这一研究反映了新旧理念冲突对教师教学功效的制约。教学实践是教书育人的首要场景，这类研究对影响教学实践因素的探究直指教育教学实践质量提升，研究结果对相似条件或环境的教学实践具有一定的启发。

教师的科研实践亦与环境因素关联，环境给教师科研带来了多重困境，很多文献反映了这个世界各地普遍存在的问题。Borg（2007，2009）对土耳其和世界其他 13 个国家教师的调查研究揭示出环境给教师科研带来了多重困境，指出缺少时间、知识以及资源是限制教师科研的主要原因。Barkhuizen（2009）以中国一次高校英语教师培训为契机，采用叙事框架收集了 83 位教师关于课堂教学问题、相关研究项目和可能的阻碍因素三方面的质性数据。分析发现，阻碍中国高校英语教师实施项目研究的主要因素是时间限制、教师科研知识与技能的不足、学生支持的缺失以及经费支持的缺席。Borg & Liu（2013）基于对中国 725 位大学英语教师的问卷调查和其中 20 位教师的访谈数据分析，发现影响中国大学英语教师科研的个人、人际以及学校因素包括个人兴趣、自我效能感、学科背景、对研究的理解、同事关系、工作条件以及外在要求（如职称评定）等多种因素。三项研究都从阻碍因素视角出发，且发现较为一致，凸显了时间精力、个人素养和科研条件的制约作用。

还有不少相关研究探究了影响教师学习和发展实践的环境因素。有的研究者探究了激发和影响教师学习的因素。Scribner（1999）采用案例研究的方法，探究了激发中学教师参与专业发展活动的因素，以及教师体验到的专业发展活动和工作环境如何影响教师学习经历。基于对访谈、观察和案例素材的分析，作者发现，教师参与专业发展活动有内外动机的共同作用；合作、个人探究、经验中学习、学术会议和工作坊、基于学校的在职和研究生课程是主要的学习活动；教师学习经历受到了多因素的影响：学校层面的领导力、组织及资源分配、教师规范影响了专业发展活动的质量、可及性和教师感知；地区层面的改革议程和专业发展优先项则限制了教师的自主性。这反映出教师学习与发展体验是学校与地区因素共同作用的结果。也有研究者着重揭示影响教师非正式学习的因素。Jurasaite-Harbison & Rex（2010）依托一项为期两年的跨国质性研究，探索了立陶宛和美国小学教师的非正式学习经历，基于对入校观察中收集的现场笔记、录音记录、访谈、案例素材等多元数据的比较分析，得出了 5 个影响教师非正式学习的学校文化因素：学校使命、非正式学习传统、学校物质条件（如建筑结构）、组织安排以及同事关系；教师在与这些因素的互动中获得了各种不同的非正式学习机会。这项研究说明，即便是教师的非正式学习也与学校的组织条件和文化氛围紧密相关。

国内也有研究者对影响教师发展的因素进行了调查。张莲（2013）以问卷（包含量表问题和开放式问题）为工具，通过对某外语类高校83名教师的调查探究了制约高校外语教师专业发展的因素。分析发现的制约因素有：日常教学负荷与科研投入之间的矛盾，不太令人满意的专业发展条件与社会、学校以及学生对教师的高期望之间的差距所带来的工作压力，以及教育教学理论知识的不足和科研经验、方法的欠缺。该项研究反映出国内教师专业发展受阻碍的现实困境。教学、科研、学习与发展是教师职业生活中最重要的内容维度，深刻体现着教师生存和发展的质量水平。因而对教师教学、科研、学习与发展实践与环境因素相互作用的探究有助于提升教师的职业生活质量和幸福感。

综上所述，与传统心理学视角下的环境量具研制和问卷调查研究相比，社会文化视角下的环境与教师关系研究增强了对教师主体的关注，揭示了教师与环境之间的关系。环境研究的分析单位不再偏向孤立的环境因素本身，而是转向了人与环境的交互。但是，多数研究仍然没有摆脱"环境影响教师"的单向思维，对环境的重视仍远高于教师主体。方法上还是以量化研究为主。多数研究没有看到教师的全人特征，故而还是侧重于教师个体特征某个方面与环境的关系，少数涉及教师与环境互动的研究也未深入探究作为全人的教师与复杂关联的各层环境之间的多维度系统交互问题。

三、生态学视角下的教师专业发展生态环境 与改善实践研究

近年来，生态学视角的兴起推动了教师专业发展生态环境研究的涌现，环境的多因素系统性以及包含全球化等因素的社会文化环境得到更多关注。目前，已有文献研究主要涉及两大类：教师发展生态环境现状研究和教师环境改善实践探索。

（一）教师发展生态环境现状研究

部分研究者从生态学视角出发审视教师专业发展环境现状，指出当下的教师专业发展环境缺乏生态性。例如，Hwang（2014）采用混合研究的方法，探究了韩国教师教育生态环境如何影响教师教育者的专业发展关注和需求。访谈基础上的问卷数据显示，多数教师教育者认可学校的薪酬激励和组织评价，但不满学校的财政和科研条件；他们认为当前的教师考入机制具有阻碍作用，而且韩国教师教育者的科研话题深受国际教育趋势影响。这一研究很好地呈现了教师专业发展环境中符合或不符合生态性的维度。国内这方面的相关研究极少，如罗婷等（2006）通过问卷调查和访谈发现，导致当前大学教师的生态环境失衡的内外因素包括官本位思想严重、教师评价体制单一、教师之间同质性过高、进修经费不足以及教师满足于校内发展的"花盆效应"。

与上述聚焦负面环境的研究不同，也有极少数研究详细分析了个别学校组织所具备的教师发展生态化环境特征。宋改敏（2011）基于Bronfenbrenner 的人类发展生态学模型，研究了北京某小学的教师发展生态化环境特征，对多种质性数据的分析发现，该小学在一个"教师学习与发展共同体"（LDC）的长期作用下，形成了涵盖大系统、外系统、中间系统和小系统的生态化教师专业发展环境：大系统中的新课程改革和教师专业化呼吁是教师专业成长的外力；外系统中的新建学校和新校长以及专家研究团队（包括访学回国的博士、国外教授、外省专家）凝聚成的 LDC 及其具体活动是教师专业发展的平台；LDC 中形成的多种教师研究共同体、该小学合作的文化氛围以及校长的引领是教师专业成长的中间系统环境；教师职业认同、幸福感和教研能力则是教师与小系统的互动和发展。这类研究为进一步创建生态化教师发展环境提供了范例。不论是对不够生态化环境的揭示，还是对生态化环境的深描呈现，都可能为改善生态环境提供参考。

（二）教师同环境改善实践探索

Bronfenbrenner（1979）早在提出人类发展生态学理论的同时就表达了科学研究背后更大的人类愿景，即发展人类特有的创造和改善自己成长生态环境的能力。因而，仅仅研究教师专业发展生态环境现状是不够的，研究者需要探索如何改善教师发展环境。实际上，学界已出现的探索性研究有两大主要类别：一类是教师自主发起的自下而上的环境改善探索，另一类是研究者与教师的合作探索。

文献显示，一些一线教师基于日常教育教学生活中的实际问题，探索了适合特定情境的教育教学改革和专业发展项目，达成了良好的环境改善效果。比如，Saavedra（1996）作为参与者报告了美国亚利桑那州7位中小学教师在自主成立的学习共同体中历时两年的转化性学习经历。研究发现了该学习共同体促成教师转化性学习的8项条件：民主的对话环境，促进教师建构和重构对共同体的认同，给予教师设定目标的自主权和超越社会限制的能动性，引导教师将彼此间的分歧和冲突作为学习机遇，分别阐述自身观点后在互动中共同建构新知识和资源，引导教师反思和行动以生成新知识、新信念，评估和审视自身经历，将共同体中的反思和实践中的创新性教学相结合。正是这些优良的环境条件推动了参与教师的深度学习和发展。

近年来，国内学术界环境改善实践探索也在涌现。代表性之一是浙江师范大学外语学院经过十多年摸索开创的"RICH课程实践和教师发展"项目（黄爱凤、吴宗杰，2008；吴宗杰、黄爱凤等，2005；吴宗杰、黄爱凤，2008）。该项目理念包括研究型学习、融合型课程、合作式学习、人文素质的全面提高和教师自我发展。这种课程改革模式为教师发展创造了积极环境，主要特征为：学校宽松的人文环境和机构文化，教师通过自身教育生活的转变实现教育价值观转变，教师具有教改的第一所有权，以教师身份的完整发展为改革核心，形成了群体交往机制，学生是参与者和协商者。这些特征和要素形塑的正是一种近似生态化的环境体系。

也有研究表明，在当前教师自主发展机制尚不健全的情况下，一线教师与教师教育者合作的实践探索成为环境改善实践研究的主体。比如，以色列研究者Gorodetsky & Barak（2008）报告了一所中学与一个教师教育项目合作建构的场域——由28名职前教师、6位在职中学教师和4位高校教师共同组成的参与性共同体中，三方如何合作，实现共同成长。研究发现，该共同体为教师反思、协商和理解提供了促进性环境、实践性知识、概念框架以及地位平等和相互尊重的合作文化。反映出共同体是创建生态化教师发展环境的重要平台。

也有研究者专门探究了教师教育者如何帮助一线教师创建生态化发

展环境。Molle（2013）作为参与性观察者，收集了美国一个英语教师发展项目中教师教育促进者与参与教师之间的互动，并通过对转写后质性资料的分析探究教师教育促进者的促进实践及过程。微观民族志（microethnography）分析发现，教师教育促进者通过发挥三类作用提供良好的教师发展环境：创生合作性参与环境（建立不同观点间的共同基础、质疑参与教师论据背后的基础、推动不同观点的共存），阻断针对学生的负面话语（确认学生的潜能和资源、强调学校和教师帮助学生发展语言的职责），增强参与教师的政治意识（增强教师为学生辩护的能力、帮助教师转变与同伴和上司的关系）。研究说明，教师教育项目是教师教育者创建生态化教师发展环境的基地。

国内外语界也有一些研究者与一线教师合作探究的环境改善实践范例。例如，周燕等（2008）报告了一项中国外语与教育研究中心与某高校 J 学院历时一年的合作性大学英语教学改革实验，揭示了教师在教学实践中实现发展的历程和促进教师成长的基本条件。研究发现，在该项目中教师经历了职业认同、学习主体、教学方法和能力、个人信心等多方面的提升；而促进这种提升的发展条件包括：积极团结的学习集体、教师之间的互动以及学生的推动。这些条件构成了教师的良性发展环境。又如，文秋芳、任庆梅（2011）以顾泠沅的行动教育理论和自身先导实践研究为基础，在环境改善实践探索中发现了一线教师和研究者的共同成长，并基于分析构建了高校外语教师互动发展新模式。该模式的四个要素为：教师和研究者之间的平等合作、抽象与具体工具的中介作用（也即课堂关键问题，以及课堂录像、教师反思日志等）、情感互动与认知互动交织、追求研究者与教师的共同成长。

与其他两个主题的研究相比，教师发展生态环境研究从考察教师真实的生活世界，特别是教师在具体情境中的困境出发，汇聚包括教师的各方资源和力量，以教师的专业发展和环境改善为旨趣，表现出"以人为本"的人文主义特征，具有非常重要的改善现实和拓展教师专业发展空间的意义。但是目前相关研究还不多，有待进一步探索。

第五节　研究局限及启示

纵观已有教师专业发展环境研究，该领域正逐步走向成熟：对环境的认识更趋合理；新的认识取向更符合整个人文社会科学研究的潮流；人本主义的生态学理论视角更有效地指导以教师发展为目的的环境研究；研究方法更具人文特性，研究过程本身和研究结果更富解放功能；研究主题更贴近教师日常职业生活。但是目前相关研究还存在多方面的局限，这为未来外语教育领域的教师专业发展环境研究提供了启示。

第一，在环境认识视角方面，虽然社会文化视角和生态学视角等人本主义新思潮不断对二元对立的传统环境观带来冲击，但在数量上，新环境观指导下的研究还远远落后于传统环境观下的研究，先进的环境理念还没有给环境研究及实践探索带来大范围的变革和环境改善效果，主客观分离的环境观仍占据着教师专业发展环境研究的主要地位，而教师主体的全人特征、环境层级间的关联性以及人境互动的系统性却仍未得到足够的重视。很多研究者对教师纷繁复杂的职业生活世界仍然缺乏应有的认识，那些关注到主体与环境互动的认识也多为关注主体的单个维度（如焦虑、怠倦、效能等情感维度；认同、信念、期待等认知维度；教师教学、科研、专业学习等实践维度）与环境各个维度的相关性，没有考虑作为全人的教师各个特征维度与多元环境的互动，也没有考虑环境中的多因素如何联合作用而形成系统变化，影响教师发展。因此，研究者需要进一步积极评介和应用人类发展生态学等理论，着力帮助外语界和普通教育界跳出对环境的二元论认识，形成对教师发展环境系统复杂性和动态性的全面认识和深刻理解。

第二，在研究主题方面，虽然教师与环境的互动以及环境改善实践研究开始涌现，但是环境量表编制、现状调查、特别是环境对教师的单向影响仍然是研究的主流，教师与环境的双向互动过程、生态化的教师专业发展环境创建实践研究仍处于边缘化地位，亟需支持和加快这方面的研究进程。故而，外语界的研究者应该大力深化和拓展外语教师与环境互动的研究（如教师认知新维度、各种情感、各方面实践如何与系统的环境互动）。同样，在现有研究基础上，要进一步加强以改善外语教师专业发展环境为目标的探索性实践研究。只有通过聚焦人境互动，才能深入到教师与环境互动机制的内部，揭示出教师发展环境在多因素联合作用下的系统变化规律与特征，以更好地指导改善教师发展环境的实践。

第三，在研究方法方面，虽然质性研究、混合研究和行动研究逐步增多，但是与现有量化研究相比还属于较少被采用的方法；而质性研究、混合研究和行动研究方法特别适合教师与环境交互、教师环境改善等新课题研究。所以，外语界的研究者应该广泛使用叙事研究、案例研究、文化人类学研究、行动研究等质的方法和混合研究方法，以更好地走进和呈现外语教师的职业生活世界。

第四，在已有研究中，还鲜见有很强解释力和参照作用的教师专业发展环境理论模型，迫切需要各学科研究者基于多样化的情境需求建构适合自身本土文化特点的教师专业发展环境模型，以指导一线教师发展环境的研究和以改善环境为目的的探索性实践。因此，结合具体社会文化背景，建构具有解释力的教师专业发展环境模型也应该成为未来外语教师发展环境研究的重要内容。

总之，我们相信外语教师专业发展环境研究是亟需深入发展的课题。基于对已有文献的批判性分析，我们认为，生态学视角是未来研究的重要取向。它与中国"以人为本、天人合一"的传统文化思想高度契合。最重要的是，这一视角带来了以人的发展为目的的新研究价值观，表达了一直具有人文关怀的教师专业发展愿景，而这正是教师发展环境研究的真正意义所在。

参考文献

Barkhuizen, G. (2008). A narrative approach to exploring context in language teaching. *ELT Journal*, 62 (3), 231-239.

Barkhuizen, G. (2009). Topics, aims, and constraints in English teacher research: A Chinese case study. *TESOL Quarterly*, 43(1), 113-125.

Beltman, S., Mansfield, C., & Price, A. (2011). Thriving not just surviving: A review of research on teacher resilience. *Educational Research Review*, 6(3), 185-207.

Borg, S. (2007). Research engagement in English language teaching.

Teaching and Teacher Education, 23(5), 731-747.

Borg, S. (2009). English language teachers' conceptions of research. *Applied Linguistics*, 30(3), 358-388.

Borg, S., & Liu, Y. (2013). Chinese college English teachers' research engagement. *TESOL Quarterly*, 47(2), 270-299.

Brannan, D., & Bleistein, T. (2012). Novice ESOL teachers' perceptions of social support networks. *TESOL Quarterly*, 46(3), 519-541.

Bronfenbrenner, U. (1979). *The Ecology of Human Development*. Cambridge, MA: Harvard University Press.

Bronfenbrenner, U. (2005). *Making Human Beings Human: Bioecological Perspectives on Human Development*. Thousand Oaks: Sage Publications.

Campbell, C. M., & O'Meara, K. (2014). Faculty agency: Departmental contexts that matter in faculty careers. *Research in Higher Education*, 55, 49-74.

Conley, S. C., Bacharach, S. B., & Bauer, S. (1989). The school work environment and teacher career dissatisfaction. *Educational Administration Quarterly*, 25(1), 58-81.

Day, (2011). Uncertain professional identities: Managing the emotional contexts of teaching, In C. Day & J. C. Lee (Eds.). *New Understandings of Teacher's Work Emotions and Educational Change*. London: Springer.

Day, C., & Gu, Q. (2009). Teacher emotions: Well being and effectiveness, In P. A. Schutz & M. Zembylas (Eds.). *Advances in Teacher Emotion Research: The Impact on Teachers' Lives*. New York: Springer.

Dorman, J. P. (2000). Validation and use of an instrument to assess university-level psychosocial environment in Australian universities. *Journal of Further and Higher Education*, 24(1), 25-38.

Ellett, C. D., & Monsaas, J. (2011). Development and validation of a new measure of teacher perceptions of science and mathematics learning environments. *Learning Environments Research*, 14(2), 91-107.

Fraser, B. J. (1989). Twenty years of classroom climate work: Progress and prospect. *Journal of Curriculum Studies*, 21(4), 307-327.

Fraser, B. J. (1998). Classroom environment instructions: Development, validity, and applications. *Learning Environments Research*, (1), 7-33.

Freeman, D. (2002). The hidden side of the work: Teacher knowledge and learning to teach. *Language Teaching*, 35(1), 1-13.

Freeman, D., & Johnson, K. E. (1998). Reconceptualizing the knowledge base of language teacher education. *TESOL Quarterly*, 32(3), 397-417.

Gorodetsky, M., & Barak, J. (2008). The educational-cultural edge: A participative learning environment for co-emergence of personal and institutional growth. *Teaching and Teacher Education*, 24(7), 1907-1918.

Gorsuch, G. J. (2000). EFL educational policies and educational cultures: Influences on teachers' approval of communicative activities. *TESOL Quarterly*, 34(4), 675-710.

Gu, Q., & Day, C. (2007). Teachers resilience: A necessary condition for effectiveness. *Teaching and Teacher Education*, 23, 1302-1316.

Hargreaves, A. (2001). Emotional geographies of teaching. *Teachers College Record*, 103(6), 1056-1080.

Huang, S. L. (2006). An assessment of science teachers' perceptions of secondary school environments in Taiwan. *International Journal of Science Education*, 28(1), 25-44.

Hwang, H. (2014). The influence of the ecological contexts of teacher education on South Korean teacher educators' professional development. *Teaching and Teacher Education*, 43, 1-14

Johnson, B., & McClure, R. (2004). Validity and reliability of a shortened, revised version of the Constructivist Learning Environment Survey (CLES). *Learning Environments Research*, 7(1), 65-80.

Johnson, K. E. (2009). *Second Language Teacher Education: A Sociocultural Perspective*. New York and London: Routledge.

Johnson, S. M., Kraft, M. A., & Papay, J. P. (2012). How context matters in high-need schools: The effects of teachers' working conditions on their professional satisfaction and their students' achievement. *Teachers College Record*, 114(10), 1-39.

Jurasaite-Harbison, E., & Rex, L. A. (2010). School cultures as contexts for informal teacher learning. *Teaching and Teacher Education*, 26, 267-277.

Kelchtermans, G. (2014). Context matters. *Teachers and Teaching: Theory and Practice*, 20(1), 1-3.

Molle, D. (2013). Facilitating professional development for teachers of English language learners. *Teaching and Teacher Education*, 29, 197-207.

Moos, R. H. (1974). *The Social Climate Scales: An Overview*. Palo Alto, CA: Consulting Psychologists Press.

Moos, R. H. (1984). Context and coping: Towards a unifying conceptual framework. *American Journal of Community Psychology*, 12(1), 5-36.

Pyhältö, K., Pietarinen, J., & Salmela-Aro, K. (2011). Teacher–working-environment fit as a framework for burnout experienced by Finnish teachers. *Teaching and Teacher Education*, 27(7), 1101-1110.

Rentoul, A. J., & Fraser, B. J. (1983). Development of a school-level environment questionnaire. *Journal of Educational Administration*, 21(1), 21-39.

Roth, W. M. (1999). Learning environments research, lifeworld analysis, and solidarity in practice. *Learning Environments Research*, 2(3), 225-247.

Saavedra, E. (1996). Teachers study groups: Contexts for transformative learning and action. *Theory into Practice*, 35(4), 271-277.

Sato, K., & Kleinsasser, R. C. (2004). Beliefs, practices and interactions in a Japanese high school English department. *Teaching and Teacher Education*, 20(8), 797-816.

Scribner, J. P. (1999). Professional development: Untangling the influence of work context on teacher learning. *Educational Administration Quarterly*, 35(2), 238-266.

Sharkey, J. (2004). ESOL teachers' knowledge of context as critical mediator in curriculum development. *TESOL Quarterly*, 38(2), 279-299.

Shin, S. K. (2012). "It cannot be done alone": The socialization of novice English teachers in South Korea. *TESOL Quarterly*, 46(3), 542-567.

Skaalvik, E. M., & Skaalvik, S. (2009). Does school context matter? Relations with teacher burnout and job satisfaction. *Teaching and Teacher Education*, 25, 518-524.

Tang, S. Y. F. (2003). Challenge and support: The dynamics of student teachers' professional learning in the field experience. *Teaching and Teacher Education*, 19(5), 483-498.

Tye, K. A. (1974). The culture of the school. In J. I. Goodlad, M. F. Klein, J. M. Novotney & K. A. Tye (Eds.). *Toward a Mankind School: An Adventure in Humanistic Education*. New York: McGraw-Hill.

van Lier, L. (2004). *The Ecology and Semiotics of Language Learning: A Sociocultural Perspective*. Boston: Kluwer Academic.

Xu, Y. (2013). Language teacher emotion in relationships: A multiple case study. In X. Zhu & K. Zeichner (Eds.). *Preparing Teachers for the 21st Century*. New York: Springer.

毕雪飞，2013，中国高校英语专业课堂心理环境特征研究，《中国外语》（3）：68-74。

顾佩娅、古海波、陶伟，2014，高校英语教师专业发展环境调查，《解放军外国语学院学报》（4）：51-58，83。

黄爱凤、吴宗杰，探索型外语课程：RICH 课程实践，吴一安等著，2008，《中国高校英语教师教育与发展研究》。北京：外语教学与研究出版社：182-241。

林坚、马建波，2006，论中国文化传统对科技发展的双重作用，《自然辩证法研究》（11）：95-98。

楼宇烈，2015，中国文化中以人为本的人文精神，《北京大学学报（哲学社会科学版)》（1）：8-11。

罗婷、刘健英、李弘，2006，大学教师发展的生态环境初探，《江西师范大学学报（哲学社会科学版)》（2）：95-99。

马志政，1997，探讨环境分类、建立哲学环境理论，《杭州大学学报》（3）：84-92。

马志政，1999，论文化环境，《浙江大学学报》（2）：71-79。

宋改敏，2011，《教师专业成长的学校生态环境》。重庆：重庆大学出版社。

孙云梅，2010，大学综合英语课堂环境调查与研究，《外语教学与研究》

（6）：438-444，481。

王丽娟，2008，课堂环境下的教师发展——影响中国外语教师课堂行为的因素研究，《外语教学》（1）：48-52，57。

文秋芳、任庆梅，2011，探究我国高校外语教师互动发展的新模式，《现代外语》（1）：83-90，110。

吴宗杰、黄爱凤，探索型外语课程：RICH 教师发展，吴一安等著，2008，《中国高校英语教师教育与发展研究》。北京：外语教学与研究出版社：242-266。

吴宗杰、黄爱凤等，2005，《外语课程与教师发展——RICH 教育视野》。合肥：安徽教育出版社。

张凤娟、刘永兵，2011，影响中学英语教师信念的多因素分析，《外语教学与研究》（3）：400-408，480。

张莲，2013，高校外语教师专业发展的制约因素及对策：一项个案调查报告，《中国外语》（1）：81-88。

张庆宗，2011，高校外语教师职业倦怠的成因分析及对策思考，《中国外语》（4）：66-70，75。

周燕，2005，高校英语教师发展需求调查与研究，《外语教学与研究》（3）：206-210。

周燕、曹荣平、王文峰，2008，在教学和互动中成长：外语教师发展条件与过程研究，《外语研究》（3）：51-55。

第二章
叙事研究理念下的方法设计与应用①

顾佩娅、古海波、陶伟

第一节　引　言

　　长期以来，受传统教育哲学观影响，国内外教育研究领域主要由实证主义研究范式统领，多采用量的方法开展研究，以达到对知识和教学的标准化和可控化。近几十年来，后现代教育哲学飞速发展，引发了教育研究领域的范式转换，也即从实证主义走向解释主义。这种范式转换在外语界的体现主要是研究者从关注作为客体的知识和教学转向关注作为主体的学生和教师。在此背景下，国内外外语教师发展研究得以蓬勃发展（Freeman，2002；Freeman & Richards，1996；吴一安，2008），不仅拓展了外语教育研究的对象和成果，更推动了研究价值观和方法论的变革（吴宗杰，2008）。价值观方面，研究者不再局限于追求知识和教学的标准化和可控化，而是通过探究教师生活世界来推动教师作为全人的发展和解放。方法论方面，这种解释主义的外语教师发展研究促进了一系列质性研究理念的流行，如叙事研究、话语分析、人种志研究、女性主义和现象学等（吴宗杰，2008；张莲，2008）。

　　在这些新的研究理念中，叙事研究特别重视教师经验，把教师看作"全人"视角下的职业工作者，已得到外语教师发展领域的广泛接受和应用（Clandinin & Connelly，2000；Johnson，2009；Xu & Connelly，2009）。这主要表现在两个方面，一是近年来外语教育领域不断涌现出叙事研究专著（如 Barkhuizen，2013；Barkhuizen, Benson & Chik，

① 本章关涉叙事问卷的设计与初步应用部分，已发表在《中国外语》2013年第6期。问卷编制过程中得到北京外国语大学周燕、吴一安，北京师范大学王蔷、罗少茜，香港中文大学 Ora Kwo 以及浙江大学吴宗杰等教授的指导和建议，问卷初试得到三所参与学校众多教师的支持和帮助，特此致谢。

2013)、专刊（如 2011 年 *TESOL Quarterly* 第 3 期）以及综述论文（如 Barkhuizen，2011，2014；Benson，2014；钱晓霞、陈明瑶，2014）；二是国内外通过叙事研究开展的相关实证研究越来越多，如外语教师认同叙事研究（Tsui，2007；许悦婷，2011），外语教师成长叙事研究（Shelley et al.，2013；顾佩娅，2009；王俊菊、朱耀云，2008），外语教师知识叙事研究（Xu & Liu，2009；李晓博，2008，2011），外语教师情感叙事研究（Golombek & Doran，2014；Golombek & Johnson，2004）和优秀外语教师教学传统叙事研究（顾佩娅、古海波，2015；刘蕴秋、邹为诚，2009；陆忆松、邹为诚，2008）等。

叙事研究之所以得到广泛接受和应用，很重要的原因就是它很好地反映了外语教师发展研究范式转换带来的研究价值观转变。该研究理念以人为本，关注教师经验及其意义，高度弘扬教师作为鲜活的人的存在价值，这与本项目探究教师环境经验及其与环境互动和探索环境改善的研究目的高度一致。因此，本章对该理念下的方法与教师发展环境研究的适切性进行论证，并重点论述了叙事问卷和叙事案例研究这两种方法在本项目中的具体应用及效果。

第二节　叙事研究理念及其启示

叙事就是讲故事，叙事研究就是通过讲故事和分析故事来理解和呈现其丰富和本质性意义的研究。叙事研究最贴近人类经验的本质，因为人类经验基本上是故事经验，研究者要做的就是抓住人类经验的故事性特征，在收集和描写有关教育经验故事的同时，努力呈现出对参与者和读者的教育意义（Clandinin & Connelly，2000；Xu & Connelly，2009）。已有研究表明，叙事是呈现和理解教师经验的有效方式（Barkhuizen，2011），叙事研究本身既是教师知识和教师发展的存在形式，也是对它们进行研究和表述的方法（李晓博，2009）。因此，叙事研究的真正意义并不在于故事本身，而在于对故事意义的探究。"故事不仅仅是为了反映教师的生活，也不仅是故事里包含的哲理和智慧，重要的是故事里渗透着研究者对问题的探索"（吴宗杰，2008：57），融合了研究者对于故事背后经验和意义的理解与洞察。

叙事研究有着深厚的哲学基础，它脱胎于实用主义哲学家杜威的经验学习思想（Dewey，1938）以及现象学思想家胡塞尔的"生活世界"理论（Husserl，1970）。杜威强调经验对于认识的意义，将经验与教育和生活联系在一起，认为人现在所拥有的经验产生于过去的经验，而现在的经验又会引发未来的经验。人就是通过对经验的不断改造而成长着、生活着。杜威的"经验"概念有连续性和互动性特征。连续性是指经验的时间特性，即经验总是处在过去、现在和未来的连续体上。互动性是指任何经验都处在个人与社会、个人与他人的关系之中。这种经验的"连续性"启发了叙事的时间维度，意味着叙事研究总在变化中，这是因为经验本身以及人对经验的理解和诠释都总是处在变化中。"互动性"则表明叙事研究总处在一定的个人与世界交互的关系之中，这启发了叙事的交互维度，意味着叙事可以反映出个人与周围社会、文化环境交互的特征。

胡塞尔的"生活世界"是一种经验世界，与理性化的科学概念世界相对立。长期以来学术研究不重视对教师生活世界的关注，而叙事研究与此不同，它关心生活世界，关心教师作为真正的人的感受，使一切被扭曲了的思想回归真实，把教师看作具体的、真实的人，而不再仅仅是职业的工具或符号。教师自己通过叙事研究将形成现象学的思维方式，从而对工作与生活产生新的理解、驾驭和解放能力（吴宗杰，2008）。

正是因为叙事研究深厚的哲学基础和实践意义，它对本课题研究理念和方法设计有两点重要启示。

第一，价值观的转变。对叙事研究作为研究现象的理解，使我们认识到叙事的人文价值和解放功能超越了传统研究的"科学"价值和学术功能。那种遮蔽教师真实情感，追求所谓客观中立的科学知识的研究不是本项目支持的方式。我们转向叙事，因为它不仅能让一线教师发出自己的声音，说出自己所处的环境（包括困境）和愿望，而且能让教师通过与研究者的互动一起重构现实，创造性地拓展发展空间。由于教师经验本身具有不确定性、多样性、复杂性和多变性的特点，因而我们应该通过叙事接近教师生活世界，逼真地表述教师经验的丰富内涵。叙事研究能够帮助教师更好地理解自己的职业生活，从而不断地发展和调整自我，进而改进其教学实践，其激发教师认知、促进教师专业发展的转化作用（transformative power）特别值得重视（Johnson & Golombek，2011）。这种价值观的转换使我们最终放弃了

31

通过改编学界已发展成熟的量表开展研究的计划，决定尝试将叙事理念应用到研究方法的设计中去。我们希望通过叙事理解中国高校英语教师的发展环境，与参与教师一起反思和重述那些能够导致觉醒和改变的教师故事，挖掘深深扎根于中国本土文化传统的教师发展环境经验知识，以达到改善实践的目的。

第二，探究精神。对叙事研究作为方法论的理解，使我们看到了它的开放性和探究精神。首先是适合叙事方式的话题不断拓展。叙事既是方法，也是思维方式（Xu & Connelly，2009）。它本身所蕴含的"三维叙事空间"（Clandinin & Connelly，2000；Xu & Connelly，2009）提倡从地点、时间连续体（过去、现在、将来）、个人与社会的互动三个维度来讲述故事，从而对故事进行深层描写并开展对故事背后所蕴含的意义的探究。对故事中地点、时间和人际互动的关注启发我们探究教师所处的真实生活环境。时间的维度启发我们不仅看到故事的现在，还要看到过去和将来，需要关注更多不同职业发展阶段的教师经验以及同一教师不同人生阶段中的经验。个人与社会的互动维度要求我们特别关注个人与社会的交互层面，故事的意义不在于个体自身，也不在于社会环境自身，而在于个体与环境的互动。这种互动过程中产生的情感、韧性、能动性都可以成为探究的对象。叙事赋予的这种开放性思维和探究精神极大地拓展了外语教师发展研究的范围与内容。

其次，作为方法的叙事研究也具有足够的开放性，体现在数据收集与分析中的多种用途以及与其他方法融合使用的灵活性。我们不仅可以把故事看作收集数据的手段，也可以看作呈现数据的方式。研究者可以通过深度访谈、反思日志、历时观察等具体策略，收集教师故事或者邀请教师叙述故事，然后按照故事本身所具有的复杂性来理解和再现故事，以揭示故事背后的深刻内涵。既可以收集教师的整个人生故事（life history），阐释"大故事"中教师对生活经验的理解（Clandinin & Connelly，2000），也可以邀请教师讲述日常发生的"小故事"，从而揭示他们如何在其中积极建构自己的身份和理解（Vasquez，2011）。

除了这种叙事的历时研究和情境研究等收集方式，我们还可以采取叙事框架进行大规模教师故事收集。这主要源于 Barkhuizen 和 Wette 两位学者基于 2006 年在中国通过叙事框架收集的涉及 130 所高校 200 多位高校外语教师小故事所做的开创性研究（Barkhuizen，2009；

Barkhuizen & Wette，2008；Wette & Barkhuizen，2009）。这种叙事框架的目的是为教师反思提供一个"脚手架"，形式如半结构化访谈，它由多个句子引导语组成，每个框架都明确指向一个小故事，即研究者期望收集的故事片段，从而探究背后的意义。

另外，在数据整理和分析阶段也可以采取叙事的方式。对访谈、案例素材收集起来的材料可以通过提炼一个个的小故事或者故事片段为研究问题的回答提供丰富的情境。不仅如此，叙事的分析方式也多种多样，有主题分析（analysis of narratives）、叙事分析（narrative analysis）、话语分析等不同方式（Benson，2014）。所谓主题分析就是对收集到的故事进行主题概念的抽取，发现共同特征（如 Barkhuizen，2009）。叙事分析遵循"讲述，重构，再讲述，再重构"的步骤，以故事的方式呈现对现象的理解（如李晓博，2008）。话语分析主要专注于对小故事的分析，通过对参与者的批评话语分析，揭示背后蕴藏的权力关系与身份建构过程（如 Menard-Warwick，2007）。当下随着人的认识和技术的发展，叙事结果呈现方式更为多元，除了传统的文字叙事，也出现了多模态叙事（综合运用图片、文字、声音等表达手段）和创造性叙事（运用诗歌、戏剧等形式呈现）的多元方式。

特别值得一提的是叙事理念和案例研究的融合，本文称之为"叙事案例研究"（narrative case study，参见 Rushton，2001），它是指融合了叙事理念的案例研究，即利用叙事研究中的故事作为数据的收集方式以及部分研究结果的呈现方式，同时发扬案例研究可以对多例个案进行深度描述以及跨案例分析的优势。

总之，叙事研究最重要的理念就是它的人文价值和探究精神。叙事研究对经验意义的探究转变了以往对"科学价值"和学术功能的一味追求，使研究者回归教师的"生活世界"，倾听教师的心声并努力挖掘出其背后的意义，为人的发展服务。同时，叙事研究作为一种方法，其开放性使研究成为各种叙事的识知过程（narrative knowledging）（Barkhuizen，2011）。多样的叙事收集、分析和呈现方式有助于教师不断地反思和诠释经验的意义，不断地加深对教育、学生等问题的理解，不断地认识和建构作为教师和作为社会人的自己，以达到促进教师自我解放和发展的目的。

第三节 叙事与外语教师发展环境研究的适切性

随着教师专业发展研究的生态学转向（宋改敏、陈向明，2009），教师专业成长的土壤，即教师的职业生存环境已受到越来越多的关注（Jurasaite-Harbison & Rex，2010）。在当今社会变革大背景下，广大教师切身体会到自身专业发展的多重环境制约，对外部环境结构与自身发展需求之间存在的矛盾感到困惑和迷茫（张莲，2013；周燕，2005）。了解教师生存和发展环境状况，帮助教师找回主体精神已成为当务之急。正是在这样的背景下，我们开展了高校英语教师专业发展环境研究，其人文属性和对教师经验的关注，使叙事研究成为最佳选择。

一、叙事有助于教师理解环境

叙事的意义并不仅仅在于说明过去发生了什么，更关注叙述者如何理解这些行动，如何为其赋予意义（陈向明，2010）。叙事有助于教师更好地认识世界和了解自我。叙事的三维空间特别重视地点、时间和人的影响，故事在建构的过程中要关注场域、背景和人际环境的特征（Clandinin & Connelly，2000）。这恰好顺应了我们要关注包括发展中的教师职业生活环境的目的。以引导发展为目的，关注研究参与者的主体认识，致力于通过人的理解和体验来研究环境，认为最重要的不是客观现实的环境，而是个体所知觉到的、所理解的环境。这种现象学的理念与新兴的叙事研究相吻合。如果教师发展环境研究的目的是系统地理解人与环境相互作用下的发展过程和结果，那么第一步就是要呈现和理解教师对环境的感知和体验。这种感知和体验基于教师对环境的理解。他们在故事中讲述他们认为的环境是什么，他们对此感受如何以及环境对他们有怎样的影响。众所周知，教师面对着多元复杂的学校和社会文化环境，这有时让教师迷茫，而教师通过叙事可以更好地辨识学校文化场域的复杂性与政治性，更加明晰自己发展的有利与不利条件，从而为促进自己的专业发展提供了可能。

二、叙事有利于教师表达出对环境的观点与态度

长期以来，实证主义价值观指导下的研究遮蔽了教师的自我表达，

产生所谓科学的结论。解释主义价值观下的叙事研究要求研究参与者讲出自己的经历，用故事来讲述世界。对教师发展环境研究而言，叙事的作用在于帮助教师表达自己对于所处环境的观点、态度与感受。教师借由这种机会展示出他们对当下生存环境的惊喜或担忧，表达出他们对更理想环境的愿望与期盼。比如，Barkhuizen（2009）利用叙事框架对我国130所高校的200多位英语教师的科研情况进行调查后发现限制教师科研的因素有四类：没有时间，教师感知到自己缺少研究知识和技能，学生不合作以及缺少资源。叙事框架帮助反思和观点表达的功能还分别在越南高中英语教师任务型教学，以及英国和澳大利亚高校教师网络辅助语言教学两项研究中得到验证（Barnard & Viet，2010；Shelley et al.，2013）。正是叙事这种方式，可以让更多一线教师的声音更好地发出，为他们的生存与发展提供了进一步的可能性。

三、叙事帮助教师反思环境改变之道

相对于其他表达形式，叙事更容易被读者理解。因为教师工作的同质性，大家在工作中的困难和困惑更容易与其他教师产生共鸣。这种在讲述故事、建构故事和阅读故事过程中产生的移情或者感动有利于教师集体意识的形成和发展。它给教师们提供了一种自然的渠道，让他们彼此倾听，借由对话发出多重声音，在内心引发真正生命意义上的互动（陈向明，2010）。这种互动会形成新的环境阐释共同体。广大教师对环境有着类似或者不同的态度和体验，这为教师提供了积极的反思机会，为他们寻找改变环境的方法与策略、甚至是激发行动提供了可能。现有研究表明，叙事对于激发教师认知、促进教师专业发展的转换作用（transformative power）特别值得重视（Johnson & Golombek，2011），它能让教师通过与研究者的互动一起重构现实，创造性地拓展发展空间。因此，我们试图运用叙事这个方法联结更多的一线教师，共同关心和改善我们所处的专业发展环境。

第四节　叙事理念在本研究中的具体应用

根据研究计划，本项目研究分两个阶段完成。首先是理解和解释当下我国高校英语教师对专业发展环境的总体感知和体验。我们设计了一

套叙事理念下能够帮助收集大样本质性数据的叙事问卷，以对全国十所高校一线英语教师进行叙事调查（见第三章）。第二步是通过对不同地区三所不同类型高校教师的深度访谈与案例素材收集等多元数据收集方式，进一步验证和丰富全国叙事调查结果，以及深度探究教师与环境的互动（见第四、五、六、七、八、九、十章）。这个阶段主要采取融合叙事理念的案例研究方法，涉及本课题的多个专题案例研究，如教师文化、教师情感、职业韧性、职业能动性、转化性学习和学习共同体实践研究等。总之，我们综合叙事问卷、访谈、文本分析、观察等多种方法的优势，以期获得丰富和可靠的数据，便于较全面深入地呈现教师的心声。

一、叙事问卷

我们尝试了已经在国内外多项研究中得以成功应用的叙事框架（narrative frames）（Barkhuizen，2009），以调查我国高校英语教师对专业成长环境的感知与体验，理解他们赋予环境的意义。叙事问卷的设计与初步应用已在期刊《中国外语》（顾佩娅等，2013）上发表。这里报告我们叙事问卷的设计理据与构成以及数据收集与分析的过程，以说明叙事理念在本研究中的体现。

（一）叙事问卷设计理据与构成

基于已有环境研究文献，我们设计了一套涵盖高校英语教师工作和生活环境5个维度的叙事问卷（见第三章附录），旨在鼓励教师反思专业发展环境，分享感知和经验。在提炼初始维度时，我们综合了理论上的考虑和前人的实践经验，决定侧重于教师专业发展的社会文化环境，这是因为无论从生态学还是从社会文化视角出发，我们关心的是教师专业成长和社会文化环境之间的关联。虽然近年也出现一些涉及社会文化环境的研究（Day，2011；Lasky，2005），开始关注教师情感、职业认同、能动性、学校文化以及教育改革等文化活动的中介因素，但其研究所在的语境仍为西方社会，并未涉及我国复杂的社会文化环境因素，如传统观念、权力关系、学术文化、家庭责任等。这就需要我们根据本项目研究的需求，对文献中已有的维度及概念进行修正，补充中国社会文化的本土内容，如增添了教师生活和学校 / 教育改革两个维度。在综合分析相关文献以及我国国情的基础上，我们初拟出叙事问卷调查的5个维度：

职业人际关系、教学、科研、学校 / 教育改革和教师生活，并为每个维度的下属信息做出描述。经过反复讨论，问卷概念框架的具体内容包括：

  1）职业人际关系：和什么人交往，愉快和不愉快的经历，改善条件

  2）教学：教学工作量，教学经历，教学相关活动，改善条件

  3）科研：科研情况，对学校规定的看法，科研兴趣和实践，存在困难和改善条件

  4）学校 / 教育改革：学校背景，教师在改革中的实践，改革中遇到的问题，改善条件

  5）教师生活：个人生活，经济状况，职业认同，家人支持，改善条件

  参照上述概念框架中 5 个维度的信息描述，我们为每个维度编写了叙事框架。各维度的叙事框架数目在 3 至 5 个之间，每个叙事框架下面根据所需信息设有 2 至 10 个意义关联的引导语，空格的长短根据所需信息而定。通过这种框架组织形式，引导教师根据提示叙述完整的小故事。5 个维度组成的叙事问卷默认答题空间为 2.5 页（每个维度占半页），提醒参与教师尽量按照自己的情况提供上下文关联的完整故事，并在问卷最后留有半页空间，让教师自由表述"其他想法与感受"。

  叙事问卷初步设计完成后，我们邀请了 20 多位同行、同事试用该工具，并对其有效性进行反馈，其中包括 5 位相关领域的专家。具体方法是，当面或通过邮件告诉咨询专家和同事各个叙事框架维度的名称和定义以及期望反馈的两个方面：一是看框架在多大程度上反映了它所要收集信息的维度；二是看框架表述的合理性。他们的总体看法是，叙事问卷设计思路新颖，5 个框架内容与教师工作和生活环境息息相关，值得尝试；但问卷的框架格式对教师表达有限制，影响教师故事的自然度和深度，有些引导语表达不够明确。根据反馈意见，我们修改了问卷中的引导语，调整了问卷的框架格式，使之更加清晰和方便教师叙事。

  我们还起草了邀请信，向参与教师介绍研究目的和意义，并承诺对参与者的回答保密。我们还在问卷前附上说明，请参与者先通读问卷每一个部分，叙述时尽可能涉及所有方面，像讲故事一样分享个人感受与想法。这里节选教师科研部分的问卷内容作为示例。

叙事问卷第三部分：科研

1）科研情况；2）对学校规定的看法；3）科研兴趣和实践；4）困难和改善条件

1）现在我在我们学校是 ＿＿＿＿＿（职称）。学校对我这个职称级别的老师的科研要求是 ＿＿＿＿＿＿＿＿＿＿＿＿＿＿＿＿。在过去的五年里，我发表了 ＿＿＿ 篇论文，这让我感到 ＿＿＿＿＿＿。我觉得发表论文是 ＿＿＿＿＿＿＿＿＿＿＿＿＿＿＿＿＿＿＿＿＿＿＿＿＿。

2）学校会对教师的科研表现进行奖励或惩罚，比如 ＿＿＿＿＿＿＿＿＿＿＿＿＿＿。对于学校（学院）的这些做法，我感到 ＿＿＿＿＿＿，因为 ＿＿＿＿＿＿＿＿＿＿＿＿＿＿＿＿＿＿＿＿＿＿＿＿＿。

3）我的研究兴趣经历了 ＿＿＿＿＿＿＿＿＿＿＿＿＿＿＿＿＿＿ 的发展过程，这是由于 ＿＿＿＿＿＿＿＿＿＿＿＿＿＿＿＿＿＿ ＿＿＿＿＿＿＿＿＿＿＿＿＿＿＿。

我 ＿＿＿＿＿＿ 阅读文献（频率）。我阅读文献是为了 ＿＿＿＿＿＿＿ ＿＿＿＿＿＿＿＿。我没有更频繁地去阅读文献是因为 ＿＿＿＿＿＿＿＿ ＿＿＿＿＿＿＿＿＿＿＿＿＿。

现在我 ＿＿＿＿＿＿（频率）做 ＿＿＿＿＿＿＿＿＿＿＿＿ 方面的研究。我对科研的态度可以这样来概括 ＿＿＿＿＿＿＿＿＿＿＿＿＿＿＿＿＿ ＿＿＿＿＿＿＿＿＿。我做研究主要是出于 ＿＿＿＿＿＿＿＿＿＿＿＿＿，对此我感到 ＿＿＿＿＿＿＿＿。我一般会和 ＿＿＿＿＿＿＿＿ 讨论科研的相关问题，这是因为 ＿＿＿＿＿＿＿＿＿＿＿＿＿＿＿＿＿＿＿ ＿＿＿＿＿＿＿。除此以外，我 ＿＿＿＿＿＿（频率）参加学校或学院组织的科研活动，如 ＿＿＿＿＿＿＿＿＿＿＿，我觉得这些活动 ＿＿＿＿＿＿＿＿＿ ＿＿＿＿＿＿＿＿＿＿＿＿＿＿＿＿＿＿＿。

4）我觉得做研究以及完成学校的科研任务最困难之处在于 ＿＿＿＿＿ ＿＿＿＿＿＿＿＿＿＿＿＿＿，这是因为 ＿＿＿＿＿＿＿＿＿＿＿＿＿＿＿＿＿ ＿＿＿＿＿＿＿＿＿＿＿＿＿＿＿＿＿＿＿。

如果 ＿＿＿＿＿＿＿＿＿＿＿＿＿＿＿＿＿＿＿＿＿＿＿＿＿＿＿＿＿ ＿＿＿＿＿＿＿＿＿＿＿＿ 的话，我觉得我的科研实践会有进步。

（二）叙事问卷数据收集和分析

我们通过研讨会、网络邮件等方式发放问卷，邀请教师完成问卷，提醒他们尽量采用讲故事的方式参与。通过叙事问卷收集到的故事样例如下：

教师科研故事样例：A30 教师（女、教授、教龄 30 年、大学英语教学）

1）现在我在我们学校是教授。学校对我这个职称级别的老师的科研要求是：每年发表省级以上核心期刊论文 1 至 2 篇。在过去的 5 年里，我发表了 8 篇论文，这让我感到尽力了。我觉得发表论文是教师提高自身教学水平的重要方面，publish or perish 同样适用于中国老师。

2）学校会对教师的科研表现进行奖励或惩罚，比如，发表在核心期刊上的论文有奖励，而没完成科研指标，则要用上课的工作量来抵。对于学校（学院）的这些做法，我感到是没办法的办法，因为不采取这些做法，可能就没多少人写论文了。

3）我的研究兴趣经历了摸着石头过河的发展过程，这是由于没人指导，凭着兴趣自己探索的。我经常阅读文献。我阅读文献是为了了解学术动态。我没有更频繁地去阅读文献是因为没有时间。现在我挤时间做跨文化交际方面的研究。我对科研的态度可以这样来概括：压力、动力、执着。我做研究主要是出于没读硕、读博，想通过自学和科研来提高自身文化素养和教学水平，对此我感到痛并快乐着。我一般会和同行讨论科研的相关问题，这是因为与同行交流能促进互相学习，取长补短。除此以外，我经常参加学校或学院组织的科研活动，如各种学术讲座，我觉得这些活动对我帮助很大。

4）我觉得做研究以及完成学校的科研任务最困难之处在于没有足够的时间，经常是顾了教学，就顾不了科研，这是因为英语老师课务重，班级大，人数多，作业量巨大造成的。如果减轻工作量或减少班级人数的话，我觉得我的科研实践会有进步。

我们将类似这样的 346 份纸质叙事问卷数据输入到 Excel 表中，然后导入 NVivo 9 质性分析软件中进行编码分析。根据逐渐抽象的程度对答卷文本进行 3 个不同层次的编码（Strauss & Corbin, 1998）。首先是一级编码（也称开放式编码）。我们以开放的态度对材料进行仔细阅读，寻找本土化的概念，尽量以原始资料中的关键词为基础编码，产生 992

个一级编码。如在"科研"维度中，对教师发论文感受的资料分析得出10个一级编码，包括"惭愧、压力大、不满意、满意、有成就感、沮丧、困难、无所谓、较满意、有成就感但太辛苦"等。然后是二级编码（也称关联式编码），我们不断地对一级编码概念进行比较和聚类分析，建立概念与概念之间的层次联系，并确定概念类属。比如从教师发表论文感受这一分析单元中析出3个二级编码，分别是"积极感受、消极感受、综合感受"。其中，"惭愧、不满意、沮丧、困难、无所谓、压力大"等编码属于消极感受；"满意、有成就感、较满意"等属于积极感受，"有成就感但太辛苦"归为复杂感受。最后是三级编码（也称核心式编码），我们对所有概念类属之间的关系进行分析，筛选出更具概括性和解释性的主题，从而确定原始材料的核心类别，如对包括教师发表论文感受等6个分析单元中所有类属概念之间的关系进行分析，最后确定科研心态为该框架的主题，并以此串起各种概念间的关系，即科研心态及其结构。按照同样的方法，我们分析了科研其他两个维度的主题。最后得到的科研叙事主题可见表2-1。我们在报告其中的研究发现时，结合了研究参与者的原话，以使他们的经验呈现更为形象与生动（见第三章）。

表2-1　科研环境主题（N = 346 人）

主　题	主题概述（二级编码覆盖率）
复杂心态	教师对发表论文呈消极心态（78.5），感到不满意、惭愧和压力大 教师理解院校的科研奖惩规定（61.1），但也有不少表示不认同（36.3） 教师对科研持积极态度（64.3）
艰难发展	教师的科研兴趣经历内容（49.1）和路径（32.4）等变化 教师感到最困难之处是自身因素（51.5），论文发表难（20.2） 教师读文献的目的是自我发展（48.6）、做科研（37）和改进教学（14.3）
渴望支持	教师主要与同事（65.4）和专家同行（20.4）讨论科研问题 教师最期望改善科研管理（46.4）、自身更投入（30.7）、专家引领（16.3）

另外，本研究也采取一定措施来保证研究结果的有效性。本叙事问卷收集的是半开放型问题的回答，遵循的是质性研究的理念和方法，可通过原始资料检验法和反馈法来检验研究结果的有效性（陈向明，2000）。我们还采用归类一致性的方法（Miles & Huberman, 1984：

64)，通过不同人员独立分析同样资料的一致性程度来检验研究结果。多种渠道的检验结果显示出较好的一致性，因此可以认为叙事问卷的数据分析结果是有效、可信和可靠的（见第三章）。

（三）叙事问卷长处与弊端

这种基于叙事框架的问卷与常规环境量表相比，最大区别在于前者不是非此即彼的选择，参与教师可以恰如其分地发出个人的声音，这样研究者可以收集到有一定丰富度的回答，一个个教师的小故事包括了教师对与其专业发展密切相关的事件和经验的描述、感受和评价。透过这些小故事，教师关于环境的经验得以表述和理解，较好地达成了了解和研究中国高校英语教师专业发展环境的目的。另外，与完全开放式的书面访谈相比，这种半开放式叙事问卷（在 5 个维度和框架引导语的启发帮助下）可以面向较大规模参与者，且数据呈现结构化特征，方便整理和分析，这也使大规模的质性研究成为可能，为研究者进入不熟悉的研究场域提供了一个途径，因此适合本课题在全国不同地域环境下开展调查研究的需要。研究还显示，叙事框架作为一种激发教师认知的中介工具，较好地激发了参与教师对当前所处环境的反思，促使他们思索自己生存的状态，为教师赋权和自我改变提供了可能。如有教师在邮件中写道："这个问卷是让我们去思考自己环境的一个开始，自我是最大、最重要的环境要素，也是唯一可控的环境要素，唯有通过改变自己，改变自己的'知'与'行'，才有可能改变环境。"

但是叙事框架也存在一些不足，主要是开放性不够，叙事问卷上的内容和空间结构限制会使部分教师不适应，使部分教师故事的自然度和深度受到影响。问卷还存在一定的"去个性化"风险（Barkhuizen & Wette，2008）。叙事应该呈现丰富的教师个性化理解，但框架形式使部分教师感到受限制，觉得自己的故事已被设定，完全个性化的叙事较难体现。再者，问卷中既有的引导语较多，在一定程度上干扰了教师叙事的流畅性；还有少量引导语指令不清，导致教师答非所问，给数据编码和分析造成了一定的困难。这些不足给后续研究提供了诸多启示。首先，叙事框架研究需要辅以个案研究，如补充深度访谈数据等，尽量全面深刻地呈现教师心声。其次，叙事问卷在版面设计上应该留出更多空白，给教师更多表述的空间；引导语设计应更为精炼有效，避免面面俱到，减少重复的问题，给教师更多表述自由。最后，还应给教师更多填写问卷的时间，让他们表达出更深层次的感受和经验等。

中国高校英语教师发展环境叙事问卷有效探究了我国高校英语教师专业发展的环境结构。虽然叙事问卷本身还存在有待改进之处，但是我们相信上述大部分不足可以通过后续叙事案例研究中的深度访谈得到弥补；更为重要的是，这是在叙事理念指导下的一次大胆尝试，它有着积极的认识论和方法论意义。它与下文中提及的叙事案例研究一起构成了本课题的方法特色。

二、叙事案例研究

为了对教师专业发展环境感知及体验做进一步挖掘，我们运用叙事案例研究的方式在国内不同地区三所不同类型（综合类、外语类、师范类）的高校开展子课题的研究。本文所说的叙事案例研究指的是叙事理念指导下的案例研究。所谓案例研究（case study）是"对单个的事例、现象或社会单元做深度的、整体的描述与分析"（Merriam，1998）的一种质性研究方法。它有三个方面的特点：（1）特定性：研究的是一个特定的实践情境或社会现象；（2）描写性：对研究对象做生动的、细节的描述；（3）启示性：可以帮助人们对所研究的现象形成新的理解（Merriam，1998：29-30）。但是因为对案例的细致分析容易割裂事件的连续性和丰富性，有时候可能会"见树不见林"，对过程性和整体性照顾不周，在全景揭示方面尚有欠缺。我们采用叙事案例研究，这种方式既保留了叙事对于教师经验探究的优点，又有基于已有研究概念框架对特殊现象进行的深刻细致分析，能够较好达成深度研究的目的。具体是指在案例研究的数据收集、整理、分析和结果汇报过程中充分融合叙事的特色。

（一）数据收集中的叙事特色

本课题中的各个子课题综合运用了访谈、案例素材等方式进行数据收集。其中，深度访谈是最主要的方式。访谈是研究者通过口头谈话的方式从被研究者那里获取第一手资料，是质性研究中最为重要的一种资料收集方式。访谈可以了解到参与者的所思所想和情感反应，他们生活中曾经发生的事情以及他们的行为所隐含的意义；访谈可以进入受访者的内心，了解他们的心理活动和思想观念（陈向明，2000：170）。"访谈为进入个人体验提供了渠道,在回应和探究人们的故事时具有灵活性"(Hargreaves, 2005: 969)。因此,访谈是较好地了解教师经验的方式。各个子课题的访谈过程中对叙事特色的集中体现是我们要求参与者讲述自己的故事,而不是只关注他们的态度和看法。更准确地说,我们在访谈中收集了教师个人故事或者"关键事件"这样具有叙事特色的质性数据。比如,在教师教学情感劳动和科研情感两个子课题中,研究者就邀请参与者分别叙述了他们教学和科研经历中的各类情感事件。这些关键事件本身就是叙事,为教师经历提供具体场景,一方面让数据更为生动和真实,另一方面也为我们更好地理解教师经验的社会文化因素提供了支持。再者,叙事能够有效帮助我们挖掘教师情感经验的本质特征。

例如,在教师"韧性"和"能动性"的两个子课题中,两位作者都是通过访谈,深入探究了参与教师职业生涯的关键事件。如子课题"教师职业能动性研究"的访谈问题涉及:(1)教师对职业生涯不同阶段的划分及每一阶段关键事件的回顾;(2)对个人教学实践的回顾;(3)对个人科研实践的回顾;(4)对工作环境和人际关系的回顾。正是通过这种叙事性深度访谈来收集教师职业生涯的重要场景与故事,以探究他们职业韧性和能动性的发展过程。

除访谈之外,案例素材也是各个子课题的数据收集方式。在纷繁多样的案例素材中,我们偏向具有叙事特征的材料。比如在"教师科研情感研究"子课题中,作者除了收集关键事件外,还收集了研究参与者的反思日记这种具有极强叙事特征的材料。又如,"教师学习共同体"子课题还对一年半项目进程中各种场合下共同体成员之间的对话进行了录音,包括QQ群聊天记录,这类材料中有很多反映成员之间如何互动的小故事。当然,每次收集这类案例素材之前,都需先征求教师同意。

(二)数据整理和分析中的叙事特色

本课题所有子项目的数据整理与分析也是在叙事理念指导下进行的。首先采用写故事的方式对数据进行精简和浓缩,为寻找主题和本土概念提供大背景帮助。如"教师转化性学习研究"的子课题中,作者在反复阅读和熟悉原始资料后对访谈中的相关材料进行了故事化处理,一共写出了9位参与教师的25个转化性学习故事。子课题"教师职业能动性研究"对叙事数据的整理大致相同。首先从内容层面寻找数据内部反映教师能动性的故事线、主要事件、次要事件以及它们彼此之间的关系，然后在主题层面寻找与研究问题有关的、反复出现的行为和意义模式，寻求数据内部之间的联系。再按照情境分析的方法将相关数据重组成完整的、位于真实情境中的故事，即"在归类的基础上将内容浓缩，以一个完整的叙事结构呈现出来"（陈向明，2000：296）。

这里需要特别强调的是数据分析中的叙事特色。叙事研究的精髓在于对故事背后意义的探究，而且叙事理念本身所蕴含的开放性也启示我们采用不同的方式达到叙事研究的目的。我们主要采用两种方式，一是偏向主题研究，主要是通过三级编码对意义进行探究和理论提炼，二是文化研究，通过深描探究现象的文化运作机制。本项目多数子课题采用了第一种主题研究方式，对数据分析采取三级编码：开放式编码、主题编码和轴心编码。这一点与我们叙事问卷的分析过程类似。也有子课题采用了第二种方式，即文化研究，主要体现在"教师文化"专题研究中。它通过对教师的生活经验进行深度描述和解释，揭示出一种关于"文化"的体验和共识。具体综合采用了主题分析、类属分析和情境分析三种方法，充分发挥各种方法的优势，弥补彼此的不足，最大程度地利用和分析教师叙事数据（见第四章）。

（三）研究结果呈现中的叙事特色

我们在呈现研究结果时也贯彻了叙事理念。叙事不仅帮助叙事性的思考，而且叙事本身也是研究发现的展现形式。我们子课题研究中采用了两种方式实现这一目的。

第一类是教师人生故事展现，为深入的分析讨论提供基础。如子课题"教师职业韧性研究"中，作者分析出四类不同的教师，并用故事勾画出不同类型教师的形象。以下是作者建构的教师T2"夹缝生存的勇者"的故事（见第七章），她代表了一批改革开放后成长起来的教师，虽身处"中年危机"，但仍试图通过个人努力与毅力，求得职业上的发展。

> 教师T2来自于公共外语系，26年的职业生涯更加"一波三折"。她从俄语系毕业后留校任教，度过了风平浪静的十年。和很多人一样，为了寻求进一步发展，她又报考了俄语方向的研究生，外出求学两年。就在她兴冲冲回到学校，准备毕业论文的时候，因为受当时形势的影响，俄语系正面临着生存危机，她也将被迫转行，这无

疑颠覆了她十多年的学习和工作经历。无奈之下，在30多岁的时候，她再次回到大学课堂，整整学习了三年英语，并转入公外任教。随后，教师T2带着女儿随先生去加拿大访学，并在加拿大攻读英语硕士学位，但后因家庭工作等种种原因放弃学位回国。几番周折后，教师T2再次回到大学英语课的讲台，但她发现自己又落在了后面。在40岁左右，她的科研生涯才刚刚起步，跟着比自己年轻很多的老师慢慢学慢慢磨，当她刚刚摸出些门道准备申报职称时，学校的评审要求已经大幅度提高了。她"每次申报失败后再继续，因为觉得没有其他出路，不能放弃"。连续好几年，她仔细研究对公外教师职称评审要求，发现可以改投其他专业类的核心期刊，终于发表成功，"为自己找了另外一条生路"。

第二类是叙事作为研究发现的例析。这样的叙事为概念性和逻辑性的研究发现提供了情境，有助于读者理解。比如，在关于"教师情感劳动"的子课题中（见第六章），作者在呈现参与教师从表层行为向深层行为转变的过程样式时，通过直接引用参与教师讲述的故事"为什么要我念？"例析了这一过程，并通过进一步的挖掘探究了引发这种转变的深层行为策略。

有一次，我叫一个同学念一个音给我听，以此作为检查，他却（语气）很冲，问我："为什么要我念？"如果是其他老师的话，可能会把这个当成是一种顶撞。当时有点生气，我说，"你是我的学生，我上课时要检查。"他就说，"那你为什么不问其他的男生，要问我？"我说，"其他的我也会检查的。我现在走在你的旁边，顺便就先检查你的。"然后他又冲着我说了一些不客气的话，我就很耐心地跟他说，"我要对你的学习负责，我要检查你的语音，这就是我的工作。作为学生希望你能配合我的工作，不是我习难你，而是你要不要这样的一个学习机会吧，不要把它看成老师对你的折磨或者恐吓。"说完之后，他很勉强地配合了一下。可能回去之后他也想想自己不对。到后来他都非常主动地和我打招呼，还和我聊家里的一些事情。这个学生是我觉得是改变最大的一个，我也很感动。(T1)

综上可见，我们力图在子课题案例研究的各个阶段融入叙事理念。

这不仅是我们坚信解释主义的研究价值观，也是我们秉承叙事方法的开放性特征，在数据收集、整理、分析、结果呈现等不同阶段体现叙事特色，以达到更好地理解教师环境以及教师与环境互动的经验。

第五节　创新与挑战

本课题不仅将国内外语教师发展研究内容拓展到教师专业发展环境，揭示出当下教师发展环境的概貌特征和本质结构以及教师与环境的微观互动，而且在方法层面也进行了有益的探索和创新。

首先，本课题研究验证了叙事对于研究外语教师发展环境的有效性。长期以来，叙事研究特别适合个人身份认同研究（Creswell，2012），在讲述故事中体验和反思"我是谁"的问题。本课题采用叙事问卷与叙事案例研究相结合的实践表明，叙事在研究教师感知环境以及情感、韧性、能动性等教师其他心理特质方面也很有帮助，这也再次验证了叙事对于研究教师经验的有效性。其次，本课题使用的叙事问卷为大规模收集叙事数据提供了范例。过去的叙事研究主要聚焦于一位或者几位教师的经验，很少探究大范围的教师群体。叙事问卷挣脱这样的限制，不仅可以收集到大规模叙事数据，为更好地揭示群体教师经验提供工具上的支持，同时也使更多一线教师参与反思和现实重构、与研究者共同发展成为可能。再次，我们创造性地将叙事与案例研究融合起来，充分发挥叙事与案例研究的长处，为一贯主张类属分析的案例研究提供了更多的情境，帮助读者理解与深化对相关问题的认识。另外，我们在叙事数据收集与分析和研究结果呈现的方式上也进行了多种方式的探索，旨在提供多元的理解教师经验的视角，为叙事研究在国内的发展提供值得借鉴的经验。

然而，叙事理念在本课题研究的应用中也存在多种挑战。第一是叙事的形式结构差异。教师发展研究中对叙事的形式结构还没有达成共识，这在本课题研究中也有体现。比如，叙事问卷中的"故事"与子课题叙事案例研究中的"故事"在结构上并不相同，这与叙事调查和案例研究的具体目的不同有关。相比较而言，叙事案例研究中的叙事体现了更多"地点、时间、人物、情节"等元素，而叙事问卷中相对较少。叙事的形式结构应该包含哪些基本内容依然需要进一步探索。第二是研究结果汇报中叙事不同呈现方式的差异。在子课题研究结果报告中，有的直接用故事作为研究发现，有的是故事作为研究发现的补充，这种不同呈现方式之间的差异对于理解教师经验的效果或影响还有待更多研究。

总之，我们需要采用开放的心态看待教师的生活世界和生存价值。叙事理念代表着一种非常重要的、以人为本的新颖视角。叙事在国内外语教师发展研究中方兴未艾，本课题在这方面的探索有一定的创新，但也存在不少挑战。让我们继续在探索中前行，共同推进叙事研究方法的应用和效果。

参考文献

Barkhuizen, G. (2009). Topics, aims, and constraints in English teacher research: A Chinese case study. *TESOL Quarterly*, 43(1), 113-125.

Barkhuizen, G. (2011). Narrative knowledging in TESOL. *TESOL Quarterly*, 45(3), 391-414.

Barkhuizen, G. (2013). *Narrative Research in Applied Linguistics*. Cambridge: Cambridge University Press.

Barkhuizen, G. (2014). Narrative research in language teaching and learning. *Language Teaching*, 47(4), 450-466.

Barkhuizen, G., Benson, P., & Chik, A. (2013). *Narrative Inquiry in Language Teaching and Learning Research*. London: Routledge.

Barkhuizen, G., & Wette, R. (2008). Narrative frames for investigating the experiences of language teachers. *System*, 36(3), 372-387.

Barnard, R., & Viet, N. G. (2010). Task-based language teaching (TBLT): A Vietnamese case study using narrative frames to elicit teachers' beliefs. *Language Education in Asia*, 1(1), 77-86.

Benson, P. (2014). Narrative inquiry in applied linguistics research. *Annual Review of Applied Linguistics*, 34, 154-170.

Clandinin, D. J., & Connelly, F. M. (2000). *Narrative Inquiry: Experience and Story in Qualitative Research*. San Francisco: Jossey-Bass.

Creswell, J. W. (2012). *Qualitative Inquiry and Research Design: Choosing among Five Approaches*. California: Sage.

Day, C. (2011). Uncertain professional identities: Managing the emotional contexts of teaching, In C. Day & J. C. Lee (Eds.), *New Understandings of Teacher's Work-Emotions and Educational Change*. London: Springer.

Dewey, J. (1938). *Education and Experience*. New York: Macmillan.

Freeman, D. (2002). The hidden side of the work: Teacher knowledge and learning to teach. *Language Teaching*, 35(1), 1-13.

Freeman, D., & Richards, J. C. (1996). *Teacher Learning in Language Teaching*. Cambridge: Cambridge University Press.

Golombek, P. R., & Doran, M. (2014). Unifying cognition, emotion, and activity in language teacher professional development. *Teaching and Teacher Education*, 39, 102-111.

Golombek, P. R., & Johnson, K. E. (2004). Narrative inquiry as a mediational space: Examining emotional and cognitive dissonance in second language teachers' development. *Teachers and Teaching: Theory and Practice*, 10(3), 307-327.

Hargreaves, A. (2005). Educational change takes ages: Life, career and generational factors in teachers' emotional responses to educational change. *Teaching and Teacher Education*, 21(8), 967-983.

Husserl, E. (1970). *The Crisis of European Sciences and Transcendental Phenomenology: An Introduction to Phenomenological Philosophy*. Evanston: Northwestern University Press.

Johnson, K. E. (2009). *Second Language Teacher Education: A Sociocultural Perspective*. New York: Routledge.

Johnson, K. E., & Golombek, P. R. (2011). The transformative power of narrative in second language teacher education. *TESOL Quarterly*, 45(3), 486-509.

Jurasaite-Harbison, E., & Rex, L. A. (2010). School cultures as contexts for informal teacher learning. *Teaching and Teacher Education*, 26, 267-277.

Lasky, S. (2005). A sociocultural approach to understanding teacher identity, agency and professional vulnerability in a context of secondary school reform. *Teaching and Teacher Education*, 21(8), 899-916.

Menard-Warwick, J. (2007). "Because she made the beds. Every day": Social positioning, classroom discourse, and language learning. *Applied*

Linguistics, 29(2), 267-289.

Merriam, S. B. (1998). *Qualitative Research and Case Study Applications in Education: Revised and Expanded from Case Study Research in Education* (2nd ed.). Thousand Oaks, California: Sage.

Miles, M. B., & Huberman, A. M. (1984). *Qualitative Data Analysis: A Sourcebook of New Methods*. California: Sage.

Rushton, S. P. (2001). Cultural assimilation: A narrative case study of student-teaching in an inner-city school. *Teaching and Teacher Education*, 17(2), 147-160.

Shelley, M., Murphy, L., & White, C. J. (2013). Language teacher development in a narrative frame: The transition from classroom to distance and blended settings. *System*, 41(3), 560-574.

Strauss, A., & Corbin, J. (1998). *Basics of Qualitative Research: Techniques and Procedures for Producing Grounded Theory*. London: Sage.

Tsui, A. (2007). Complexities of identity formation: A narrative inquiry of an EFL teacher. *TESOL Quarterly*, 41(4), 657-680.

Vasquez, C. (2011). TESOL, Teacher identity, and the need for "small story" research. *TESOL Quarterly*, 45(3), 535-545.

Wette, R., & Barkhuizen, G. (2009). Teaching the book and educating the person: Challenges for university English language teachers in China. *Asia Pacific Journal of Education*, 29(2), 195-212.

Xu, S., & Connelly, F. M. (2009). Narrative inquiry for teacher education and development: Focus on English as a foreign language in China. *Teaching and Teacher Education*, 25(2), 219-227.

Xu, Y., & Liu, Y. (2009). Teacher assessment knowledge and practice: A narrative inquiry of a Chinese college EFL teacher's experience. *TESOL Quarterly*, 43(3), 492-513.

陈向明，2000，《质性研究方法与社会科学研究》。北京：教育科学出版社。

陈向明，2010，教育叙事对教师发展的适切性探究，《教育研究与实验》(2)：26-32。

顾佩娅，2009，《优秀外语教师成长案例研究》。北京：外语教学与研究出版社。

顾佩娅、古海波，2015，在与环境的互动中成长：老一代英语教师专业
　　发展案例研究，《外国语文研究》(3)：95-104。

顾佩娅、许悦婷、古海波，2013，高校英语教师专业发展环境叙事问卷
　　的设计与初步应用，《中国外语》(6)：88-95。

李晓博，2008，教室里的权威：对日语教师个人实践知识的叙事研究，《外
　　语研究》(3)：46-50。

李晓博，2009，论教师研究中的叙事探究，《深圳大学学报（人文社会
　　科学版)》(4)：147-151。

李晓博，2011，《有心流动的课堂：教师专业知识的叙事探究》。北京：
　　外语教学与研究出版社。

刘蕴秋、邹为诚，2009，华东地区优秀外语教育传统研究，《外语教学
　　理论与实践》(4)：33-44。

陆忆松、邹为诚，2008，教育叙事视角下的英语教师素质研究，《外语
　　教学理论与实践》(3)：68-75。

钱晓霞、陈明瑶，2014，教育叙事视域下的外语教师研究：回顾与反思，
　　《外语界》(1)：49-56。

宋改敏、陈向明，2009，教师专业成长研究的生态学转向，《现代教育管理》
　　(7)：49-52。

王俊菊、朱耀云，2008，师生关系情境中的教师学习——基于叙事日志
　　的个案研究，《外语教学与研究》(4)：287-292，321。

吴一安，2008，《中国高校英语教师教育与发展研究》。北京：外语教学
　　与研究出版社。

吴宗杰，2008，外语教师发展的研究范式，《外语教学理论与实践》(3)：
　　55-60，31。

许悦婷，2011，大学英语教师在评估改革中身份转变的叙事探究，《外
　　语教学理论与实践》(2)：41-50。

张莲，2008，外语教师教育研究方法：回顾与展望，《外语教学理论与
　　实践》(3)：48-54。

张莲，2013，高校外语教师专业发展的制约因素及对策：一项个案调查
　　报告，《中国外语》(1)：81-88。

周燕，2005，高校英语教师发展需求调查与研究，《外语教学与研究》
　　(3)：206-210。

第二部分 现状篇：教师环境体验与文化探究

        基于第一部分的理论和方法论述，本部分通过第三章和第四章两个章节，呈现了我国高校英语教师专业发展环境的概貌特征和意义结构，为其他子课题的研究提供背景。第三章通过一项规模性叙事问卷调查，探究了国内高校英语教师人际关系、教学、科研、改革和生活5个维度的环境体验及意义，发现了他们的矛盾感受和面临的复杂困难处境，并据此构建了一个由职业心态、教研实践和发展环境三要素构成的教师专业发展环境结构模型，用以概括和解释教师发展环境核心因素构成及其结构。第四章聚焦教师文化，通过深描一所重点高校英语教师的职业生活，挖掘出该群体教师文化的外部特征及内部意义结构，认为教师在时间文化、数字文化和空心文化中进行妥协、回避和自救。这两章相辅相成，全面且深刻地揭示了我国高校英语教师专业发展环境现状及核心内涵，为其他子课题的研究提供了背景。

第三章
境由心生：高校英语教师专业发展
环境调查①

顾佩娅、古海波、陶伟

第一节　引　言

　　教师是提高教育质量的关键。《国家中长期教育改革和发展规划纲要（2010—2020）》明确提出要改善教师工作、学习和生活条件，努力造就一支高素质专业化教师队伍。然而在当今社会变革大背景下，广大教师切身体会到自身专业发展的多重环境制约，对外部环境结构与自身发展需求之间存在的矛盾感到困惑和迷茫（张莲，2013；周燕，2005）。了解教师生存和发展环境状况，帮助教师找回主体精神已成为当务之急。近年来，教师专业发展研究的生态学转向（宋改敏、陈向明，2009）凸显了对教师发展环境的关注，更强调成长中的教师主体对环境的感知和回应。受社会文化理论影响，外语教育领域也已关注到教师发展的情境性（Freeman，2002；Sharkey，2004；顾佩娅，2009；吴一安，2008；周燕等，2008），然而对影响中国外语教师专业发展的多因素分析以及教师与环境互动的实证研究甚少。基于此，本课题研究高校英语教师对环境的感知及其与环境的互动，旨在深化对环境的认识，更好地引导教师自主发展。本章报告课题第一阶段完成的全国性叙事问卷调查结果，主要探究教师对专业成长环境的体验及其意义，并为更深入的一系列子课题叙事案例研究提供背景。

---

　① 本章主要内容已发表在《解放军外国语学院学报》2014 年第 4 期。全国性叙事问卷调查过程中得到参与高校众多专家和教师的大力支持和课题组其他成员的帮助，特此致谢。感谢北京外国语大学吴一安教授和编辑部提出的修改意见。

第二节　人类发展生态学理论及其启示

环境是个复杂的概念。涉及人的发展环境的研究存在多种理论，虽然这些理论对环境的本质、内涵及其与人的关系的阐释和研究视角不同，但是可以概括为行为主义和人本主义两种取向。行为主义取向下的环境理论聚焦环境本身，关注脱离情境的人的心理，如 Moos（1974）的三维环境理论以及一系列据此开展的课堂和学校环境量表调查（Devlin，2002；Dorman，2000）。而人本主义取向环境理论强调情境中的主体经验和人与环境的交互，如发展心理学中的人类发展生态学（Bronfenbrenner，1979，2005）以及近年来在英语教育领域新兴的社会文化生态观（van Lier，2004）和叙事探究（Barkhuizen，2011；Clandinin & Connelly，2000）。相比行为主义的环境决定论，基于人本主义的人类发展生态学为我国英语教师发展环境多因素系统研究提供了重要视角和方法，也为建构我国本土英语教师发展环境理论提供了支持。从相关文献中我们得出两点启示，这对本课题研究框架和方法设计影响重大。

首先，人与环境的整体性和互动性。长期以来，受传统行为主义影响，人们常常将本质上相互依赖、相互作用的人与环境分开研究。在教师发展领域，尽管教师发展的情境性和教师与环境互动成长的观点早已成为共识，但是二元论的观点仍然强烈影响着研究者。人类发展生态学从人的发展角度对环境概念进行了重新界定，将环境理解为包含着发展中个体的环境；环境不可避免地融入人的认知、情感和行为体系，它能够激励或制约人的发展，人也反过来作用于环境。人在与环境的接触和互动中实现发展（Bronfenbrenner & Morris，2006）。生态学视角与社会文化理论、复杂系统论以及叙事探究等研究理念异曲同工，在英语教育领域有很好的研究价值和应用前景（van Lier，2004）。从生态学视角出发，本研究将英语教师专业发展环境定义为教师感知和体验到的职业生活和成长环境。有关这个环境的概念内涵与结构，Barkhuizen（2008）提出了由个人环境、学校环境和社会文化环境三层彼此内嵌相连的环境组成的英语教师发展环境模型，这一模型与 Bronfenbrenner（2005）建构的生物生态模型高度一致，成为本研究的分析框架。

其次，叙事探究的适切性。生态学方法以引导发展为目的，关注研究参与者的主体认识，致力于通过人的理解和体验来研究环境，认为最重要的不是客观现实的环境，而是个体所觉知到的、所理解的环境。这种现象学的理念与英语教师发展领域新兴的叙事探究观念相吻合。叙事的人文价值和解放功能超越了传统研究的"科学"价值和学术功能。如果教师发展环境研究的目的是系统地理解人与环境相互作用下的发展过程和结果，那么第一步就是要呈现和理解教师对环境的感知和体验。叙事不仅能让一线教师发出自己的声音，说出自己所处的环境（包括困境）和愿望，而且能让教师通过与研究者的互动一起重构现实，创造性地拓展发展空间。这种人本主义价值观使我们最终放弃改编学界已发展成熟的环境量表的计划，决定尝试已经在国内外多项研究中得以成功应用的叙事框架（Barkhuizen，2009；Barkhuizen & Wette，2008；Barnard & Nguyen，2010；Shelley，Murphy & White，2013；Wette & Barkhuizen，2009）。

第三节　研究设计

一、研究问题

本研究回答的问题是：中国高校英语教师感知到的职业生活和发展环境是怎样的？本研究具体探究教师在职业人际关系、教学、科研、学校／教育改革和教师生活5方面的环境体验及其意义。

二、叙事问卷设计

本研究采用的工具是一份带有邀请信的涵盖教师生活世界（life world）5个维度的叙事问卷（见附录一）。其设计、修改和试用过程以及初步应用效果发表于《中国外语》（顾佩娅等，2013）。问卷内容包括：（1）职业人际关系：和什么人交往，愉快和不愉快的经历，改善条件；（2）教学：教学工作量，教学经历，教学相关活动，改善条件；（3）科研：科研情况，对学校规定的看法，科研兴趣和实践，存在困难和改善条件；（4）学校／教育改革：学校背景，教师在改革中的实践，改革中遇到的问题，改善条件；（5）教师生活：个人生活，经济状况，职业认同，家人支持，改善条件。每个维度由3~5个叙事框架构成。每个框架由2~10个意义关联的引导语及长短不一的空格组成。问卷最后还留有半页空间，让教师自由表述"其他想法与感受"。2012年在3所高校的初试结果基本肯定了该叙事问卷结构维度的合理性和有效性。

三、数据收集

2012~2013 年间，我们分别在国内 10 所高校邀请英语教师参与叙事问卷调查。[①]发放问卷 389 份，其中有效问卷 346 份，有效率 89%。参与教师来源广泛，覆盖了综合类、外语类、师范类、农林医药等各种专业特色类高校中的英语专业和大学英语教师；教师性别、职称和教龄分布较好地反映了目前高校英语教师群体的结构现状（见表 3-1）。

表 3-1　参与教师基本信息（N = 346 人，占 %）

	性　别		教学对象		学校类型					职　称				教　龄		
	女	男	英专	大外	综合	外语	师范	特色	其他	教授	副教授	讲师	助教	0~7	8~23	≥24
%	80	17	51	49	20	24	16	26	14	11	26	59	3	26	56	17

注：未填写性别的教师占参与总人数的3%，未填写职称和教龄的教师分别占总人数的1%。

叙事问卷收集的基本信息还显示：多数教师（78.6%）周课时量在 10 小时以上，个别教师周课时量逼近 40；班级规模多（74.1%）在 30 到 80 人之间，最大的班级规模人数高达 120 人。教学之余，教师需参加教研、学习等教学相关活动。多数（67.6%）教师过去 5 年论文发表量在 5 篇以下；半数教师经常阅读文献，大多数教师（80.4%）参与学术讲座／研讨等科研相关活动。生活中教师主要将时间用于照顾家人、学习进修、备课和娱乐休闲；教师承担着日常开销、供养子女、房租房贷和赡养父母多方面的负担，一半以上的教师年收入期望值在 10 万元以上。教师对环境的感知基于他们的日常工作和生活体验，因而这些基本信息的呈现为我们理解和阐释教师的环境感知提供了背景。

[①] 我们用英文字母 A 到 L 作为 12 个数据源（包括 10 所高校和正在其中 2 所学校进修的来自全国各地高校的两组教师）的代码。例如，下文中的 A13 表示的是来自 A 校编号为 13 的教师，以此类推。

四、数据分析

首先，我们以学校为单位将叙事问卷数据输入 Excel 表格；接着导入 NVivo 9 质性分析软件①中。根据逐渐抽象的程度对答卷文本进行三级编码（Strauss & Corbin，1998）。先以开放的态度仔细阅读叙事文本、提取本土概念，再以这些本土概念为依据编码所有文本。5 个维度共得出 992 个一级编码（人际 139、教学 286、科研 275、改革 113 和生活 179 个）。然后是二级编码，通过不断比较和聚类建立一级编码间的关系，从而确立概念类属，5 个维度共得出 273 个二级编码（人际 34、教学 74、科研 67、改革 42 和生活 56 个）。三级编码对所有概念类属间的深层关系进行选择型分析，筛选出更具概括性和解释性的 15 个核心类别或主题，以反映每个维度下的教师环境体验概貌及其意义结构。比如，在"科研"维度中，对教师发论文感受的资料分析得出 12 个一级编码，包括不满意、惭愧、压力大、满意、有成就感等（见附录二）；这些一级编码被进一步分析聚类成 3 个二级编码，分别为积极感受、消极感受和综合感受；接着进入三级编码，对包括教师发论文感受等 7 个分析单元中所有概念类属之间的关系进行高度抽象，确定复杂心态为教师对科研整体感受的主题（三级编码过程和结果示例见附录三）。最后通过运用 Barkhuizen（2008）的英语教师发展环境模型，串联起各个维度主题概念间的关系，综合探讨影响中国英语教师专业发展环境的深层次社会文化原因，并进一步探寻影响因素间的关系特点及其结构。

五、研究结果的信度与效度

本叙事问卷收集的是半开放型问题的回答，遵循的是质性研究的理念和方法，可通过原始资料检验法和反馈法来检验研究结果的有效性（陈向明，2000）。本研究首先采用原始资料检验法，将研究概念返回原始资料中加以审查，以确保概念来源于原始资料。如"惭愧"、"困难"、"压力大"、"有成就感"、"无奈"等均来自于教师在问卷中的原话。本研究也采用了反馈法，在每个编码阶段得出结果后，交由课题组其他成员审查，

---

① NVivo 是目前国际上主流的计算机辅助质性资料分析软件，其分析运行的理论依据是扎根理论（Grounded Theory），具有强大的编码、查询、链接、建模等功能，能够有效管理和分析质性数据。

听取反馈意见，后又多次回到原始资料，检验、修改编码和完善分析结果。如一开始对教师感受相关材料进行编码时，我们将其分类为消极或积极两种感受，但课题组其他成员反馈时指出这种二分法过于简化现象，不能很好地揭示中国社会文化环境中教师更为丰富的内心世界，于是我们回到原始资料重新编码，在积极与消极两大类别的基础上增加了复杂 / 综合这个概念类属，这样更好地反映出如"有成就感但很辛苦"、"痛并快乐着"等复杂的教师感受。

我们还采用了归类一致性的方法（Miles & Huberman，1994：64），通过不同人员独立分析相同资料的一致性程度来检验研究结果。具体过程是，两位研究者分别独立编码，再互相讨论编码的含义以及所指范围，不断修改，达成一致意见后形成了编码表，之后再交由一位质性研究经验丰富的专家核查编码的内部一致性，并提出修改意见。随后，研究者重新修改编码表，重新编码得出研究结果。这样，我们通过多种渠道和方法对研究结果进行了检验，一致性程度较好，因此可以认为本叙事问卷的数据分析结果是有效和可信的。

第四节　研究发现

本研究将教师看成全人发展的个体，从职业人际关系、教学、科研、学校 / 教育改革和教师生活 5 个维度倾听和分析了他们对"生活世界"的整体感受和体验。基于对 346 份叙事问卷的三级编码分析，得出了下列各维度的最显著主题。

一、职业人际关系：与学生 / 同事亲和但与 领导 / 管理人员有距离

中国是讲究和谐的国度，人际关系对教师发展具有重大影响（顾佩娅，2009）。基于对教师职业人际关系环境体验数据的编码分析，本研究发现了具有鲜明对照意义的人际文化现象，即教师与学生和同事关系亲和，但与行政领导和管理人员有距离。该现象在下面某教师的人际交往故事中得到了集中体现：

> 在工作中，我需要与不同的人交往，如同事、学生、领导。在这些人际关系中，我感觉最愉快的是与学生交往，因为我会惊喜地

发现他们好的品质，发现他们的成长与变化。在这些人际关系中，我觉得最难打交道的是和领导交往，因为自己心理上主观认为不会和领导打交道。比如有一次，看到院长站在院门口就逃跑了，自己害怕和领导打交道。假如我更大方、勇敢的话，我觉得我在单位的人际关系会更好。（A13）

下表 3-2 是职业人际关系环境体验的调查结果，集中在矛盾感受和改善期望两个方面。

表 3-2　职业人际关系环境叙事主题（N = 346 人）

主　题	主题概述（二级编码覆盖率占 %）
矛盾感受	教师最愉快的是与学生（58.3）和同事（32.5）交往。教师认为最难的是与领导（43.1）和行政管理人员（27）打交道。
期望	教师最期望改善学校人文环境（34.7）以及改变自身交往策略（33.3）。

数据显示，多数教师喜欢与学生和同事交往。主要原因有：学生"真诚"、"有朝气"，"能感受到自己从教的价值所在"（G31）；同事间"彼此有共同话题和共知域"（J3），"我们可畅谈教学的体会、科研的痛苦和家庭的快乐与苦恼"（L18）。教师害怕与领导打交道的原因是"感觉彼此地位和权势的悬殊"（E9），且"总不能站在同样的角度去看问题，有时不愿意服从，但又不好反抗"（D34）。怕与管理人员交往的原因是他们对教师缺乏尊重和支持，"态度敷衍官僚、冷淡易怒、擅长讥讽"（J24）。教师最期望改善学校人文环境，同时期望自身改变，如"学会更委婉地提出意见"（A17）。

由此可见，教师对人际环境的这种矛盾体验反映了中国传统人际文化的影响：中国教师历来追求师生亲和、同事和谐，但也同时具有强烈的等级意识，惧怕领导。教师重视自身改变则体现了刚健有为的中国文化精神，这将帮助当代教师调适并改善人际环境，促进专业发展。

二、教学：热爱教学但自主受限

英语教师的专业发展主要是在教学实践中成就的（吴一安，2008），然而叙事问卷调查发现，教师的教学环境体验处于热爱教学但自主受限的尴尬境地。正如一位教师提到：

> 在教学上，我面临的最大挑战是知识更新问题，这是因为所用的课本比较老，已经不适应新形势需要，可是院系并不想换教材。在课堂上，我最享受的事是与学生互动，讨论问题，这样他们可以很投入地学习，我也可以向他们学习新的观点。但有时候也有矛盾的地方，比如由于课时限制不能做很多的讨论，为了应试而增加了许多复习时间……有时我会被要求同时教授 3 门以上的课程，对此我感到时间和精力不够，备课非常忙碌，很疲惫。总的来说，我对我的教学感到满意。如果能固定教授几门课的话，我相信我的教学效果会更好。(I1)

对教师教学环境叙事的分析结果显示了以下 3 个主题（见表 3-3）。

表 3-3　教学环境叙事主题（N = 346 人）

主　题	主题概述（二级编码覆盖率占 %）
热爱教学	教师对自己的教学总体感受满意（89.5）。 教师最享受与学生的互动（81.5）。
自主受限	教师对繁重的教学工作不满意（51）。 教师对非教学工作持消极态度（53.6）。
渴望提升	教师将教学中的最大挑战归结于自身因素（69.3）。 教师获益最多的是教研活动（48.7）和进修听课等学习活动（40）。 教师最期待学校改善教学管理（64.9）和自身提高（27.4）。

首先，大多数英语教师热爱教学，最享受课堂互动和师生交流。"讨论时，学生敞开心扉，争先恐后地发表自己的真实想法"（C12），教师因此体会到自身价值，"我是老师，学生的成长和进步是我的快乐"（K17）。其次，教师感到教学自主受限。大部分教师感到繁重的教学工作和较大的班级规模限制了他们的教学创造性，"心有余而力不足"（D4）。超半数教师对被要求做事务性工作及公开课等额外教学任务感到压力大、"无奈和厌恶"（B19）。再次，面对上述矛盾处境，教师渴望提升教学能力。很多教师感到，"自身的能力水平和知识量到了一个瓶颈，有待突破"（H24）；认为教研活动和进修听课等有助于能力提升，"与同事对教学和科研进行讨论与反思，可以互相取长补短，避免犯错误，提高教学效率"（A21）。教师希望学校给予更多培训进修机会，"去

国内外进修，系统提升理论和实践能力"（H24），减少工作量，以及"自己更加投入"（F4）。

上述发现体现了中国教育传统中师德的强大影响力，大多数教师热爱学生和教学。此外，也揭示出当下教师教学独立和自主权不足的现状，教学的干扰因素太多，教师的课程与教学权力受到冲击。另外，教师们在教学条件中直接表达了多种专业发展诉求，反映出一线外语教师对于专业发展的渴望，也希望学校能为教师发展提供更好的条件和资源以及更有效的专业发展方式。

三、科研：复杂心态、艰难发展

科研是高校英语教师之痛（汪晓莉、韩江洪，2011），是大多数教师的一块心病。下面这位青年教师的科研环境叙事很典型：

> 现在我在我们学校是讲师。学校对我这个职称级别的老师的科研要求很高。在过去的5年里，我发表了2篇论文，这让我感到很焦虑。我觉得发表论文是一种压力和折磨，也是一种动力。学校会对教师的科研表现进行奖励或惩罚，比如没有科研分扣奖励。对于学校（学院）的这些做法，我感到无奈，因为教得好没有奖励。我的研究兴趣经历了从没有专一的兴趣到对教学法感兴趣的发展过程，这是由于没有固定教授同一门专业课。我较少阅读文献。我阅读文献是为了写论文。我没有更频繁地去阅读文献是因为没有时间。现在我较多做教学法、教师教育方面的研究。我对科研的态度可以这样来概括：爱恨交织。我做研究主要是出于评职称，对此我感到无语。我一般会和朋友、同学讨论科研的相关问题，这是因为同事们不愿说真心话。除此以外，我较少参加学校或学院组织的科研活动，我觉得这些活动开展太少。我觉得做研究以及完成学校的科研任务最困难之处在于没人引导、帮助、合作，这是因为学校不重视青年教师的指导和培养。如果多指导、多帮助的话，我觉得我的科研实践会有进步。（K3）

下表3-4呈现了科研环境叙事主题分析结果。

表 3-4　科研环境叙事主题（N = 346 人）

主　题	主题概述（二级编码覆盖率占 %）
复杂心态	教师对发表论文呈消极心态（78.5），感到不满意、惭愧和压力大。教师理解院校的科研奖惩规定（61.1）；但也有不少表示不认同（36.3）。教师对科研持积极态度（64.3）。
艰难发展	教师的科研兴趣经历了内容（49.1）和路径（32.4）等变化。教师感到最困难之处是自身因素（51.5）和论文发表难（20.2）。教师读文献的目的是自我发展（48.6）、做科研（37）和改进教学（14.3）。
渴望支持	教师主要与同事（65.4）和专家同行（20.4）讨论科研问题。教师最期望改善科研管理（46.4）、自身更投入（30.7）、有专家引领（16.3）。

　　广大英语教师持有复杂的科研心态。大多数教师对自己过去 5 年的论文发表量感到不满意、惭愧和有压力，"我发表了 1 篇论文，这让我感到很羞愧"（A16）。多数教师理解学校的科研规定，"科研压力让我觉得很头大，但我也知道这是必须的"（D9），"这样能激励各位老师更多地从事科研工作"（C4）。也有不少教师指出科研评价问题，"科研一票定终身，教学搞得再好没用，这是不是违背为人师的基本职能"（C19）。不过，多数教师态度积极，坚持不懈，尽力而为，"自己的主观能动性还是相当强的，我不惜花费几千元去北京或杭州听一场讲座"（E5）。也有不少教师承认迫于职称压力，对此感到无奈和困惑，"不知道科研的真正价值是什么，研究论文能否提高老师的教学水平始终是一个疑问"（C16）。

　　大多数教师的研究兴趣经历了"漫长而痛苦的发展过程"（C17）和在方向、范围、路径上的频繁变化，"真的是从无、不懂到明白和充满希望"（K28），"在夹缝中求生存"（C28）。教师感到最困难的是"没有足够时间，经常是顾了教学，就顾不了科研"（A30），能力不够，论文难发。多数教师经常阅读文献，为的是"提升自己"、"写论文"和"找到适合自己的科研项目"（L10）。大多数教师喜欢与同事和专家同行讨论问题，对院校组织的科研活动态度积极。但也反映了不少学术氛围和评价标准问题，如"好像我们外院的老师都没有科研的意识和兴趣"（L19），"没有公平、统一、确定的标准"（I11）。教师渴望支持，最期望看到学校"科研政策更人性化，而不是量化的"（C10）；同时减少教学工作量，也希望"有高人指点"（G1）。

不难看出，虽然教师认同科研的价值，但实践中却遭遇了教学与科研相冲突、论文难发表、科研缺乏明确的方向和专家引领等困难，这一认识与实践的落差让教师倍感压力。同时，学校不尽如人意的科研政策和量化的评价体系更强化了教师的无奈，加重了教师理想与现实冲突的矛盾感受。

四、学校 / 教育改革：认同但缺乏话语权

广大英语教师是教学改革的实践者，但叙事分析中同样凸显了教师态度积极但缺乏话语权的尴尬处境。一位教师这样表述自己的感受：

> 在改革中，我主要的工作是大学英语网络资源的建设。对此我感到快乐，这是因为我喜欢动手做事，在实践中学习。总的来说，我觉得这项改革有利于大学英语教学，这是因为与教学紧密相关。由于班级过大，学生程度不一，加之课程设计不科学，这项改革也存在一些问题，比如选课（半年一改）问题的频繁，结果是学生吸收不了，输入量大，老师疲于备课，工作量大。我觉得如果领导决策之前听听老师的声音、学生的反馈的话，改革项目会更成功。（A12）

下表3-5总结了有关改革环境的叙事调查结果。

表3-5　学校/教育改革环境叙事主题（N = 346 人）

主　题	主题概述（二级编码覆盖率占 %）
认同改革	教师对改革的总体看法是积极的（78.4）。 对于参与改革项目，教师感到满意（66.3）。
缺乏话语权	教师主要参与改革项目的具体教学实施工作（51.9）。 最常见的问题是改革方式自上而下（39），导致效果差（71.5）。
期望	教师最期望看到学校革新管理（80.2），自下而上。

如表3-5所示，大多数教师认同改革，对参与改革项目"较有成就感"（G29），认为改革有意义，如"新课程模式改变了我的传统思想"（H29），改革"促进教学，促进教师成长，促使教师了解学生的需求"（C14）。但是，教师话语权缺失现象明显。一半以上的教师只是"承担相应课程的教学"（J5），只有少数教师负责项目设计或项目研究报告写作。教师反映最多的是"单方面推行由上至下的改革"（A32），缺少

一线教师的积极参与。这些问题导致"前期轰轰烈烈，中期平平淡淡，后期无影无踪"（H32）。因此，教师最期望学校管理更加科学，"领导决策时能够倾听一线教师和学生的观点"（A13），同时"各部门都能积极配合，改革结果能付诸实施"（F8）。

由此可见，大多数教师在改革中的体验是心态积极但边缘参与。一方面教师对于改革充满了热情，但另一方面教师在改革中担负的都是具体教学的任务，自上而下的改革方式忽视了教师们的需求和期望；由于没有足够的话语权，教师的主体性价值得不到重视。不仅如此，教师们的体验反映出改革情境中学校管理方式存在的不足，教师的期望传达出他们对民主教学改革方式的强烈呼声。因此，更有效的改革环境需要尊重教师，真正以教师为本。

五、教师生活：多元角色冲突

教师作为整体的"人"，生活是其专业发展环境的重要组成部分。叙事材料分析突出反映了教师职业生活中的多角色冲突问题，如下面这位教师写道：

> 我是一名大学英语教师，每周的课时量达 16 个课时。教学占用了我大部分的时间。虽然我拼命地挤时间看专业书籍、查找文献或写论文，还是觉得时间不够用。再加上要承担很多的角色，总觉得生活很累，结果往往是教学没做好，科研上不去，家庭没照顾好，所以有时候感觉自己很失败，也很矛盾。（G25）

表3-6　生活环境叙事主题（N＝346人）

主　题	主题概述（二级编码覆盖率占 %）
多重角色	教师的业余活动是照顾家人（41.6）、学习进修（17.2）和备课（15.2）。教师家人普遍支持他们的专业发展（95.5）。
职业认同	教师大都表示会继续选择当一名高校英语教师（69.1）。他人对于高校教师职业持有非常积极的看法（96.7）。
期望改善	教师对个人生活整体感到满意（67.5），但对工资待遇不满意（63.1）。教师最期望学校改善教师管理（93），特别是提高教师收入（48.1）。

本研究发现，教师处于多元角色矛盾中，不仅要当好教师，同时也要承担丈夫、妻子、儿子、女儿、朋友、学习者等多种社会责任，这让教师感到"身心疲惫"。好在绝大多数教师家人很支持，但教师对此深

感内疚，"我的付出建立在牺牲家人时间和幸福生活的基础上"（D6）。多数教师表示会继续从教，认为"能以自己的学识和能力从正面改变或塑造他人的一生，是当教师的最高理想和最大幸福"（G36）。他人对高校教师职业"评价很高"，对此，一半教师"心里高兴"，一半感到"很无奈"，认为"现在社会以物质身价取人，而不是以精神价值和人品取人"（A37）。多数教师对个人生活整体上感到满意，但对工资待遇极不满意，期望提高教师收入，"能更有尊严地生活"（K12），"能更专注于自己的工作和专业发展"（C3）。绝大多数教师期望学校改善教师管理。

本研究对教师生活环境体验的研究体现了把教师看成是全人发展的个体，突出了从生态视角观察教师"生活世界"的整体研究视角。教师的发展不仅仅局限于学校环境中，教师的家庭和社会生活作为教师的就近环境也会对教师发展有重要作用，它们之间彼此关联。不同的小环境之间互相作用，形成了教师的多重社会角色，处理不好，就会感到身心疲惫和产生职业倦怠。

值得一提的是，不少教师在问卷最后"其他看法与感受"部分，除了感谢给予表达和反思机会外，对教师管理和评价体系问题表示出很强烈的价值观困惑，如：

> 教学？科研？到底哪一个是教师最基本、最重要的职能？按道理说，"师者，所以传道授业解惑也"，说明教学应该排在首位。但目前现实状况是，科研一票定终身。教学搞得再好，再受学生欢迎也基本没用，在评职称时根本排不上号。所以，很多老师都认识到了，一切都是假的，只有发文章、搞课题、评职称才是真的。可是，这是不是违反了为人师者的最基本的功能？（C19）

根据以上分析，可以总结出教师所感知和理解的专业发展环境由5个维度及其下属10个主题构成（不包括教师对所处矛盾困境的改善期望），见图3-1。

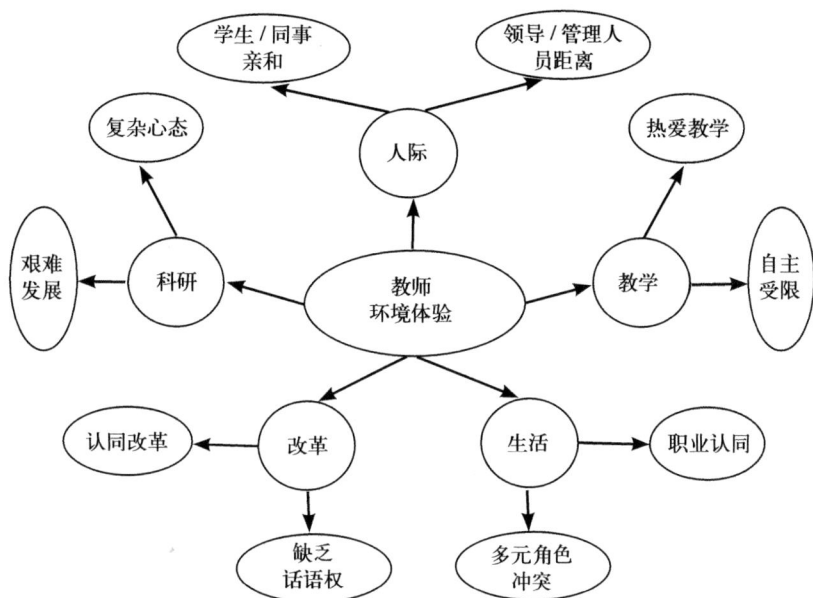

图 3-1 高校英语教师专业发展环境构成图

以上 5 个维度的研究发现揭示了当下中国高校英语教师环境体验的概貌及结构。教师在与不同层面环境（人际、教学、科研、改革、生活）的交互中产生了复杂的矛盾感受；教师所处环境各个层面之间互相影响，交叉作用，共同构成了教师专业发展困难重重的整体环境体验（Bronfenbrenner，2005；van Lier，2004）。值得一提的是，研究者在教师叙事体验中隐约看到困境中涌现出不同类型的教师，反映出三种不同的应对态度：坚持、挣扎或迷茫。坚持者信心坚定，"痛并快乐着"；挣扎者"身心疲惫"；迷茫者困惑多多，徘徊在放弃的边缘。然而，这个初步发现还需要通过后续更深入的案例研究来加以补充和验证。

第五节 总结与讨论

研究表明，中国高校英语教师面临着复杂困难的专业发展环境。我们以 Barkhuizen（2008）的环境关联模型为分析框架，从个人、学校、社会文化 3 个层面分析其内部关联，进一步挖掘原因，并探寻主要因素关系特征及其结构。

一、个人环境：内在信念、情感体验、人际交互

生态视角认为，对教师发展影响最大的是个人环境，涉及教师心态，即内在信念、情感体验以及人际交互等要素（Barkhuizen，2008）。参与教师对所处环境中重要活动（教学、科研、改革等）表现出的积极态度源于他们的职业发展信念。"一个有教育心的人所做的教育，可以不受职业人际关系、科研要求、个人生活的不满意状态和教改的影响"（D33）。教师信念不仅影响教师对环境的感知，也对教师实践行为和专业发展有重要作用（Pajares，1992）。

教师在多元社会角色冲突中的复杂情感体验，夹杂着不同程度的职业倦怠（王俊明，2005），反映了当代教师（特别是女教师）自身发展需求与外部环境要求之间不断加剧的矛盾（张莲，2013）。教师与学生／同事亲和的人际环境体验则验证了良好的人际关系和互动有利于教师成长（周燕等，2008）。

二、学校环境：行政化倾向、缺乏专业支持、评价体系不合理

学校环境与教师个人环境紧密相连，对教师的教育实践与发展起促进或制约作用。调查发现，行政化倾向、专业支持缺乏、评价体系不合理是主要制约因素。首先，行政化倾向限制了教师的教学自主和创新，反映为教材教法受限和改革中缺乏话语权。这种现象既有中国传统文化中"官本位"观念的根源，也有当前市场经济的利益驱动。"去行政化"是高校英语教师实现自主发展的迫切要求，更是培养创新人才的前提。

其次，学校缺乏支持性教师专业发展条件，这与以往针对英语教师的全国性调查发现（戴曼纯、张希春，2004；王海啸，2009）一致。教师希望有更多交流平台、专家支持和进修培训机会。"重科研、轻教学"的评价体系严重限制了教师发展（陈桦、王海啸，2013），也给教师的价值观带来困惑。调查反映出教师对科研又爱又恨的现状，一方面是学校评价政策给教师带来巨大压力，这与陈桦、王海啸（2013）"科研要求和政策不合理"的调查结论一致，另一方面是科研和教学冲突、教学任务过重导致很多教师无暇从事科研（Borg & Liu，2013）。

三、社会文化环境：教育体制、传统文化、家庭责任、功利化导向

社会文化环境是教师所处的更大范围环境层，间接地形塑了教师对人际环境和学校环境的感知和理解。本研究中教师将困难归咎于教育体制、传统文化、家庭责任、功利化导向等社会文化环境问题。其中，教育体制问题主要集中在学校管理方面，行政化倾向在各参与高校中都不同程度地存在，制约着教师的发展。传统文化直接影响教师的人际环境体验。几千年来的等级文化深刻影响着教师的思维和行为方式。教师对自己的上级领导在言语和姿态上都表现出等级感，距离由此而生；教师乐于与学生交往以及热爱教学的特点则体现了传统教育文化中师德的力量，说明孔子"学而不厌，诲人不倦"的教育原则影响深远。从生态视角出发，这一对相互矛盾的教师人际文化现象是个人环境和社会文化环境交叉作用的必然结果。

构成目前教师困境的另一个重要原因是中国教师对家的特殊感情和责任。特别是女教师，照顾家庭会分散其投入到教学和科研中的时间和精力，给职业发展带来了时间、空间和情感上的多重挑战。社会的功利化导向也给教师带来影响，教师呼吁改善生活待遇，希望有尊严地生活。

基于以上分析，我们构建了下面这个矩阵网（matrix），从三个环境层面串联起上述教师发展环境五方面调查发现的最大有利因素、最大阻碍因素、期望改善的感知和体验（见表3-7）。

表3-7 教师发展环境、影响因素及期望矩阵网

教师发展环境	最大有利因素	最大阻碍因素	期望（改善）
个人环境	师生情感契合 同事合作交流 专家引领	领导权力距离 管理人员缺乏服务意识 多元角色冲突	自身改变 领导换位思考 交流、理解
学校工作环境	师生课堂互动 教研专业活动	学校行政管理 教师评价政策	去行政化 改革评价体系
社会文化环境	家人支持 教师职业认同	教育体制 学术文化	去功利化导向 尊师重教

四、环境因素关系特征及其结构

在以上教师发展环境因素讨论基础上，我们总结出三个更具概括性和解释力的核心因素类别：职业心态、教研实践和环境条件，并进一步探寻因素关系特点及其结构。我们反复查询了原始资料，探讨已有类别之间的联系，寻找可能导向核心类别的线索。最后根据类属性，初步建构起一个由三因素组成的教师发展环境结构模型（见图3-2）。这里的职业心态指教师关于职业生活的心理状态，涵盖认知和情感两个方面。图中三因素关系特点及其结构体现在：教师发展环境的层级性（个人、学校、社会文化环境），三因素之间的关联性（环境条件的必要性、职业心态的基础性、教研实践的中介性），以及个人环境中的职业心态和教研实践与外部两个层级环境的交互性和开放性等方面。

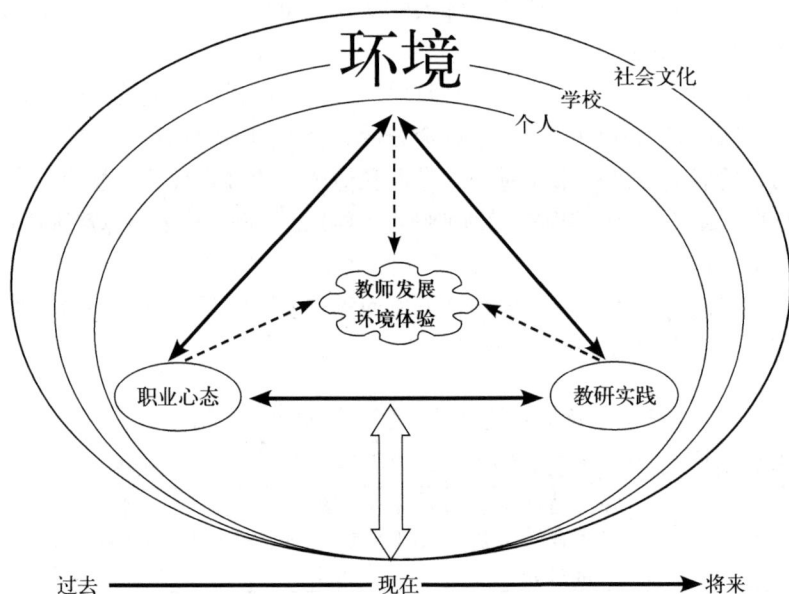

图 3-2　教师发展环境结构模型

如图3-2所示，教师发展环境体验是通过围绕教师生活世界的三个独特的成因区的互动中介过程形成的。位于顶部的开放式"环境"区由个人、学校和社会文化三个层级关联的环境圈组成，指代教师内部和外部信息源或刺激因素。圈内左边"职业心态"区包括教师对环境的感知、理解和情感体验；右边"教研实践"区主要指教师职业生活中对环境的回应方式和策略。这两个圆形成因区之间的互动构成教师个人专业实践世界。在这里，职业心态是基础，它决定教师对周围发展环境的认知、情感以及行为反应。好的心态不但让教师更有能力、更愿意利用现有环境条件开展教研实践，还能更好地享受职业生活，提高幸福感；教研实践是中介，教师通过实践提升对环境以及自己与环境关系的认识，从而变得越来越有热情和能力去发现、掌控或改变环境的一些特性，使之更加符合自身和周围他人的发展需要。

教师与环境的互动中介过程分别由连接各个成因区的实线双向箭头、虚线单向箭头和双向箭头表示。其中，实线双向箭头代表教师心态、教研实践和环境条件三因素之间的互动；虚线单向箭头指向三因素互动的结果，即教师发展环境体验；位于底部的双向箭头则代表职业心态和教研实践这两个因素的互动关系结构与外部环境的交互性和开放性，即教师个人专业实践世界内部的互动时刻受到外部环境系统的影响，而教师作为有智慧、有情感的人，总是在实践中与外部环境相互作用；这一切随着时间和情境的变化而变化，形成了不同的教师环境体验。

总之，本研究验证了生态视角下教师发展环境的复杂性、整体性和交互性。这个环境不仅涉及学校政策、学术社会的评价标准、国家教育管理导向等社会文化复杂因素，而且教师作为一个活生生的人，本身也是环境的组成部分。教师的职业心态、教研实践、发展环境三者相互作用，共同构成了教师的整体环境体验。

第六节 研究启示与后续研究

一、研究启示

教师当下面临的复杂困难处境是他们所处的个人、学校和社会文化环境共同作用的结果。准确识别这些环境要素，帮助教师找回主体精神刻不容缓。基于调研结果，我们得出三点启示：第一，就个人而言，教师要转变信念、调整心态。面对环境挑战，教师要形成和坚持积极信念。这不仅决定了教师对环境的态度和看法，也决定了教师的行为和实践。同时，教师作为环境的一员，要发挥主观能动性，寻求和创造最适宜自己发展的条件，因为真正对教师专业发展起关键作用的还是教师本人和周围其他人与环境的交互与博弈。第二，为提升教师与环境交互的质量和效果，学校层面的环境改变势在必行。行政管理人员要逐步摆脱官本位思想并建构为教师服务的意识，尊重教师意愿，支持教师发展。如在推行教学改革时，虚心听取一线教师的感受和诉求，尊重教师话语权，统筹平衡，逐步推进，将教学、改革、科研之间的矛盾冲突减少到最低程度，尤其要减少各种与教学和科研无关的事务性工作。此外，学校需要组织专家对教师进行科研和学术发表上的引领，开展多样化的校本教研活动，提供充分的进修培训机会，促进教师与同事、同行、专家等的互动交流。最重要的是，学校要改革教学和科研评价体系，更多、更公平合理地承认教师劳动和贡献；同时在可行范围内提高教师收入，切实提高教师的生活质量。第三，学界要关注教师专业生存状况以及外部社会文化环境的重要影响，国家和各级教育主管部门要在深化教育体制改革中，创建和引导积极的学术和社会价值观。我们呼吁教师个人、学校、社会三方共同努力，从理论到实践，全方位探索和创建有利于教师发展的生态环境。这不仅是帮助当代教师走出被动和困惑、增强职业幸福感的有效途径，也是彰显教师发展研究人本主义和生态理念的应有之义。

从社会文化生态观出发再次审视调查结果，本研究得出的最大启示是：境由心生。下面这位老师完成问卷后给作者的邮件很好地总结了这个主题，其发展自我的主体精神正是本研究关注的焦点和目的所在：

> 我觉得我们老师，很多人吧，尤其我自己过去，很容易悲天悯人，感叹自己的状况不如人，自己的想法和理想得不到实现，我最近看了一本书里面提到管仲的故事……所以，我们不能总是指望有一只手能够从天而降，来"拯救"自己。我们要做的其实是改变自己，改变周围的环境，改变微环境，进而可能改变大环境。我昨天还想到，其实自我是最大的、最重要的环境要素，也是唯一可控的环境要素，唯有通过改变自己，改变自己的"知"、"行"，才有可能改变环境。而且一切环境的作用对我们有影响，也必然是直接或者间接作用于我，最终作用于我才是有意义的。也许，我只是说也许，您最后在研究的建议部分，会提出一些建议或者模式，也许英语教师的环境改变就得从"我"开始。So the environment can be changed through changing ourselves first. 我们不是，或者不完全是环境的囚徒，我们也是环境的主人。我即环境。(D4)

二、后续研究

本研究尝试了已在国内外多项研究中成功应用的叙事框架设计叙事问卷，以满足规模性质性研究的需要，也为教师反思、与研究者一起重构现实提供了可能。但是这种研究工具的最大不足是开放性不够，叙事问卷上的内容和空间结构限制会使部分教师不适应，使部分教师故事的自然度和深度受到影响。我们将通过后续深度访谈来弥补这些不足（Barkhuizen，2014）。我们将辅以系列案例研究，以揭示个体差异及教师与环境的互动和发展过程。由职业心态、教研实践、发展环境三因素组成的教师发展环境结构模型也需通过后续更深入的案例研究来验证和改进。

参考文献

Barkhuizen, G. (2008). A narrative approach to exploring context in language teaching. *ELT Journal*, 62(3), 231-239.

Barkhuizen. G. (2009). Topics, aims, and constraints in English teacher research: A Chinese case study. *TESOL Quarterly*, 43(1), 113–125.

Barkhuizen, G. (2011). Narrative knowledging in TESOL. *TESOL Quarterly*, 45(3), 391-414.

Barkhuizen, G. (2014). Revisiting narrative frames: An instrument for investigating language teaching and learning. *System*, 47(1), 12-27.

Barkhuizen, G., & Wette, R. (2008). Narrative frames for investigating the experiences of language teachers. *System*, 36(3), 372-387.

Barnard, R., & Nguyen, G. V. (2010). Task-based language teaching (TBLT): A Vietnamese case study using narrative frames to elicit teachers' beliefs. *Language Education in Asia*, 1(1), 77-86.

Borg, S., & Liu, Y. (2013). Chinese college English teachers' research engagement. *TESOL Quarterly*, 47(2), 270-299.

Bronfenbrenner, U. (1979). *The Ecology of Human Development: Experiments by Nature and Design*. Cambridge, MA: Harvard University Press.

Bronfenbrenner, U. (2005). *Making Human Beings Human: Bioecological*

Perspectives on Human Development. Thousand Oaks, CA: Sage Publications.

Bronfenbrenner, U., & Morris, P. A. (2006). The bioecological model of human development. In. W. Damon & R. M. Lerner. (Eds.), *Handbook of Child Psychology* (6th Ed., Vol. 1) (pp. 793-828). Hoboken, New York: Wiley.

Clandinin, D. J., & Connelly, F. M. (2000). *Narrative Inquiry: Experience and Story in Qualitative Research*. San Francisco: Jossey-Bass.

Devlin, M. (2002). An improved questionnaire for gathering student perceptions of teaching and learning. *Higher Education Research and Development*, 21(3), 289-304.

Dorman, J. P. (2000). Validation and use of an instrument to assess university-level psychosocial environment in Australian universities. *Journal of Further and Higher Education*, 24(1), 25-38.

Freeman, D. (2002). The hidden side of the work: Teacher knowledge and learning to teach. *Language Teaching*, 35(1), 1-13.

Miles, M. B., & Huberman, A. M. (1984). *Qualitative Data Analysis: A Sourcebook of New Methods*. California: Sage.

Moos, R. H. (1974). *The Social Climate Scales: An Overview*. Palo Alto, CA: Consulting Psychologists Press.

Pajares, M. F. (1992). Teachers' beliefs and educational research: Cleaning up a messy construct. *Review of Educational Research*, 62(3), 307-332.

Sharkey, J. (2004). ESOL teachers' knowledge of context as critical mediator in curriculum development. *TESOL Quarterly*, 38(2), 279-299.

Shelley, M., Murphy, L., & White, C. J. (2013). Language teacher development in a narrative frame: The transition from classroom to distance and blended settings. *System*, 41(3), 560-574.

Strauss, A., & Corbin, J. (1998). *Basics of Qualitative Research: Techniques and Procedures for Producing Grounded Theory*. London: Sage.

van Lier, L. (2004). *The Ecology and Semiotics of Language Learning: A Sociocultural Perspective*. Boston: Kluwer Academic.

Wette, R., & Barkhuizen, G. (2009). Teaching the book and educating the person: Challenges for university English language teachers in China. *Asia Pacific Journal of Education*, 29(2), 195-212.

陈桦、王海啸，2013，大学英语教师科研观的调查与分析，《外语与外语教学》（3）：25-29。

陈向明，2000，《质的研究方法与社会科学研究》。北京：教育科学出版社。

戴曼纯、张希春，2004，高校英语教师素质抽样调查，《解放军外国语学院学报》（2）：42-46。

顾佩娅，2009，优秀外语教师成长案例研究。北京：外语教学与研究出版社。

顾佩娅、许悦婷、古海波，2013，高校英语教师专业发展环境叙事问卷的设计与初步应用，《中国外语》（6）：88-95。

宋改敏、陈向明，2009，教师专业成长研究的生态学转向，《现代教育管理》（7）：49-52。

汪晓莉、韩江洪，2011，基于实证视角看中国高校外语教师科研现状及发展瓶颈，《外语界》（3）：44-51。

王海啸，2009，大学英语教师与教学情况调查分析，《外语界》（4）：6-13。

王俊明，2005，近年来国内关于教师角色冲突的研究综述，《教师教育研究》（3）：44-48。

吴一安，2008，外语教师专业发展探究，《外语研究》（3）：29-38。

张莲，2013，高校外语教师专业发展的制约因素及对策：一项个案调查报告，《中国外语》（1）：81-88。

周燕，2005，高校英语教师发展需求调查与研究，《外语教学与研究》（3）：206-210。

周燕、曹荣平、王文峰，2008，在教学和互动中成长：外语教师发展条件与过程研究，《外语研究》（3）：51-55。

附录一：高校英语教师发展环境调查邀请信和叙事问卷

邀请信

尊敬的 ＿＿＿＿＿＿＿＿＿ 老师：

您好！为了更清楚地了解中国高校英语教师的学习和工作情况，我们课题组启动了"中国英语教师专业发展环境研究"（2011年度国家社科基金项目编号：11BYY042）。我们希望能够通过该研究，关心教师们真实的生活状态，从而吸引更多的人倾听来自中国高校一线英语教师的声音，创设更利于教师专业发展的工作环境。我们相信，您的每一个工作和生活故事，您对您工作和生活环境的看法与感受，不仅能为我们认识我国高校英语教师专业发展环境提供重要素材和思路，更能为我们共同认识自己、认识自己从事多年的职业以及我们熟悉的工作和生活环境提供一个深刻反思和相互学习的机会。因此，我们诚挚地邀请您参与到我们的课题中来。

我们将通过叙事问卷以及深度访谈等方式对当下高校英语教师的工作生活经历进行考察。如果您愿意，我们希望您能在百忙中抽出一些时间来完成以下问卷。我们承诺将恪守学术道德规范，对您的回答内容严格保密，并仅限于本次课题研究使用。

此外，我们也真诚地希望得到您进一步的帮助，期望能有幸邀请您参与我们的访谈。如果您愿意帮助我们，请在您完成的问卷后面留下您的联系信息，我们将在适当的时候与您联系关于访谈的具体事宜。如果您愿意了解更多与本项目及教师专业发展有关的内容，也欢迎您与我们联系，我们的联系方式是：

顾佩娅：0512-65243145（办）；13913527467（移）

电邮：pygu@suda.edu.cn；peiyag@gmail.com

衷心感谢您的支持和帮助。祝您身体健康！生活愉快！工作顺利！

顾佩娅及"中国英语教师专业发展环境研究"课题组全体成员

2011. 12. 1

叙事问卷

说明：本叙事问卷旨在为您讲述在职业人际关系、教学、科研、学校／教育改革以及教师生活 5 个方面的故事提供一些提示与帮助。您在回答问卷时：（1）请先通读每一个部分，再开始填写该问卷；（2）请您像讲述一个完整的故事一样与我们分享您的感受与想法。感谢您的支持！

第一部分：职业人际关系
1）和什么人交往；2）愉快和不愉快的经历；3）改善的条件

1）我是个高校英语教师。我已从教 _____ 年了。在工作中，我需要与不同的人交往，如 _____，_____，_____。

2）在这些人际关系中，我感觉最愉快的是与 _____

_____（交往），因为 _____

_____

我记得有一次，_____

_____

_____

_____。

在这些人际关系中，我觉得最难打交道的是和 _____（交往），

因为 _____

_____。比如有一次，_____

_____

_____

_____。

3）假如 _____

_____ 的话，我觉得我在单位的人际关系会更好。

第二部分：教学
1）教学工作量；2）教学经历；3）教学相关活动；4）改善的条件

1) 在我们学校，我每周的教学基本工作量是 ____ 小时；本学期我每周的教学任务是 ___ 小时。我所教的班级一般是 _____ 人／班。我对工作量和班级规模的总体感觉是 _____。

2) 在教学上，我面临的最大挑战是 _____

_____，这是因为 _____

_____。

在课堂上，我最享受的事是 _____

_____，这是由于 _____

_____。但有时候也有矛盾的地方，比如 _____

_____

_____。

3) 除了教学之外，我还参与了（请列举一些和教学相关的活动）

_____

_____。

在大多数情况下，我是 _____（独立完成／与别人合作）。在这些活动中，我收益最多是在 _____

_____（学习活动），因为 _____

_____

_____。

有时我会被要求（做）_____，对此我感到 _____。

4) 总的来说，我对我的教学感到 _____。如果 _____

_____

_____ 的话，我相信我的教学效果会更好。

第三部分：科研

1) 科研情况；2) 对学校规定的看法；3) 科研兴趣和实践；4) 困难和改善条件

1) 现在我在我们学校是 _____（职称）。学校对我这个职称级别的老师的科研要求是 _____。在过去的 5 年里，我发表了 ____ 篇论文，这让我感到 _____。我觉得

发表论文是 _____
_____。

　　2）学校会对教师的科研表现进行奖励或惩罚，比如 _____
_____。对于学校（学院）的这些做法，我感到
_____，因为 _____
_____
_____。

　　3）我的研究兴趣经历了 _____
_____ 的发展过程，这是由于 _____
_____。

　　我 _____ 阅读文献（频率）。我阅读文献是为了 _____
_____。我没有更频繁地去阅读文献是因为
_____
_____。

　　现在我 _____（频率）做 _____ 方面的研
究。我对科研的态度可以这样来概括 _____
_____。我做研究主要是出于 _____
_____，对此我感到 _____。我一般会和
_____ 讨论科研的相关问题，这是因为 _____
_____。除此以外，我 _____（频率）参
加学校或学院组织的科研活动，如 _____，
我觉得这些活动 _____
_____。

　　4）我觉得做研究以及完成学校的科研任务最困难之处在于 _____
_____，这是因为 _____
_____。

　　如果 _____
_____ 的话，我觉得我的科研实践会有进步。

第四部分：学校／教育改革
1）学校背景；2）教师在改革中的实践；3）改革中遇到的问题；
4）改善的条件

1）我在 _____ 大学任教。我所在的学院是
_____（名称），我们学院主要负责 _____
_____的教学。

2）我正在或曾经参与了由 _____（单位
或部门）发起的关于 _____的
改革项目。在改革中，我主要的工作是 _____
_____。对此我感到
_____，这是因为 _____
_____。

总的来说，我觉得这项改革是 _____
_____，这是因为 _____
_____。

3）由于 _____，这项改革也存在一些问题，比如 _____
_____
_____，结果是 _____
_____
_____。

4）我觉得如果 _____
_____的话，改革项目会更成功。

第五部分：教师生活
1）个人生活；2）经济条件；3）家人支持；4）教师职业认同；
5）改善的条件

1）在我的个人生活中，我是一个 _____、_____ 和
_____ 等（社会角色）。在我的工作日，除了上课和完成其他学校
的事务以外，我大部分时间用来 _____
_____。

我大部分时间用来做这些是因为 _____
_____。

周末我一般会 _____

_____。

我对我的个人生活感到 _____

_____。

2）我对我的工资收入感到 _____。在家庭中，我需要
负担 _____ 等费
用的支出。我觉得像我这样的教师理想的收入应该大概在 _____
（元／年）左右，这样的话，我会 _____

_____。

3）我的家人 _____ 支持我的专业发展，比如他们会 _____
_____（如
何说／做），这让我感到 _____。

4）当我告诉别人我是一名高校英语教师时，绝大多数人都会
说 _____。对于他们的这种反应，我觉得
_____。如果我有机会再次选择我的职业，我
想我 _____ 选择当一名高校英语教师，这是因为 _____
_____

_____。

5）总的来说，作为一名高校英语教师，我觉得如果 _____
_____ 的话，我的生活质量会更高些。

如有其他相关看法与感受，请写在下面：

尊敬的老师，感谢您在百忙中帮助我们完成问卷。如果您愿意继续
参加我们的研究，了解我们研究得出的数据和相关结论，请留下您的联
系方式，非常感谢！

姓名：_____

学校：_____

手机：_____

电子邮箱：_____

附录二：叙事问卷科研维度"复杂心态"的一级编码截屏[①]
(N = 346 人)

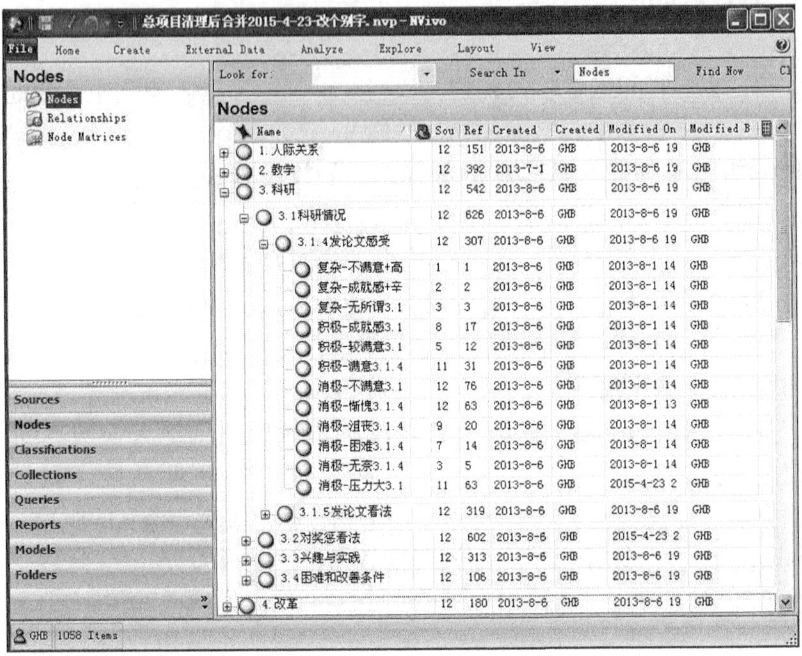

图 3-3　叙事问卷科研维度"复杂心态"的一级编码截屏（N = 346 人）

[①] 截屏中 Sources 代表资料来源，下面列出的数字代表来自几个数据源。本项目总数据来源数是 12 个，包括 10 所高校和在其中 2 所高校进修的来自全国其他高校教师的散卷。References 为参考点，即一级编码频次，如图所示，"不满意"来自于 12 个数据源，出现了 76 次。

附录三：叙事问卷科研维度"复杂心态"的编码过程与结果示例（N = 346 人）

表 3-8　叙事问卷科研维度"复杂心态"的编码过程与结果示例（N = 346 人）

三级编码	分析单元	二级编码	一级编码	资料来源[①]	编码频次[②]	一级编码陈述举例
复杂心态	发论文感受	消极	不满意 惭愧 压力大	12 12 11	76 63 63	• 在过去的 5 年里，我发表了 1 篇论文，这让我感到很羞愧。[惭愧] • publish or perish 同样适用于中国老师。[必要] • 我觉得发表论文很难，写论文不容易，写完了找地方发表更难。[困难]
		积极	满意 有成就感	11 8	31 17	
	发论文看法	认同 不认同	必要 发展 困难	12 10 12	76 48 93	
	对奖惩看法	支持 不支持	合理 理解 反对 无奈 有压力	9 8 12 9 10	92 50 41 29 26	• 对于学校（学院）的这些做法，我感到合理。[合理] • 这样能激励各位老师更多地从事科研工作。[激励] • 不应该因此降低教学工作的价值，不能在级别上认为科研工作比教学工作更重要。[评价问题]
	原因	认同 不认同	激励 合理 评价问题 要求过高	10 9 11 7	63 41 41 12	

（待续）

[①] 资料来源数字来自收集的学校数，12 表示该编码在 12 个数据源学校的材料中都出现了。

[②] 编码频次表示一级编码出现的次数，不同问卷中有多少次出现相同编码就有多少个编码频次。限于篇幅，该表中只呈现该部分编码频次较大的一级编码。

（续表）

三级编码	分析单元	二级编码	一级编码	资料来源	编码频次	一级编码陈述举例
复杂心态	科研态度	积极	尽力	11	54	• 做自己能做的，尽力而为。[尽力]
			兴趣	11	36	
			热爱	7	19	• 我做研究主要因为我喜欢探讨这方面的问题。[兴趣]
		消极	被迫	9	29	
		复杂	有兴趣无能力	12	25	
	科研动机	内在	兴趣	12	92	• 我做研究主要是出于评职称的压力。[职称]
			能力	11	38	
		外在	职称	12	67	
			职业要求	11	56	• 对此我感到有点无奈，不得已为之。[无奈]
	科研感受	消极	无奈	11	59	• 科研的真正价值在哪里？研究性的论文是否能提高一个老师的教学水平始终是一个疑问。[困惑]
			压力大	11	42	
		积极	满意	12	55	• 对此我感到痛并快乐着。[无奈]

第四章
"伊甸园"的守望：高校英语教师文化个案研究

张洁、周燕

第一节　引　言

当我们试图开始谈论"文化"，似乎就意味着我们要开始谈论"一切"的存在，既包括那些看得见的，也包括那些摸不着的。美国学者 Kroeber & Kluckhohn（1952）用将近 27 页的文字来描述和定义"文化"，充分表明文化是无所不在、无所不含的。在他们眼里，"文化"就是一个大杂烩（pot-au-feu），包罗万象。"就连打喷嚏这种生物性行为都受到一定文化网络的规约"（基辛，1988：1）。大杂烩一样的文化形成了交错纷杂的网络，规约着人们的观念与行为，甚至决定了人类的历史、现在和未来。文化对"人的形成"的影响不仅是强有力的，而且是不证自明的。

"文化"，既庞大又模糊；既让人望而却步，又让人着迷。没有人可以否认这样一个事实，即人类必定生活在某种公众文化之中，没有人能够躲避某种文化的存在而生活在"文化真空"中。因此，文化研究的必要性显而易见。同时，一种文化相对于另一种文化而言，又会呈现出强烈的辨识性和个体特征。这又为我们的研究提供了可能性。再有，对文化概念的讨论，无论是实在主义的，还是形而上的，其终极目的及归属都是展现和透视"这样一些由人自己编织的意义之网"（格尔茨，2008：5）。这种"意义"及"意义关联"为人的生活世界提供了生命力和能量，也构成了人的存在的本质与核心。对文化的研究是对人类发展的探究和构建，是认识人类世界、认识自我的重要途径。

职业的分化加速了社会存在中特定群体间的差异。不同群体的职业文化也有别于其他职业群体的文化。同时，一种职业或是一个行业的文化内涵和其发达程度深刻地影响着这种职业／行业的发展模式和质量，也深刻影响着从业人的个体发展。教师文化，作为教师职业发展的时空载体，包裹着教师职业生活的一切事物，深刻影响着教师的个体发展。"如果我们想理解教师'所为'和教师行为背后的动因，我们必须理解他们的教学共同体，即教师身在其中的工作文化"（Hargreaves，1994：165）。因此，我们有必要关注和发现这张"文化之网"的外部形态和内部构造，理解教师是如何编织并且生活在这张意义之网上的。研究教师文化的意义不仅在于还原并记录教师生存的真实样态，更在于理解教师存在的可能与意义，更好地帮助教师找寻和维持职业幸福，为教师的职业发展提供动力和必要支撑。

近年来，在社会上备受关注的英语教学成了众矢之的，甚至成了教育质量不尽如人意的"靶心"。"与此同时，抨击教师成了时尚。如今超负荷的要求使我们惊慌，我们需要为我们不能够解决的问题和无法忍受的过失找替罪羊。教师很容易成为被攻击的目标，因为他们是如此普通且无反击之力的群体"（Palmer，1998：3）。了解和研究高校英语教师文化不仅仅是为了填补研究上的空白，更重要的是帮助研究者，尤其是高校管理人员和教师自己，认识高校英语教师所处的文化及其所形成的文化样貌，摆脱不利于教师发展的文化因素，积极构建有利的文化环境。这是教学改革、学科发展、学校发展的根基和重要能源。

第二节　教师文化概述

一、教师文化研究

（一）国外教师文化研究概述

"教师文化"这一概念最早出现在 1932 年美国社会学家 W. W. Waller 的 *The Sociology of Teaching* 一书中。Waller 运用写实的手法刻画教师的行为和意识，描述学校这个场所生成的教师文化的偏差性，批判非人性化的教师环境。他从社会学的观点分析了受官僚性教育行政权力支配的学校教师文化的特征，描述了教师文化的伪善、权势、卑屈、狭隘等核心内容，揭露了形成这种教师人格偏差的社会性和制度性原因。他的研究发现所呈现的教师文化缺乏肯定性的一面，同时完全否定官僚体制下的教师教育能够为教师人格发展带来福音。这一鼻祖级的研究为我们的研究提供了两个启示和思考：首先，在我们即将全力揭示的教师文化的"意义之网"中也需要事实的铺陈和举证，同时我们的研究也将力图抽取出事实背后的构成因素；其次，我国高校现有的体制形成了何种教师文化？这种文化给教师人格、身份认同以及教师专业发展有没有带来福音？

1975年，美国的社会学家劳蒂也采用社会学的方式对教师的社会地位、从业制度和学校制度、教学、教师个体情感以及对改革的推测进行了细致的、有理有据的探讨。我们之所以关注这项研究，是因为尽管劳蒂并未使用"教师文化"这一沉寂了40年的术语，他所关注的是"教师特有的、与其他职业成员相区别的取向和感情模式"（2011：第一版前言第1页），而这种模式如他自己所说，"既源于该职业的结构，也源于教师赋予其工作的意义"（2011：第一版前言第2页）。他所分析、描述、解释的正是教师的生活世界、教师在这个世界里的"取向和感情的特殊组合"（2011：第一版前言第2页）以及事实背后的构成因素和意义构建与联结的方式。这些正是本研究所认同的"教师文化"的核心和本质。劳蒂的研究考察了教师从招聘入职到新入职者的社会化过程以及群体职业生涯和物质收入及精神报酬，探讨了教师赋予其工作的意义以及教师在履行工作任务时所产生的情感。我们的研究希望在揭示这些情感和意义的基础上，进一步描述和总结教师文化的内外部构造及其对教师发展的影响。

此外，Ball & Goodson（1985）也通过对教师生活世界的描述揭示了教师的精神状态与专业成长过程。他们提倡一种新的研究方法：即寻求教师的个人亲身经历和传记资料信息。相比之下，他们对教师文化的挖掘与呈现是微观的、生活化的，通过这种对教师职业生活足迹的追踪，了解教师是什么人，从而还原教师作为自身历史的积极创造者的必然角色。这项研究也没有明确使用"教师文化"的术语，但是它关注的是教师群体特有的"意义之网"，即教师是什么人，他们是怎样工作的，又是如何创造自己的职业生活的。而且，他们的研究强调了教师角色和教师文化的相关性。佐藤学（2003）也通过专业化的分析划分了日本教师的角色类型，并且具体阐释了各种类型的教师形象特征和教师工作特征（教师工作的回归性、不确定性和无边界性），最后分析了由此派生的教师文化特征："日本的教师"，战前是"国家的仆从"，战后重新被界定为"公众的仆从"（佐藤学，2003：263），教师作为"公仆"的角色定位派生出教师的"制度性、支配性文化"，具有"制度性、官僚性"的韵味。在教育工会运动兴起的时代（20 世纪 60 年代），教师角色转变为"作为劳动者的教师"，从而形成了一种教育工会文化；而在教师研修和教师教育迅速发展之后，教师角色转变为"技术熟练者"，开始发挥着"酿造官僚文化的功能"；第四种范式就是"作为反思性实践家的教师"编织的专业文化。这两项研究进一步印证了我们的主张和假设，即教师文化是教师群体共同编织的关于职业生活及其个体存在的意义之网，它是成就教师角色和身份的环境，也是影响教师职业认同的重要因素。

从以上几项经典研究中可以看出，教师文化深受时代背景的影响，同时，教师文化也能揭示一个特定历史时期和社会条件的面貌和特征。也就是说，不同时代的教师文化具有不同的特质。而研究者对于教师文化的殷切探究不仅是要描述它的现状，更为了改善甚至是重建一种更加有利于教师成长和教育发展的文化。比如，Hargreaves（1994）在探讨了时代变革和后现代特征之后，详细划分出了四种教师文化的表现形式（1994：166）：个人主义（individualism）、合作主义（collaboration）、人为的合作（contrived collegiality）和巴尔干化（balkanization），而他重点要强调和提倡的就是合作文化对教师成长的不可或缺性。同样，佐藤学（2003）也在分析了教师文化特征之后，批判了教师公共使命的衰退，意图引导教师专业文化向自律文化方向发展。这些努力都是基于对教师个体成长的关爱和反思，也正是我们这项研究的初衷。

（二）国内教师文化研究概述

教师文化与社会文化、教育以及教师发展之间存在着特殊的关联。首先，教师文化是社会文化的有机组成部分。"教师文化作为社会的亚文化存在受到社会主流文化的规约，同时也以主动的文化选择与创造机制对社会文化进行整合"（车丽娜，2006）。这种"小文化"对"大文化"的"选择性吸收"的结果，不仅可以（也必然会）反映"大文化"的主流特征，同时也会形成有别于其他的"个性文化"特征，树立起特殊群体的文化标志。因此，无论是在社会文化中聚焦教师文化还是通过教师文化透析社会文化都是有意义的。其次，教师文化是"影响教育生命活

86

动的文化之源"（赵复查，2006）。"教育活动中的生命存在及其活动意义的准确把握，受教师文化的影响"（赵复查，2007）。因此，教师文化的转型既是实现教育活动和教育变革的重要手段，也是教育变革的深层目标（谢翌、张释元，2012：9）。再有，良好的教师文化氛围也是教师发展的有利土壤和催化剂。一方面，"教师文化"作为一种"内部的整合力"，"以缄默的形态为教师群体的内在心理与外显行为设定了空间"（车丽娜，2006）。另一方面，这根"规约教师行为的看不见的'游丝软线'"（车丽娜，2006，2007a）帮助教师"在行动上走出个人的'舒适地带'"（谢翌、张释元，2012：13），达到"教师专业发展中生命价值的凝聚与提升"（赵复查，2006），促进教师的个人成长与发展。

我国研究者从 20 世纪 80 年代末（葛金国、吴玲，2012：25；孟凡丽、李斌，2007）开始关注教师文化研究领域，到 21 世纪初期对其进行深入探索（孟凡丽、李斌，2007）和理性反思（葛金国、吴玲，2012：27），已经对教师文化有了全新的认识和深刻的思考。总的来说，国内已有的教师文化研究大致有以下 4 个特点：（1）在内容上主要集中在理论述评、关于教师文化本质和概念的探讨、理论应用、中外教师文化对比等，比如邓涛和鲍传友（2005）对 Hargreaves 的教师文化观做了评述；（2）在研究视角上包括"生命哲学视野下的教师文化、主体间性哲学视角下的教师文化"的探讨（赵文平、于建霞，2007），文化四维理论视阈（古翠凤，2005），还有谢翌和张释元（2012：37-39）所总结的其他几个视角，"复杂范式视阈下的教师文化"、"理解视阈下的教师文化"、"人学视阈下的教师文化"的探讨等；（3）在研究方法上，绝大多数研究都采用了文献研究的方法；（4）而在研究对象上，大部分研究关注的是基础教育阶段的教师文化。

高校教师文化研究首先在数量上并不是很多；其次，在研究方法上都是采用了文献法对教师文化的"实然"和"应然"进行讨论。所讨论的内容大致分为这样 3 类：（1）对教师文化现状的分析、批判与重建（邓素文、陈梦稀，2012；林浩亮，2009；沈楚，2008；袁翠松、张明，2007；张文雪，2006；朱浩，2006）；（2）对高校教师文化影响因素的分析（赵伟、黄国昌，2009）；（3）国外高校教师文化解读（郗海霞，2006a，2006b）。目前还没有研究者运用实证研究的方法对高校教师文化的内涵和特征进行探究，而对于高校英语教师文化更是很少有人问津。

二、教师文化概念澄清

随着对文化研究的深入，对文化内涵的探究和争论也更加激烈。这个概念自身的流动性、繁琐性、主观性的特殊面貌和实质使得形成共识的可能性极小。"教师文化"的概念和"文化"一样，也存在着理解和界定上的差异和争议。佐藤学（2003：253）认为：教师文化系教师的职业意识和自我意识，专业知识与技能，感受"教师味"的规范意识与价值观、思考、感悟和行动的方式等，即教师们所特有的范式性职业文化。Hargreaves（1994：166）从内容和形式两方面对教师文化做了阐释，更加强调教师群体的"共享性"。他认为，教师文化的内容，是指在一个特定的教师团体内，或者在更加广泛的教师社区之间，各成员共享的实质性的态度、价值、信念、习惯、假设和处事方式。教师文化的形式主要包括关系的典型模式和教师文化中各成员间的交往形式。这两种"教师文化"的内容界定大致相同，简言之就是葛金国和吴玲（2012：31）所说的：所谓"教师文化"，就是教师作为特定社会职业群体所具有的价值观念和行为方式。谢翌和张释元对已有的研究中所提到的"教师文化"的界定做了较为全面的整理和分析。他们认为（2012：31）具有代表性的观点大约有四类：（1）"教师文化"是指教师共享的信仰和知识；（2）"教师文化"是指教师共有的意识、价值体系、行为规范、感知方式和生活习惯的综合，是一种"集体无意识"的存在方式；（3）"教师文化"是指教师的精神现象和文化状况；（4）"教师文化"是指教师共享的实质性的态度、价值、信念、假设和处事方式。但这些定义在他们看来只不过涉及了"团体所共享或共同持有的某些现象"（谢翌、张释元，2012：33），并没有"真正表达文化的实质性特点，即模式化、整合性、潜在性、稳定性等"。因此，谢翌和张释元（2012：34）提出："教师文化是教师通过社会化或培训等途径学到的一套共享的基本假设，这些假设是该教师团体在生存、发展、适应环境以及日常经验和能力的内化过程中所学习到的有效经验，从而想当然地当做理解、思考和感受相关问题的正确方法传授给了新教师。"这一界定除了探讨了"教师文化"的内容和形式以外，还解释了教师文化是如何"生成"和"维持"的。经验、价值观念及行为方式都是教师文化中静态的内涵，"社会化"或"培训"是谢翌等认为的"教师文化"的形成方式（即教师学习），群体成员间的传承是教师文化的维持方式。这个界定使得"教师文化"动态化了，然而却否认了作为"文化现象"的文化表征的存在，也夸大甚至绝对化了教师文化的"稳定性"。否认了教师文化的"可破坏性"，就等于否认了教师文化的"生成性"和"可造性"。因此，我们认为"教师文化"是由教师这一特定的社会职业群体共享的外显的价值取向、行为方式、行为结果、物质表征、环境制度和社会关系，以及内在的基本假设、职业观念、思维方式和心理环境等。这张网如同一张昆虫的"生态网"会受到自然环境的作用与影响，甚至是破坏。个体意义网络的个性化、理想化的构建在与其所处的社会文化（包括社会形态、传统观念等）、地域文化（包括区域经济、地方习俗等）和单位文化（包括学校文化、年级组文化、科组文化）的妥协与对抗中不断形成自我形态与构造。与此同时，单位文化、地域文化乃至社会文化又因个体意义结构的改变而缓慢蜕变。

总之，"文化"是一个特定的人类群体所编织的意义之网。教师文化，尤其是本研究中的"高校英语教师文化"是这样一张外在与内在交错的"意义之网"。它的意义核心在于外语教师有关外语教育与外语教学以及教师身份"生成"、"维持"与"发展"的内在价值观与外在价值／行为取向、表征和结果之间的联结与构建。

第三节　研究设计

一、研究问题

本研究力图透过教师自己的声音（回忆与反思），记录他们的生活经验，着力描述和分析高校英语教师的生存状态，揭示和解读这个群体的"意义之网"的构建，最终挖掘和发现教师文化对教师发展的影响。具体研究问题如下：

1）高校英语教师处于怎样的职业生存状态之中？
2）这种生存状态形成了怎样的教师文化？
3）这种教师文化是如何影响教师的职业发展的？

二、研究方法

本研究是一项工具性个案研究，也就是说，"我们有一个要研究的问题，一个疑难的问题，一个需要对其建立一般性理解的问题。并且感到可以通过研究特殊的个案深入地认识这个问题。这种个案研究是对一些事情的理解。在这里个案是作为完成任务的工具，所解决的问题不是这个特殊的个案本身"（Stake，1995：4）。我们要通过个案研究了解高校英语教师的生存状态，进而理解教师文化的实然样态，并分析其对教师发展的影响。格尔茨（2008：5）认为："所谓文化就是这样一些由人自己编织的意义之网，因此，对文化的分析不是一种寻求规律的实验科学，而是一种探求意义的解释科学。"我们的终极目的是通过解释教师文化现象来探求教师生存和发展的环境概念和意义。这种探求必须通过对个案的深入细致的、亲密的、准确的记录和描述来完成。因此，我们着力关注并记录高校英语教师的生活经验，从他们对生活的描述和反思中，挖掘出一种关于"文化"的体验和共识。同时，对个体的生活经验进行深度描述和解释。这也是后现代文化研究所强调的，即建立在经历和现象的描述基础上，揭示文化形式和文化中人的存在方式。

（一）研究对象

本研究邀请了国内华北地区一所外语院校（简称 B 校）的 12 位英语教师作为我们的访问对象。其中 6 位教师（简略代码分别为 T1、T3、T5、T7、T9、T11）主要承担全校大学英语教学、双学位／双专业英语教学，以及全校研究生英语教学工作。所教课型多为技能课，每周 12 至 18 课时不等。授课班级的班额基本上都是大班额（50 至 100 人／授课自然班）。另外 6 位教师（简略代码分别为 T2、T4、T6、T8、T10、T12）的授课对象是英语专业的学生，主要承担院内的基础课和专业课的教学，以及本科生和硕士生的毕业论文指导和答辩工作。其中，有的教师教授低年级基础课，周课时为 8 课时，班额较少，通常每个自然班只有 24 名学生；有的教师教授 2～3 门专业课，周课时 10 至 12 课时不等，这样的课型班额相对较大，通常每个授课班级有 50 名学生左右。

在 12 位接受访谈的教师中，9 位是女性，3 位是男性（包括 T7、T9、T10）。12 位教师的年龄均在 30 岁以上，其中 30 岁以上 40 岁以下的有 4 位教师（包括 T6、T7、T10、T12），40 岁以上 50 岁以下的有 7 位教师（包括 T1、T2、T4、T5、T8、T9、T11），50 岁以上的有 1 位教师（T3）。从年龄分布上看，参与研究的教师呈现出老、中、青三个阶梯，基本上可以代表各年龄段的教师的感受和生存状态。这些教师自愿参与本项研究的数据收集工作，并开诚布公地与访谈者进行交流，真实地反映了他们的生活经验世界，对该项研究给予了莫大的支持。

（二）数据收集、加工及分析

该研究对 B 校 12 位教师分别进行了一至两个小时不等的深度访谈。访谈提纲包括四类问题：（1）教师的工作经历和背景；（2）职业生活状态；（3）对职业生活的自我感知、体验和反思；（4）职业信念和职业期待（见附录一：访谈提纲）。征得受访者同意，我们得到了 11 份访谈录音[①]，总计时长为 16 小时 33 分钟 34 秒。访谈录音誊写文字为 275,994 字。访谈誊写稿经由两次校正（包括检查汉字／英文的书写／拼写、标点符号的使用、核实信息、删除口语中无意义的表达等）后用于数据分析。

在访谈数据中，我们提取了有效的概念。"社会情境的最小单位是社会的或文化的时间——谈话或者行动的经常性种类，当具备分析的意义时，观察者便把焦点集中在它们上面。因为它们重复发生，具有日常生活的特征"（洛夫兰德等，2009：114）。这些就是所谓"有效的概念"，是与我们的研究主题相关或能够反映我们的研究主题并在教师生活中反复出现的有分析意义的概念，即 38 个初始编码，例如教学经历、教学转变、教学挑战、科研经历、科研压力、职称态度等。依据扎根理论的编码原则，我们用数据对初始编码进行再次筛选，"确定了一些重要的分析方向"（卡麦兹，2009：73）后开始聚焦编码，力求"综合和解释更大范围的数据"（卡麦兹，2009：73），例如教学经历、教学任务、教学投入、教学挑战、教学信念等初始编码形成了"教学生活"的类属概念。各类属的属性和维度具体化后，形成了轴心编码：职业背景、职业生活及职业未来等（见附录二：数据编码）。

在数据分析中，我们遵循主题分析、类属分析、情境分析的方法。主题分析是对数据的内容特征进行分析，提取主题概念。类属分析是将一部分资料（或概念、主题）从它们所处的情境中抽取出来，通过比较的手法使它们之间的各种关系凸显出来。情境分析就是就某一主体或某一主题所处的宏观环境进行分析的一种特殊研究方法。概括地说，情境

[①] 其中一位教师未允许我们录音。

分析的整个过程是通过对环境的研究，识别影响研究主体或主题发展的外部因素。叙事结构与他们的日常生活比较类似，叙事内容更加贴近被研究者的生活真实。类属分析的方法"容易忽略资料之间的连续性以及它们所处的具体情境，无法反映动态事件的流动过程；有可能将一些无法分类但是对回答研究问题十分重要的资料排除于研究的结果之外"。情境分析的短处是"容易忽略那些建立在相似性基础之上的意义关系，对资料内容的相同点和不同点视而不见；叙事者可能深深地陷入故事的情境之中，无法看到使用其他资料分析方法（如类属分析）的可能性"（陈向明，2001：179）。因此，三种方法的联姻可以弥补彼此的短处，最大程度地利用和分析数据。

第四节 研究发现

"深描说"被视作"迈向文化的解释理论"（格尔茨，2008）。作为一种研究方法，"深描说"正处在"民族志学研究领域的核心地带"（麦奎根，2011：200），在文化分析中"起着核心作用"（麦奎根，2011：201），因为它关注意义的形成，关注概念结构的复杂性。也就是说，深描能够帮助我们完成对教师文化"意义的诠释"（Greertz，1973；丁钢，2008）。

我们在教师职业生活的诸多事件中找寻公共性，确立了"公共事件"，用以讨论教师们形成和分享的公共文化。它们是教师们谈论最多且有交集和共情的事件。我们力图在对"公共事件"的分析和解读中还原教师群体所编织的"意义之网"的样貌。

一、教学生活—公共事件（1）

在教师职业生活中处于核心地位的就是教师的教学生活。本项个案研究中，大量的数据集中在教师对师生关系的感知和反思以及教师对学生的认知上。

（一）"不买账"的痛感

在谈及教师的职业生活时，教师和研究者分享最多的就是他们对"师生关系"的感知。教师们能够感受到课堂教学给他们带来的愉悦和激励：

因为我自己喜欢教书。我觉得在课堂上有交流，会有启发。学生有好的反应很高兴。学生之间有争论，有碰撞，我的感觉也会很好……因为我自己的价值在课堂上，不在哪个单位上，我可能更多的是跟学生有更多的（感觉），看到他们的成长，看到他们在思考事情……，看到他们的口语在提高…… (T5)

有的教师会经历教学的快乐，也有的教师会遭遇一些教学尴尬。对于教师个体而言也是如此：有时会感受到满足，有时也会感觉到教学给他们带来的痛感：

> 整个学期下来，你感觉他跟你的关系特别融洽，你觉得很舒服。这种时候我觉得（评估）结果就不太会超出意料。但是有时候你带一个班，整体感觉就是带不动。你跟这个班怎么都不亲近。每次你走进那个教室的时候，他们就非常冷漠地看着你——就那种感觉。(T12)

其他教师也都在不同程度上感受到了这种师生之间的距离感："我就觉得很难建立那种特别亲的感觉。只有个别的学生可能可以"(T10)。有些学生"不买教师的账，更现实一些，特别实际，practical 那种感觉"(T10)。另一位教师也坦率地承认：

> 这门课是给我苦恼比较多的一门课。苦恼在于，（尤其是在刚上的头一两年里面）一进教室你就能感觉到课堂里弥漫的敌意。这是让教师很不舒服的一件事。不像我上语音课，不会说我一进教室看到的是一群对教师有敌意的孩子，他们一定是很真诚的，然后很希望从教师这里得到语音上的帮助，那么其他的技能课，你比如说像精读，像口语，也不会有很大的敌意在那儿等着你。(T8)

"不亲"、"不买账"、"冷漠"，甚至是"课堂里弥漫的敌意"是暗哑教师职业生活的隐形杀手，无情地折损着教师的教育生命。这种对师生关系的感知一部分建立在教师的感觉之上，另一部分也被教师考核机制进一步佐证。有关教师职业工作的考核评价机制，我们将在本节的"职称评定标准"部分继续探讨。

如 Palmer 所说，在教师的教学生涯中，一定"有那么多让人欢喜的教学时刻"(Palmer, 1998：1)，也一定有"毫无生机、让人痛苦困惑的其他时刻"(Palmer, 1998：2)。所有教师都共同经历过两种截然相反的职业体验。如果我们来比较一下这两种经验的话，我们会看到：

教学满足感是横向生的。教师一旦拥有这种幸福，它便弥漫开来，像是一株八月的桂花，幽香，但不浓烈。相比之下，教学疼痛感是纵向生的。它深入教师的内心深处，首先给人一种令人沮丧而又无处可逃的锥刺感，而后随着时间的推移，教师"找到了"问题的根源，就如同"在任何受困扰的职业中人们惯有的防卫手段（conventional defense）"（Palmer，1998：41）。接受访谈的 T8 是一名公认的优秀教师。她的教学生涯中遇到过很多真诚、好学的学生，然而真正刺痛她的是那些令人尴尬的"教学时刻"。在她的反思中，某些课程的设置是在课堂的最初时刻就散播令人生畏的"弥漫的敌意"的罪魁祸首。

（二）抱怨的"陈词滥调"

"学生"是在教师的声音中反复出现的"话题"对象。在教师们看来，学生是大多数尴尬的教学时刻的主要归因：

> 他们上课的时候吧，比如说，低着头，就是咱们说"干启不发"的这种。但是他到下课的时候会特别兴奋。他会聊天。聊些什么呢？就是足球啦，明星啦。女孩子都嘻嘻哈哈的，就不是特别像教室……再不然就是手机上玩游戏。反正我个人不太喜欢的风格，我觉得那不是在教室里的风格。这些孩子，我不知道他们是不是特意去这样，觉得这样比较时髦，或者比较酷吧，还是他们说自己性格就是如此。我就觉得（那是）比较浮躁的氛围。（T6）

教师的认知中有一个特定的"教室模式"。这种根深蒂固的认知模式可以说是一个文化人对其所处的文化场所的规约、习惯和期待。在学校文化中，学生的行为表现"不是在教室里的风格"，教师的文化认同就会受到很大的冲击，甚至是破坏。它给教师带来的不适感远远超过学生的学习状态不佳给他们带来的不良情绪。

> 现在的学生，其实挺难教的。你得花很多时间，去找合适的东西去教好他。而且到交论文的时候，就真的是要斗智斗勇。以前学生好乖，现在学生不行。一是他不交，你得使劲追着他交。还有就是，他抄，他来糊弄你。你得发现这些——哪些地方可能是抄的，对吧？你还得跟他斗智斗勇。（T2）

来自于学生的挑战不仅仅是他们的学习状态，还有学习自主性和自律性问题。教师除了布置和批改课程作业、课程论文、毕业论文外，还需要"使劲追着他交"。提到"斗智斗勇"，一方面表明教师的责任意识很强，同时也表明教师对学生缺乏自我行为约束和学术道德约束的无奈和失望。

除此之外，繁重的课业加上各种社会实践活动也使得学生在学业上的表现不尽人意。下面两位老师都做过这样的理解性妥协：

> 第二学期我也想明白了，我也别给你们那么大压力，我说这样啊，我照留（作业）不误。但是我不检查了……明显那种感觉：不能给留太多作业。反过来我一想，你说那是谁的错呢？学生不能下苦功夫也是一方面，从学生角度想：他一周选十几门课，他也累，每个教师都留这么多（作业），他也够呛。(T1)

> 学生也不视学习为主，他可能有很多别的社团什么的。他也说得对，他说，"老师，我如果没介绍，我很多分加不上。"他保研或者其他时候都要这些分。(T2)

学生的课堂学习积极性不高，学习主动性和自律性不强，学习态度浮躁、动力不足，是教师们对学生的普遍认知。但是，并不是如 Palmer 所说，正是这些抱怨学生的"'陈词滥调'扩大了学生和教师之间相分离的程度"(1998：41)。师生间的分离感主要源于以下两个原因：首先，教师在象牙塔中的"时代感"比学生的"时代感"要模糊。因此，师生之间的关注点和兴趣点时常（至少在教学时间里）是错位的。换句话说，教师在教育环境中对新生事物的悦纳程度相对于学生而言较低，再加上社会的飞速发展使得代际之间的距离显著增加，师生之间在心理和认知等方面的共情就会降低。其次，在教育实践中，教育教学目标不是"师生共享"的。也就是说，教师的教育教学信念目标、评估体系和培养体系的目标、学生个体的期待之间存在着差异。这些是师生分离感的深层归因。

二、教育教学改革—公共事件 (2)

教育改革是"全世界教师都在面临的生活现实"(Priestley，2011：11)。真正的教育改革应该是"内生的"、"得体的"、"有效的"。所谓"内生的教改"是指教改的动机来自于教育实践和教师教学实践的本质和内部，其目的是为了促进学生的学习，完善教育的进程。所谓"得体的教改"是指教改的原则是合情合理的，是符合教育发展规律，是符合人的发展和教育发展的双重标准的。所谓"有效的教改"是指教改的方法和过程是科学的、切实可行的，可以最大限度地调整和利用资源并使得资源持续再生。改革的成败关键在于教师是否"完整"参与。"没有教师积极和诚意的参与，就无法实现教育课程改革"（Bruner，1996：84）。

（一）改还是不改——"大张旗鼓"和"害怕"

教改是为了解决教育问题、改善教育现状的一种行动，而不是一场"为了改革而改革"的运动。因此，教改需要用理智的头脑来避免"随波逐流"和"形式主义"。"改革的必要"由教学现状决定，只有在对当下的教学现状进行分析之后才能决定改革的必要性和改革的时机。然而在现实中，很多教学改革的兴起是自上而下的。一位教师讲述了她的一次亲身经历：

> 但是大家都比较理智，就没有推（教改），最后才弄的精读，还是比较理智，真是最后一刻了。因为那个时候大家始终觉得教学已经跟十年前是完全不一样的了。事实上我们已经有了（教改），只是说我们没有把它大张旗鼓地作为一个题目放在这儿，但是在教学当中始终都是贯彻下去的，所以大家也觉得没有改革的必要。（T6）

与此同时，我们在教师对教改的看法中还看到了这样一个实施教改的重要因子，即教师的教改决心。

> 什么东西能够左右教师改革的意愿？不是说一个政治任务，或者你告诉他这个改革特别好，对学生非常有意义，教师们就willing。这不是影响教师的一个主要原因。影响教师的主要原因是，这个改革会不会改变我的教学方式，会不会影响我的生活方式。如果它对我的生活方式带来特别大的challenge，我就不愿意改。（T4）

教师是否愿意"完整"参与教改，这是讨论教改问题的出发点。在某种意义上来说，教学是一种习惯，它是教师的一种经验式活动。那么，当教师业已形成习惯的教学方式和教学生活方式试图被打破时，教师的本能反应是抵触：

> 领导要改革我们就没活儿干了。教师都可害怕了。怕把改革的事儿传到他们领导那儿，这样他们不就下岗了吗？（T1）

当他们的课程变化那么大，你需要我重新 restructure 我自己，甚至是 reconstruct 我自己的知识结构，reconstruct 我的一个 role，那他实际上是 unwilling。(T4)

忽略变革对教师的影响是导致教育改革失败的重要原因之一(张莲，2013)。因此，我们绝对有必要了解教师对于教改的认同度和态度。因为教师的担忧甚至是恐惧会影响他们"完整参与"的动机和动力。

(二) 怎么改——"自找苦吃"和"拍脑袋"

受访的教师中，教师 T3 和 T4 分别是该个案中的两个英语教学部门教改的重要参与者和组织管理者。她们对于教改的认识不仅仅是"遥望"的理解状态，而是真切地体会和感受到了教改实施过程中教师们的态度。

都觉得太累了，觉得这个进步的代价太高。您刚才问我怎么看改革，我说是很好的，但是我后半截儿没说，就是挑战和困难——很明显第一个就是教师压力太大，对教师要求太高。(T4)

教师转变是很痛的，要吃苦。谁愿意去吃苦啊？像我这样子自找苦吃的有几个？……教师们也都有这种懒惰性的……(T3)

两位教师都深切地体会到了教改的成效是明显的，但是教师承受的压力也是很大的。教师们是"要吃苦"的，也"都觉得太累了"。同时，教师对于自身在教改过程中的角色和参与身份也时有质疑："他们有的时候真是一拍脑袋就说这课就不设了，很武断的，这个我觉得不好。应该有个课程设置委员会啊或者什么组织审查课程整体的设立。"(T10)

教师在教育改革中缺乏话语权 (顾佩娅等，2014)。他们"已经被社会化为适合学校系统中的一个从属地位"(劳蒂，2011：168)。将教师视作"听话的"执行者和实施者的教改不是"内生的"教改，它违背了教师进行"自我更新"和"自我改革"的初衷。教师即便参与到教改中，这种参与也是不完整的，会丧失动力和有效性。

三、科研生活—公共事件 (3)

近几年，随着与世界接轨的主流意识形态的导向，中国高校的科研之风也越刮越猛，这使得很多教师感到不安。

（一）"三年结一次账"

……和十几年前相比，现在要比以前复杂多了。而且现在这个环境也比以前要浮躁很多。我现在感觉，各行各业的，花精力最多的事情好像反而都变成了副业。很多时间——比如说他做业务的人，可能好多时间是在搞关系。当老师的，很多时间要搞科研。否则的话，你光是把自己的本职工作做好，好像都不行。整个的风气就是这样。（T2）

在这位教师看来，高校英语教师的"主业"应该是教学，"副业"是科研。所谓主业，就是那些应该投入最多精力去做的事情。那么在她眼中有些"喧宾夺主"的副业——科研到底对一线教师提出了怎样的要求呢？

你写了几篇论文？科研成果有多少？还有一个现在还没开始实施呢，前两年刚发的，说什么三年里面要结一次账，要30分的科研分。现在还没到三年嘛，所以我不知道最后它会怎么弄。我达不到它这个分。（T2）

咱们这边就是你越往上每年要挣得分越多，大家都要算着，要算分，就看你够不够了。这个不是让人心里很愉快的一件事情。（T8）

"三年结一次账"、"越往上走每年要挣得分越多"，每个人都在"算分"。这种量化考核制度让教师觉得科研"并不是让人心里很愉快的一件事情"。

（二）"打架"和"算了"

这种"不愉快"的感受显然来自于没有足够科研产出的尴尬状态，来自于科研的外部规约和教师能力与内部自主性之间的不和谐感。很多教师放弃科研或是没有令人满意的科研成果，原因有很多。受访教师中一位既有教学经验又有科研经历的老教师跟我们分享了她的一些"时间"感触：

有的时候会觉得很沮丧，其实我确实想做科研，我需要找一段时间静下来好好地做。我看东西，今天看一天，明天看一天，前两天看的就忘了，这种时候觉得特别浪费时间，因为你没有一段连续的时间去做这个。今天做一点儿明天做一点儿，总是觉得形成不了系统的东西。弄弄就放弃了。（T3）

"时间的分割"使得教师生活的重心无法得到平衡。如另一位教师所说，"你如果在教学上花多了（时间），你就没时间弄科研，你科研弄多了教学肯定也要糊弄点儿"（T1）。一位老教师表达了她对年轻教师的理解：

> 能够把自己的课上好，上到学生满意，我觉得挺不容易的。而且还要在科研上……科研本来说就是来自自身的乐趣，自己想做的事，你变成一个巨大的负担，真是没的说。你还能说什么呢？它是个负担！本来带着年轻人，觉得应该是很开心的事，可是你感觉科研那么重，教学任务那么重，他们一个个忙的，我真是舍不得他们。（T3）

另外一位十分善于做科研的教师也对此表示了理解：

> （对于教师不做科研这件事）我觉得这是一个女教师，一个年龄段的女教师的非常非常可以（让人）理解的一种想法，大家也都是在这么做的。再加上做研究本来就是非常辛苦的事情，干嘛这么逼自己呢？对不对啊？除了一些很奇怪的人，大部分的人、正常人不太会这么做。（T8）

除了时间的问题以外，教学和科研之间的冲突也是教师从事科研的阻碍之一。

> ……我的研究方向跟我目前所教的东西没有任何关系，所以我经常会把它们当做两件事情来考虑……它刚好是要我把精力分成两部分来做的事情。（T12）

> （教学和科研）完全脱节的。所以这个也给我们做学术研究造成了一定的困扰，即便你要做教学这方面的研究，也真会打架，有的时候你会觉得："哎呀，精力不济呀！"（T7）

此外还有"什么样的研究容易发表"、"什么样的研究适合申请课题"、"什么样的研究可以获得项目资助"等因素使得教师的科研关注点和教学或多或少地发生偏离。然而，这些并不是教师群体可以左右和改变的。

除了教学和科研的时间分割阻碍教师的科研发展之外，还有一些主观和客观的原因也不容忽视。

> 我自己有的时候实际上是挺怪的一种心态，一方面是时间上——也没有大块儿的时间，没利用好时间。再一个心态就是：哎呀！我写出这个东西干嘛呀，就是为了职称嘛？我有的时候就会这

么考虑。投入那么多时间，写出这东西，有意义吗？我这样的想法，有的时候反而会阻碍了自己去写。或者说，写出来的东西不好，拿不出手啊！（T10）

被这位教师称为"挺怪的心态"的一个是对科研动机和意义的费解（后文讨论），另一个就是对科研自信心的怀疑：

> 科研方面是外部来的，因为我真不觉得自己在科研方面有什么特殊的才能，或者有什么已经考虑很成熟的想法。我觉得大部分时候我都是不得不这么做，所以压力很大。（T12）

> 老是觉得不知道怎么做，我脑子有些想法，但不知道做出来是不是对的，是不是该这样做。（T3）

很多教师都觉得自己根本就没有做科研的能力，做科研是需要"特殊的才能"的。目前尚没有研究显示科研能力是一种"特殊的才能"，但是我们必须承认3点：（1）绝大多数教师选择教育事业是因为喜欢和享受教学工作，但是少有教师热爱科研工作；（2）科研和教学不是一回事，并不是说教学好的人科研能力也一定强，反之亦然；（3）科研能力是需要培养的。就第三点而言，学校以及各院系部门为教师搭建了一些发展平台，但是面对教师科研方面的培训，教师的态度并不是十分积极。

> 提醒大家有这个项目，鼓励大家踊跃报名啊申请什么的。有时会组织一些学术活动。整体的氛围（是）大家对这个（科研培训机会），说实话不是很投入。比方说，听讲座吧，"哎呀，家很远啊，算了不来了。"（T7）

（三）"太糟糕"

当我们身处"时间以外"的科研、"无米下锅"的科研文化之中时，如何带着微笑面对科研呢？12名受访的教师中不乏喜欢科研、钻研科研的人，再来听听他们的声音，对高校英语教师科研生活的描述才可能变得更为真实和妥贴。

> 我喜欢教书，喜欢科研，这个没问题。那你喜欢教书，喜欢科研，你不都在做着你喜欢的事儿吗？怎么就不能自主呢？我希望的是——比如说我比较喜欢理论上的东西，喜欢思考。我觉得我现在做的很多研究好像也不是我喜欢的研究。没完没了的 projects，我觉得这种研究太糟糕了。（T4）

正如这位教师的自我追问："那你喜欢教书，喜欢科研，你不都在做着你喜欢的事儿吗？"然而，这件让人喜欢的事被束缚了、被捆绑了。它变得"不能自主"。对科研的热爱和热情，也在这种"谁的科研"的追问下，变得让人窒息。另外一位热爱科研并在科研方面很有建树的教师也跟我们说：

> 我不喜欢申请项目，我不喜欢有很多很多的 projects。首先它（申请项目）很花精力，要填表。我个人最不喜欢的一点是：填表的时候，你个人开很多空头支票，许诺很多你并没有做的事情，这个让我感觉特别不好。另外我觉得为什么要申请项目，有的教师觉得申请项目有一笔经费，可是我觉得像我做的研究，说实话不是很需要。(T8)

两位既热爱教学又热爱科研的教师"抱怨"的大体是同一件事情，即项目申请和科研管理对科研热情的影响。在已有的关于大学英语教师科研现状的实证调查中（陈桦、王海啸，2013；曲鑫等，2014；徐浩，2014；张慧琴、王红，2008）均未有此类研究发现。我们在讨论教师的科研生活的时候，往往会忽略这些看似不足为道却深刻影响教师科研情绪的细节。项目申请的这些细节，诸如研究选题、研究周期、文件类事务管理、经费分配和使用等等，是项目申请和项目实施的阶段性、渗入性细节。改善科研管理模式对提高教师的科研热情、加大教师的科研动力是有利无害的。

（四）"内心的追求"

在我们的个案中，一部分教师觉得科研生活是"不愉快的"，也有一部分教师热爱科研，同时又不得不面对一些磨损科研热情的遗憾和无奈。然而无论哪一部分教师，几乎都很认同科研的必要性及其对教师发展的意义。

> 我觉得你要是这个瓶颈突破不了，你就一辈子是个教书匠，在流水线上不断地燃烧自己照亮别人，这就是教师的光辉写照（笑）。所以你要是想（不做教书匠），你必须有一个突破。(T1)

> 完全不做科研我觉得对于高校教师来说应该不是特别合适的。因为一个教师他的课受欢迎肯定不是因为一个教师的授课技巧方面，一定是一个教师整个的人站在那儿，体现在你的方方面面，学生都能够感觉得到。(T8)

很显然，科研在教师们看来是"教书匠"和教育家的分水岭。它使得教师更加完整。从"教书匠"的角色向教育家转变，需要突破科研这个瓶颈。如另外一位教师所说：

> 因为大学教师不做科研，是没有办法从知识的消费者转化为知识的产出者的。如果教师自己不知道知识的产出过程，就不能够教会学生怎么去产出知识，所以教师必须做研究。这是高校教师身份的一面，你不能够没有这个。(T4)

"教书匠"只是知识的消费者，是知识的搬运工；而现代大学教师应该是和学生一起创造知识的引路人和同伴。同时，科研也是帮助教师不断发现自我、完善自我、重新认识世界的途径，是促进教师完整的推动力。这些是教师对于科研和教师发展的肯定态度和积极认识。即便在目前还不尽如人意的科研文化中，教师们也还是保留着他们对于科研的美好愿景。

> 我想把教学和科研结合起来，一方面我不能放弃这个工作，从谋生角度你还是需要它的，另一方面从你的职业发展或专业发展上我觉得我能把教学和科研或跟自己未来结合起来是比较好的。(T1)

> 如果说我希望最好的境界是什么，我希望科研是来自我内心的追求，而不是外界派给我的压力，这样我觉得教师会是一个比较幸福的职业，会更好。(T8)

对于教师来说，科研的最终形式也是最有意义和价值的形式是将"教学和科研结合起来"。这种结合是教师自发的、来自于教师内心的真诚的追求。只有这种结合才能让教师的教育生命足够完整，才能使教师成为大学的灵魂。

四、职称评价—公共事件（4）

教师的生存状态是由他们所处的职业环境所决定的。在我们深入分析了教师的教学和科研生活之后，再进一步分析教师的职业评价体系将有助于我们更加清醒地认识高校英语教师文化。

（一）职称评定标准

对于教师的职业考核评定标准主要包括两个方面：科研考核和教学考核。科研考核主要是考核在职教师在研究项目和文章发表方面的表现，教学考核主要是依据学校对教师教学的工作量标准以及学生对教师课堂教学的评分考核对教师进行量化评定。

1. 科研要求——"悖论"

在教师的职称评定中，科研项目和学术出版（发表）物是两个硬指标。这种考核本身并没有问题，但是教师们面临着制度上的资源错位以及客观上的资源短缺问题。比如，很多教师发现在个人的职称晋升中有些不可逾越的制度性障碍：

> 大家可能达不到他那个三篇核心和一个省级项目主持人的标准，远远达不到。我觉得申请项目主持人是很荒谬的。像我们讲师，你要申请一个省市级的，它要求你是副教授。这是一个悖论，有一个矛盾在里面。(T3)

就个体而言，某些制度的制定是不利于职称晋升的。对教师群体而言，现有学术期刊的数量和出版业的发展现状尚不能满足广大高校英语教师论文发表的需求。如一位教师所说，

> "我就调查下，全国几十万大学教师，杂志就十几本……每人都写一篇，那它也不够分啊！"(T1)

2. 教学要求——"迎合"

职称评定系统中的教学指标一部分来自于学生对教师的评估。为此，教师有时不得不在某种程度上"迎合学生"。

> 你这分不低于多少你才有资格去评职称，这样的。那你得迎合学生，学生不高兴了你怎么办……所以我有时候也经常向学生那边偏一点儿但也不会偏很多。我就是在这个当中找一个平衡。(T1)

3. 重科研轻教学——"高调说"

尽管教师评定标准包括两个维度，但是事实上学校在考核教师时对于科研的要求更胜于对教学的要求。这种以科研为主的评价体系就给教师带来了高压，影响了教师的职业认同。

> 自己教的课非常多，但是教课在这个学校又是不受认可的。比如我们要升职称（的话），还是要（看）项目什么的。(T3)

> 我的教学再怎么做，最后得到的认可肯定不如人家写一篇论文的……系里会说，谁谁得了什么奖，申请了什么项目。这个拿出来高调说。系里每年会发一个优秀教师的奖状，还有奖金1000块钱……在发这个奖的时候通常还要说，哎呀，有些教师课教得挺好，

但是科研也需要加强什么的。(T2)

"高调说"对教师的影响主要体现在职业认同方面。教学是教师的本职和第一要职，是赋予教师个体"教师"角色和头衔的无可厚非的属性。在教师心目中，"优秀教学奖"的分量更重，对教师工作的肯定也是最大的。然而，在当下对教师的职称考核中，教师投入精力和时间最多的教学工作在教师个体的职业发展中失去了力度。重科研轻教学的评价体系不能给予教师足够的职业认可和鼓励，就会逐渐影响教师的教育生命力。在传统的教师观念中，教师之所以被称为教师，是因为教师具有教书育人的品质以及教育教学的行为。

(二) 职称评定压力与回应

现有的职称评定体制及其价值取向给教师带来了极大的心理压力：

> 每当该评职称的时候，每当报名的时候，你又发现自己又上不去了，心里特别慌乱。你必须凑够多少个。你都凑够你也不行，你还得跟别的平衡啊，所以那个时候压力特别大。(T1)

"结账"的时刻总是让人"心里特别慌乱"，因为即便"凑够"了制度要求的科研成果，还有其他的衡量标准（这里指教学标准）。同时，每位教师心里都有一本账：按照规定的职称评定标准，竞争是"惨烈的"。全国各大高校的英语教师竞相在十几本外语类核心期刊上发表有质量的研究论文，必然不会出现人人都能分得一杯羹的皆大欢喜局面。很多教师在这种"僧多粥少"的竞争压力下变得对职称提升不那么"热衷"了，甚至"连想都不想了"。很多教师觉得"看不到希望"，逐渐在职称评定这条专业发展的道路上"自暴自弃"、"破罐破摔"了：

> 反正我就想好了，我再也不提了，我就这样了。(访：为什么？)我肯定不可能——你没有专著出来你想提教授是不可能的。这个我连想都不想了，退休就这样了。(T2)

> 大家看不到希望，就放弃了，自暴自弃了。这么多人竞争，每一年只有一个指标或者两年才一个指标（副教授职称）。(T7)

> 哪个教师都想发展，没有教师不想发展的。人往高处走，水往低处流嘛。但是我无奈，我实在没有办法朝前发展，实在不行我就破罐子破摔了。感觉是这种心态，而不是不想发展。(T3)

总的来说，教师对职称评定的回应是消极的。因为评价体系的"标准太高"，对教师的职业发展不仅没有起到激励作用，反而产生了很大的"破坏性"。在这样一种"破坏力"面前，教师只好选择放弃：

> 教师在政策之下谋求生存。政策往哪儿指，我就往哪儿走。但是如果政策现在指的这个方向我去不了（笑），或者你指的目的地我到不了，那我就放弃……目前的这个标准太高，所以它失去了一个政策或者是一个机制的 constructive，建设性不够，它变成一个 destructive，破坏性的。大家就觉得，whatever I do, I can never——达不到，那我就不干了。（T4）

五、教师文化对教师职业发展的影响

至此，我们通过讨论教师的教学生活、科研生活以及职称评定等公共事件，探讨了构成教师文化的基本生存状态。这张教师文化之网的外部形态是一张"行政文化"的网，它被称为"教师专业发展的'地牢'"（谢翌、张释元，2012：361）。如一位教师所说：

> 就像我刚才讲的，我理智上是明白这个转变的，但是这种理智上的认可和我情感上的接受中间有鸿沟。所以会觉得进入了一个制度化时代，我觉得人情时代慢慢过去了。你会觉得这个机构的人情味淡了一些。这种感觉。（T12）

那么，在这个"制度化时代"里，教师在教学与科研的双重压力下努力编织职业意义时是否还有足够的能量营造职业幸福？当前的教师文化对于教师发展而言是否也呈现出否定的特质？

（一）认同危机——"不合格的工作者"

教师 T2 从教 13 年，她是这所学校的优秀硕士毕业生，回到母校任教前曾经在政府机关从事英语翻译（口译、笔译）工作十几年。她喜欢上课，喜欢学生，专业精湛，深受学生喜爱，也经常获得与教学相关的一些奖励。对于现有的教师文化，她的感受是：

> 其实，包括一些博士，他们好像也没有觉得一年写一篇论文是一件特别简单的事。大家都觉得挺有压力的。（T2）

> 我就觉得我还是相对比较落后。我也不读博士，我也没写什么论文，也不做什么科研，所以觉得比较 marginalized。（T2）

　　我觉得我是教授或者副教授，对我来说，我一点儿都不在乎。我还照样教我这个课。我觉得教课本身其实还是比较 pleasant。就是后悔其他的这些，这些压力对我来说最大。所以我觉得你给不给我这个名分，我都能不在乎。我只是觉得，你不要老是让我们这些没有科研成果的人觉得我在拖后腿，让我觉得我很落后，不要让我有这种感觉，我觉得我就可以了。(T2)

　　我觉得像科研这方面的压力至少是这几年比较明显吧。以前也有，但是不怎么太说这点。现在我觉得不断地在强调这一点。所以，我自己感觉我是一个不合格的工作者。(T2)

在她看来，"像科研这方面的压力至少是这几年比较明显"的。她一方面自认是"比较落后"的，因为既没有学历晋升也没有科研成果。另一方面她也觉得就算是学位有所提高的那些教师"好像也没有觉得发表文章是一件特别简单的事"，"大家都觉得挺有压力的"。在这样一种"进亦忧退亦忧"的情况下，她觉得"比较 marginalized"。这是教师 T2 的身份认同遭到破坏的一个外因，即制度中的"人以群分"。然而制度规定中的职称和头衔并非是她缺少认同感的罪魁祸首。面对体制重科研轻教学的现状，她觉得自己成了"拖后腿的"，久而久之，形成了一种负向的自我认识，即"我是一个不合格的工作者"。如 Palmer（1998：178）所说，"任何人加之在你身上的惩罚都不可能比你的自我贬低对自己的惩罚更糟糕。"这种负向的身份认同给教师的职业发展带来了一种信念危机，严重影响教师的教育幸福感和自我成就感。

（二）发展危机——"镜子效应"

假设这种"地牢式"文化的功能就是使得（部分或多数）教师获得"被边缘化"的危机感，从而激发个体的行动力，那么结果就应该是这样一幅景象：教师们"诚惶诚恐地"朝着政策所指引的方向尽全力去实现自己的职称提升、学历提升等等。然而真相仿佛并非如此。

　　现在好多教师跟我讲当副教授到头了。就是副教授，我不要教授了，不行吗？你还能把我怎么样？还有讲师现在面临着压力。评副教授有那么高的要求，我不评了不行吗？我最后（做）讲师吃饭我不能吃啊？(T3)

可见，当压力超出自身可以转化为动力的"极限值"时，压力就变成了一种纯粹的破坏力。人们面对这样的压力所能做的只是故步自封、消极应对。同时，当压力的影响形成某种普遍性时，就会出现"照镜子"的环境意识。无论是做"资深讲师"还是"资深副教授"，看上去"大家都跟我一样"：

> 我们还稍微宽松一点儿。因为大家都是那样的。我们这边讲师很多。你就觉得大家都跟我一样。(T7)

> 总体来说我还是没有太逼自己的，我还是混混日子。这要看放在哪个环境中，如果放在一个科研特别强的环境中，我可能就是很落后的，但是我恰巧在一个大家也都跟我都差不多的一个环境中。(T8)

尽管行政化的环境里，科研掌握着首席话语权，但是在这个个案中，"全民科研"的氛围尚未形成，教师所处的职业环境还不是一个科研意识强烈的环境，也就是说，"我恰巧在一个大家也都跟我差不多的这么一个环境中"。结果是，尽管教师认同科研对于教师实现自身完整是必须的，但是在"镜子效应"中，教师的发展意识和动力失去了一些强度。

（三）职业危机——"最后的防线"

教育这个职业有别于其他职业的一个最大特征就是它的教育性。在教育社会化的潮流中，"两耳不闻窗外事，一心只读圣贤书"的象牙塔式教育已经发生了急剧的变化，学校、课堂与社会之间的鸿沟不再需要很长的时间才能逾越了。这也给教师带来了另外一个冲击：实用主义、现实主义与教育理想下的价值观、人生观是否相互冲突？在冲突中，教师是否还能有所作为？还是"觉得很无力"，保住自己就好。后现代主义者让-弗朗索瓦·利奥塔(Jean-Francois Lyotard)宣布了"教授的死亡"，因为在剔除了社会责任、思想表达、人文关怀等向度以后，教授仅仅剩下了知识传播的唯一职能，而教授"在传播既有知识方面并不比数据库网络（memory bank networks）更胜任"（富里迪，2005：7）。如果自己的身份已经死亡了，那么我们的职业也就跟着去见了上帝。正如以下两位老师的感受：

> 我做翻译，做笔译，做口译，我都可以做。而且我肯定钱挣得比这个多。所以有时候想想，我就觉得挺矛盾的。所以哪天，比如说我情绪比较激烈，有个什么事儿 trigger 一下，我可能就走。(T2)

可能我们都是理想主义，就觉得人总要保留一些纯真的东西，你要大家都那样的话，这社会也就没什么希望了。大家都有感觉，但是觉得很无力，能做也做不了很多，做的越来越少。到最后的底线就是至少保住我自己，只能是这样了。(T6)

（四）守望伊甸园

从上面的讨论中我们可以看出：教师在他们的职业生存环境中面临着身份认同、专业发展和职业生涯等方面的危机，然而他们依旧热爱自己的教学生活，也总是尽可能在教学的伊甸园中找到安慰和成就感。

每当你看见学生那种眼神——特别渴望、特别期待、对你的东西特别认可……那个时候，你说点儿啥，他们就好像当圣经一样记下来，然后按照你的做法去实施，而且实施得很好。虽然课堂很小，但是在这个环境当中，你可以发挥你的聪明才智。至少教师在课堂，还是主人的那种感觉！(T1)

学校是教师职业生活的公共场域，而课堂对教师来说是最重要的职业生活的个人场域。当教师在公共场域中丧失话语权并且面临各种压力时，他们能够在课堂上找到"主人的那种感觉"。这是让教师深感安慰的地方，也是他们最后的心理防线：

上课时，孩子们跟你贴心的那个感觉是能（感觉到的）。他上你的课，比如外面有实习，（会）尽量躲开。（学生这样做）证明我不错，作为教师是成功的……(T11)

社会与时代的极速变革给教师的教学生活带来了不可逆转也不可小觑的冲击与挑战。我们讨论过师生关系的"分离"以及在这种"分离"中教师的无奈与压力。这种"分离"是一种客观存在。这种认知是相较于教师已有的教学经验和经历而言的。这座"伊甸园"带给教师的除了时代造就的"分离感"之外，还有"贴心"的感觉、"成功"的感觉。在教师看来，它是思想碰撞的地方，是自我价值实现的归属地。因此，与其说教师们正在面临和纠结着"师生间的分离"，还不如说教师们一直对"师生间的共同体"的维系保有深切的期许和不懈的努力。换句话说，他们正在努力守望着这座伊甸园。

我自从当了教师，就特别喜欢教师这个职业。主要是因为我喜欢这种生活方式。另外，和学生在一起我就感觉特别单纯，觉得这个环境特别适合我……教师首先就是被学生喜欢。无论你走到哪里，当教师的应该首先被学生喜欢，而不是被这个体制喜欢。应该是这样的。只要不想这个（职称），我就觉得很好。(T11)

我不后悔，我还是挺喜欢当教师的……要我再选择的话，还是当教师。我原来在教育部借调过半年。我还是更喜欢学校……我一进教室还是容易兴奋的。有时我可能是挺疲劳的，进教室我就不一样，容易进入状态，我还是喜欢（当老师），不觉得这是折磨。(T10)

当我们问一位屡获基础阶段优秀教学奖，但因未能在规定时间完成学位要求而被取消了博士学位申请资格的教师今后有什么打算时，她说："下一个目标就是想看能不能在专业课上拿个优秀教学奖"(T12)。这是教师对"伊甸园"最殷切的"守望"。这种"守望"来自于教师们对职业的偏好和热爱，亦来自于他们对教学的人文想象和职业道德的坚守。

第五节 总结与讨论

一、英语教师文化的外部形态

在完成了对于英语教师生存状态的深描以后，我们基本上可以看到形成英语教师文化的外部形态以及教师为了应对外部规约所进行的心理调试和应对模式。我们从教师的生活中提取出能够左右教师生活的三个基本文化特征：

（一）时间文化

"教师的常规时间，为学校生活提供了清晰的结构，同时也形成一种力量强大的成规，嵌入到学校文化中"（丁道勇，2009）。教师这一职业相对于其他职业而言，"时间性"更为突出。标志性的常规时间，诸如规定性的／制度性的上下课时间、学期时段与假期时段，非制度性的备课时间和学生工作时间（包括学业检测评阅和学生辅导等），无一不是教师职业特有的文化生活的结构，是在教师文化中可以循到的"规"和蹈到的"矩"。尽管每一种职业生活都必然存在于时间的范畴里，但是相对而言，教师职业的"时间规矩"是固定制式的，没有改动与变通的灵活性。除去这些"制式"规矩中的时间消耗，教师所能享有的自主时间是零碎的、有限的。张莲（2013）对一所学校的83位外语教师进行了问卷调查。调查显示，教师投入到日常教学工作中的时间和精力很多。除了这些"职业准备时间"，教师的客观时间还需要再度划分以满足其他职业活动，诸如科研、教学改革、行政化事务性工作。事实上，来自教学实践的挑战已经促使教师加大了教学投入时间，这种时间投入在客观上自然会减少教师从事科研和其他专业及非专业活动的可能性和时间投入。另一方面，现有的教师评价机制又在客观上要求增加教师从事科研和其他专业及非专业活动的可能性和时间投入，对于坚守教学岗位的教师而言，他们只能被迫将"职业活动区域"（front region）扩展到"职业活动后区域"（back region）（Hargreaves，1994），二者的界限被打破了，教师时间被各种行政期待和规约"殖民化"（colonization of time）（Hargreaves，1994）。被制度和管理要求"时间化"了的教师基本失去了自主发展、自我探究和自我管理的可能性。"职业活动后区域"的"释放压力"、"建立团结互助的同事关系"以及灵活的"职业角色自我管理"（Hargreaves，1994：110）的功能也正在消退。

（二）数字文化

就教师个体而言，"数字化"是教师职业的显著特征。首先，教师的教学工作是数字化的：课时（节）、教授的课程（门）、班额（人数）、作业批阅（本）、写作要求（字）、试卷（题）等，这些都是教师职业的数字化表现。其次，对教师的个体评价也是数字模式的：教学考核来自于学生的分数评价，学术考核来自于科研的量化评价。诸如："3篇核心"、"30分"、"三年一结账"、"算分"、"凑够"等都是教师文化中的本土话语。此外，就教师群体而言，现行的客观描述方式包括职称描述（教授、副教授、讲师等的数量）、学历描述（博士、硕士等的数量）、职务描述（博导、硕导的数量）等。"教师管理制度是造就教师文化的制度性根源，是教师文化形成的硬环境"（赵伟、黄国昌，2009）。对教师的职业生活管理，学校制定了一系列的考核和评价制度和规定。在我们这个个案研究中，可以清晰地看到：教师管理文化是一种"麦当劳化"的数字文化。所谓教师管理"麦当劳化"（Ritzer，2012）是指强调和重视教师生活的效率、可计算性、可预测性和控制。教师生活中的教学任务、科研任务、创收任务、学生评分等都是通过数字来进行量化考核和统计的。换句话说，教师的工作绩效评价不再关注教学内容的选择、教学效果的好坏以及人与人之间的相互影响这些涉及教育本质的核心价值，而是通过简单的数字化评价来模糊质量与数量的关系，简化教育活动的复杂性、曲折性和长期性，忽视教师职业成长和学术发展所需要的积极的人文关注和平台。

(三) 空心文化

教学和科研的共同发展，是大学的办学基本原则。作为人类社会中培养和提升人的基本能力和素质的高等教育机构，实现国家的高等教育目标、培养符合我国社会经济发展的高级专门人才是高等院校的终极目标。而高校科研的终极目的也是不断更新和完善人类知识，发现和开拓更广阔的认知世界，从而在教学手段和教学内容上实现进一步的提高。科研的实践价值在于它可以帮助教师逐渐走出教学中因各种不确定性而引起的困惑和恐惧，解决教学实践中的问题。然而在目前尚不完善的评价机制和学术平台的左右夹击下，教师的科研意识、科研态度以及科研行为都还缺乏内部驱动力。

此外，当教师评价体系赋予科研大于教学的比例和地位时，教师的职业工作评价与其职业工作投入错位、甚至偏离，曾经以"关心学生的成长"并对自己的"外语教学能力"和"教学效果"具有较高认同的教师群体开始怀疑自己所得到的"教学评价"(张莲，2013)，并因此感到"无能为力"、"望尘莫及"、"没前景"，教师为此所产生的巨大心理压力以及对待个人职业态度的消极转变，逐步形成了被高度"边缘化"的"离心"状态。

本项个案研究并不着力探究教师对于某项具体的教育教学改革的评价与体悟。本研究旨在挖掘教师在这个包含教育教学改革的文化场所中如何应对现状以及自我的生成、维持和发展。有效的教学改革应出自教师对教学实践的需求，其本质应该是提高教学有效性同时促进教师自我成长的双赢的改革。缺乏教师动机和动力的教改，以及缺乏教师话语权和主导地位的教改是一种"无心"的教改。

可见，教师在教学与科研投入上的错位期待、在教学上的离心以及在教改中因缺乏话语权和主导地位的无心构成了当今高校英语教师的一种"空心文化"，它不仅不能使得教师职业生涯变得更加完整且充满正

111

能量，反而会无时无刻地侵蚀着教师们渴望保存的作为文化人和学术人的斯文和尊严。

二、英语教师文化的内部意义结构

这项对高校英语教师文化的个案研究为我们提供了一个较为凸出的外观。数字文化、时间文化、空心文化既是教师生存的环境外观，也是教师个体发展的内外力之间博弈的诱因和结果。这张英语教师所编织的意义之网的外部形态与构造是其在社会文化、地域文化、单位文化等不同层面的互动中逐渐形成的。教师身处其中，在其影响下改变自我并以"改变后的自我"反作用于生存空间，因此形成了外语教师职业生活的数字化、时间性和空心貌的文化特征。

（一）在冲突中妥协

教师的教学工作与教师个体发展之间存在着冲突。一方面，变化了的教学任务和教学对象加大了教学准备的时间投入。另一方面，教师评价的科研倾向和数字化考核机制又进一步挤压教师时间。此外，教师个体也有自我发展的需求，诸如学历提升、专业能力提升等。教学与科研或是教学与自我发展，如同"时间跷跷板"上的两端，当一端的位置有所提升时，另一端的位置势必有所下降。这种时间上的冲突时刻困扰着教师，但相对于教师考核体系给教师的教育理想带来的冲击，它的影响还不是"致命的"。外语教师面对"重科研轻教学"的评价体系时时常感觉到"无能为力"、"被边缘化"。教师职业生活考核评价的价值体系与教师的职业价值观发生了冲突，最终导致教师的无力、妥协或放弃。

此外，教学主体之间也存在着冲突，教师与学生的"分离"是师生关系中较为普遍的现象。这种分离包括情感分离、知识分离以及价值观和人生观的分离。在社会急速变革的前进道路上，"与终极价值和人文关怀相关的知识在教育世界的消退"（车丽娜，2007b：53）开始侵蚀象牙塔内的固有关系模式。启蒙消退，教育影响力弱化，教师的教学时而降到技术层面。教师所怀有的"士的热情与忧思"受到压抑，形成了一种理想的自我郁结。当教师的教育理想和现实相遇，尤其是在教师评价机制的绑架下，化解冲突的方案就只有教师的妥协和让步。

（二）在高压下回避

如前面所讨论的，目前的教师管理制度是"'地道'的制度文化"（谢翌、张释元，2012：232），是"麦当劳化"的数字文化。教师工作考量和教师资质考核是以教学与科研的量化评定为标准模式的。以学生评估为主导的教学量化考核，以及以科研为主导的职称量化考核，成就了一套貌似合理但却十分脆弱的职业生活激励体系。教师管理以及适度的职业压力可以激励教师的职业发展，这一点毋庸置疑。但是教师管理制度仅仅是一套自上而下的、忽略教师主体性的制度，那么即便它的初衷是"对'捣蛋者'的约束，对'观望者'的鞭策，对'实干者'的肯定"（谢翌、张释元，2012：232），"捣蛋者"、"观望者"和"实干者"在高压之下所受到的"约束"、"鞭策"、"肯定"充其量只能是一种催人异化的具有破坏力的维持，并不能激励教师形成高效且长久的行动力。最终，面对这样的制度性约束和压力，教师能做的只有选择回避。

目前的教师管理制度是"非建设性的"，它尚未成为教师发展的有利平台和助动力。更令人遗憾的是，教育教学改革成了对教师的另外一种形式的管理。现行的改革还不是完全内生的、得体的、有效的，"因为它不去关心整体的使命和参与"（古德森，2013：80）。也就是说，教师并未"完整参与"教育改革。教育改革的初衷是否来自于教师的教学实践需求，教师在教育改革中的主体地位和话语权是否得到了充分的保障，教师在教育改革的过程中是否得到了足够的支持力，教育改革的方向和未来是否得到过有效的、科学的论证和前瞻，这些"特有的不确定性使教师职业越发复杂，同时阻碍了教师精神报酬的获得"（劳蒂，2011：153）。这种精神报酬受损，恰恰是教师所采取的回避的态度和行为的根源。

（三）在妥协和回避中自救

教师在选择从事这一职业时，一般具有明确的自我认知、定位和期待。在当前的职业生存状态和评价体系下，面对日益增长的科研压力和职业发展困境，大部分教师仍然坚持着自己的职业理想和追求，并努力在教育和教学的伊甸园里找寻自身的价值和心灵慰藉。在课堂教学中，他们有"主人"的感觉，有"成就感"，有"平衡感"。在职称和科研的压力袭来时，他们会感到困惑、不安甚至是愤怒，但是能够帮助他们调节自己情绪的有效方式往往还是教学，她们更倾向于回归到课堂教学当中。这种"伊甸园情结"是教师的自救方式。教学的空间给予了教师"合法人"的地位和身份。较之于职称评价和科研考核中的"边缘人"的体验，课堂是教师的身份认同与其职业定位达成一致的地方。因此，回归课堂教学既是教师自救的方法，也是教师需要寻找的心灵归宿。

三、研究启示与研究局限

（一）研究启示

本文通过对高校英语教师职业生活的三个角度——教学生活、科研生活和职业评价体系的深描探究了英语教师文化的外部结构，并对教师为了应对外部规约而形成的内部意义构建进行了解读，揭示出高校英语教师文化的三个特征，即时间性、数字化和空心貌，分析了这种文化给教师职业生活和个体发展带来的影响以及教师个体在冲突中妥协、在高压下回避、在妥协和回避中自救的教师文化之网的内部构造。

本研究所能提供的启示如下：

1）对教师的主体性回归的召唤。在高等教育行政化趋势的控制下，渗透在大学的教学、科研和评价机制等各个领域的时间文化、数字文化和空心文化逐步侵蚀了高校教师原有的对于自身职业的理想追求，本个案中的高校英语教师在教学管理规范化和数字化的大旗下逐步形成以妥协、回避和自救为标志的应对型文化，试图在自上而下的科研潮和改革潮的冲击下寻找个人的定位和新的职业诉求。

2）对教师的自我解放的召唤。"教师文化的重建一方面取决于学校组织的变革，另一方面取决于教师个体的自我解放"（葛金国、吴玲，2012：345）。如 Palmer 所说，"我们教授的学科是像生命一样广泛和复杂的……我们教的学生远比生命广泛、复杂……但是还存在第三种解释教学复杂性的理由：我们教导我们自己认识自我"（1998：2）。教师在面对强大的行政管理冲击和新的技术时代的挑战时只有保持清醒的头脑，不断提升自己的适应能力、科研能力和知识创新能力，才能在变革中立于不败之地，发挥自己的职业优势，完成自己的教育使命。

3）对高校教师的制约是对我国人才培养的制约。高等院校是国家培养创新型人才的重要基地，目前充斥于高校内外的行政思维和渗透到高校各个领域的时间文化、数字文化和空心文化实际上淡化了高校教师的主体性，阻碍了高校教师追求学术自主的权利，降低了教师进行学术创新的兴趣与机会。本研究所揭示的是在目前高校行政化管理体制下的教师的生存状况，不仅说明了教师所面临的挑战和无奈，更说明了现行管理体制中的诸多矛盾和问题。只有着力落实高校管理中的去行政化，充分尊重高校教师的主体性，改革现有的教师职称评价体系，调动教师的学术潜力和发展诉求，才能够在高校酝酿出可以培养创新型人才的文化基础，使高校真正成为培养具有独立见解和创新思维能力的知识人的摇篮。

（二）研究局限

作为个案研究，我们深入分析和探讨了高校英语教师文化的现状及其所形成的外部结构和内部意义，并注意选择不同年龄段的教师进行深度访谈，从中了解到外语教师在教育行政化的形式下的感受和对策。在未来的文化研究中，还可以进一步探索其他的文化研究思路，在数据收集的方法上还可以更加开放，更加深入。

参考文献

Ball, S., & Goodson, I. F. (Eds). (1985). *Teachers' Lives and Careers*. London, New York and Philadelphia: Falmer Press.

Bruner, J. (1996). *The Culture of Education*. Boston: Harvard University Press.

Greertz, C. (1973). Thick description: Toward an interpretive theory of culture. In C. Greertz (Ed), *The Interpretation of Cultures: Selected Essays* (pp. 3-30). New York: Basic Books.

Hargreaves, A. (1994). *Changing Teachers, Changing Times: Teachers' Work and Culture in the Postmodern Age*. London: Continuum.

Kroeber, A. L., & Kluckhohn, C. (1952). *Culture: A Critical Review of Concepts and Definitions*. Cambridge: Kraus Reprint Co.

Nerman, J. (1853). *The Idea of a University*. Garden City & New York: Doubleday.

Palmer, P. J. (1998). *The Courage to Teach*. New York: John Wiley & Sons, Inc.

Priestley, M. (2011). Schools, teachers, and curriculum change: A balancing act? *Journal of Educational Change* (1), 1-23.

Ritzer, G. (2012). *The McDonaldization of Society* (7th edition). London: SAGE Publications, Inc.

Stake, R. E. (1995). *The Art of Case Study Research*. Thousand Oaks: Sage Publications.

Waller, W. W. (1932). *The Sociology of Teaching*. New York: John Wiley & Sons, Inc.

艾沃·古德森著，蔡碧莲、葛丽莎等译，2013，《教师生活与工作的质性研究》。北京：教育科学出版社。

车丽娜，2006，教师文化初探，《教育理论与实践》（11）：45-48。

车丽娜，2007a，教师文化的实然诊断与应然追求，《教育发展研究》（1A）：31-34。

车丽娜，2007b，《教师文化的嬗变与重建》。济南：山东师范大学博士论文。

陈桦、王海啸，2013，大学英语教师科研观的调查与分析，《外语与外语教学》（3）：25-29。

陈向明，2001，《教师如何做质性研究》。北京：教育科学出版社。

丹·克莱门特·劳蒂著，饶从满等译，2011，《学校教师的社会学研究》。北京：人民教育出版社。

邓素文、陈梦稀，2012，从自在的文化到自觉的文化：高校教师文化批判与重塑，《黑龙江高教研究》（1）：9-12。

邓涛、鲍传友，2005，教师文化的重新理解与建构——哈格里夫斯的教师文化观述评，《外国教育研究》（8）：6-10。

丁道勇，2009，论教育改革中的教师时间，《教师教育研究》（1）：11-15。

丁钢，2008，《声音与经验：教育叙事探究》。北京：教育科学出版社。

弗兰克·富里迪著，戴从容译，2005，《知识分子都到哪里去了》。南京：江苏人民出版社。

葛金国、吴玲，2012，《教师文化通论》。合肥：安徽大学出版社。

古翠凤，2005，文化四维度理论视角下的教师文化研究，《教育探索》（8）：112-113。

顾佩娅、古海波、陶伟，2014，高校英语教师专业发展环境调查，《解放军外国语学院学报》(4)：51-58，83。

郄海霞，2006a，美国高校教师文化解读，《外国教育研究》(6)：44-48。

郄海霞，2006b，世界一流大学教师文化特征分析，《江苏高教》(2)：
　　108-110。

吉姆·麦奎根，李朝阳译，2011，《文化研究方法论》。北京：北京大学
　　出版社。

凯西·卡麦兹，边国英译，2009，《建构扎根理论：质性研究实践指南》。
　　重庆：重庆大学出版社。

克利福德·格尔茨，韩莉译，2008，《文化的解释》。江苏：译林出版社。

林浩亮，2009，"流动的马赛克"文化：大学教师专业发展中的自然
　　合作，《教育发展研究》(10)：66-69。

罗杰·马丁·基辛著，甘华鸣等译，1988，《文化·社会·个人》。沈阳：
　　辽宁人民出版社。

孟凡丽、李斌，2007，我国教师文化研究：盘点与思考，《西北师大
　　学报（社会科学版）》(3)：47-51。

曲鑫、战菊、王澄林，2014，大学英语教师专业发展进程中的科研观，
　　《东北师大学报（哲学社会科学版）》(2)：195-198。

沈楚，2008，关于高校教师文化建设的理性思考，《黑龙江高教研究》
　　(4)：87-89。

谢翌、张释元，2012，《教师文化论》。北京：中国社会科学出版社。

徐浩，2014，高校外语新教师专业发展现状的调查研究——参与教师的
　　视角，《解放军外国语学院学报》(4)：59-66，114。

袁翠松、张明，2007，高校教师文化的传承与发展，《江西社会科学》(6)：
　　229-232。

约翰·洛夫兰德、戴维·斯诺、利昂·安德森、林恩·洛夫兰德著，林
　　小英译，2009，《分析社会情境：质性观察与分析方法》。重庆：重
　　庆大学出版社。

张慧琴、王红，2008，综合性高校外语教师科研状况的调查研究，《教
　　育理论与实践》(12)：23-25。

张莲，2013，高校外语教师专业发展的制约因素及对策：一项个案调查
　　报告，《中国外语》(1)：81-88。

张文雪，2006，试论大学教师文化建设，《清华大学教育研究》(6)：

26-29。

赵复查，2006，教师文化的生命意蕴，《教育评论》（4）：38-41。

赵复查，2007，生命哲学视域中的教师文化，《韩山师范学院学报》（2）：
　　87-92。

赵伟、黄国昌，2009，教师量化管理制度对高校教师文化的影响，《教
　　育与职业》（29）：58-59。

赵文平、于建霞，2007，多维视野中的教师文化研究，《教育发展研究》
　　（6B）：56-60。

朱浩，2006，我国大学教师文化的冲突与和谐，《中国大学教学》（8）：
　　17-20。

佐藤学，2003，《课程与教师》。北京：教育科学出版社。

附录一：访谈提纲

1. 你是怎么开始自己的教学生涯的？
2. 这些年教书下来有什么感觉？后悔当了一名教师吗？
3. 你的工作量是怎么计算的？还有时间做别的事情吗？
4. 像你这个年龄段这样，还是所有人都这样？
5. 你有时间做科研吗？怎么评价自己的科研能力？为什么这么说？
6. 你调工作是出于无奈还是自愿？到这边来以后的心情如何？
7. 你觉得你的教学现在自如了吗？你觉得这个教材怎么样？
8. 在你教学成长过程中，有给你印象特别深的事和人吗？为什么？
9. 教这么多门课，你觉得自己教得最好的是哪门呢？为什么？
10. 有没有特别 frustrated 的感受和经历？
11. 你的情绪会受到外部因素影响吗？在课堂上受学生们的影响吗？
12. 出了课堂以后，有没有烦心的事，或者比较麻烦的事？为什么？
13. 现在大学的晋升政策对你会有什么影响吗？
14. 你觉得就你成长到现在这样子，最主要的原因是什么，你作为教师，
　　对自己现在的状态怎么看？
15. 每个人在家里有不同的角色，老师、妻子、母亲、女儿，这几个身
　　份你最看重哪个？为什么？
16. 你在同单位有特别谈得来的、特别好的朋友吗？

17.你觉得在你们这个环境里，像你这样类型的老师还多吗？为什么？

18.你们这个年龄段的人和其他年龄段的人有交流吗？

附录二：数据编码

表 4-1　数据编码

轴心编码	类属编码	初始编码
A 职业背景	1. 学习背景	(1) 学习经历；(2) 学习收获与感悟；(3) 学习与教学；
	2. 工作背景	(4) 工作经历；(9) 职业选择；(7) 专业选择；(6) 专业转换；(8) 专业对比；
B 职业生活	3. 教学生活	(11) 教学经历；(18)教学任务；(28)教学投入；(15)教学自律；(14) 教学挑战；(16) 教学尴尬；(12) 教学感受／体会；(13) 教学转变；(26) 教学信念；
	4. 科研生活	(20) 科研经历；(22) 科研阻碍；(23) 科研态度；(21) 科研压力；
	5. 环境保障	(34) 院系建设经历及体会；(35) 课程改革经历及体会；(36) 教学改革经历及体会；(19) 职称考核经历及体会；(30) 教师待遇；(32) 生活现状与家庭关系；
	6. 职业体验及回应	(24) 年轻教师压力；(25) 回应压力；(27) 回应变化；(29) 发展动机；(38) 学历提升；(31) 职称态度；(10) 职业态度；(5) 自我定位；(33) 身份认同与职业幸福；(37) 对发展环境的总体感受
C 职业未来	7. 职业期待	(17) 理想的发展条件

119

第三部分 发展篇：教师与环境互动研究

　　本部分以第二部分揭示的我国高校英语教师专业发展环境现状为背景，从第五章到第十章共六个章节，报告了对中国高校英语教师与环境的互动以及环境改善的探索性实践研究。六个子课题以不同的研究专题为载体，探究了来自不同群体、具有不同个性特征的教师与环境的互动本质和规律。第五和第六章分别探究了高校英语教师在科研和教学生活中的情感体验，特别是教师如何通过采用不同情感调节策略或情感劳动应对各种情感事件。第七章和第八章分别探究了高校英语教师如何在当前不够积极的专业发展环境中通过发挥职业韧性应对压力和通过发挥能动性把握自我人生。第九章和第十章聚焦高校中青年英语教师，分别探究了他们如何通过自我的批判性反思挣脱外在环境和内在自我的束缚以解放自我，以及如何通过教师学习共同体中的三维对话实现科研的协同发展。在这六个章节中，前三章聚焦教师基本人文素质，如情感、韧性等与环境的交互，后三章则逐步走向解放性素质，如教师能动性、批判性自我反思和群体合作改变环境的能力等，共同揭示了教师在真实情境中与环境的互动以及教师发展所需要的重要个人素质和群体合作文化环境。

第五章
"痛并快乐着"：高校英语教师科研情感案例研究[①]

古海波

第一节 引 言

在当下高等教育体制中，科研是高校教师在大学制度环境之中获得组织合法性以及激励的重要手段，是获得话语权和文化资本（Bourdieu，1986；刘永兵、赵杰，2011）的重要途径。科研本身及其附载的与职称评定、工资收入、身份地位的密切关系一直深受教师的普遍重视。时代、职业和学校的要求以及科研本身的重要性导致外语教师产生了复杂而多样的科研情感，如"科学研究使我们能够一直保持一种旺盛的工作热情"（崔刚、马凤阳，2012）；"不少高校英语教师在科研中常常感到力不从心"（刘润清、戴曼纯，2004）；"真想做，真不知道怎么做"；"这象牙塔太高了，我够不着"（高一虹等，2000）；"高校外语教师科研之痛"（汪晓莉、韩江洪，2011）等。我们在对全国 10 所高校 346 名外语教师的叙事问卷调查（见第三章）中也发现了教师对于科研的复杂心态和感受（顾佩娅等，2014）。事实上，教师的科研情感直接或间接地影响教师认知和科研实践，其作用在教师专业发展过程中不可忽视。

情感一直徘徊在学术研究的大门之外，但从 20 世纪 80 年代开始，社会变革导致情感由个人领域进入公共领域，许多学科都开展了关于情感的研究，比如哲学、社会学、心理学、历史学、人类学中的情感研究都逐渐被重视（Zembylas，2002）。随后，情感研究的浪潮也波及到了教育学领域，但直到 20 世纪 90 年代中期以后才被引入到教学和教育改革等研究领域中（Zembylas，2003）。随着情感在教学领域研究中的深化拓展，教师情感研究开始兴起。现有研究表明，教师情感会在很

[①] 本章部分内容发表于《外语电化教学》2015 年第 3 期。

122

大程度上影响教师的决策和行为（Hargreaves，1998；Zembylas，2004）以及自我和身份的形成（Beatty，2000），对教师的专业发展影响很大（Everton，Galton & Pell，2002；Shkedi，1998）。不仅如此，研究者也认识到不同文化环境下的教师情感呈现出不同的样态（Mortenson，2006；Zhang & Zhu，2008）。这些召唤我们进一步研究中国文化背景下的教师情感体验以及影响因素。然而，外语教师情感研究在国内外尚处于开拓阶段（古海波、顾佩娅，2015），目前仅有少量研究对外语教师教学和人际交往中的情感体验、影响因素和情感调节进行了初步探索（Cowie，2011；Golombek & Johnson，2004；Xu，2013），涉及外语教师科研情感的研究还不多见。因此，探讨中国社会文化背景下的外语教师科研情感对拓展教师情感研究的理论与实践有重要意义。

综上所述，一方面是外语教师科研情感多样、深刻影响教师认知和专业发展的客观现实，另一方面国内外学术界对外语教师情感较少涉猎，关于高校英语教师科研情感的研究更为罕见。在科研日益重要的大背景下，我们对当代高校英语教师在科研中到底体验到了怎样的情感，哪些因素影响了科研情感产生，而教师又是如何应对这些情感等直接影响科研实践的问题缺乏关注。本研究采用质性的案例研究方法，选取我国东部发达地区某综合性大学的 12 位高校英语教师作为研究参与者，以探究上述急需关注的英语教师科研情感问题，旨在探索新认识，促进本领域的理论建构和实践提升，助力英语教师专业发展。

第二节 文献综述

一、外语教师科研情感概念

教师情感包括教师的"评价、主观体验、生理变化、情感表达以及行为倾向"（Sutton & Wheatly，2003：327），具体是指"教师主观层面的职场生活体验与表现，既体现为教师的心理历程，又具有涉身的外在表征；既可以概念化为一种状态，也可以被视作一个动态过程，与此同时，教师情感更是文化、社会、政治关系的产物"（胡亚琳、王蔷，2014：41-42）。教师情感类别多样，Yin（2006）将其划分为积极、消极与复杂三类，但鉴于消极情感这一术语在汉语中蕴含着负面和需要排除的意义，对情感融入了价值判断，我们采取郭德俊等（2012）所使用的正向、负向和混合情感这一组相对中性的术语来表征上述分类。正向情感包括开心、快乐、希望、骄傲、爱、同情、希冀和激动；负向情感包括罪恶感、羞耻、嫉妒、伤心、失望、焦虑、生气、恐惧、尴尬和悲伤；混合情感包括"痛并快乐着"这样既有正向又有负向情感的类型（Day & Lee, 2011）。现有研究表明，教师情感与教师所处的各层级环境因素以及教师个人的工作目标和职业信念密切相关（Cross & Hong, 2012）。

外语教师科研是外语教师从事科学研究活动的简称，是"用标准的方法进行系统的研究，对问题提出可能的答案"（刘润清，1999：12）。Xu（2014）从教师发展角度出发，指出外语教师科研包括了教师的研究参与、态度、动机、认识以及研究实践所处的环境；研究不仅包括行动研究或者教学研究，而且也包括一般意义上的学术研究。本研究综合上述两种定义，基于生态系统视角（Bronfenbrenner, 1979），把教师科研看成是教师全面的科研生活，包括外语教师参与的科研活动、科研交往中的人以及所处的科研环境。具体来说，科研活动在教师个人层面指的是论文或者专著写作与发表、科研项目与课题申请、攻读学位等，在组织层面是指职称评定和科研成果发表规定（论文和项目）；科研交往中的人是指科研中的重要他人，如导师、同事或者科研合作者、学生等；科研环境分为硬环境和软环境，所谓硬环境就是那些客观的物质环境，如图书资料、项目资金、设施设备（如多媒体教室、语音设备）等，而软环境则主要包括学术制度、学术规范、学术氛围等（戴炜栋、王雪梅，2009）。

基于上述对教师情感与外语教师科研的认识，本研究中的外语教师科研情感是指教师情感在外语教师科研生活中的体现，具体指中国高校外语教师在科研生活中的主观体验与表现；教师科研情感不仅是教师个体的心理体验，也是教师所处文化、社会、政治关系的产物。

二、教师情感研究的互动视角

教师情感研究从忽视到确立再到深入，可以大致分为三个阶段。在第一阶段，研究者倾向于把教师情感作为教师个人的内部心理特征，旨在确立教师情感在教育中的价值；在第二阶段，研究者侧重从社会关系层面看待教师情感，积极关注社会关系、政策改变与教师情感体验之间的联系；在第三阶段，研究者开始把教师情感的社会文化特征纳入研究之中，侧重从权力关系、情感规则等方面研究教师情感的塑造、转换和抵制（孙俊才、卢家楣，2007）。我们发现这三个阶段体现和见证了教师情感研究的三个理论视角，分别是个体心理论（Sutton & Wheatley, 2003），把情感看作教师个人的心理体验；社会文化论（Hargreaves, 2001），把情感看作社会文化的产物；以及后结构论（Zembylas, 2004, 2005, 2011），把情感看作教师个人与社会互动的载体。不同视角反映出教师情感研究的多元性和开放性特质，正如 Turner（2005：8）所言，"没有一种成分可以单独解释情感的体验或者表达，并且没有一个学科可以充分地解释这些成分复杂交互的方式。"

随着研究的进一步深入，教师情感研究出现了新的理论视角——互动论，认为情感产生于教师个体与社会的互动中，体现了个体价值观、信念、动机以及与个体所处环境的社会规则和文化的交互（Cross & Hong, 2012；Schutz et al., 2006）。目前，该理论又进一步发展成教师情感的生态动态系统论（Ecological Dynamic System Theory）（Schutz, 2014）。

教师情感生态动态系统论采取综合和系统的思考方式，打破单一因素思维的桎梏，融合教师情感形成的个人与环境因素，认为个人与环境的交互导致教师情感的产生（Cross & Hong, 2012；Schutz, 2014；Schutz et al., 2006）。该理论的核心在于认识和探究情感事件（emotional episode）所产生的社会历史环境（生态观）以及在某种情感事件中所发生的动态交互作用（动态系统观）。该理论认为：（1）情感由社会建构而成，这反映出情感的生态观。教师可以感受到情感，它们受教师所处的各层级环境因素的影响。Schutz（2014）采用 Bronfenbrenner（1979）的生态系统模型，把教师所处的环境因素看作由近到远的微观系统（microsystem）、中介系统（mesosystem）、外系统（exosystem）、宏观系统（macrosystem）以及时间系统（chronosystem）组成的嵌套结构；（2）情感事件包括在实现目标或者维持标准和信念过程中对可预见的成功进行有意识或者无意识的判断（或评价），反映出情感的动态交互观，即情感是教师对于个人因素与环境因素之间关系的评价。当外在情境符合个人的需要和愿望时，就能引起正向的积极情感，当外在情境不符合个人的需要和愿望时，就会产生负向的消极情感。

总之，生态动态系统理论是对上述三类理论视角的总结和超越，体现了教师生态发展的时代潮流。它凸显了几大要点：（1）教师情感的产生受教师个体与环境交互的影响；（2）环境的各个层级之间互相影响；（3）社会历史环境，包括经济水平、教育政策和文化价值观等都对教师情感具有重要影响。Cross & Hong（2012）应用该理论，提出了"个人－环境互动"教师情感模型，认为教师的信念、认同、目标设定以及实践综合作用，与所处的微观系统、中介系统、外系统、宏观系统以及时间系统因素互动产生了教师情感。具体而言，微观系统是个体可以直接体验的活动、角色和人际关系的系统层次，是对教师发展产生最直接影响的人际环境，包括教师与学生和家长的关系，教师与同事或行政人员的关系。中介系统由两个或者多个发展中的个体积极参与其中的情境之间的相互联系组成，是由多个微观系统所组成的一个系统，可以看作微观系统之间的转换与联系。对于教师来说，指的是家庭生活、工作生活和社会生活之间的联系。外系统是对中介系统的一种扩展，涵盖了那些特定的正式或非正式社会结构，它指的是那些发展中的个体没有直接参与其中，但这些场合中发生的事件却影响到了个体发展的情境。宏观系统是生态环境的最外围，指的是社会文化环境，宏观系统与前面几种形式的系统本质上是不一样的，它指的不是影响某个人的具体的某个情境，而指的是一种宽泛意义上文化的、社会的、政治的、经济的环境。这种宏观结构有一些是以正式的形式存在的，如法律、规定和制度，但大多数是非正式的、隐含的，常常是无意识的，以信念、价值观的形式存在于社会成员的头脑中。时间系统指的是时间因素会对个体经历带来影响，从而改变个体与环境的关系。时间是动态的，教师所处的环境也是动态的，教师之前的经历会影响现在的经历，对未来的经历也会产生影响。受该模型启示，本研究借鉴其个人与环境互动的情感研究视角，重点关注影响教师科研情感产生的个人与环境因素以及教师采用的情感调节策略。

三、外语教师情感相关研究

虽然外语教师情感研究目前还处于开拓阶段，但现有的少量研究对本章关注的科研情感体验亦具有积极启示。我们以教师情感（teacher emotion）为关键词，在 CNKI 中国知网、Proquest 国外博硕士论文库、

EBSCO、Sage、Elsevier 等国内外主要数据库中进行搜索,截止到 2014 年底,共收集到论文 145 篇,专著 8 部,博士论文 6 篇,其中涉及外语教师的论文 19 篇,专著 2 本,博士论文 2 篇。现有研究成果可以大致概括为外语教师情感体验、影响因素和情感调节三大主题。

(一)外语教师情感体验

现有研究发现外语教师会体验到教学中的焦虑、人际关系中的负向与正向情感、改革中的热情与愤怒以及教师教育项目中的沮丧等多种情感。教学是一项涉及人际互动的工作,因此不可避免地具有情感维度(Nias,1996)。Horwitz(1996)发现了母语非英语的教师对语言能力不足感到的焦虑。在人际关系方面,Cowie(2011)通过访谈研究了 9 名日本高校英语教师对学生、同事和工作所持的情感,发现教师对同事和组织表现出更多负面情感,对学生的情感则大多积极而温暖,这与其作为学生的"关爱者"和"道德引领者"的身份认同有关。在改革环境中,教师认同与改革目标常出现冲突,教师往往会产生比较激烈的情感。例如,Van Veen 等(2005)访谈了 1 名法语男教师,发现他对于改革的热情、焦虑、愤怒、罪恶感和羞耻感都与学校的改革方式有关,情感影响他的教学实践以及身份认同。此外,教师情感在外语教师教育项目中也有所反映,Marquardt(2011)通过叙事探究了 5 位职前英语教师的海外学习经历以及沮丧等相关情感体验,认为教师和教师教育者应该更人本地管理好情感关系,而不是在专业发展过程中刻意排除情感。因此,认识外语教师体验到的具体情感会不断深化对于教师专业发展的理解。

(二)外语教师情感影响因素

影响外语教师情感的既有个人因素也有社会因素,现有研究主要集中在社会文化因素方面,包括人际关系、文化传统、政治经济因素等。关涉学生和同事等的人际关系因素对教师情感的影响最为突出,比如 Atoofi(2013)分析了 2 位在美国教波斯语的教师和 17 位学生对话的音频和视频录像后,发现学生和教师形成了"情感同盟"(affective alignment),学生积极参与到教师情感实践的协商中。另外,消极的同事关系导致了教师的压力感(Bress,2006)。也有不少研究涉及文化传统,比如,Gao(2008)基于对网上教师论坛数据的分析,发现了导致英语教师脆弱感的深层文化原因，一方面文化传统赋予了教师权威，但另一方面又给予教师很大压力，且把他们置于严格的监督中。政治经济因素在中国文化环境下也扮演着重要角色。Xu（2013）通过访谈研究了3位高中新手英语教师与学生、同事、家长以及行政管理人员交往中的情感体验，发现由社会等级形成的政治距离奠定了教师与他人互动的情感规则；道德距离影响同事交往；物理距离可以通过虚拟交际方式得到满足。实际上，教师个人因素，如信念、身份认同等，也会影响教师情感（Cross & Hong，2012），甚至教师的教龄和所处的发展阶段同样也会起作用，Hargreaves（2005）采取开放式问卷，研究了不同教龄、教授不同年级以及不同学科的50位中小学教师关于改革的情感经历，发现教师的情感与教师的年龄和事业所处阶段有关，处于起步阶段的教师和职业发展后期的教师在动机、变化方向、环境敏感度等方面存在差异，会影响教师不同类型情感的形成。

（三）外语教师情感调节

情感调节是"个体对具有什么样的情感，情感什么时候发生，如何进行情感体验与表达施加影响的过程"（Gross，1999：552）。在具体的情感反应激活之前，人们主要采用先前关注调节方式；在情感形成之后，主要采用反应调节方式，通过外在方式调整情感（Gross，2007）。实际上，使用多种情感调节策略才是情感调节研究真正要表达的内涵。

外语教师采用多种策略调节情感，主要采取叙事和与他人交流的方式。Verity（2000）从社会文化视角叙述了自己在美国作为一名专家教师到日本后成为新手教师的几近绝望的感受经历，他主要通过写叙事日志来调节这种负向情感。Golombek & Johnson（2004）认为外语教师在遇到冲突时会感到焦虑，会通过积极与自己信任的同事交流以及讲故事的方法来解决问题。Cubukcu（2013）采用访谈形式探究了西方国家某大学10位外语教师的情感调节方式。对于负向情感，他们采用自我言语、开玩笑、与学生交谈、忽视以及想象好情境等方式；而对于正向情感，则采取保持平静和克制的方式。

中国教师除了采用上述情感调节方式之外，还综合运用了情感产生前的认知改变以及产生后的反应调整等方式。Yin（2006）以中国大陆高中新课程改革为背景，对广东省广州市四所学校30位教师在课程实施中的情感变化经历进行了案例调查，通过深度访谈、课堂观察、参与式观察和文件收集等方式收集数据，发现中国高中教师的情感应对策略存在着伪装、抑制、隔离、重构、适应、释放等六种方式。这些基本都属于反应调整方式。Gong 等（2013）对中国中部某省 34 位中小学教师的半结构访谈分析发现，97% 的老师使用两种或者更多的情感调节策略，中国教师总是或者有时调节他们的情感。他们采用多种方式在课前、课中和课下调节情感，反应调节是最常用的方式，其次是认知改变。外语教师情感调节方式对提升教师情感应对能力和专业发展具有积极意义，这两项基于中国社会文化背景下的教师情感调节策略为本研究提供了重要参考。

综上，外语教师情感相关研究主要涉及情感体验内容、影响因素和情感调节三大核心内容。不同环境中，教师情感体验有所差异，教师自身因素和环境中的因素互动从而影响情感产生，且不同职业发展阶段的教师情感体验不同，研究对象大多是中小学教师，研究方法多采用质性的案例研究、叙事探究等。因此，我们认为现有研究在以下 2 个方面需要改进：（1）需要开拓外语教师在科研生活中的具体情感体验；（2）需要关注教师科研情感影响因素和情感调节策略，特别是需要了解中国社会文化因素的强大影响力和中国教师情感调节的特点。本研究就是基于上述不足与启示而开展的一项高校外语教师科研情感案例研究。

第三节　研究设计

情感是人类经验的重要组成部分，质性研究擅长探究这种人类经验（Denzin，1984）。另外，质性范式与情感研究具有很好的适切性。首先，教师情感本来就是非常复杂的现象，是教师与周围的各种人、事件、环境进行交互的产物，充满了动态性、情境性和不确定性特征，因此对它的考察也应该在质性的自然情境中。其次，对教师情感的关注本身就体现了对教师个体生命价值的重视，研究者不是高高在上地俯视参与者，而是与参与者处于平等的位置，聆听他们说出情感故事，从而从情感体验的现象出发，建构意义，达到理解，这个探究的过程反映了研究者的平等意识。第三，文献综述表明目前教师情感研究中已大量使用质性研究方法，很多研究通过访谈、叙事、实地观察、日记、案例素材等具体方法收集数据（Benesh，2012；Cowie，2011；Golombek & Doran，2014；Golombek & Johsnon，2004；Xu，2013）。

一、研究问题

本研究采用质性案例研究的方法，选取处于不同职业发展阶段的12位高校英语教师参与研究，以探究中国高校英语教师的科研情感体验、影响因素与调节策略。本研究拟对3个问题进行探讨：

1）高校英语教师有着怎样的科研情感体验？
2）哪些因素影响了高校英语教师科研情感的产生？
3）高校英语教师使用了哪些科研情感调节策略？

二、研究参与者

本研究采取质性研究的目的性抽样原则（Patton，1990：169），选取特定场域下的12位高校英语教师作为研究参与者。他们来自于我国东部发达地区某综合性大学（简称A校），包括6位在职高校英语教师和6位正在A校攻读博士的英语教师。选择A校主要是因为：（1）A校在全国大学中具有一定的典型性。该学校在全国的大学排名中处于中上，是一所综合性大学，学科门类齐全，是一批正在不断发展壮大高校的代表；（2）A校近年来特别重视科研工作，取得了不少成果。该校对科研的重视会在很大程度上导致教师产生较为明显的情感体验。

本研究对该综合性大学场域下的研究参与者经过了仔细的挑选，第一步是选择参与研究的A校在职英语教师。我们首先基于一份高校英语教师专业发展环境叙事问卷结果（顾佩娅等，2013），在参与研究的A校40位高校英语教师中，根据Creswell(1998)的"最大变异"（maximum variation）原则，通过他们在叙事问卷中科研部分的回答情况，以他们所提供的信息量和丰富度为标准最终选择出6位符合本研究需求的参与者。第二步是选择正在A校攻读博士的6位在职英语教师。选择博士生群体出于两方面原因，首先是从数据丰富性和多样性要求出发，鉴于本研究将教师情感限定在科研范畴中，那么在读博士生（同时也是在职大学教师）从产生读博动机到正在经历读博生活，参与了多项科研活动，对科研有着更切身的体验，而且该群体未来大多还会继续从事科研，是英语科研事业的后备军。关注他们的科研情感和调节方式有一定的现实意义。其次，鉴于情感的私密性和个人性特质，研究者需要和参与者建立足够的信任度才能顺利走进他们的内心世界，聆听他们的情感故事。这 6 位参与者都与研究者本人关系密切，建立了足够的互信关系。总之，这 12 位参与者都位于 A 校场域中，在教龄、性别、从教专业、职称等方面存在不同（见表 5-1，T1-T6 为在职教师，T7-T12 为在读博士生兼在职教师），基本反映了当下高校英语教师的群体特征。教龄横跨青年和资深教师；性别为四男八女，基本反映出英语教师群体女教师占多数的现状；学历包括本科、硕士和博士各个阶段；教师兼有大学外语和英语专业教师，他们的职称也包括从讲师到教授各个层次。

表 5-1 研究参与者基本信息

教 师	教 龄	性 别	学 历	教学部门	职 称
T1	30	女	本科	大外	教授
T2	31	男	硕士	英专	教授
T3	25	男	博士	英专	副教授
T4	24	女	博士	英专	副教授
T5	21	女	博士	英专	副教授
T6	2	女	博士	英专	讲师
T7	26	男	硕士	英专	副教授
T8	18	男	硕士	英专	副教授
T9	19	女	硕士	大外	讲师
T10	7	女	硕士	大外	讲师
T11	7	女	硕士	大外	讲师
T12	7	女	硕士	大外	讲师

三、数据收集与分析

本研究综合使用叙事问卷、访谈和案例素材等研究工具，其中每个工具所收集的资料都可以从不同角度为研究问题的某个维度提供信息，可以较全面地探究教师科研情感体验。叙事问卷是指顾佩娅等（2013）所开发的高校英语教师专业发展环境叙事问卷中的科研部分，包括：（1）科研情况；（2）对学校规定的看法；（3）科研兴趣和实践；以及（4）困难和改善条件。该工具主要用于帮助研究者确定最终的研究参与者，其次提供研究参与者的科研背景信息。

　　访谈是本研究中最为重要的资料收集方式。"访谈为进入个人体验提供了渠道，在回应和探究人们的故事时具有灵活性并为辨别情感体验的异同提供了机会"（Hargreaves，2005：969）。访谈提纲一共包含 8 个主要访谈问题（见附录一）。第一个问题了解参与者从事科研的历程，提供研究背景；第二个问题是让参与者从科研情感清单中根据亲身经历的不同科研阶段选择适合描述情感的词语；第三个问题是对上一个问题的追问，试图了解具体科研情感的详细经历；第四至第六个问题以参与者经历的关键情感事件方式涉及了科研活动、科研中的重要他人以及科研条件等方面，具体探求教师情感调节策略；第七、八两个问题主要是从教师情感产生的个人内部与环境因素出发，分别探究教师个人信念以及环境中的教学、家庭等因素对于情感产生的影响。由此可见，第二和第三个访谈问题关注教师科研情感体验，主要服务于第一个研究问题，其他问题提供教师科研情感具体经历，以共同回答第二个情感产生的影响因素和第三个情感调节策略的研究问题。

　　我们对 12 位参与者分别进行了 1 个小时左右的访谈。访谈地点一般选在办公室或宿舍等他们认为舒适的地方，经过他们同意之后，对访谈过程进行了录音。12 位参与者的访谈录音共计 784 分钟，转录文字为 107,319 字，转录文字稿保存在单独的文件夹中。访谈完成当天，研究者完成访谈小结并及时记录研究数据的要点以及研究者的感想，为数据分析做准备。本研究数据分析过程如下：首先，通读所有数据后，通过构建教师科研情感故事进行数据整理。然后，基于文献综述开发出数据分析编码表（见附录二）。再次，将所有质性数据导入质性分析软件 NVivo 10 中，对不同案例材料进行编码，如某位研究者在访谈中提到"面对学校科研的高标准和高要求，自己会感到有压力，面对压力，自己会换位思考，站到管理者的位子上去想"，我们根据编码表，针对这一部分材料，在情感体验部分，编出"EN4 压力大"的代码，在情感影响因素部分，编出"SE3 科研要求高"的代码，在情感调节策略部分，编出"MA1 认知重构"的代码。第四，统计 NVivo 软件中编码频率及分布情况（见附录三）。如负向情感是 12 个来源（图中的 Sources），次数是 85 次（图中的 References），表示 12 位参与者都提到了负向情感，总被提及次数是 85 次。进一步分析会发现，上述编码"EN4 压力大"分布和次数分别是 10 / 19，表示 12 位参与者中 10 位教师提到压力大，总被提及次数是 19 次。我们主要依据编码来源和提及次数的频率统计得出研究发现。如相比较而言，在教师科研情感体验编码中，负向情感编码来源和提及次数最高，所以我们得出教师主要的情感体验是负向的这一初步发现。最后基于研究发现，与已有文献对话，展开讨论，呈现教师科研情感经验背后的含义。

第四节　研究发现

一、英语教师科研情感体验

数据分析发现，这群高校英语教师在科研生活中都体验到了正向、负向和混合情感。从编码频率统计看来，教师感受最多的是负向情感（12 / 85，表示 12 位参与者都有提及，总提及次数为 85，下同），包括压力大、无知、有困难等。其次是正向情感（11 / 55），包括开心、成就感、好奇等。混合情感最少（10 / 16），包括痛并快乐着和又爱又恨。研究表明，这群高校英语教师在科研生活中虽然也体验到正向情感和混合情感，但更多体验到的是负向情感。我们根据编码频率高低和内容的丰富度具体报告教师科研情感体验的研究发现。

（一）负向情感：深感"无知"与"困难"的"压力山大"

研究发现，教师在科研中会体验到压力大、无知、困难、不开心、迷茫、不满意、痛苦和沮丧等多种负向情感。大多数教师在工作中感受到弥散的科研压力，自身科研知识缺乏，感觉困难重重。

1."压力山大"

教师在科研中感受最多的是压力大。12 位教师中有 10 位报告了这种科研压力感。它来自于同伴比较、学校学院的规定以及评职称等多个方面。首先，周围科研成绩突出的同伴让教师倍感压力，如教师 T5 在访谈中提到科研成绩好的同事或者朋友给自己带来压力的故事。单位里新来的某老师和他岁数相同，还比他小几个月，但是发的文章很"高档"，都发表在国内著名外语类核心期刊上。不仅如此，教师 T5 的同学或者熟人也会在这样的期刊上发表论文。这种同伴比较让他"压力山大"。

其次，学校和学院的科研政策也会让教师有这种压力感。A 校出台了多项政策鼓励和推进教师从事科研，并以此作为教师职称晋升和薪金收入的主要标准，学院领导也非常重视教师的科研表现。从某种意义上说，科研成了评判教师的最重要标准。这让教师，尤其是青年教师倍感压力。如教师 T11 提到每年到申请国家社科基金项目时，学院就会组织青年教师开会，动员大家申报，自己又不得不去，这让她压力很大。

另外一个压力源是职称评定，高级别的职称要求教师具备更突出的科研成绩，而这种竞争越来越激烈。教师 T7 细致讲述了他当年申报职称所经历的失败。

> 升副教授的时候，它是送到省里去评。要求省级刊物 4 篇，当时就是这样的要求，并不是说有 4 篇你就能过，这个时候就有压力，实际上我送审的是 9 篇，还有两篇我们所说的核心期刊……那年报了 6 个，就有两个没过。这个时候就有压力，一个是有质量的优势，二是数量的优势。（T7-3）[①]

2. "都没有这个意识"

这个本土概念（12 / 8）情感代表了教师对于科研不了解或"无知"的一种状态，尤其在教师参加工作初期体现得更为明显。原因之一是学校缺乏相关指导，导致教师并不清楚科研的重要性和做科研的具体策略。教师 T8 回忆自己刚入职时，学校根本没有"教师专业发展"的意识，不太重视年轻老师的科研，"包括学校层面，还有系里面，都没有这个意识，不知道有科研那么回事，就上上课"（T8-3）。

另外，有的女教师以家庭为重，工作重心没有放在科研方面，对科研也没有意识。如 T12 这位女教师因为要完成人生大事而对科研并不在意。

> 刚到单位工作，没有意识到科研的重要性。我是 2005 年 7 月嘛，进大学工作，那个时候，你想，女研究生出来也是二十八九岁。然后基本上是人生大事，结婚生子。（T12-2）

3. "各种困难"

老师们在科研中感受到困难，首先是和论文发表有关，大家几乎都认为"文章很难发"（T12-4）。另外，在读博过程中，也遇到了论文写作的困难，"是很煎熬的一个过程"（T4-2）。其他困难表现在教师个人学习过程中，"看一些原著，Chomsky 的书，我记得那时候很难的，对

[①] T7-3，表示该引语来自教师 T7 访谈稿第 3 页，下同。

我来说，很难理解"（T6-2）。教师在科研合作中也会遇到障碍，团队合作比想象中困难很多，如教师 T8 讲到自己很难组建科研团队的现状。

> 实际上，他们的研究跟我的也不搭界 [方言：意为关系不大]，离的十万八千里。我觉得要是建立一个大家都献力献策的这么一个团队，还是挺难的。你像我这个方面，就我自己在做，不管是我们单位，哪怕是 S 大，你再找几个人，恐怕也难找到。（T10-2）

（二）正向情感：有"成就感"的"开心"

研究发现，教师会体验到开心、有成就感、好奇、激励、热爱和兴奋等多种正向情感。其中，他们感受最深的是开心（12 / 10）和成就感（12 / 8）。

1. "让我很开心"

首先，论文发表常常让教师感受到开心，主要是因为自己被认可。如教师 T2 说到自己成功发表第一篇论文时的激动：

> 论文发表以后呢，我觉得挺高兴的。那个时候，一个是觉得挺吃惊的，另一个是成就感，高兴嘛，原来写写文章还可以发表的。特别开心。（T2-2）

其次，获得科研项目也让人开心，如教师 T5 认为自己独立拿到科研项目也是对自己能力的一种肯定，这让人快乐。

> 自己那时候还蛮骄傲的，我那年是 7 个同学，有 XX 和 XXX，他们都是 N 大的，N 大的项目除了他们，就我拿到了。我觉得，哎，还不错，至少还走在人家前面。拿个项目做做，有个项目支持呢，然后自己也积极地去想这个项目怎么做。（T5-4）

还有就是长期困扰教师们的某个科研问题得到解决，也会让他们无比激动，如教师 T6 连做梦都在思考研究，体会到问题得以解决的幸福：

> 这个我摸索了很长时间，好像一年多。突然有一天我做梦，也差不多感觉到了，the right track，就慢慢地摸索嘛，然后就做梦有一天和我原来的导师，LXD 老师，在梦里我跟他说，我把那个问题解决了。然后他不信，在梦里，我就是很形象，很生动，也很神气地跟他解释是怎么怎么回事（哈哈笑道），这让我印象很深。（T6-3）

在科研生活中，向专业水平高的专家学习也会让老师开心，如教师

T3 在听导师高水平讲座时带来的快乐：

> 我觉得在讲座的过程当中，就是觉得人家做科研能够做到那个高度，还是让我 excited，尽管我自己没有那个追求，但是这件事本身，还是一个 excitement。(T3-5)

2."很有成就感"

成就感也是案例中常见的积极情感。有的成就感来自教师所做出的优秀科研成绩，尤其是可以发表，得到同行的认可对自己鼓励很大，教师 T4 科研刚起步时在刊物上发表自己的学期论文就是很好的体现：

> 97 年后去 N 大读书……开始写 term paper，慢慢地知道什么是 research，也开始写一点点小文章……我写的 term paper 慢慢地都发表了，每投出去一篇，都发表了，确实让我感到很有成就感。(T4-2)

在科研活动中，有的教师更加自信，效果很好，感觉到个人价值的实现，如教师 T5 讲述了不管是自己发论文，完成博士论文，还是指导学生写论文等科研活动中所获得的成就感：

> 不管是发文章，还是做博士论文，都是蛮有成就感的吧。自己的学习啊，这个也看看，那个也看看，特别是在指导学生的时候啊，觉得他说的东西啊，我都有所接触，我还能够说一点出来。(T5-5)

还有一些老师因为与同伴相比，自己科研成绩较优秀，处于优势地位，也会产生成就感，如教师 T10 刚参加工作时科研成绩就非常突出，认为自己的价值得到了肯定：

> 要是发论文，那么多老师，那么庞大的教学队伍，那我的科研成绩是排在前面的，那我（有）成就感，我年轻啊。这个东西出来，我就会觉得很有成就感。(T10-6)

然而更为积极的是科研促进学科本身的发展也让教师有成功的感受，如教师 T6 认为自己的研究对语言学的发展会有推动作用从而产生积极感受，他这样说道：

> 人家会说，哎，这个人会做的。就是你给语言学历史留下一点什么，这个就比较（有意义）。就是我刚刚说的那个"没什么"的课题，发表后，别人谈到这个，就会想到我。我是觉得这给我蛮大的一个成就感。虽然是那么小的问题，但至少你推进了人家的一步……那以后人家在去研究的时候，在我的基础上再往上面走，这

样才推动知识一步步地朝前走。对不对是一回事，但至少也会有 contribution 啊，我觉得这个比较重要。(T6-6)

(三) 混合情感："爱恨交织"

所谓混合情感是兼有正向与负向情感的混合心理感受。数据分析表明最常见的是"痛并快乐着"与"又爱又恨"这两种正向与负向交织的情感（12 人中分别有 9 人和 4 人提及）。

1."痛并快乐着"

痛并快乐着看似是一种矛盾的感受，但很多教师都有所感触。有的是和科研学习有关，虽然学习新知识很痛苦，但学会了还是很让人快乐。教师 T11 在访谈中讲述自己这一年又把以前看过的书和文章再看了一遍，发现自己才"真懂了"，过去"苦苦地弄这个东西"，现在有了新的收获。这里交织着痛和快乐的混合情感。

还有的痛并快乐着是科研发表的痛苦与自己研究有收获所带来的幸福。如教师 T8 在访谈中提到当下外语类论文发表极其困难的现状以及自我学习使人开心的状态：

> 这里的痛啊，主要是指，现在做学问啊，你写个什么东西，太难发表了。一个是难发表，再一个是考核时，它必须要有那样的要求……基本上这些文章都要收版面费的。收版面费倒不去说，很多杂志一听说是语言类的，不给你发了，有些社科类的刊物。那外语类的语言学类的刊物又直接给你退回来了，有时候理都不理你，回都不回你啊，所以这令人讨厌啊……快乐就是自己写点东西，那也是自己的劳动成果。你投入，有产出，这就令人感到高兴。我就是发表不出来，我写出来，也没感觉白费工夫。看书很明显，有时候你看半天，不知道它咋回事，忽然有一天，你知道它咋回事了，是吧，它有一种快乐 (T8-4)。

女教师作为妻子和母亲的社会角色牵扯投入科研的时间和精力，科研给她们带来了焦虑，但如果自己取得了一定的成绩，科研又会带来快乐。如教师 T1 讲到自己处于工作和家庭角色冲突时，有了科研成果，会让自己很开心：

> 我作为一个女性，儿子小的时候，我是一个妈妈……妈妈要比爸爸关注的多一点。然后我爱人一直很忙，忙得不得了。我还有家

务，那时候还当系里的副主任和支部书记。大外那么多的课，那么多的作业量……你一个人是几种身份。所以，科研，平时真的是留意……但是你一旦有所收获，发表了，转载了，应用了，这就是快乐。这不是说用金钱可以衡量的心情的快乐。一种心情愉悦吧。通知你或者告诉你有可能在第几期上发表，那你就已经心里很高兴了。前面的付出还是值得的。所以，我说痛并快乐着就是指这个。(T1-7)

2."又爱又恨"

又爱又恨与痛并快乐着比较类似，但程度上有所加深。有的老师喜欢科研，但苦于没人指导，如教师 T5 自己独立科研摸索时就对这种"又爱又恨"的情感体会很深，"就觉得自己做又做不出来，没有人给你引导，就自己在那里摸索（T5-4）"。教师 T7 在完成博士论文的过程中，遇到困难与挑战时，也常常会体验这种混合情感。

> 爱嘛，就是你毕竟经过这么多年的训练，什么东西接触久了，就会产生感情，日久生情。这就叫爱。恨是什么东西呢，这个做博士论文是有压力的。不是在什么完全放松的情况下写的。四年内你要完成的。有些东西，真的是强迫去做的。有的时候，真不想做这个论文。(T7-6)

另外一种就是自身爱好科研，但外在科研环境不太友好，导致很多困难，因而产生了这种爱恨交织的感觉，如热爱科研的教师 T8 面对学校严苛的科研评定标准时难免流露出这种情感：

> 因为你本身就从事这个工作的，不管是主动的，还是被动的。有点爱在里面，但是又有很多让人讨厌的东西。主要来自外在的这种生硬的、不人性化的压力。但是又没有办法。比如学校里的科研要求，他不顾你的实际情况，提得很高。晋升职称啊，或者是评优评奖啊之类的，他提的要求太高了。(T8-7)

可见，中国高校英语教师对科研兼有正向、负向和混合的复杂情感，但主要以负向的消极情感为主，其中压力大最为突出。因此，对大多数老师来说，这种科研带来的"痛"的感觉非常普遍。此外，教师也会体验到一些正向情感，如开心和成就感等，这种科研带来的"快乐"也比较明显。鉴于教师们多数体验到痛和快乐的复杂性情感，所以"痛并快乐着"可以较好地概括当下中国高校英语教师的科研情感现状。鉴于这里的科研情感都与教师们的个人因素以及所处的科研环境密切相关，以下具体探索影响教师科研情感的内外因素。

二、科研情感产生的影响因素

数据分析发现了导致教师产生多种科研情感的个人因素与周围生态各层次环境因素，其中个人因素（12 / 93）包括了教师的积极科研信念与科研目标调整；微观环境因素（12 / 108）涉及重要他人；中介环境（12 / 40）是指教学、家庭与科研冲突；外观环境（12 / 102 次）涵盖不友好的学校与学术界条件；宏观环境（8 / 13）指的是功利化社会与外语学科的边缘地位；时间环境（8 / 24）指的是教师的过去经历等。由此可见，影响教师情感的最大因素主要在于教师个人因素、微观环境和外观环境方面，反映出教师科研信念、人际关系、学校以及学术界条件对于教师科研情感的重要影响。

（一）个人因素：积极科研信念与科研目标调整

研究发现表明，积极科研信念与科研目标调整等个人因素影响了教师科研情感的产生。大多数教师对科研都持有积极的科研信念，认为教学和科研可以互相促进，教研相长。首先，科研项目灵感来自教学信念，如教师 T11 提到她关于本科生论文指导的教研项目与自己对于教学中使用 seminar 效果的积极信念。"有了这个教学的经历，然后就 [申请了] 这个教研项目"（T11-2）。其次，很多老师认为科研可以很大程度上促进教学能力的提升，如教师 T3 认为科研和教学互相促进，不愿意做对教学无益的科研：

> 教学科研绝对是相辅相成的……对教学是肯定有帮助的……肯定是有很大的影响（着重说道），对我个人来说，离开教学的科研我没兴趣，我也搞不下去。（T3-6）

另外，科研本身可以促进认识的发展，促进教师个人水平的提升。如教师 T2 认为科研的功能是促进思维的发展：

> 有时候不见你写的这个文章与你的教学内容结合起来，但是整个你的思维是不一样的，绝对是不一样的。（T2-5）

教师个人因素的另外一方面是科研目标。有的是以职称为导向，如教师 T7 认为自己现在最主要的目标是出论文，上项目，拿教授，"是当务之急"。有的是有具体的科研规划，如教师 T1 在访谈中提及自己一直很有目标：

> 你心目中要有个定位。然后，你有了这个就像是个"十一五"
> 规划，你怎么和它配套，走上去，实现你的十一五规划。这个假期
> 我一定要完成一篇论文，不完成我就不那个……所以我就天天像
> 疯子，真的像疯子，我出来洗好衣服吃好饭，[跟家人]说我有事，
> 不要跟我烦。把门一关，然后就钻进去了。(T1-7)

另一方面，鉴于科研遇到的各种困难，教师有了目标之后也会调整
目标，大多数情况下是选择"慢慢来"。如T5老师这样表明自己的态度：
"反正我有时间我会做的。但我不会强迫自己，我说反正不着急，我慢
慢来吧……"(T5-5)

(二) 微观环境：重要他人

数据分析表明，本案例中的微观环境主要包括教师生活中的重要他
人，主要涉及导师、同事、同行以及其他专家。首先，与教师最密切的
重要他人是导师。导师主要通过间接的影响与直接的指导介入教师的科
研生活。导师用自己的人格魅力点燃了教师的科研之路，让他们产生了
对科研的好奇与崇敬之情。如教师T6回忆自己的导师上第一节课就激
发了自己对于语言学研究的兴趣：

> 第一堂课，我记得很清楚，就是讲的科学。science 和
> technology 的区别，他看起来就是很酷的一个人，对我来说，是比
> 较有煽动性的，让我深受吸引。之前，语言学也没有让我觉得特别
> 吸引人，现在回想起来，那些课都很 boring，但是上了 N 老师的课
> 之后，就觉得特别神奇哦，也觉得很崇高。(T6-1)

当然，导师更为直接的指导让教师们的科研之路走得更顺利，这往
往带来积极的感受。如教师T5提到当年博士论文选题时，导师的启发
与鼓励给了自己莫大的信心。

其次，教师科研生活中另外一个重要他人是同事。一方面是科研成
绩突出的同事带来同伴压力，教师T9说道："周围的人都读了硕士了，
或者是出了书了、发了文章了，这个是有压力的啊"(T9-2)。此外就是
同事之间没有合作，很难形成团队。甚至有的时候，同事关系不好，给
教师带来失望等负向情感，阻碍了教师的科研发展，如教师T12提到
自己单位"条件所限，勾心斗角"，他自己"灰心失望，就别想靠集体"

（T12-3）。第三是与科研同行及其他专家的交流，这往往会带来积极感受。这里的同行不仅是国内人士，也可以是国外人士，如教师 T6 提到他经常通过网络聊天工具 Skype 或者 QQ 与意大利的同行进行学术交流。其他专家是参与教师所从事领域的著名学者，他们的指导与鼓励给老师们带来欣喜和兴奋的感受，给予了老师们大量的科研动力，如教师 T2 提到北师大的某位著名教授对他科研影响最大，"实际上我的科研路是这个老师引导的"（T2-2）。

（三）中介环境：教学、家庭与科研冲突

对于教师来说，中介环境指的是家庭生活、工作生活和社会生活之间的联系。数据分析发现，教学和家庭都与科研产生了冲突，教学科研家庭平衡难，这些大多造成了教师的消极感受，如无奈、困惑和痛苦。

首先，过多过重的教学任务会挤压教师从事科研的时间和精力，给教师带来了多重困扰。教师 T8 认为自己遭遇发展瓶颈就是因为承担了太多的教学任务及各类培训任务，另外一年还要指导 12 篇本科论文等等。

另外家庭责任也会与科研相冲突，主要是因为外语教师以女教师为多，她们所承担的照顾父母、养育子女的任务分散了她们从事科研的时间。教师 T4 回忆了照顾病重的母亲对于自己科研的制约：

> 对我来说比较痛的一个经历，就是我妈妈的事情。其实从 07 年开始，我就一直在陪着我妈妈看病（哽咽了），这么多年了（啜泣）。这个不是一个借口哦，但也没有办法，实在没有办法。去年 9 月份开始，我妈妈住院后就没有离开过，然后我天天晚上就在医院。（T4-4）

教学和照顾家庭的压力让一些教师深感角色的冲突，给他们带来了困扰。平衡好三者之间的关系是一个重要的挑战。如教师 T5 指出自己在科研工作、教学工作与母亲角色之间的矛盾：

> 我说我什么都想要，我既想当一个好老师，我要教书育人，首先我要把教学工作做好，我这么多节课的工作量。我要博士毕业，当然我也想把科研搞好，但是我还是一个妈妈。（T5）

（四）外观环境：不够支持的学校与学术界条件

本研究中的外观环境主要涉及学校和学术界的支持性条件。就学校条件而言，主要包括学校环境氛围和具体的科研条件。学术界条件则包括学术期刊与评价体系因素。

首先，不佳的学校科研氛围往往让教师产生负向的情感，如不满意等。如教师 T8 提及自己的工作单位是个地方性院校，"在学术讲座方面，学术活动方面少太多了，另外它小地方，很难邀请到真正的大家去做讲座"（T8-2）。

另外就是科研管理死板，论资排辈的情况比较严重，这往往使教师感到郁闷和气愤。教师 T11 提到自己单位"不管是评职称啊，还是评项目，是看（个人）有没有需要"（T11-3），比如申报省级项目时，学院首先考虑当年需要省级项目评职称的人而并非按照研究能力来评选。其他造成教师不开心的因素包括科研硬件不佳，缺少学术资源等。"图书馆的资料也不行。这个条件还是太差了"（T6-6）。

学术界的条件主要是指学术期刊和评价体系。首先是学术期刊存在论文审稿时间长、要求高、期刊少、期刊腐败等各种问题。如教师 T1 说道："外语杂志少，大家走独木桥。很难发的啊！"（T1-6）。这种因素给教师带来强烈的诸如不开心、有困难、痛苦等消极情感。

另外很多老师认为评价机制有问题，过分注重科研，逼迫教师从事科研，导致教师科研压力增大。如教师 T3 认识到这个评价机制存在问题，不仅教学好，科研也要好时，不得以选择去深造：

> 那时候开始，就觉得不读书不行。因为什么呢，大学里，这个评价机制的问题，书教得再好，不是说教不教得好的，书应该教好，这是做老师应该的。但是综合的评价机制，觉得你是两条腿走路。在那个时候，我觉得肯定是有压力的。然后毫不犹疑地选择去 N 大读博。（T3-4）

（五）宏观环境：功利化社会与外语的边缘化学科地位

教师情感的宏观环境主要是与此相关的社会文化条件。数据分析发现，这主要涉及社会浮躁和外语边缘化两大要素，往往让教师迷茫和失望。

社会浮躁是指人们逐渐功利化，把科研也看成是挣钱的工具，教师

T10 指出这种科研目标异化的现状：

> 现在啊，这个社会啊，浮躁啊，人都是工具了。无论做其他什么，人都是工具，（科研）最后目的就是挣钱。(T10-5)

另外，外语学科在大学里处于边缘化地位，这与社会上的外语热形成了反差，教师 T8 指出大学从经济角度出发，更重视理工科，轻视外语学科的现状：

> 从学校层面说，对外语类不抱太大的希望。你给它带不来多大的效益是吧。不管是经济效益还是社会效益。（因而）被边缘化了。其他理工学院一年上千万、上亿的科研经费，我们这个外语的算什么啊。所以说，好多因素，都制约了学术氛围的营造。(T8-7)

（六）时间环境：过往科研经历

时间环境系统在本研究中主要体现在教师过去的经历对于科研情感的影响。教师较早时期的科研成功经历让他们体验了成就感，类似于积极反馈，如教师 T10 追述了自己早期成功经历的积极作用：

> 要是发论文，那么多老师，那么庞大的教学队伍，那我的科研成绩是排在前面的，那我有成就感，我年轻啊。这个东西出来，我就会觉得很有成就感。(T10)

另外，较有经验的老师在早期学校并不特别重视科研的环境下，科研压力变小，个人科研动力随之不足。教师 T1 描述了 20 世纪八九十年代较低科研要求对于自己科研实践的影响：

> 那个时候，没人告诉你。你想想八九十年代，评职称稍微有点意识，但大家都差不多，讲师，讲师，讲到死。我们那个时候助教啊，就想评到讲师，然后也就没有什么追求了。(T1-3)

总之，影响教师情感的因素是多元的，体现在教师个人和所处的各层级生态环境系统中。其中，教师个人因素中的科研信念与科研目标调整以及微观环境中的人际关系和外观环境中的学校和学术界条件影响最大。教师个人因素特征与层级环境中的不同要素互相交互，共同发挥作用，造成了教师产生多种情感体验。面对这些情感，教师同样采取了多样的情感调节策略进行应对和处理。

四、外语教师科研情感调节策略

情感调节策略是教师情感产生之前和之后管理情感的具体方式。本研究发现，参与老师使用了两类情感调节策略：一类是反应调节（12 / 71），是指通过增强、减少、延长或缩短反应等策略对情感进行调整，包括接受、适应、采取行动、交流、放松、自身强大等策略。另一类是先前关注调节（12 / 32），是指针对引起情感的原因进行调整，通过改变自己的注意来改变情感，对诱发情感的环境进行重新认识与评价，包括降低期望、认知重构和转移关注等具体策略。反应调节主要以接受和适应的方式为主，反映了教师积极调适，顺从环境的策略；先前关注调节主要以降低期望和认知重构为主，反映出教师改变信念，重新评价情感事件以达到情感调节的目的。教师更多地采用反应调节方式。本研究依据编码频数的大小来报告研究发现。

（一）反应调节策略

本研究发现教师运用了六种具体的科研情感调节策略。按照材料丰富度，分别是接受、适应、采取行动、交流、放松、自身强大。进一步分析发现，这六种策略可分为三类，接受和适应属于认知类；采取行动、交流和放松属于行为改变类；自身强大极具中国特色，自成一类，反映出环境的强大制约力以及教师的韧性特质。

1. 接受："这是必须要经过的阶段"

接受是反应调节中最常见的策略，是指教师内心接纳现状。比如教师 T11 认为科研压力这样的事情还是得自己承担，自己想办法去解决。

> 这个压力啊，必须是你自己扛的。你跟老公说，他也只能听着，他也不会跟你分担，最后所有的事情还是你一个人干。你的事情还必须你一个人做。所以我不太喜欢和别人讲。我觉得有压力，有痛苦啊，自己的事，就得自己担着，跟别人讲没用。自己想办法去解决。（T11-5）

即使面对很多老师觉得不合理的评价机制，教师 T3 也认为需要调整自己的心态以接受目前这个"更客观"的评价体系：

> 为什么我觉得我心态比较好呢？如果没有这个评价机制，到目前为止能找到比这个更客观的评价体系吗？蛮难的。这就是我们国内在一定时期必须要经过的阶段。因为你现在如果没有这种量化的

评价体系，你怎么去评？（T3-7）

2. 适应："改变自己去适应它"

适应与接受类似，但接受有时候是不情愿的，不得不那样做，而适应体现了教师主动性的特点。指的是教师调整自己的心态以主动适应或者接受环境要求，从而达到改善情感的目的。如面对不太有利的科研环境，教师 T2 语重心长地建议年轻老师要适应学校的科研要求。

> 学校政策没办法左右，人一辈子都是这样，当你左右不了环境的时候，你就要改变自己。环境没法改变，就改变自己去适应它。怎么适应呢。虽然这个条件很高，但毕竟还是有人可以够这个条件。评职称的时候他们也没有完全要求是外语类核心，它也可以包括其他大类，中文核心，对年轻老师来说，你要想尽一切办法，（争取发表）两篇二类的核心，或者一篇是外语类的，一篇其他类的，因为送外审的只要两篇就可以了。你评外语副教授了，没有外语核心的肯定不行。这只是从量的角度来说的。但是，总的来说，不能停下来，不管它再难，你不要停下来。(T2-7)

有的老师更是内心真正认同主动适应的重要性，如教师 T3 认为普通老师需要适应大学的评价体系。

> 我们 S 大标准就是这样啊，但是我们不可能改变学校这个政策制定者，我觉得作为一个普通老师，这就是我的心态，只要我在 S 大，我就要设法适应 S 大的评价体系。我不能让 S 大的评价体系来适应我啊。我没那个奢望。(T3-7)

3. 采取行动："不停地往前走"

采取行动主要是指教师产生正向情感后，积极开展科研行动的一种策略。比如，面对领导的表扬，教师 T2 有了自信，全身心投入科研，朝着更高的目标迈进。

> 那系主任跟我一说，一表扬。那时候系主任表扬年轻老师，我高兴得很啊。主要是个激励啊，后来有自信心了，有自信了嘛，然后后边过一段写一个，过一段写一个，我一直到评副教授、教授以后，我都一直没有停下来。我评讲师时，当时就需要这一篇文章，哎，讲师可以评了。又过了 5 年，评副教授，就不停地去做，也没觉得多痛苦，也没有觉得多大的压力。就是想着说，你不停地往前走。不敢停，一停下来，就麻烦了。(T2-6)

还有一类是出于好奇的情感，教师往往就会投入科研事业中去，比如追求更高的学历，获得更多的科研训练机会。教师 T8 对科研产生崇敬感之后，打算读博来提升自己的科研能力。

> 那个时候开始有一种崇敬感那种感觉。也充满好奇，怎么做啊，就开始有点思考这样的问题了。所以，慢慢地就想到学历的提高了。(T8-5)

4. 交流："要走出去"

交流是指教师产出负向情感之后，主动与家人或者同事说话和交谈以发泄心中的负面情绪。如教师 T10 提到自己会经常和丈夫交流，以减少不利情感的影响。

> 我什么事都和我老公说，跟孩子肯定是不能说了，跟爸妈，他们也不会理解你。但是什么事都和老公说。开心的不开心，都和他说。(T10-5)

教师 T3 也同样认同交流对调节情感的重要性，这里的交流不限于家人，可以是自己之外的任何人。

> 我觉得，如果真的碰到了困难，真的要交流。不能一个人闷在家里。我觉得要走出去。第二个走出去之后呢，也要和别人去交流。(T3-5)

5. 放松："打打球啊，跑跑步"

放松是采取运动或者其他参与外界活动的方式，以缓解消极的科研情感。如教师 T8 提到自己会通过打球、跑步的方式来舒缓科研焦虑。

> 从有科研意识之后，就一直存在着……压力太大。就是有压力造成的一种焦虑。没办法，只能自己调整啊。通过运动啊，要不然早毁了。我做事相对比较认真，所以说你没有自己的消遣方式的话，那就不行了，这身体已经受到很大的影响了。打打球啊，跑跑步啊。(T8-6)

女教师也会采取运动的方式来调节情感，比如教师 T11 喜欢散步，她自己认为这是一种很好的方式。

> 有时候我在学校待着不出门，时间久了头晕，我就跑出去。我喜欢在操场上或者公园里锻炼、散步，这也是一种调节吧。(T11-6)

6. 自身强大："等你真正到了大家的阶段"

自身强大是非常有中国特色的情感调节策略之一。在权力本位的社会里，处于权力末端的基层教师面对环境中的不友好因素，产生了负向情感，但个体自身力量太小，无法改变，只好期待自己有一天变得强大起来，这样才会减少负向情感事件。比如教师 T10 坚持认为自己通过努力，等到自己发生"质变"的时候，事情才会改观。

> 郁闷肯定是郁闷啊。这种情况下，我是弱势。对吧。问题是你改变不了他们。你只能改变你自己。当有一天，有些事情发生了质变的时候，那他们集体的那个天平都会发生倾斜。(T10-6)

老师们更是深刻理解学术圈的运行规则，渴望自己早日成为学术大家，解除多种限制。如教师 T7 认为教师要了解学术圈规则，等到成了"大家"的时候，才可以避免负向情感。

> 官场有官场的游戏规则，学术圈有学术圈的游戏规则。学术大佬、学霸，随便写什么，都是名家名言。像这种小喽啰的，你一定要遵循那个圈子的（规则），被他一审、二审、三审，往往最后一下把你毙掉了。等你真正到了大家的阶段，真正到了随心所欲的阶段，你就不受这个规矩的束缚。(T7-5)

（二）先前关注调节策略

编码分析显示，在先前关注调节策略中，教师们采用最多的是认知重构，其次是降低期望和转移关注。这三种策略都是通过调节情感产生前的原因或者教师对此的评价达到情感缓和的目的。

1. 认知重构："换位思考"

认知重构是教师最常用的策略，主要是重新调整看待科研生活中事情的视角，从消极的视角转换到中和甚至积极的视角。如教师 T2 提到在科研生活中，受到同事的指责后会在很短时间内"反过来想"，不要自己想多，让自己痛苦。

> 我在很短时间内，我会反过来想。人家一定有人家的理由，我总是这样想。你再想多了，自己也很痛苦了，有些你找不到理由，你很折磨自己的话，实际上是拿着别人的过错来惩罚自己。所以，只要你自己找不到你自己的原因，那找不到自己的原因，那肯定就是他的原因。(T2-7)

有时教师会从科研管理者的角度理解科研规定，更加容易理解和接受现状，以获取科研情感的平衡。对于科研量化评价的规定，教师 T5

147

说自己会"换位思考",从而对此感受更为平和。

> 有的时候它也是矛盾的吧。我就换位思考,我们自己做研究的角度,特别是人文社科,不是可以那么量化的,是吧。不是那么量化,或者可以归到哪一类的。但是有的时候我就站到他们的位置上,管理者的位子上,他怎么去管理呢。因为我自己也做评估评测,他有一个什么比较 objective,客观地去评价你的方式呢,从那个角度呢,想想呢,我又有点理解了。(T5-6)

大多数教师会采用认知重构方式来调节情感,事实也证明这种方式的有效性,其他对中国文化背景下教师情感调节策略的研究同样表明认知重构方法比情感压抑更为有效(Jiang et al., 2016)。认知重构直接调整教师在情感形成时的评价方式,通过修正教师的科研目标或者从一个角度重新看待环境因素的作用,从而达到情感调节的目的。相比于反应调节策略中,过多采用适应和接受策略有时会带来职业倦怠,认知重构则会改变情感的性质,从负向情感转向正向情感(Gross, 1999),较少带来职业倦怠,所以其调节效果更为有效(Yin, 2015)。

2. 降低期望:"量力而行"

降低期望是指教师在内心调低对于科研的认知,不把科研看作生活的全部,这样会让自己内心更加平和。教师 T4 的做法比较典型,他的"量力而行"让人印象深刻,他说道:

> 我这个人比较会调节心态的,我一想,我不跟你玩了,你玩你的,我玩我的。我会量力而行啊。然后像我们到了这样的年龄,也会更多地考虑你的投入,人生最后会算总账的。不是说自己在专业上不努力,但是如果是因为他们那个标准太离谱,我自己做了太多,将来得不偿失,也不是我希望的,也不是我要的这种生活。当然我们也希望科研发展,过得更好。我希望是自己够得着的情况下,不影响我的健康,不让我的心情变得非常糟糕的情况下,我一步步做,慢慢地积累。就是我希望将来的发展是一个水到渠成的过程,而不是说拿着这个标准逼着我,我必须一年一年完成什么东西。我是这样来安排,这样可能相对来说会过得轻松一些。(T4-6)

另外,有的教师降低科研期望之后常会调整自己参与科研的程度,如教师 T5 提到减少参加学术会议的次数。

> 我就觉得家庭第一位的嘛……对,(科研期望)值可能稍微降

低一等……我自己会对自己说，学术会议比如说，那我一年起码参加一次，我想想一次，最多两次吧，我不会再多了。因为觉得这个不光是你人到了开会了，你还得准备写论文，交这个论文什么的，就降低（对自己的要求），稍微降低一点。(T5-7)

对于不同水平的科研项目，有的教师保持"重在参与"的态度，没有设定很高的科研期望，如教师 T10 认为评不上项目也不是什么太大的事情。

申请项目，不管校级的还是省级的，我觉得重在参与吧。我并没有抱着评上了很高兴，评不上很难过的态度啊，从来没有过。评上就评上，评不上就评不上。也不是无所谓，就是我自己努力了，我尽力了。结果不是我自己能控制的。但是不管怎样，我觉得我都能用平常心来对待它。(T10-6)

可见，降低期望实际上是降低教师的科研目标期望值以达到情感调节的目的，反映了不同教师对于科研的认同与追求。事实上，并不是所有的教师都喜欢和适合从事科学研究。对于这类老师来说，环境中有重视科研的客观要求时，为了减少自身压力，降低期望是一种有效的方式。

3. 转移关注："一忙就忘了"

转移关注策略是指教师转移注意力，以抑制负向情感的产生。比如教师 T11 讲起自己一忙起来，注意力转移到照顾孩子和家务方面，就忘记论文焦虑的故事。

最难受的就是去年暑假。那个时候写不出论文，晚上都睡不着觉，熬夜。白天带小孩，晚上熬夜。但是后来，等他上学了，我每天忙来忙去的，就不想到着急了。那时候都急得那个样子，嘴上都起泡，牙疼。后来一忙起来，就把这些感觉都撂掉了。一忙就忘了。后来一想，你这一年都咋过的，就不急了嘛。(T11-5)

除此之外，在某些特殊阶段，教师通过将注意力转移到别的兴趣领域，会在很大程度上降低科研的焦虑感。如教师 T9 会将科研压力转移到养花种花方面。

我想想我自己拥有的东西比其他人都好得多，所以从那个时候开始，想到了童年时代做的最快乐的事情，就是在院子里种了很多花。然后路过的人呢，都喜欢看，都夸，"啊，你们种的花这么漂亮"。每个人走过来都要看。我后来想想，以前做过的这么快乐的事情，后来因为读书一直没有做啊，就可以开始做起来了啊，就开始养花种花，然后在这个过程当中，每天的心情就调节得很好啊！(T9-4)

总之，教师综合运用了先前关注调节和反应调节两类情感调节策略。先前关注调节策略中主要以降低期望和认知重构两种方法为主，反应调节策略中主要以接受和适应两种方式为主。情感调节策略对提升教师职业幸福感和改善教师科研实践具有积极作用，而这群高校教师的科研情感调节策略又体现出浓郁的本土文化特征，既反映了中国社会文化环境对情感的极大制约力，也体现了教师的自我韧性，这是对国际研究视域里情感调节策略的补充。中国教师灵活运用多种策略既是特定社会文化情境的要求，也是教师个人情感智力的体现。

第五节　讨　论

上述研究发现揭示了这群高校英语教师的情感体验、影响因素与情感调节策略，既反映出现有教师情感研究的规律与特征，又体现出浓郁的中国社会文化特色。我们进一步探寻研究发现背后隐含的意义，认为本研究展现出了中国高校英语教师科研情感的复杂性特征，科研环境对教师情感的强大影响力以及教师个人心态调整在情感调节中的重要作用。

一、高校英语教师科研情感的复杂性特征

本研究得出的第一个观点是这些高校英语教师的科研情感具有复杂性特征。首先，与已有研究强调的情感仅具有积极和消极的发现不同，本研究发现教师情感还存在混合情感的维度，反映出教师科研情感的多维性。已有研究发现高校英语教师对待科研持有正向和负向情感，如科研帮助教师自我实现，带来个人成就感 (Lee, 2014)，帮助教师保持工作热情，减少职业倦怠感 (崔刚、马凤阳, 2012)，但更多教师表达出对于科研的负向情感与态度，如在科研中感到"力不从心" (刘润清、戴曼纯, 2004)，消极对待科研 (Borg & Liu, 2013)，科研中困难太多 (高一虹等, 2000)，"科研之痛" (汪晓莉、韩江洪, 2011) 等。事实证明，科研情感不仅普遍存在，而且有愈演愈烈之势。

不难发现，本研究对于高校英语教师科研情感的发现与已有研究结论大致相同，反映出他们职业生活中充满着负向、正向与混合的情感，

其中负向情感更为突出。然而，本研究进一步揭示了国内外语教师对于科研所体现的"痛并快乐着"的复杂性特征，兼有正向积极和负向消极情感交织的特点。这种看似矛盾的情感却反映了当下科研生态的真实与复杂。教师职业生活就是一个复杂系统（Feryok，2010），教师在科研实践环境中面临应然和实然的冲突。教师科研实践本身也是一种情感实践。

中国高校英语教师这种"痛并快乐着"的情感反映出当前社会文化的多项本土特色。教师感受到的痛，表面上看是当下评价体系的不平衡以及外在科研要求过高与教师科研能力尚需提升之间的矛盾与冲突，但实际上却反映出目前外语科研受到讲究效益的市场经济观念与等级制的权威主义之间合谋的冲击与制约（马卫华等，2007）。因为随着市场经济的发展，高校之间为争取科研项目、获取更多科研资金，导致竞争异常激烈，科研工作中功利化倾向越来越突出。此外，自上而下的行政化管理体系加剧了这种倾向，高校中各级官员为产出更多科研成绩客观上在校园里造成了弥散着的科研压力。在这种情况下，市场经济与权威主义互相结盟，给高校教师带来了各式各样的"科研之痛"。另外，教师所感受到的快乐既体现了科研本身所蕴含的创造性带来的教师个人自我实现（Maslow，1943），也反映了科研在当下社会中作为教师获取和提升个人文化和社会资本的强大功能（刘永兵、赵杰，2011）。这些又让科研实践充满了快乐与幸福。正是如此，这种"痛并快乐着"的复杂情感在教师职业生活中不断演绎，促进或者阻碍教师的专业发展。

二、环境对教师科研情感的强大影响力

本研究的发现突出了教师所处环境对教师科研情感的严重制约作用。这主要来源于我们对科研情感体验以及影响因素两部分研究发现的进一步阐释。首先，我们发现这群英语教师在科研生活中体验到复杂情感，其中负向情感占多数，但另外一方面他们却大多持有积极的科研信念。教师情感的生态系统理论可以解释这种反差现象。该理论认为教师个人因素与环境因素的互动导致情感的产生（Cross & Hong，2012；Schutz，2014）。由此可知，教师有着相对积极的科研信念，正是因为处于不够支持的科研环境中，内外因素交互，才会导致教师产生负向情感。这很好地揭示出当下这群高校英语教师所处的不够支持的环境现状

以及环境对于情感的制约性作用。

其次，影响教师科研的环境因素纷繁复杂，并且散落在各个不同的环境系统中，本研究发现了直接影响教师情感的最重要环境因素是微观环境与外观环境。在本案例中，具体是指教师人际关系中的重要他人以及不友好的学校和学术界条件。Barkhuizen（2009）以及 Borg & Liu（2013）的研究都指出限制外语教师科研的因素有学生不合作以及缺少资源等，这与我们发现影响英语教师科研的人际关系因素以及学校因素基本一致。本研究也佐证了汪晓莉和韩江洪（2011）的外语学科专业地位不高的社会因素对教师科研实践具有阻碍作用的观点。上述环境因素共同导致教师专业发展困难（顾佩娅等，2014）。可见，环境在教师情感以及教师专业发展中的干预作用异常强大，因此，对于中国高校教师而言，"环境就是一切"（Freeman，2002：11），它以不同的方式发挥作用（Kelchtermans，2014）。认识到这一点，不仅有助于在理论上厘清环境在教师科研情感中的决定性作用，也有助于在实践中重视教师所处的具体科研环境并加以改善。

三、调整心态是英语教师科研情感调节的关键

本研究彰显出教师调整心态在科研情感调节中的积极意义。调整心态主要是指教师采取主动接受、适应环境或者重构认知视角等方式来管理情感。这主要源于本研究对教师情感调节策略的进一步深化理解。首先，本研究发现高校英语教师都会采用先前关注调节与反应调节策略，其中主要以反应调节方式为主。教师们采取接受或者适应策略，反映出教师需要积极调适心态，顺从环境。这与 Gong 等（2013）关于中国中小学教师采用多种方式在课前、课中和课下调节情感，反应调整是最常用方式的研究结论基本一致，也呼应了国外研究中所发现的教师经常采用主动交流、叙事等反应调节方式（Cubukcu，2013；Golombek & Johnson，2004）。可见，反应调节策略是教师情感调节的主要方式。

然而，本研究发现教师也会采取认知重构等先前关注调节策略。认知重构改变对情感事件意义的可能性理解，从而帮助教师产生不一样的情感。就可能会产生负向情感的环境要素而言，教师换个视角去看待，可能会避免负面情感，产生积极的情感。不仅如此，这里的认知重构也凸显出中国高校英语教师的情感调节特色。西方文化语境下的教师较少

使用认知重构方式。我国教师采用认知重构，一方面是因为适应环境的必要，鉴于环境对于中国教师的强大影响力，当个人无法改变周围环境的时候，比较容易改变的是自己看待问题的视角，从而获得心理和情感的平衡；另一方面也有可能是教师自我韧性的体现，反映出刚健有为、自我坚持的中国传统文化特征（张岱年、方克立，1994）。当然这种认知重构方式同样要求教师调整心态。总之，教师需要采用多元方式进行情感调节，包括以调整心态为特点的反应调节与先前关注调节策略。我们认为调整心态是英语教师科研情感调节的关键。

由此可见，教师个体因素与不同层级的环境系统是影响教师情感体验与调节策略的重要原因，折射出教师情感的形成源于个体与环境不同层次系统的有机互动。这要求我们在处理教师情感问题时，需要有整体意识和系统意识（孙彩霞、李子健，2014），从复杂视角出发，既要对情感形成的环境因素做出全面客观的深入理解与分析，也要从教师个人方面着手，积极调整心态，从而锻造有效的情感调节策略。

第六节　总结与启示

本研究采用质性案例研究的方法，通过选取不同职业发展阶段的12位高校英语教师参与研究，以探究教师科研情感体验、影响因素与调节策略。本研究基本发现如下：

1）本案例中的英语教师在科研生活中都会体验到负向、正向与混合的情感。其中，感受最多的是负向情感，包括压力大、迷茫、沮丧、难度大等。其次是正向情感，包括开心、成就感等。混合情感包括"痛并快乐着"以及"又爱又恨"。这个发现反映了教师科研情感的复杂性特征。

2）导致教师产生多种科研情感的个人因素主要包括积极科研信念与科研目标调整，微观环境因素包括重要他人，中介环境包括教学、家庭与科研冲突，外观环境包括支持性不够的学校与学术界条件，宏观环境包括功利化社会与外语学科的边缘地位，时间环境包括教师过往经历等。其中影响教师情感的最大因素主要体现在个人、微观环境和外观环境方面，充分反映了教师科研信念、教师人际关系和学校以及学术界条件对于教师科研情感的影响。

3）所有参与老师都采用了两类情感调节策略，教师更多采用的一类是反应调节方式，包括接受、适应、采取行动、交流、放松、自身强大等。另一类是先前关注调节，包括认知重构、降低期望和转移关注等。这些具有本土特征的情感调节策略体现了教师的心态调整和个人能动性在科研情感调节中的重要作用。

鉴于此，本研究对外语教师发展实践有着积极的启示。一方面有必要从教师科研环境层面入手，需要分析和辨别各层级的科研生态环境因素，以揭示出影响教师科研情感形成的多因素环境系统，并尽力创造支持性科研环境，比如改善学术界条件，加强同事合作，创造条件辅助教师平衡教学、科研、家庭之间的关系等，以帮助教师减少负向情感，提升职业幸福感；另一方面有必要从教师个体层面上，在科研实践与培训中，帮助教师转换心态、改变信念以帮助教师调节情感，提升情感智力，促进专业发展。本研究认为只有内外结合，改善教师内在个人因素与外在环境要素，才会更好地促进教师科研情感与科研实践的不断进步与发展。

参考文献

Atoofi, S. (2013). Classroom has a heart: Teachers and students affective alignment in a Persian heritage language classroom. *Linguistics and Education*, 24(2), 215-236.

Barkhuizen, G. (2009). Topics, aims, and constraints in English teacher research: A Chinese case study. *TESOL Quarterly*, 43(1), 113-125.

Beatty, B. R. (2000). The emotions of educational leadership: Breaking the silence. *International Journal of Leadership in Education*, 3(4), 331-357.

Benesch, S. (2012). *Considering Emotions in Critical English Language Teaching: Theories and Praxis*. London: Routledge.

Borg, S., & Liu, Y. (2013). Chinese college English teachers' research engagement. *TESOL Quarterly*, 47(2), 270-299.

Bourdieu, P. (1986). The forms of capital. In J. G. Richardson (Ed.), *Handbook of Theory and Research for the Sociology of Education* (pp. 241-258). New York: Greenwood.

Bress, P. (2006). Beating stress: Creating happiness and well-being in TEFL. *Modern English Teacher*, 15(3), 5-15.

Bronfenbrenner, U. (1979). *The Ecology of Human Development: Experiments by Nature and Design*. Cambridge: Harvard University Press.

Cowie, N. (2011). Emotions that experienced English as a Foreign Language (EFL) teachers feel about their students, their colleagues and their work. *Teaching and Teacher Education*, 27(1), 235-242.

Creswell, J. W. (1998). *Qualitative Inquiry and Research Design: Choosing Among Five Traditions*. Thousand Oaks, CA: Sage Publications.

Cross, D. I., & Hong, J. Y. (2012). An ecological examination of teachers' emotions in the school context. *Teaching and Teacher Education*, 28(7), 957-967.

Cubukcu, F. (2013). The significance of teachers' academic emotions. *Procedia-Social and Behavioral Sciences*, 70(1), 649-653.

Day, C., & Lee, J. C. K. (2011). *New Understanding of Teachers' Work: Emotions and Educational Change*. London: Springer.

Denzin, N. K. (1984). *On Understanding Emotion*. San Francisco: Jossey-Bass Publishers.

Everton, T., Galton, M., & Pell, T. (2002). Educational research and the teacher. *Research Papers in Education Policy and Practice*, 17(4), 373-401.

Feryok, A. (2010). Language teacher cognitions: Complex dynamic systems? *System*, 38(2), 272-279.

Freeman, D. (2002). The hidden side of the work: Teacher knowledge and learning to teach. *Language Teaching*, 35(1), 1-13.

Gao, X. (2008). Teachers' professional vulnerability and cultural tradition: A Chinese paradox. *Teaching and Teacher Education*, 24(1), 154-165.

Golombek, P. R., & Johnson, K. E. (2004). Narrative inquiry as a mediational space: Examining emotional and cognitive dissonance in second language teachers' development. *Teachers and Teaching: Theory and Practice*, 10(3), 307-327.

Golombek, P., & Doran, M. (2014). Unifying cognition, emotion, and activity in language teacher professional development. *Teaching and Teacher Education*, 39, 102-111.

Gong, S., Chai, X., Duan, T., Zhong, L., & Jiao, Y. (2013). Chinese teachers' emotion regulation goals and strategies. *Psychology*, 4(11), 870-877.

Gross, J. J. (1999). Emotion regulation: Past, present, future. *Cognition & Emotion*, 13(5), 551-573.

Gross, J. J. (Ed.). (2007). *Handbook of Emotion Regulation*. Guilford: Guilford Press.

Hargreaves, A. (1998). The emotional practice of teaching. *Teaching and Teacher Education*, 14(8), 835-854.

Hargreaves, A. (2001). Emotional geographies of Teaching. *Teachers College Record*, 103(6), 1056-1080.

Hargreaves, A. (2005). Educational change takes ages: Life, career and generational factors in teachers' emotional responses to educational change. *Teaching and Teacher Education*, 21(8), 967-983.

Horwitz, E. K. (1996). Even teachers get the blues: Recognizing and alleviating language teachers' feelings of foreign language anxiety. *Foreign Language Annals*, 29(3), 365-372.

Jiang, J., Vauras, M., Volet, S., & Wang, Y. (2016). Teachers' emotions and emotion regulation strategies: Self- and students' perceptions. *Teaching and Teacher Education*, 54(1), 22-31.

Kelchtermans, G. (2014). Context matters. *Teachers and Teaching: Theory and Practice*, 20(1), 1-3.

Lee, I. (2014). Publish or perish: The myth and reality of academic publishing. *Language Teaching*, 47(2), 250-261.

Marquardt, S. K. (2011). *(Re) telling: A Narrative Inquiry into Pre-service TESOL Teachers' Study Abroad Experiences*. Michigan State University, East Lansing.

Maslow, A. H. (1943). A theory of human motivation. *Psychological Review*, 50(4), 370.

Mortenson, S. T. (2006). Cultural differences and similarities in seeking social support as a response to academic failure: A comparison of

American and Chinese college students. *Communication Education*, 55, 127-146.

Nias, J. (1996). Thinking about feeling: The emotions in teaching. *Cambridge Journal of Education*, 26(3), 293-306.

Patton, M. Q. (1990). *Qualitative Evaluation and Research Methods*. London: OUP.

Schutz, P. A. (2014). Inquiry on Teachers' Emotion. *Educational Psychologist*, 49(1), 1-12.

Schutz, P. A., Hong, J. Y., Cross, D. I., & Osbon, J. N. (2006). Reflections on investigating emotion in educational activity settings. *Educational Psychology Review*, 18(4), 343-360.

Shkedi, A. (1998). Teachers' attitudes towards research: A challenge for qualitative researchers. *International Journal of Qualitative Studies in Education*, 11(4), 559-577.

Sutton, R. E., & Wheatley, K. F. (2003). Teachers' emotions and teaching: A review of the literature and directions for future research. *Educational Psychology Review*, 15(4), 327-358.

Turner, J. H. (2005). *The Sociology of Emotions*. Cambridge: Cambridge University Press.

Van Veen, K., Sleegers, P., & Van de Ven, P. H. (2005). One teacher's identity, emotions, and commitment to change: A case study into the cognitive-affective processes of a secondary school teacher in the context of reforms. *Teaching and Teacher Education*, 21(8), 917-934.

Verity, D. P. (2000). Side affects: The strategic development of professional satisfaction. In J. P. Lantolf (Ed.), *Sociocultural Theory and Second Language Learning* (pp. 179-197). Oxford: Oxford University Press.

Xu, Y. (2013). Language teacher emotion in relationships: A multiple case study. In X. Zhu & K. Zeichner (Eds.), *How to Prepare Teachers for the 21st Century* (pp. 371-393). New York: Springer.

Xu, Y. (2014). Becoming researchers: A narrative study of Chinese university EFL teachers' research practice and their professional identity construction. *Language Teaching Research*, 18(2), 242-259.

Yin, H. (2006). *Teacher's Emotions in Curriculum Implementation: A Case Study of the Senior Secondary School Curriculum Reform in Guang Zhou, China*. Hong Kong: The Chinese University of Hong Kong.

Yin, H. (2015). Knife-like mouth and tofu-like heart: Emotion regulation by Chinese teachers in classroom teaching. *Social Psychology of Education*, 14(3), 1-22.

Zembylas, M. (2002). "Structures of feeling" in curriculum and teaching: Theorizing the emotional rules. *Educational Theory*, 52(2), 187-208.

Zembylas, M. (2003). Caring for teacher emotion: Reflections on teacher self-development. *Studies in Philosophy and Education*, 22(2), 103-125.

Zembylas, M. (2004). The emotional characteristics of teaching: An ethnographic study of one teacher. *Teaching and Teacher Education*, 20(2), 185-201.

Zembylas, M. (2005). Discursive practices, genealogies, and emotional rules: A poststructuralist view on emotion and identity in teaching. *Teaching and Teacher Education*, 21(8), 935-948.

Zembylas, M. (2011). Teaching and teacher emotions: A post-structural perspective. In C. Day & J. C. K. Lee (Eds.), *New Understandings of Teacher's Work: Emotions and Educational Change* (pp. 31-43). London: Springer.

Zhang, Q., & Zhu, W. (2008). Exploring emotion in teaching: emotional labor, burnout, and satisfaction in Chinese higher education. *Communication Education*, 57(1), 105-122.

崔刚、马凤阳，2012，大学英语教学研究的现状、内容与原则——以《国家中长期教育改革和发展规划纲要》为参照，《中国大学教学》（2）：33-38。

戴炜栋、王雪梅，2009，学术环境与英语专业研究生学术能力发展，《中国外语》（1）：9-13，34。

高一虹、李莉春、吴红亮，2000，"研究"和"研究方法"对英语教师的意义：四例个案，《现代外语》（1）：89-98。

古海波、顾佩娅，2015，国际教师情感研究进展的可视化分析及其启示，《外语电化教学》（3）：50-56。

顾佩娅、许悦婷、古海波，2013，高校英语教师专业发展环境叙事问卷的设计与初步应用，《中国外语》(6)：88-95。

顾佩娅、古海波、陶伟，2014，高校英语教师专业发展环境调查，《解放军外国语学院学报》(4)：51-58，83。

郭德俊、刘海燕、王振宏，2012，《情绪心理学》。北京：开明出版社。

胡亚琳、王蕾，2014，教师情感研究综述：概念、理论视角与研究主题，《外语界》(1)：40-48。

马卫华、李石勇、赵敏、蒋兴华，2007，我国高校科研工作中的功利化倾向及对策探讨，《科技进步与对策》(1)：172-174。

刘润清，1999，外语教学研究的发展趋势，《外语教学与研究》(1)：172-174。

刘润清、戴曼纯，2004，高校英语教师科研素质调查，《外语与翻译》(2)：34-41。

刘永兵、赵杰，2011，布迪厄文化资本理论——外语教育研究与理论建构的社会学视角，《外语学刊》(2)：121-125。

孙彩霞、李子建，2014，教师情绪的形成：生态学的视角，《全球教师展望》(7)：67-75，82。

孙俊才、卢家楣，2007，国外教师情绪研究的视角转换与启示，《外国教育研究》(7)：19-23。

汪晓莉、韩江洪，2011，基于实证视角看中国高校外语教师科研现状及发展瓶颈，《外语界》(3)：44-51。

张岱年、方克立，1994，《中国文化概论》。北京：北京师范大学出版社。

附录一：访谈提纲

尊敬的 _____ 老师：

您好！为了更好地理解外语教师科研工作中的情感体验，恳请您在百忙之中抽出时间参与我们的研究探索。下面这些问题将帮助您与我们分享一下您的科研生涯中所体会到的情感经历（如使你开心、感动、伤心惭愧、失望等的情境或事件）以及您如何应对这些情感事件的故事。

1. 假如有一盘录像带在讲述您的科研历程，它大概可以分成几个阶段？有什么特别的事件让您这样划分呢？

2. 下面的科研情感清单列出了一些常见的情感用语。请浏览后，分享您从开始到现在，最能概括您科研经历的几种感受。欢迎补充表格中没有的情感词汇。

   教师科研情感清单：

正向	好奇	高兴	满意	热爱
	充满激情	自豪	成就感	其他：
负向	迷茫	惭愧	恐惧	敬畏
	伤心	沮丧	愤怒	焦虑
	无奈	压力大	厌倦	失望
	无望	恶心	罪恶感	其他：
混合	又爱又恨	痛并快乐着	其他：	

   请您从上表中选择适当的词来表示您的科研感受经历，如：

   1）对于科研，我一开始感到 ＿＿＿＿＿＿；＿＿＿＿＿＿；
   ＿＿＿＿＿＿；

   2）后来感到：＿＿＿＿＿＿；＿＿＿＿＿＿；＿＿＿＿＿＿；

   3）现在我感到：＿＿＿＿＿＿；＿＿＿＿＿＿；＿＿＿＿＿＿；

   4）对于未来科研生活，我将会感到 ＿＿＿＿＿＿；＿＿＿＿＿＿；
   ＿＿＿＿＿＿。

3. 什么场景让您有上述提及的这些感受？何时？何地？什么事情？

4. 您在科研活动（论文、课题、评职称、读学位、学术交流、调研等）中感受最积极和最消极的事情是什么？您是如何处理这些感受的？这些事对您的影响如何？

5. 您在科研生活中，和他人（同事、导师、学生、领导等）交往中感受最积极和最消极的事情是什么？您是如何处理这些感受的？这些事对您的影响如何？

6. 您在科研条件（如图书资料等硬件和学术氛围等软件）方面感受最

积极和最消极的事情是什么？您是如何处理这些感受的？这些事对您的影响如何？

7. 您是如何看待自己在科研中的角色的？您对自己科研的期望是怎样的？
8. 教学、家庭以及宏观社会文化环境等对您的科研有影响吗？如有，是怎样的影响？

　　非常感谢您的支持和帮助！

附录二：编码表

表 5-2　编码表

三级编码	二级编码	一级编码
E = 科研情感	EP = 正向情感	EP1 = 好奇 EP2 = 成就感 EP3 = 开心 EP4 = 热爱 EP5 = 激励 EP6 = 兴奋
	EN－负向情感	EN1 = 不开心 EN2 = 迷茫 EN3 = 困惑 EN4 = 压力大 EN5 = 不满意 EN6 － 惭愧 EN7 = 焦虑 EN8 = 敬畏 EN9 = 沮丧 EN10 = 困难 EN11 = 痛苦
	EC = 混合情感	EC1 = 好奇与焦虑 EC2 = 痛并快乐着 EC3 = 又爱又恨 EC4 = 有兴趣但不热爱

（待续）

161

（续表）

三级编码	二级编码	一级编码
S＝情感产生	SP＝个人因素	SP1＝科研促教学经历 SP2＝目标设定 SP3＝教研相长信念 SP4＝科研促进认识发展 SP5＝科研为职称 SP6＝喜欢科研
	SMi＝微观系统	SMi1＝同事影响 SMi2＝导师指引 SMi3＝专家交流 SMi4＝指导学生
	SMe＝中介系统	SMe1＝家庭支持 SMe2＝家庭与科研冲突 SMe3＝教学与科研冲突 SMe4＝教学科研家庭难平衡 SMe5＝行政事务冲击
	SEc＝外系统	SEc1＝科研氛围重要 SEc2＝科研管理死板 SEc3＝科研要求高 SEc4＝科研硬件影响 SEc5＝学术期刊影响 SEc6＝科研评价体系影响
	SMa＝宏观系统	SMa1＝社会浮躁 SMa2＝外语边缘化
	SCh＝时间系统	SCh1＝早期不重视科研 SCh2＝早期个人经历
M＝情感调节策略	MA＝先前关注调节	MA1＝认知重构 MA2＝降低期望 MA3＝转移关注 MA4＝隔离
	MR＝反应调节	MR1＝接受 MR2＝交流 MR3＝适应 MR4＝采取行动 MR5＝放松 MR6＝自身强大

附录三：NVivo 10 编码截屏

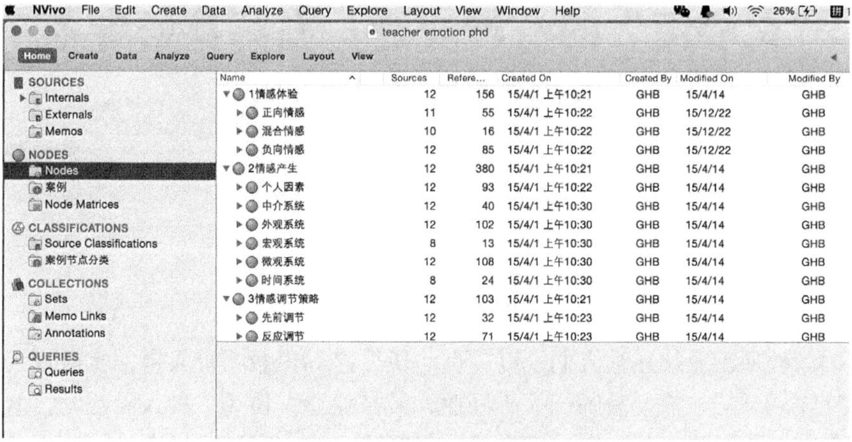

图 5-1 NVivo 10 编码截屏

第六章
"良心饭"的心境变迁：高师英语专业教师情感劳动研究

朱神海

第一节 引 言

教师职业往往被人们冠以"良心饭"之称，教书育人也常常被视为"良心工程"，需要教师们呕心沥血，兢兢业业。作为一种人际互动，教育教学在本质上是一种情感实践，教师除了体力和脑力投入外，还需要大量的情感投入。教师在教育教学实践中产生的各种情感不仅深刻影响着教师自身的身心健康、工作绩效和专业发展，还对学生的身心健康和学业成就等具有重要影响（Day & Lee，2011；Hargreaves，1998；Zembylas，2005）。因此，教师能否有效管理和调节教学过程中体验到的情感，并以适切的方式对之进行合理表达具有重要的实践意义。

学术界对教师情感重要性的认识推动了相关研究的发展，目前已有研究在多元的理论视角下展开（古海波、顾佩娅，2015）。许多研究从心理学视角出发，认为情感就是教师个体的内部心理状态（Nias，1989；Osborn，1996；Sutton & Wheatley，2003）。而基于社会学视角的研究把情感列为教师人际关系的组成部分，认为教师正是在教学实践互动中，建构了一系列的积极和消极情感（Hargreaves，1998；Jeffrey & Woods，1996；Schmidt，2000）。近年来，随着教师情感研究的深入，教师的情感劳动，即他们对情感的管理、调节和表达成为研究的焦点。已有研究涵盖以下主题：教师情感劳动中的表现策略（Diefendorff，Croyle & Gosserand，2005）；教师情感劳动与组织承诺等变量的关系（如姬兴华，2009）；教师情感劳动影响因素（张一楠，2008）以及教师情感劳动形式（Benesch，2012）。这些研究从不同侧面探究教师情感劳动，具有其意义和价值。但是，已有研究对教师情感劳动的情境性关注较少，更少有研究通过对中国高校外语教师情感事件的深描来深入探讨教师情感劳动的具体过程和复杂的影响因素。

据此，本研究对国外其他领域发展成熟的"情感劳动模型"(Grandey，2000)进行改编，以指导对中国西部非发达地区某高等师范院校（下文简称为"高师"或"高师院校"）5名英语专业教师教学实践中情感劳动的叙事探究。研究采用访谈的方法收集数据，旨在探究5位教师在课堂教学中的情感劳动过程、结果及影响因素。探讨高师英语专业教师教学中的情感劳动具有理论与实践的双重意义。其理论意义表现为：以情感劳动为切入点来研究外语教师的教学实践，不仅为拓展情感劳动研究提供了一个新的跨学科视角，而且对建构我国外语教师专业发展理论具有重要意义。而研究的实践价值在于：高师英语专业教师充当着教师和教师教育者的双重角色，对他们情感劳动过程、结果和影响因素的研究既有利于缓解他们的职业压力和倦怠，促进他们的身心健康和专业发展，还有益于未来教师形塑职业认同，提升职业期待。

第二节 文献综述

一、情感劳动概念界定及其性质特征

情感劳动（emotional labor）的概念最早由社会学家Hochschild提出，意指员工"对于自身感受的管理以创造一个公众看得见的面部或身体表现"(Hochschild，1983：7)。这一概念强调员工以组织期望的方式表达和调节情感，是员工胜任工作不可或缺的成分。心理学、行为组织学、教育学等领域的研究者也对情感劳动进行了界定。如Ashforth & Humphrey（1993）指出，情感劳动是指员工根据一定的展示规则而表现适当情感的行动。他们认为情感劳动是一种印象整饰，个体可以根据他人而有目的、有意识地调节自己的行为，以使他人对自己形成特定的社会感知，并形成特定的人际氛围。Morris & Feldman（1996）则认为情感劳动是"在人际交流中，通过努力计划和控制以表达组织期望的情感"。国内学者刘衍玲（2007：34）认为教师的情感劳动是指"在教育教学的师生互动情境中，教师为完成学校交给的教育教学任务，对自己的情感进行必要的心理调节加工，以表达出适合教育教学活动的情感的过程"。虽然这些定义存在字面上的差异，但在本质上都指向相同的内涵，也即：个人在生存和发展环境中有意识地管理和调节自身体验到的情感，进而表现出适切环境的情感。

情感劳动有许多重要的性质特征。首先，情感劳动的发生需要一些条件。Hochschild（1983）提出了情感劳动发生的 3 个条件：（1）与公众是面对面或声对声地进行接触；（2）目的是使顾客产生某种情感状态或情感反应；（3）按一定的规则来表达。Morris & Feldman（1996）对最后一点具有更明确的认识，认为情感劳动不仅仅由个体调整和控制，还受社会环境的影响。

其次，情感劳动需要一些重要的表现策略。Hochschild（1983）认为，个体通过两种行为策略来进行情感劳动，分别是表层行为（surface acting）和深层行为（deep acting），前者是指个体只是外在表达组织所需要的情感，并没有主观体验到这些情感；而后者指的是个体通过改变内在感受以便体验到组织所需要的情感。Ashforth & Humphrey（1993）拓展了 Hochschild 的观点，认为除了表层行为和深层行为外，还有一种真实行为（genuine acting）策略，即个体自发地真实体验和表达所期望的情感，而不做任何的努力。后来，Kruml & Geddes（2000）将这种真实行为看作"被动深层行为"（passive deep acting），与此相对原来的深层行为被看作"主动深层行为"（active deep acting）。Diefendorff 等（2005）基于实证研究认为，被动深层行为与主动深层行为和表层行为之间是并列关系，因此提出以"自然行为"替代"被动深层行为"的理论观点，并建构了由表层行为、深层行为和自然行为三者组成的情感劳动表现策略框架。

最后，情感劳动同时给个人和组织带来影响。Grandey（2000）以 Hochschild 的深层行为和浅层行为为内涵，以情感调节理论为情感劳动机制，提出了一个情感劳动模型。在该模型中，Grandey 认为员工的情感劳动对组织和个体均具有一定程度的预测效果：对组织而言，员工情感劳动可以预测组织中员工的工作表达和退缩行为；而对个体而言，情感劳动可以预测员工的工作倦怠和工作满意度等。

基于以上文献，本研究将高师英语教师情感劳动定义为：高师英语教师为完成学校和学院交付的教学任务，在教育教学实践中因为与学生的互动而体验到情感事件，并在多种因素的影响下对这些事件中产生的情感进行调节，进而表达教学工作所需的情感行为，最终对教师、学生和组织（如所教班级和所在学校）都带来积极结果的过程。

二、教师情感劳动相关研究

教师情感研究正式诞生于 1996 年英国《剑桥教育学报》（*Cambridge Journal of Education*）出版的教师情感专刊。后来美国《教学与教师教育》（*Teaching and Teacher Education*）期刊也陆续推出教师情感专刊，推动了相关研究的纵深发展。越来越多的学者（如 Cowie，2011；Cross & Hong，2012；Day & Lee，2011；Schutz et al.，2006）投入到教师情感研究之中。纵观国内外教师情感研究，主要涵盖以下 4 个主题：（1）教师情感与教师心理活动（教师认知、动机以及自我效能感等）的关系（Moafian & Ghanizadeh，2009；Rastegar & Memarpour，2009；van Veen et al.，2005；邱莉，2007）；（2）教师情感与教学活动效果的关系（申继亮、辛涛，1995）；（3）教师情感对学生情感的影响（Page & Page，2000）；（4）影响教师情感的因素（Atoofi，2013；Xu，2013）。

教师的情感研究最终必须回归到教师如何表达和调节情感，也即教师情感劳动这一问题上来。相关研究已有不少（Sutton，2004；孙俊才、乔建中，2005）。自 21 世纪初以来，国内外有关教师情感劳动的研究日益兴盛，相关研究包括：

第一，教师情感劳动的表现策略。情感劳动的重要目的是表现特定的情感，而这需要一些有效的情感表现策略。基于 Hochschild（1983）的相关理论，Diefendorff 等（2005）通过实证研究发现，教师情感劳动有自然行为、深层行为和表层行为三种表现策略。教师使用自然行为策略时，内在的情感体验与外在的情感表达是一致的，是一种自然而然的情感表达。国内研究者田学红等（2009）运用这个理论框架研究了特殊教育教师的情感劳动策略使用情况。研究发现，特殊教育教师在进行情感劳动时使用最多的策略是自然行为和深层行为，表层行为使用的较少。

第二，教师情感劳动与其他变量的相关性研究。比如，姬兴华（2009）研究了教师情感劳动与组织承诺之间的关系。研究表明，性别变量只在情感劳动的表层行为上有显著性差异；而教师类型（初中教师和高中教师）只在组织承诺下属的理想承诺维度存在显著性差异；与组织承诺各个维度均有正相关关系的维度只有情感劳动的主动深层行为维度；与被动深层行为维度有正相关关系的维度有理想承诺和投入承诺；而能够有效预测组织承诺中感情承诺、规范承诺和投入承诺的只有主动深层行为；能够有效预测组织承诺中理想承诺的只有教师类型；能够有效预测表层行为的只有性别变量。

第三，教师情感劳动影响因素。如，张一楠（2008）以幼儿教师为研究对象，研究了对情感劳动产生影响的因素。研究得出结论，幼儿教师的情感劳动强度处于中上水平，尤其是深层行为使用水平高于表层行为使用水平。影响教师情感劳动方式的因素有学历、工资水平、工资年限、婚姻状况、园所性质和职务等。影响情感劳动中表层行为的变量或因素有组织氛围中的园长限制行为和教师亲密行为及情感调节中的表情抑制行为。影响情感劳动中深层行为的变量或因素有组织氛围中的同事行为、情感调节中的再评价及职业承诺中的感情承诺等。

第四，教师情感劳动的形式。国外学者 Benesch（2012）曾通过对美国一所大学的 9 位英语老师进行开放式问卷调查的方法研究了他们的情感劳动，发现了三类情感劳动形式，分别是情感管理、教师在课堂教学中的身体体验以及外显化的情感教学。

总结国内外目前的教师情感劳动研究，可以发现三点局限：第一，已有研究探究了情感劳动的表现策略、影响因素以及情感劳动与其他因素的关系，但是关注教师情感劳动具体过程的研究极少（如Golombek & Johnson，2004），而只有对教师情感劳动过程的揭示才能真正理解其运行机制。第二，已有研究中的量化研究多于质性研究，不利于深入探究教师情感劳动的复杂性和情境性。第三，深入到具体学科教师的情感劳动研究很少，而已有研究表明不同学科教师的情感劳动具有不同的特点（Zembylas，2004）。因此，本研究以 5 位中国高校外语教师为参与者，采用质性研究方法探究他们的情感劳动，以揭示他们复杂的情感劳动过程，以及对这一过程产生影响的各种情境因素。我们相信，对教师情感劳动过程复杂性和情境性的探究有助于教师本人、教师教育者和教育管理人员共同采取措施，帮助教师有效管理和调节自身情感体验，以表现出课堂和学校所需要的情感，最终提升教师的职业幸福感和学生的学习效果。

三、分析框架

本研究借鉴了 Grandey（2000）提出的"情感劳动模型"。该模型主要包括情境诱因（situational cues）、情感调节过程（emotion regulation process）以及深远影响（long-term consequences）三个部分。情境诱因是情感劳动发生的前提，主要包括互动预期（interaction expectations）和情感事件（emotional events）。情感调节过程是整个情感劳动模型的核心，包含深层行为和表层行为，它受个体因素以及组织因素的双重制约。情感劳动会对个体工作满意度以及集体工作绩效产生深远影响。然而 Grandey 提出的情感劳动模型并不是专门针对教师行业，因此在考虑教师以及教学的相关特点后，我们对 Grandey 的情感劳动模型做出本土化修改，形成了指导本研究的具体分析框架（见图 6-1）。

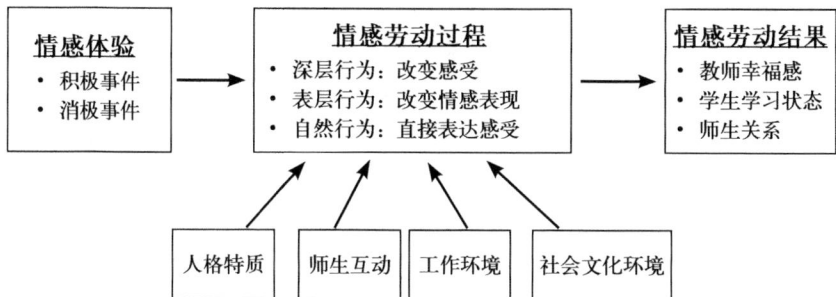

图 6-1　本研究的具体分析框架

首先,本研究将原模型中的"情境诱因"部分变更成了"情感体验"。Grandey 把情境诱因分为互动预期和情感事件两个部分，这有助于清晰地了解员工的工作状况和要求对情感的影响。但本研究侧重挖掘教师在具体课堂教学中所体验的积极和消极情感，因而使用"情感体验"更能为本研究的核心问题"教师的情感劳动过程"提供源泉和保障。

其次，本研究将原模型的"情感调节过程"变更成了"情感劳动过程"，并在原模型的"情感劳动"部分增加了"自然行为"。情感调节主要聚焦心理层面，而本文对教师的情感劳动探讨除了心理层面外，亦涵盖了社会层面，因此用"情感劳动过程"表述更为妥当。就具体的情感劳动而言，Grandey 的研究对象为一般员工，其模型中的情感劳动表现策略主要涉及表层行为和深层行为，但根据最新研究，情感劳动还涉及自然行为（Diefendorff et al., 2005）。所谓自然行为，即内在的情感体验与外在的情感表达是一致的，是一种自然而然的情感表达。课堂教学主要由教师把控，教师对教学组织和安排拥有决策权，其自由度相比其他职业更加宽广，因此教师在情感劳动过程中很可能自然和直接地释放一些愉悦或不愉悦的情感，所以本研究增加自然行为这一表现策略符合研究情境的需要。当然，教师还会根据不同情境选择更具体的情感调节策略来应对各种来自内外部的要求。

此外，本研究将原模型的"深远影响"表述为"情感劳动结果"，主要是考虑从字面上与前面的"情感劳动过程"相呼应。在该维度的细化方面，也作了部分调整。Grandey 的情感劳动结果聚焦于个体工作满意度和组织绩效。但在本研究中，教师所面临的对象是学生，学生的能力提升和成长是教师评价的重要手段，也与教师工作满意度，即幸福感直接相连；良好的师生关系是教师情感的最终归宿，故我们在原模型情感劳动结果中增加了学生学习状态和师生关系维度。鉴于高等院校并不强调升学率，本研究框架去除了原模型中的组织业绩维度。我们认为，教师情感劳动的结果主要反映在教师主体、工作环境、学生客体三个层面上。

最后，本研究对原模型的情感劳动影响因素也作了调整。Grandey 认为情感劳动过程受个体因素和组织因素的双重影响，前者包括性别、情感表达、情感智力和易感性（affectivity），后者包括工作自主性、领导支持和同事支持。本研究在此基础上将原来的 2 个维度扩展到了 4 个维度，分别是人格特质、师生互动、工作环境和社会文化环境。具体理据如下：（1）教师的情感与教师自身的人格特质（John，1990）密切相关。不同人格特质的教师，情感劳动程度不同（吴宇驹，2008）。这些人格特质包括：外倾性（extraversion）、开放性（openness）、随和性（agreeableness）、尽责性（conscientiousness）和情感稳定性（emotional stability）；（2）教学本身就是师生互动的过程，教师情感必定受到师生互动的影响，因而增加了师生互动维度；（3）Grandey 提出的组织因素实际上就是我们国内所指的"工作环境"，即本研究中的学校工作环境，为了方便读者理解，我们统一使用"工作环境"；（4）教师职业在中国社会文化中被赋予了特别的含义，整个社会提倡"尊师重教"，将教师比喻为"蜡烛"、"人类灵魂的工程师"等，对教师提出了很高的要求，这无疑会对教师情感产生一定的影响，因此，我们增加了社会文化环境因素。

总之，我们认为，教师在教学中体验到各种积极或消极情感事件；在体验到这些情感后，他们通过深层行为、表层行为和自然行为等表现策略进行情感劳动，以实现对情感的适当调节，这种情感劳动最终会对教师幸福感、学生学习状态以及师生关系产生一定的促进作用。而整个教师的情感劳动过程受人格特质、师生互动、工作环境以及社会文化环境的影响。本文以此为分析框架，探讨某高师院校英语专业教师的情感劳动过程、结果及其影响因素。

第三节　研究设计

一、研究问题

本研究基于 Grandey（2000）情感劳动理论模型和相关研究成果，以考察情感劳动的发生、进行和影响这一过程为研究思路，探究一组高师英语专业教师的情感劳动经历，旨在回答以下 3 个研究问题：

1）高师英语专业教师在教学中体验到了哪些情感事件？
2）高师英语专业教师的情感劳动过程和结果是怎样的？
3）影响高师英语专业教师情感劳动的因素有哪些？

二、研究方法

本研究聚焦于 5 位背景不同的英语专业教师的情感劳动过程，涉及很多复杂情感体验，因此最适合本研究的方法是质性研究中的叙事案例研究方法（见第二章）。叙事是呈现和理解教师经验的有效方式（Barkhuizen，2011），这是因为教师经验本身具有不确定性、多样性、复杂性和多变性的特点，这些特点使得他们的经验是故事性的。此外，情感的复杂性和体验性特质迫切需要叙事的方法（Denzin，1984）。我们希望通过叙事接近教师的情感世界，更加真切地呈现教师情感劳动的丰富内涵和规律特征。

（一）参与教师

本研究的场域为我国西部地区某高等师范院校（简称 C 校）。研究者首先认真阅读该师院的 36 份教师专业发展环境叙事问卷（顾佩娅等，2013）数据，然后根据"最大差异化"原则（Creswell，1998）选取了教学情感经历较为丰富的 5 位教师（分别用 T1、T2、T3、T4、T5 指代），尽量兼顾到参与教师在年龄、性别、职称、教龄、学业和工作背景等方面的差异，希望较好地反映该高师教师群体的特征。教师 T1 是一位刚工作不久的教师，有国外留学背景；教师 T2 从国内某外国语大学毕业，刚评上讲师；教师 T3 毕业于国内某省属师范院校，处于从讲师到副教授职称的晋升阶段；教师 T4 曾就职于外企，很早就评上了副教授，现正朝教授职称努力；教师 T5 曾是"文化大革命"时期的工农兵学员大学生，从教 30 年，正处于退休年龄。5 位参与教师的基本情况见表 6-1。

表 6-1　参与教师基本情况

教　师	年　龄	性　别	教　龄	职　称	讲授课程
T1	28	女	3	助教	综合英语、语音、写作
T2	29	女	4	讲师	综合英语、写作、文学
T3	33	女	7	讲师	综合英语、语法、演讲与辩论
T4	41	女	13	副教授	市场营销、商务英语
T5	60	男	30	教授	英美概况、欧洲文化

（二）资料收集与分析

本研究主要的数据来源是深度访谈和案例素材。除上面提及的叙事问卷数据外，研究者根据事先拟定好的访谈大纲与参与教师进行半结构式的深度访谈（访谈提纲见附录一）。访谈提纲围绕上述 3 个研究问题设计，共由 5 个问题组成。第 1 个问题是本研究的背景问题，旨在了解参与教师在教学中经历的一些特殊情感体验或事件，为后面探究具体情感劳动过程做准备。第 2 个问题是本研究的核心问题，即教师在教学中的情感劳动过程，特别是情感调节策略及作用过程。第 3 个问题关注情感劳动对个人、他人和学院环境的作用结果。第 4 个问题意在了解参与教师对影响情感劳动的因素的认识。第 5 个问题是结束访谈前再次给参与教师分享经验和做补充的机会。为了方便参与教师理解，在设问中研究者提供了一些回答角度的提示。此外，在访谈过程中，研究者针对被访谈者所谈到的内容进行了适当的追问，以挖掘更深层次的信息。每次访谈约 60 分钟左右，并在征得参与教师同意的情况下进行录音。5 位教师参与者的访谈录音总时长为 5 小时 17 分 40 秒。

访谈结束后，研究者对访谈录音进行了逐字逐句的文字转录和整理（共计 69,379 字），不仅记录访谈者与访谈对象的言语信息，还对一些非言语信息（如叹气、激动、沉默、迟疑）等备注在案，这对"情感"研究尤为重要。与此同时，研究者还在获得参与教师同意的情况下，收集了一些个案素材，如教师QQ空间日志、学生反馈材料、教学录像等非正式个案素材。数据收集和分析是一个循环连续的过程。首先，研究者将所有个案数据材料浓缩成8个较为典型的教师情感体验故事，并交与参与教师核查和补充。然后，研究者通过反复阅读所有教师故事及其背景数据，采取内容分析法的主题归类方式逐渐分辨出教师的案例特征，然后进行跨案例分析，找出共同模式，展现研究结果。

第四节　研究发现与讨论

一、教师所体验到的情感事件

对于高师外语教师来说，一方面他们要完成繁重的教学任务，需要在课堂上与学生进行面对面的交流；另一方面他们还要承担科研任务，这对其角色承受能力有较高的要求，他们在教学过程中往往会体验到各种复杂、丰富的情感事件。

本研究发现，参与深度访谈的5位高师英语专业教师在教学中均体验到了各种不同的积极和消极情感事件。积极情感事件给他们带来的体验主要包括高兴和感动，消极情感事件带来的情感体验包括无奈、失望、生气等（见附录二）。基于数据分析，可以看出教师在教学中的情感体验主要有以下两个特征：

首先，教师分享的教学情感经历大多数是消极事件（占8个故事中的6个），且均与学生的学习态度和行为有关。尽管这些消极的情感事件各不相同，但所体现的主题却高度一致，即学生的不配合。如教师1为了训练学生的语音，点了一位平时不怎么积极的学生起来读书，结果这位学生认为老师故意刁难她，当即跟老师顶撞："为什么要我念？"教师T1为自己的帮助意愿被误解而感到无奈，觉得"好心没有好报"。又如，教师T3因一名学生在综合英语课堂上大谈"政治"、影响教学秩序而生气，表示当时自己已经"克制到底了"。由此可见，因为学生在学习态度与行为方面的不配合，教师体验到了消极情感。

其次，两个教师积极情感体验主要归因于良好的师生关系。许多研究指出，对教师来说，最重要的酬劳并非是物质上的，而大都是精神上或情绪上的，并且这些酬劳多来自于学生（Hargreaves，2000）。在课堂教学中，教师与学生会建立彼此之间的信任，形成友谊，进而发展成有效合作的关系。如教师 T2 平时非常关心学生，学生在教师节特意为她集体合唱一首她喜欢的歌，令她非常感动。教师 T2 在回顾当时的场景时，表示"当时的感动心情真是很难形容"。很显然，正是教师和学生之间的良好关系促使了积极情感事件的发生，让教师体验到了积极的情感。

上述参与教师体验到的不同情感事件很好地验证了这样一个事实，即教学本质上是一种情感实践（Zembylas，2004；尹弘飚，2008）。教学是一项人际互动工作，这种人性化的专业实践不可避免地带着强烈的情感体验。本研究也发现，教师所体验到的情感有不同程度的区别，比如，即使都是消极情感，也有从无奈到失望再到生气等不同程度上的递进。这种情感的多样性、动态性和复杂性给教师的情感劳动带来了很大的挑战。他们需要采取多种策略，才能更好地完成情感劳动过程，使自己在情感上符合工作环境的需求。

二、教师的情感劳动过程

研究发现，参与教师的情感劳动就是一个教师运用协调、迂回以及动之以情等深层行为策略持续调节情感的复杂心境变迁过程。具体来说，所有教师的情感劳动故事呈现出三类不同的行为转变模式，分别是由表层行为向深层行为的转变、由自然行为向深层行为的转变，以及由自然行为经由表层行为再向深层行为的转变。在走向深层行为的情感劳动过程中，每位教师根据不同情境需求，采取了不同的深层行为策略，主要有协调、动之以情和迂回（见表 6-2）。下文从三种行为转变模式对情感劳动过程进行分析和探讨。

表 6-2　参与教师情感劳动过程

教　师	情感事件	情感劳动过程	深层行为策略
T1	"为什么要我念？"	表层—深层	协调
T2	"为我而歌"（T2-1）	自然—深层	动之以情
	"无人预习"（T2-2）	自然—表层—深层	迂回
	"僵持"（T2-3）	自然—表层—深层	动之以情

（待续）

（续表）

教　师	情感事件	情感劳动过程	深层行为策略
T3	"合作公开课"（T3-1）	自然—深层	协调
	"克制到底了"（T3-2）	表层—深层	迂回
T4	"学生假前逃课"	自然—深层	动之以情
T5	"学生上课睡觉"	表层—深层	迂回

（一）表层行为向深层行为转变的过程

参加本研究的教师中有 3 位教师在情感劳动中经历了由表层行为向深层行为转变的过程。如前所述，表层行为是指教师只是外在表达教学所需要的情感，并没有主观体验到这些情感；深层行为指教师通过改变内在感受以便体验到教学所需要的情感。下面基于数据探讨 3 位老师的情感劳动过程。首先以教师 T1 "为什么要我念"这个情感事件为例。教师 T1 在回忆一堂语音课时这样叙述道：

> 有一次，我叫一个同学念一个音给我听，以此作为检查，他却（语气）很冲，问我："为什么要我念？"如果是其他老师的话，可能会把这个当成是一种顶撞。当时有点生气，我说，"你是我的学生，我上课时要检查"。他就说，"那你为什么不问其他的男生，要问我？"我说，"其他的我也会检查的。我现在走在你的旁边，顺便就先检查你的。"然后他又冲着我说了一些不客气的话，我就很耐心地跟他说，"我要对你的学习负责，我要检查你的语音，这就是我的工作。作为学生希望你能配合我的工作，不是我习难你，而是你要不要这样的一个学习机会吧，不要把它看成老师对你的折磨或者恐吓。"说完了之后他也很勉强地配合了一下。可能回去之后他也想想自己不对。到后来他都非常主动地和我打招呼，还和我聊家里的一些事情。这个学生是我觉得改变最大的一个，我也很感动。（T1）

在这个情感劳动事件中，教师 T1 虽然感到有点生气，但并没有对学生的顶撞表达出消极情感，而是跟学生"讲道理"。这种表层行为是大多数教师经常采用的策略，可谓"大人不计小人过"，但正是这种耐心"讲道理"的表层行为感动了学生，促使他发生转变，该学生恢复了平静，课后还主动和老师打招呼，而学生的细微举动让她感到非常感动。这样，

175

教师的情感劳动从表层上升到了深层行为。由此可见，教师在情感劳动过程中，表层行为（讲道理）可能只是暂时的，经过某种力量（如学生反馈）的推进，可能会过渡到"感动"这个深层行为。进一步分析显示，教师 T1 采取的"协调"这个深层行为策略起了重要作用。协调也是人际交往中处理内外关系非常重要的一种能力。课堂教学中，教师本身亦充当着协调者的角色，如何实现从表层行为到深层行为的转变需要每位教师不断学习。

又如，教师 T3 "克制到底了"的情感事件发生在综英课上讲到 manners 的重要性的时候，某位愤世嫉俗的同学扯得很远，讲"政治"讲得很离谱，以至于造成了师生课堂上的激烈争辩。从表面上看，老师和颜悦色，和学生只是正常辩论，但在访谈中她提到那时心里非常不悦，说已经"克制到底了"。由此可见，教师 T3 当时内心不悦，但表面上还要维护课堂秩序和自己教师的形象，表现出和颜悦色，这正是情感劳动过程中的表层行为策略。但由于她这样一种和学生的"正常交锋"，致使这位同学后来似乎明白了自己的问题，学习态度转变较大。当她察觉到学生的变化时，原先的"不悦"烟消云散，对自己教学中与学生的"争辩"更加"坦然面对"了，这正是情感劳动过程中的深层行为策略在起作用。经过反复研读访谈故事，研究者发现教师 T3 采取的是"迂回"的深层行为策略。迂回既是一种有效的为人之道，也是一种教学之道，课堂教学中采用迂回策略可以避免一些正面冲突。教师 T3 就是在体验到不悦的情感后有意识地避开那个愤世嫉俗的学生所讨论的话题，峰回路转，实现了由表层行为向深层行为的转变。

已经退休但又被返聘的教师 T5 分享了一个"学生上课睡觉"的情感劳动事件。有一次，在给英语专业高年级的学生上欧洲文化课程的时候，他看到有同学上课睡觉，刚开始确实感觉有点不太舒服，因为他很希望大家能够对自己所教的知识感兴趣、认真学，于是就走到那位同学跟前，请他回答问题。其实，此时，老教授并不在乎学生能否回答问题，他的目的是提醒这位同学能够集中注意力认真听课。学生自然回答不出，老教授则让他坐下，继续富有深情地上课，他认为这是做老师的本分。从他的话语中，我们感到这位老教授在情感处理上恰到好处，游刃有余。不难看出，这位教师刚开始觉得学生上课睡觉，感觉学生对自己不太尊重，于是对其提问，使用的情感调节策略是表层行为，但后面即使学生回答不出，他并不生气，感觉自己尽到了做老师的职责，很快又进入了深情授课状态，是深层行为的表现。对访谈文本的进一步分析显示，教师T5也正是采用了"迂回"策略（不直接批评学生），推动了其表层行为向深层行为的转变。

上述故事表明，有些教师，尤其是教学经验丰富的老教师，擅长从表层行为迅速过渡到深层行为，并调用深层行为策略处理情感事件，在情感劳动过程中游刃有余，这对教师保持积极的状态和寻求稳定的职业幸福感很有意义。事实上，表层行为因主体内心情感与外在表现之间的不协调，容易堆积工作压力和心理紧张，尤其对一些情感实践经验不够丰富的年轻教师而言。这验证了已有研究发现，即表层行为有比较多的负面效果，引起更多的压力、紧张、心理不真实感和情绪枯竭，并导致工作满意度下降（Brotheridge & Grandey，2002；Zapf，2002），而深层行为可以调动更多的认知和生理上的心理资源，增强工作效率，并增加自我真实感（马淑蕾、黄敏儿，2006）。

（二）自然行为向深层行为转变的过程

参加本研究的教师中也有3位教师在情感劳动中经历了由自然行为向深层行为的转变过程。在使用自然行为策略时，教师内在的情感体验与外在的情感表达是一致的，是一种自然而然的情感表达（Diefendorff et al.，2005）。教师在教学实践中使用自然行为的机会较多，这是"因为教育工作强调学生尊重教师，教学对象比较固定，教师的情绪表达没有明确的约束规则，自然行为出现的频率较其他行业高"（吴宁驹等，2011：305）。在课堂教学实践中，教师的自然行为在一定条件下，最终可以朝深层行为转变。以教师T2"为我而歌"的故事为例，她在回忆一次综合英语课堂教学时提到：

> 教师节那天，学生为我唱了我最喜欢的一首歌，我感到好开心。（那天学的）课文很难，但我在整个教学过程中一直鼓励同学们勇于表达自己的思想，非常顺利，同学们听课也非常认真，那一刹那，我感觉做教师真好。（T2-1）

可见，在听到全班学生集体给自己唱最喜欢的一首歌时，教师T2感到非常开心，这是一种情感的自然流露，教师的情感劳动体现的是一种自然行为。在接下来的课文教学中，虽然由于阅读的文本较难，学生水平也有限，但他们听得非常认真，教师 T2 非常耐心地启发和鼓励学生勇于表达自己的思想，结果很顺畅地完成了教学任务，此时教师内心觉得教学是一件令人愉悦的事情，"做教师真好"，显然其情感劳动上升到了深层行为。而促成她完成从自然行为到深层行为转变过程的，体现的正是"动之以情"策略（启发和鼓励）。在教育教学实践中，教师面临着不同学习态度的学生，而"动之以情"策略似乎成为了教师的法宝，适当使用可达到很好的效果。这也与教师职业的特殊性密切相关，因为教师职业是以生命影响生命的职业，在课堂上教师往往能够通过情感来感染学生，从而让学生在合适的情境中、适宜的情感状态下提高认知水平。观察数据显示，尽管教师 T2 是一名年轻教师，但平时很关心学生，经常与学生交心，以至于学生对她的爱好也了如指掌，因此才有了在教师节时全班为她演唱她最喜欢歌曲的一幕。学生的"用心"打动了她，随后这种自然而然的喜悦之情转变成了一种"正能量"，使得她那一堂课"高水平发挥"，从而获得了从情感到认知的良性循环效果。

又如教师 T3 每次提到自己最满意的课时，都会提到她的一次全院综合英语公开课。课前，她认真去了解每位学生的基本情况，在广泛调查的基础上，结合上课内容，认真备课，并将自己的上课思路和学生一起分享；准备教学素材时，寻求学生们的帮助，一起收集真实性的语言教学材料；碰到做课件的技术难题时向班上的电脑高手请教。结果在正式上公开课的时候，自己感觉很顺畅，学生非常配合，受到在场课堂观摩老师的一致好评。教师 T3 自己也认为，正是这节课使她对自己的教学充满了信心，对学生的感情也加深了，自己真正喜欢上了英语教学。教师 T3 的课堂感受经历了从"开课顺利"到"热爱"的过程，这也正是我们所说的自然行为到深层行为的转变过程。那到底是什么促成了这一转变呢？研究表明，教师 T3 运用了"协调"这个深层行为策略。她在教学设计过程中与学生的所有互动就是师生的一个协调过程。正是这种"协调"，使得公开课的效果明显，不仅加深了师生感情，还培养了班级的凝聚力。

研究还显示，教师自然行为向深层行为的转变不仅始于一种积极的情感事件，还有可能始于一种消极的情感事件。如教师 T4 "学生假前逃课"的经历就是一例。教师 T4 平时对自己要求比较高，因此对自己的课堂要求也非常完美。有一次，在临近放假的一堂商务英语课上发现大多数学生已逃课回家,感到非常气愤——感到自己辛辛苦苦的备课却迎来学生的"冷遇"。她将这种生气的情感当场表现出来,并且质问学生是不是不满意她的授课。很明显,教师 T4 此时采用的是自然行为,即直接将自己的情感表露出来。后来,她专门和该班的学生进行沟通,调查学生是否因为不喜欢自己的课,或因为这门课实用性不强而逃课,并跟学生讲了一些自己的学习和工作故事。这些深层行为打动了学生,班级学习委员还特别给她写了一封长长的信,表达了对老师的敬仰,并解释了学生逃课的根本原因其实不在老师,而是一些其他因素。最终,这位老师理解了学生。后来她又把这件事情跟她做过教师的母亲沟通,母亲讲了一番令她感动的话,教师 T4 感到"释然了",她的情感劳动上升到了深层行为。通过认真剖析,我们发现,促成教师 T4 由自然行为向深层行为转变的也是"动之以情"。教师 T4 结合自己的亲身经历给学生们耐心讲解做人的道理,用自己的行为打动学生,最终让学生明白做人的道理。学生也通过一封长长的信打动了教师 T4。此外,在回家后,母亲给她讲述的一些事情也令她感动。由此可见,"动之以情"在情感劳动过程中是一种非常有效的深层行为策略。

(三)自然行为经表层行为向深层行为转变的过程

除了以上两种过程外,本研究还发现,教师在情感劳动过程中有可能会经历一种特别的转变过程,即从自然行为经表层行为再向深层行为的转变过程。这方面,教师 T2 的两个故事特别典型,分别应用了"迂回"和"动之以情"的深层调节策略,值得分析。

教师 T2"无人预习"的情感故事,讲的是她在刚开学给学生上写作课的时候,发现班上没人预习,顿时感到非常失望,学生也从老师的表情中看出了一丝不悦。教师 T2 这样描述道:"我看到他们的书都是白白的,我就觉得很失望,一看他们都没预习,我之前备了好几天的课,现在就光我一个人在说吗?然后我一下子就觉得我的课就上不下去了……"显然,教师 T2 此时的情感表现是一种自然行为。她觉得事态严重,语重心长地教育了学生十几分钟,紧接着,她要求学生 20 分钟写一篇作文,想让学生意识到不预习的后果,这时教师的表面情感似乎平复了,但实际上心里还在生气,显然是一种表层行为。经过 20 分钟的写作后,老师抽了两篇文章示范,并对其不足之处作详细点评。很快，她发现学生的态度端正了，教师自己也很快进入了上课的正常状态，开始富有激情地给同学们讲解，其情感劳动上升到了深层行为。到底是什么促成了教师 T2 由自然行为经表层行为向深层行为的转变呢？分析表明，教师 T2 使用的也是"迂回"策略。教师 T2 在了解到学生没有充分预习后，确实感到有点失望和生气，但最终还是选择通过让学生体验写作过程和结果来明白预习的重要性，尤其通过示范与点评的方式，最终让学生明白自己的不足。这种迂回的策略不仅可以避免和学生的正面冲突，而且可以让学生从内心深处领悟到教师的良苦用心，有效促进学生自主学习。

教师 T2 还给我们讲述了她的另外一个"僵持"故事：

> 有一次，我在文学课上讲富兰克林的自传。像往常教学一样，在做完基本的铺垫之后，选了两首有关 hesitations 的诗供同学们讨论，计划讨论完后在两个班各请一位同学发言。但第一个班同学发言完毕后，第二个班的同学没有人举手发言。我心里有些失望和无奈，就一直等待，差不多僵持了五六分钟，于是我开始点名，结果点到名的同学也没说出什么来，我开始有些生气。就在这时，某个平时比较积极的学生看形势不对劲，站起来主动发言。我听完后表示满意，强掩刚才的不愉快，满脸微笑，对两位发言的同学表示了肯定，并向同学们揭示富兰克林的 13 个 virtues 对人生的启迪。我开始用自己的激情去感染学生，进一步讲文学与人生的关系，连我自己都觉得当时非常激动和兴奋。当下课铃声响了的时候，我还觉得意犹未尽呢。

面对第二个班级没有学生举手发言的困境，教师感到"有些失望和无奈"，但在点名后学生也没有回答出来后，教师"开始有些生气"（自然行为）。之后，在一个学生主动并较好地回答问题之后，教师"强掩刚才的不愉快"，"面带微笑"，表现出积极的情感（表层行为）。随后的教学中，教师"开始用自己的激情去感染学生"，"自己都觉得当时非常激动和兴奋"，直到下课铃声响，还意犹未尽（深层行为）。此案例表明，在情感劳动过程中，教师 T2 经历了由自然行为经表层行为向深层行为的转变。这种复杂的转变过程背后隐藏的正是"动之以情"的深层行为策略。教师在课堂教学中以自己对文学的热爱、对教学的激情一步步感染学生，在适当情境下，对她的情感劳动具有积极的促进作用。

综上所述，教师的情感劳动过程有自然行为、表层行为和深层行为三种调节策略，但在具体的教学实践中，教师往往会灵活地组合运用多个行为策略，且大多朝深层行为方向发展。换言之，参与本研究的高师英语教师的情感劳动过程都经历了向深层行为转变的过程。在这个过程中，教师往往会根据不同的教学情境自觉或不自觉地运用一些深层行为调节策略，如协调、动之以情和迂回等。这些策略的使用很好地促进了教师持续调节情感的复杂心境变迁过程。

这一发现与 Grandey（2000）有关情感劳动过程的论述有两点不同：首先，Grandey 只关注了表层行为和深层行为策略，而本研究验证了Diefendorff 等（2005）提出的自然行为策略在中国高校英语教学环境中的应用。其次，Grandey 的两种情感调节策略是一种平行的关系，表层行为和深层行为互不交叉，而本研究则揭示了情感劳动调节策略的一种交叉关系，无论是表层行为还是自然行为，它们都有可能在一定的条件下转化为深层行为调节策略。究其原因，一方面，教师的职业特点决定了教师与其工作对象——学生，是一种深度沟通的关系，正是这种深度沟通使得教师在情感劳动过程中会采用一些策略促使自己的情感行为向深层行为转变；另一方面，从教育教学的目的来说，教师的课堂教学要达到知识、能力、情感三维教学目的，教师在完成教学目的的过程中，往往会根据教学场景及时做出教学决策，步步为营，确保课堂教学的有效性。

由此看来，教师职业和其他行业的情感劳动并不完全一致，西方的研究理论并不完全适合中国的国情。因此，我们不能盲目地套用西方框架对本土教师的情感劳动过程进行分析，一定要考虑到教师所处的特殊社会文化情境，进行细化研究，挖掘其情感劳动过程的具体特征及意义。

三、教师情感劳动的结果

数据分析显示，情感劳动给参与教师、学生以及师生关系带来了不同程度的影响。表6-3展示了这类发现。以此为依据，下文具体报告这组高师英语教师情感劳动结果的三方面表现。

表6-3 参与教师情感劳动结果

情感劳动结果		教师素材例证
教师	情绪恢复	"觉得自己的情绪还是恢复得比较好"（T2-3）
		"进入状态了"（T5）
		"我释然了"（T4）
	职业认同	"那一刻我觉得选择教师职业没有错"（T2-1）
		"感觉自己蛮适合做老师的"（T4）
		"对教师行业还是充满激情的状态"（T3-1）
	心理健康	"之后，我总朝正面去想，以此调节情感"（T4）
	教学信念发展	"上课就是和学生交流、共同学习的过程"（T3-1）"学生是主体，老师就是穿线人"（T3-1）
学生	态度转变	"这次之后学生态度就端正了很多"（T2-2）
		"后来主动打招呼聊家常，学习态度转变"（T1-1）
		"那次课后，这位学生开始转变态度"（T3-2）
师生关系	改善	"在情感波动之后也更多去了解学生"（T2-3）
		"之后每次课学生都很配合，气氛也好"（T3-1）
		"跟学生有了良好的互动"（T4）

（一）促进教师的心理健康和职业认同

首先，教师的情感得到恢复。教师 T2 明确表示，在经历了"过山车"式的情绪波动后，最终"觉得自己的情绪还是恢复得比较好"。有着丰富教学经验的教师 T5 觉得状态特别重要，在游刃有余地调节自己的情感后，感觉"进入状态了"。教师 T4 在叙述中提到，看到同学们的反馈信息和听了母亲的忠言之后，感到"释然了"，对学生少了一份苛刻，更多的是理解，自己的情绪也得到了很好的恢复。

其次，教师的职业认同感明显增强。教师 T2 在听到学生对自己唱的歌曲后，发出感慨："那一刻我觉得选择教师职业没有错。"教师 T4 也在和学生与母亲沟通后"感觉自己蛮适合做老师的"。教师 T3 在经历了和学生一起进行集体备课，重新挖掘真实的语言课程资源后，感叹"对教师行业还是充满激情的状态"。

此外，教师的心理健康得到改善。教师在课堂上难免会碰到一些突发情感事件，但如果教师长期处于高强度情感工作状态，并且其身心能量得不到及时补充或修复，就会导致情感冷漠、情感枯竭等不良的心理健康问题（杨满云，2008）。通过情感劳动，教师将消极的情感转变为积极的情感，对其心理健康有重要的正面效应。如教师T4逐渐形成了一种乐观、坦然的人生观，"总朝正面去想，以此调节情感"。

再有，教师的教学信念得到发展。教学信念对教师的课堂决策行为具有直接影响，是教师坚持正确教学方向的原动力。如本研究中教师T3以前因为没有系统学习教学理论知识，对课堂中教师和学生的中心地位并没有清晰的认识，但经历那次"合作公开课"的情感事件之后，教学信念发生了很大改变，她深刻认识到"上课就是和学生交流、共同学习的过程"，并提出"学生是主体，老师就是穿线人"。

（二）学生的学习态度转变

课堂教学的主体是学生，因而教师的情感劳动最直接的影响对象无疑是学生。本研究发现，教师的情感劳动对学生的影响主要体现在学生的学习态度转变方面。如教师T2在课堂上发现没有人预习，经历了自然行为经表层行为到深层行为的情感劳动过程后，发现"学生的学习态度端正了很多"；教师T1课堂上经历了表层行为到深层行为的情感劳动过程后，和她顶撞的学生"后来主动打招呼聊家常，学习态度也发生了根本变化"；教师T3课堂上经历了由表层行为到深层行为转变的情感劳动过程后，发现那位在课堂上非常愤世嫉俗的学生"开始转变态度"。

正如教师T4在访谈中提到她母亲，一个经验教师对她所说的话："教学不要单纯从教师角度出发，要换位思考，站在学生的角度去看待问题。"也就是说，教师就要学会控制自己的情感，努力使自己的"恨铁不成钢"等种种急躁、焦虑、怨恨等消极情感消灭在萌芽状态中，多一些辞让之心，多一些忍耐之心。教师面临的课堂是动态变化的，教师要应变、思变、善变，避免自己因"遭遇"消极情感事件而处于被动的境地，从而引起情感上的跌宕起伏。教师的消极情感表露不仅降低自身威信，而且影响学生的学习情感和师生关系，导致教学效果大打折扣。

（三）师生关系更融洽

师生关系是维系课堂教学顺利进行的重要因素。当教师对工作投入的爱以及所做的情感劳动得到学生认可时，他们会受到巨大的情感酬劳和鼓舞，这成为他们愿意在教学中继续付出情感劳动的动力（尹弘飚，2009）。本研究发现，教师的情感劳动对改善师生关系具有非常重要的作用。如教师 T2 在课堂上和学生僵持五六分钟，后面终究打破僵局。经历了由自然行为经表层行为到深层行为的情感劳动过程后，她表示自己以后会"更多地去了解学生"；又如，教师 T3 在上完了公开课后，"每次课学生都很配合，气氛也好"；再如，教师 T4 在经历了由自然行为到深层行为转变的情感劳动过程后，坦言"跟学生有了良好的互动"。总之，教学过程不仅是一个传递知识的过程，而且是师生互相理解、彼此欣赏的人际交往过程，在这个过程中，师生构成相互接纳、和谐共处的整体，在课堂中各自找到符合社会发展和完善自我的最佳位置和方式，从交往合作中获得心灵的满足，从而体验到生命的内在欢乐，在发现自我、肯定自我的过程中获得幸福感的真实体验。

四、教师情感劳动的影响因素

本研究表明，教师的情感劳动受到教师人格特质、师生互动、工作环境以及社会文化环境的影响。下面对这四种主要影响因素进行分析讨论。

（一）教师人格特质

研究发现，每位参与教师的情感劳动都在不同程度上受他们自身人格特质的影响，这方面的数据分析结果见表 6-4。

如受过良好国外高等教育的教师 T1 具备开放性人格特质，她坦言受英国教育的影响，"敢承认自己不知道"、"没有教师权威"，所以在面对学生的当场质疑时，并没有用中国传统的家长式语气去责备，而是耐心跟学生解释，最终通过"协调"策略促成了深层行为的出现。

表6-4 参与教师人格特质数据分析结果

人格特质类别	参与教师素材例证
开放性	"我敢承认我不知道"；"没有教师权威"（T1） "比较看重学生的思想"；"每个学生都有选择的权利"（T3）
外倾性	"用激情感染学生"；"我上课比较激动"（T2）
尽责性	"一堂课之所以好,肯定是充分的备课和精心的设计"（T4）
情感稳定性	"只要进入课堂，别的什么私心杂念都要放下"（T5）
随和性	学生称那位老教师为"某叔叔"（T5）

教师T3也具备开放性人格特质,"比较看重学生的思想",认为"每个学生都有选择的权利",所以在课堂教学中,面对学生比较离谱的发言时,采取的措施是引导。尽管对自己的情绪已经克制到底,但最终还是通过"迂回"策略促成了向深层行为的转变。

教师T2是一个为人正直,感情细腻,在课堂上充满激情的人,具备外倾性人格特质。也许是由于出生于大西北的缘故,性格方面多了一份直爽,她在课堂上往往会直接表达一些真情实感,这也正是她在情感劳动过程中大都以自然行为开始的原因。正是教师T2的激情,使得她的课堂时刻充满感染力;也正是她的激情特质,她的情感劳动过程比其他参与教师更丰富和复杂,5位教师中唯有她一人经历了由自然经表层再到深层三种行为转变的情感劳动过程,其他教师的经历都只涉及两种行为转变。这一点也可以说明,具备外倾性人格特质的人一般"性格外向,好交际,渴望刺激与冒险,情感波动较大,他们更易于把握环境中相对隐含的情感线索,根据他人的反应及时调整自己的行为,以更好地适应环境"（金瑜，2001）。国内情感劳动研究者吴宇驹（2008）的研究也有类似发现。他在对广东省珠江三角洲4个城市的在职中小学教师的情感劳动实证研究中发现,外倾性的人在工作中更多地处理情感线索,为了维持良性的人际互动,他们注重对工作情感的管理,表现在较高的情感劳动总分及各维度得分上。由此可见,外倾性的人往往擅长对自己情感的管理,更具备有效调节情感的能力。

教师T4很典型的尽责性人格特质也给她带来了独特的情感体验。她认为"一堂课之所以好,肯定归因于充分的备课和精心的设计"。正是因为她尽职尽责,渴求完美,所以当学生临近假期,经不起回家的诱惑而逃课时，她表现得十分生气和失望。也正是因为她强烈的责任心，她起初"气愤"的自然行为通过她主动与学生的沟通而逐渐过渡到深层行为，达到了"释然了"的境界。尽责性人格特质对教师情感劳动的影响在其他研究中也有所体现，如邱莉（2007）的研究表明，影响教师课堂情感调节能力的最重要的因素是教师的教学责任心。

教师 T5 是一位年长的教师，访谈数据表明他具备典型的情绪稳定性和随和性两种人格特质。用该教师自己的话说，"只要进入课堂，别的什么私心杂念都会放下"，就算在课堂上点学生回答问题，一个回答不来，就会点下一个，一直到有人回答出为止，不会出现明显的情绪波动；哪怕生气了，也会控制住自己的情绪，并能够在短时间内得到恢复。他平时为人非常随和，所以一代又一代的学生亲切地称之为"某叔叔"，这无疑透视着其情绪稳定性和随和性的影响。

（二）师生互动

师生互动是构成良好的课堂教学环境的重要因素。在以教师为主导、学生为主体的课堂教学中，师生心理情感是相互影响、相互制约的。教学过程不仅涉及知识的传授，同时也涉及师生的情感交流与互动（唐金玲，2010）。

本研究的访谈数据及这些参与教师完成的叙事问卷结果都表明，大部分教师觉得最喜欢和学生相处，尤其喜欢课堂上和学生的互动。师生互动不仅包括语言上的互动，而且包括思维的互动。在师生互动较强的课堂中，教师更多地使用深层行为策略。表 6-5 呈现了参与教师在情感劳动中的师生互动方式和例证。

表 6-5　参与教师师生互动数据分析结果

师生互动方式	教师素材例证
感动	"不知不觉地感动了学生"（T1）
解围	一个学生积极发言打破了教学中的"沉默"僵局（T2）
合作	"师生共同解决问题就是那一堂课的亮点所在"（T3）
沟通	"觉得和学生相处最融洽"（T1） "开心课堂的基础就是和学生的互动和沟通"（T4） "我一把年纪还坚持站着上课，这样我能跟学生有眼神的沟通"（T5）

如上表所示，本研究的5位教师在他们的情感事件中主要经历了感动、解围、合作、沟通等师生互动方式。

"感动"在教书育人的过程中无处不在，感动能让学生的心灵得到洗礼，使学生在行动中得到鼓舞和支持，是一种有效的师生互动方式。感动在教师的情感劳动中发挥着积极作用。如教师T1在面临学生顶撞时，"给足学生面子"，不发生正面的语言冲突，其情感劳动的表层行为"不知不觉地感动了学生"，逐渐向深层行为转变，最终受到这位学生的尊敬，师生关系也更加融洽。

"解围"是师生互动的另一种特别的方式。如教师在课堂教学中难免会有冷场的局面，这时需要某位学生出来"破冰"。教师T2和学生在课堂上僵持以及后来打破僵局进入巅峰的上课状态正说明了"解围"的促进作用。正是一位学生的解围，才给了她一个好的台阶恢复正常的教学，才使得她经历了由自然行为经表层行为到深层行为转变的情感劳动过程。"给人台阶下"是中国人津津乐道的为人之道，在课堂教学中，"给人台阶下"，互相解围，往往会促进师生关系的和谐。

"合作"在教学中是一个应用非常广泛的词，课堂教学中我们往往鼓励生生之间的合作学习。合作也是师生互动的一种非常有效的方式。在教师的情感劳动过程中，有效的合作能够促进教师的深层行为。如教师T3公开课的成功主要归因于师生合作，共同备课，她自己也总结："师生共同解决问题就是那一节课的亮点所在。"也正是因为这种合作，该教师的情感劳动过程才经历了自然行为迅速向深层行为转变的过程。

相比前面的三种师生互动方式，在教师的情感劳动过程中，"沟通"是一种更主要的方式。用本研究中教师T4的话来说，"开心课堂的基础就是和学生的互动和沟通"。另外，教师T1在访谈中特别提到"觉得和学生相处最融洽"。当然，互动还包括非言语层面，如教师T5尽管是一名老教授，但"还坚持站着上课"，因为只有这样，他才觉得自己"能跟学生有眼神的沟通"，这无疑对教学效果有一定的影响。

（三）单位文化环境

单位是每位教师工作的场所（这里主要指学校或学院，有时也指学科或年级教研室），是其平时工作和发展的平台，是其职业身份的象征。每个单位都云集着一批志同道合的人为着共同的事业而奋斗。参与本研究的教师均提到了单位文化环境对他们的影响。这一研究结果验证了张一楠（2008）的研究发现，即单位组织氛围影响教师对工作的理解和表现，是教师个体心理调节器。在教师的情感劳动过程中，单位文化环境究竟发挥了什么作用呢？通过对访谈信息进行分类和编码，我们发现主要有以下 3 点影响：

1. 积极氛围提高教师对情感法则的认识

在教师的情感劳动过程中，身边的积极氛围所带来的这种正能量能够使教师尽自己努力向组织所需要的情感展现法则（emotional display rules）靠拢，进而最终采用深层行为策略来调节情感。如教师 T1 就觉得"学院的氛围很好，比较开放，学生也很懂礼貌、比较懂事、尊重老师"，所以在课堂教学中碰到一些问题学生的时候，往往会包容，而且正确引导。教师 T3 也提到她所在的教研室氛围非常好，大家都很和谐，教学认真，很有责任心。她常常把这种正能量传递给学生。无论是教师 T1，还是教师 T3，正因为单位的这种积极氛围，在情感劳动过程中，她们往往能够采用深层行为策略，使自己的情感朝积极的一面发展。

2. "传帮带"促进教师的情感稳定

本研究表明，该学院"传帮带"的优秀传统对教师的情感调节起到了非常积极的作用。如教师 T5 是较早留校的老教授，当时受到学院老一辈英语大师和资深教授的指导和影响，为人谦和，教学认真。所以在平时的课堂教学中，情感一般比较稳定，不会因一些突发事件而造成太大的情感波动。又如教师 T2 特别提到学院一直倡导的"传帮带"，即老教师指导新教师，能够跟着一些老前辈做课题，感到非常自豪。因此她在情感劳动过程中，往往会有意识无意识地向老前辈学习，认真地对待每一位学生，及时地调节自己的情感。我们因此认识到，工作单位的一些"优秀传统"是经受了时间考验、让一些新手教师逐渐成长的有力武器。目前无论是中小学还是高校，都保留着"师傅带徒弟"或"传帮带"的传统。这一传统能让教师迅速找到一种身份认同感，促进教学质量的提高，是教师专业发展的重要途径，我们一定要继承和发扬。

3. 多种职责增强教师自我的情感调节能力

教师在单位环境中扮演的角色往往并不是单一的，而是多元的，优秀教师尤其如此。教师不仅要教多门课程，同时也要参与各种教研活动，承担学院里的各种社会服务和额外责任，这种多元角色让教师有时会感到焦虑，甚至身心疲惫，会给教学带来一定影响；但同时也可以增强其在人际关系中的协调能力、换位思考能力和处理应急事件的能力。这些能力的发展对教师的情感劳动无疑具有一定的促进作用。例如，本研究中的教师 T4 身兼多职，既要承担学院行政职务，又要承担学校相关指导委员会的工作，还要负责本科生的课堂教学。她坦言，教学有时候受一些行政事务的影响。但是，教师 T4 是一个非常认真、非常负责的教师，是一个追求完美的人，因此以前无论是对待学生，还是对待教学，都渴求完美。这使她在身兼多重角色后经历了不少情感矛盾和痛苦抉择，慢慢地对自己的各种角色，特别是对教学和学生有了新的理解，明白了不是每件事情都需"苛刻要求"，学会了将消极情感转化为积极情感，学会了"释然"。

（四）社会文化环境

对于每一个教师来说，他们心目中都有一个理想教师的角色形象，同时在中国文化背景下，教师被看作知识的传播者、行为榜样和权威角色，古语云："一日为师，终身为父"，"养不教，父之过，教不严，师之惰"。教师从踏上讲台的那一刻起，便按照个人心目中或社会文化传统中教师的标准去做，这是一种显性的规则（如教师职业道德规范）或者是隐性的规则（如社会文化舆论）。本研究发现，社会文化环境对教师情感劳动的影响主要体现在两个方面。

1. 成长环境

成长环境是每位教师发展的重要因素，它不仅关系到教师的个人修养和素质，还会影响教师的传道授业解惑。本研究发现，教师情感劳动过程的深层行为策略和成长环境密切相关。如教师 T1 在课堂教学中遭遇学生质疑和挑战时，并没有动怒，她自己认为是"跟家庭教养和成长环境有关系，不习惯骂人或说脏话"。又如教师 T2 在课堂上的真诚打动了学生，很大程度上是由于她父亲从小就教她做人要踏实、真诚。她认为学生能够感受到她的这一点。由此可见，教师个人的成长环境对教师的教学行为具有重要影响，积极向上的成长环境对教师的情感劳动具有持久的正面作用。

2. 人生阅历

在教育教学中，教师的人生阅历往往对教师的教学信念和教学行为产生直接的影响。而本研究发现，人生阅历对教师的情感劳动也具有相当的影响。如教师 T4 人生阅历丰富，做过导游、外企白领，现在非常安心做教师，知晓各种职业的难处和好处，所以即便在当今物欲横流的社会，她非常满足做一名英语教师。在课堂教学中，她用心备课，认真教学，这对她在情感劳动过程中运用深层行为策略具有一定的影响。又如教师 T5 曾在工厂当过工人，经历了"文化大革命"，后来又以工农兵学员身份上大学。这些宝贵的人生阅历为教师 T5 的情感稳定性奠定了基石，对其深层行为策略具有一定的影响。

由此可见，教师情感劳动受教师的人格特质、师生互动、单位文化环境以及社会文化环境等多种复杂因素的影响。其中，人格特质属于内部影响因素，在情感劳动过程中发挥着最根本的作用。教师的人格特质如开放性、外倾性、尽责性、情感稳定性以及随和性越朝正向发展，教师越能够灵活运用深层行为策略来调节情感，使情感劳动顺利进行。师生互动在情感劳动过程中发挥着引线和催化剂的作用。积极的单位文化环境为情感劳动提供了保障，而包含成长环境与人生阅历的社会文化环境则为情感劳动提供了导向。

第五节　结论与启示

本研究探究了高师英语专业教师的情感劳动过程。通过呈现教师在课堂教学中经历的不同积极和消极情感事件，我们发现：高师英语专业教师在教学中体验了各种积极和消极情感事件。他们的情感劳动过程并不是孤立的自然行为、表层行为或深层行为过程，很多时候是由一种行为向另外一种行为转化的复杂情感变迁过程。在这样的情感劳动过程中，教师会根据内外不同要求和不同情境采用协调、迂回以及动之以情等深层行为策略。教师通过主观努力完成的情感劳动对其情感恢复、职业认同、心理健康、教学信念、学生学习态度、师生关系都有促进作用。同时，教师的情感劳动也受到教师自身人格特质、师生互动、单位文化环境以及社会文化环境的影响。

基于数据分析，本研究得出以下几点启示：

首先，就教师个人发展而言，教师需要学会适时运用一些情感调节策略，控制自己的消极情感，以提升教学效果。鉴于教师职业的特殊性，教师的专业化发展不仅包括教研能力的专业化，还应该包括教师情感的专业化。高水平的课堂情感调节能力不仅是确保高水平的教学效果以及教学过程的催化剂，而且还是促进师生身心健康发展的重要保障。作为当代高师英语专业教师，可以将情感专业化纳入教师专业发展的范畴。

其次，就教师教育与发展项目而言，教师的情感意识和调节策略需要得到教师教育者的重视和帮助。在进行教师培训时，有必要增加情感劳动这个内容，因为它不仅反映了教师职业较高的情感要求，而且关乎教师的职业认同感和工作满意度，更是构建教师道德责任与专业能力的桥梁。为此，本研究建议教师教育研究者编写相关的教师情感调节实践操作指南，在教师的职前和职后培训中加强对教师情感调节能力的指导和培养。

此外，就教师成长环境建设而言，教师需要在有行政支持的和谐工作环境中获得归属感、成就感和职业幸福感。教师在追求专业发展的过程中往往需要"平台"的支撑。平台建设可以从三方面着手：第一，营造良好的工作单位平台，如"教工之家"，让每位教师能够在单位工作环境中找到情感的归属。第二，创建教研室发展平台，让相同教学科目的教师能够依托教研室开展基于学生学习的教学研讨，以减少教学中的消极情感事件发生。第三，根据专业方向构建教师共同体平台，加强同专业方向教师之间的沟通，在项目申报等方面互相鼓励，互相支持。

鉴于"情感"是比较敏感的私密话题，参与研究的教师虽给我们提供了一些翔实的数据，但无法排除其不自觉地避重就轻，掩盖一些消极或负面情感经历。此外，本研究参与教师中只有一位男性，虽然也大致反映了该学院的教师性别比例，但不同性别教师情感劳动过程的特点仍需要进一步研究与探索。今后的研究可以进一步扩大参与研究教师的范围，对不同性别、不同教育背景的高师英语专业教师的教学情感经历进行深度对比分析，并揭示影响其情感劳动过程的复杂因素及其作用机制，力求在更为宽广的背景下，关注高师英语专业教师的情感劳动世界，支持他们的情感实践。

参考文献

Ashforth, B. E., & Humphrey, R. H. (1993). Emotional labor in service roles: The influence of identity. *Academy of Management Review*, 18(1), 88-115.

Atoofi, S. (2013). Classroom has a heart: Teachers and students affective alignment in a Persian heritage language classroom. *Linguistics and Education*, (2), 215-236.

Barkhuizen, G. (2011). Narrative knowledging in TESOL. *TESOL Quarterly*, 45(3), 391-414.

Benesch, S. (2012). *Considering Emotions in Critical English Language Teaching: Theories and Practice*. New York: Routledge.

Brotheridge, C., & Grandey, A. (2002). Emotional labor and burnout: Comparing two perspectives on "people work". *Journal of Vocational Behavior*, 60 (1), 17-39.

Cowie, N. (2011). Emotions that experienced English as a Foreign Language (EFL) teachers feel about their students, their colleagues and their work. *Teaching and Teacher Education*, 27, 235-242.

Creswell, J. W. (1998). *Qualitative Inquiry and Research Design: Choosing Among Five Approaches*. Thousand Oaks, CA: Sage.

Cross, D. I., & Hong, J. Y. (2012). An ecological examination of teachers' emotions in the school context. *Teaching and Teacher Education*, (9), 957-967.

Day, C., & Lee, C. K. (Eds.). (2011). *New Understandings of Teacher's Work: Emotions and Educational Change*. New York: Springer.

Denzin, N. K. (1984). *On Understanding Emotion*. San Francisco: Jossey-Bass.

Diefendorff, J. M., Croyle, M. H., & Gosserand, R. H. (2005). The dimensionality and antecedents of emotional labor strategies. *Journal of Vocational Behavior*, 66(2), 339-357.

Grandey. A. A. (2000) Emotion regulation in the workplace: A new way to conceptualize emotional labor. *Journal of Occupational Health*

Psychology, 5(1), 95-110.

Golombek, P. R., & Johnson, K. E. (2004). Narrative inquiry as a mediational space: Examining emotional and cognitive dissonance in second language teachers' development. *Teachers and Teaching: Theory and Practice*, 10(3), 307-327.

Hargreaves, A. (1998). The emotional politics of teaching and teacher development. *International Journal of Leadership in Education*, 1, 315-336.

Hargreaves, A. (2000). Mixed emotions: Teachers' perceptions of their interactions with students. *Teaching and Teacher Education*, 16 (8), 811-826.

Hochschild, A. R. (1983). *The Managed Heart: Commercialization of Human Feeling*. Berkeley: University of California Press.

Jeffrey, B., & Woods, P. (1996). Feeling deprofessionalized: The social construction of emotions during an OFSTED inspection. *Cambridge Journal of Education*, 26, 325.

John, O. P. (1990). The "Big Five" factor taxonomy: Dimensions of personality in the natural language and in questionnaires. In L. Pervin (Ed.), *Handbook of Personality: Theory and Research* (pp. 66-100). New York: Guilford Press.

Kruml, S. M., & Geddes, D. (2000). Exploring the dimensions of emotional labor. *Management Communication Quarterly*, 14 (1), 8-49.

Moafian, F., & Ghanizadeh, A. (2009). The relationship between Iranian EFL teachers' emotional intelligence and their self-efficacy in Language Institutes. *System*, (4), 708-718.

Morris, J. A., & Feldman. D. C. (1996). The dimensions, antecedents and consequences of emotional labor. *Academy of Management Review*, 21(4), 986-1010.

Nias, J. (1989). *Primary Teachers Talking: A Study of Teaching as Work*. London and New York: Routledge.

Osborn, M. (1996). Book reviews: the highs and lows of teaching: 60 years of research revisited. *Cambridge Journal of Education*, (26), 455-461.

Page, R. M., & Page, T. S. (2000). *Fostering Emotional Well-Being in the Classroom*. Boston, Mass: Jones and Bartlett.

Rastegar, M., & Memarpour, S. (2009). The relationship between emotional intelligence and self-efficacy among Iranian EFL teachers. *System*, (4), 700-707.

Schmidt, M. (2000). Role theory, emotions and identity in the department headship of secondary schooling. *Teaching and Teacher Education*, (16), 827-842.

Schutz, P. A., Hong, J. Y., Cross, D. I., & Osbon, J. N. (2006). Reflections on investigating emotion in educational activity settings. *Educational Psychology Review*, (4), 343-360.

Sutton, R. E. (2004). Emotional regulation goals and strategies of teachers. *Social Psychology of Education*, 7(4), 379-398.

Sutton R. E., & Wheatley, K. F. (2003). Teachers' emotions and teaching: A review of the literature and directions for future research. *Educational Psychology Review*, 15 (4), 327-360.

van Veen, K. & Lasky, S. (2005). Emotions as a lens to explore teacher identity and change: Different theoretical approaches. *Teaching and Teacher Education*, 21(8), 895-898.

Xu, Y. (2013). Language teacher emotion in relationships: A multiple case study. In X. Zhu & K. Zeichner (Eds.), *Preparing Teachers for the 21st Century* (pp. 371-393). London: Springer.

Zapf, D. (2002). Education work and psychological well-being: A review of the literature and some conceptual considerations. *Human Resource Management Review*, (12), 237-268.

Zembylas, M. (2004). The emotional characteristics of teaching: An ethnographic study of one teacher. *Teaching and Teacher Education*, 20(2), 185-201.

Zembylas, M. (2005). *Teaching with Emotion: A Postmodern Enactment*. Michigan: Intercollege, Cyprus and Michigan State University.

古海波、顾佩娅，2015，国际教师情感研究进展的可视化分析及其启示，《外语电化教学》（3）：50-56。

顾佩娅、许悦婷、古海波，2013，高校英语教师专业发展环境叙事问卷的设计与初步应用，《中国外语》(6)：88-95。

姬兴华，2009，教师情绪劳动与组织承诺的关系，《淮北职业技术学院学报》(1)：91-93。

金瑜，2001，《心理测量》。上海：华东师范大学出版社。

刘衍玲，2007，《中小学教师情绪工作的探索性研究》。博士学位论文。重庆：西南大学。

马淑蕾、黄敏儿，2006，情绪劳动：表层动作与深层动作，哪一种效果更好？《心理学报》(2)：262-270。

邱莉，2007，《教师课堂情绪调节能力的研究》。博士学位论文。上海：上海师范大学。

申继亮、辛涛，1995，论教师教学的监控能力，《北京师范大学学报》(1)：67-75。

孙俊才、乔建中，2005，情绪性工作的研究现状，《心理科学进展》(1)：85-90。

唐金玲，2010，《初中教师课堂情绪调节策略研究》。硕士学位论文。长沙：湖南师范大学。

田学红、周厚余、陈登伟，2009，特殊教育教师情绪劳动状况调查，《中国特殊教育》(8)：50-56。

吴宇驹，2008，《教师情绪劳动及其作用机制的研究》。硕士学位论文。广州：广州大学。

吴宇驹、刘毅、凌文辁、路红，2011，基于情绪调节模型的教师情绪劳动的中介效应探讨，《心理发展与教育》(3)：304-312。

杨满云，2008，《中小学教师情绪工作的特点及其与人格、心理健康的关系研究》。硕士学位论文。重庆：西南大学。

尹弘飚，2009，教师专业实践中的情绪劳动，《教育发展研究》(10)：18-22。

尹弘飚，2008，教师情绪研究：发展脉络与概念框架，《全球教育展望》(4)：77-82。

张一楠，2008，《幼儿教师情绪劳动及其影响因素研究》。硕士学位论文。郑州：河南大学。

附录一：访谈提纲

尊敬的 _____ 老师：

本次访谈基于上次叙事问卷结果，通过下面一些问题进一步了解您在教学中的情绪体验，倾听您如何在课堂教学中管理和调节自己的情绪。请您在回答时畅所欲言，尽量辅以详细的例子或者故事与我们分享您的感受与想法。由于您讲的肯定比我写得快，为了不漏掉重要信息和深入研究的需要，我们的谈话需要录音，我们承诺对您的讲话内容严格保密，并仅用于本次科研目的。感谢您的支持！

我们在访谈中可能会问到的问题包括：

1. 【情感事件】您是一位非常受学生欢迎的老师，试想这里有一盘关于您课堂教学的录像带，能否请您回顾一下，您在教学中曾经体验到哪些情感事件（即引起您高兴、生气、失望、无奈……的特殊经历）？您最常体验到哪种情感呢？能否举例讲讲你经历过的一个情绪事件？如：

   a) 您能否和我们分享一下您感到最高兴的一堂课呢？怎样产生的呢？持续了多长时间呢？学生的反应如何呢？

   b) 您能否和我们分享一下您感到最生气的一堂课呢？怎样产生的呢？持续了多长时间呢？学生的反应如何呢？

   c) 您能否和我们分享一下您感到最失望的一堂课呢？怎样产生的呢？持续了多长时间呢？学生的反应如何呢？

   d) 您能否和我们分享一下您感到最无奈的一堂课呢？怎样产生的呢？持续了多长时间呢？学生的反应如何呢？

2. 【情感调节】产生那种情绪后，您做了些什么呢？这种情感大概持续了多长时间？学生有什么反应或行动呢？学生的反应或行动对您有什么影响？

3. 【情感劳动结果】您觉得在教学中对情感事件的处理带来了哪些结果？如：

   a. 工作满意度方面？

   b. 学院发展方面？

   c. 师生关系方面？

   d. 学生学习效果方面？

4.【影响因素】您觉得哪些因素对高师英语教师的情感体验影响最大？
   如：
   a.（个人因素）您自己的教学理念？您对教师职业的认同？
   b.（学校因素）学院领导对您的支持？同事对您的认可和支持？
   c.（社会文化环境因素）社会对教师的期待？社会对教师职业的认可？家庭？

5.【结束访谈】关于您在教学中的情感经历，您还有其他需要分享的故事或补充的内容吗？

附录二：教师在教学中的情感体验分析

表6-6 教师在教学中的情感体验分析

情感事件	积极		消极		
	高兴	感动	无奈	失望	生气
1."为什么要我念？"（T1）			帮助意愿被误解		
2."为我而歌"（T2-1）		教师节礼物			
3."无人预习"（T2-2）				学生不预习	
4."僵持"（T2-3）					学生无反馈
5."合作公开课"（T3-1）	师生集体备课				
6."克制到底了"（T3-2）					学生上课大谈"政治"
7."学生假前逃课"（T4）					遭学生"冷遇"
8."学生上课睡觉"（T5）				学生上课不认真	

第七章
在重压下反弹：高校英语教师职业韧性研究

陆倩

第一节 引 言

每当提及人的"韧性"，也就不免提到"压力"。英国著名球星贝克·汉姆在中央电视台青年节目《开讲啦！》演讲时，他没有过多描述自己辉煌的职业生涯，反而强调了他也曾深深陷入困境，面对巨大压力。在 1998 年世界杯上，贝克·汉姆因红牌被罚出场，直接导致英格兰国家队被淘汰，此后他经历了长达三年半的低谷，直到 2002 年世界杯预选赛上他的一记直接任意球在最后一刻将英格兰队带入世界杯。他说："那一刻，所有的记者都为我起立鼓掌。能让这些苛刻的评论家为我喝彩，对我来说，这一刻非同寻常。艰难的时候总会过去，只要你能坚持下来。"贝克·汉姆没有详述这三年半他是如何度过的，但很明显这位球星在巨大的压力下并没有放弃，而是积极应对，并由此开始学会承担。他说："如果不是家人的安慰，球迷的支持，我不可能重回世界巅峰。今日想来那次的错误也有正面意义，我学会了承担自己的责任，并逐步成为更好的球员、丈夫和父亲。"

当贝克·汉姆的事例让我们深深折服的时候，亚伯拉罕·马斯洛（Abraham Maslow）的"大陆分水岭"（continental divide）原理其实很早就阐释了这一现象：当人们遇到困难时，一般会有两种表现，一些人从一开始就对战胜困难表现得很脆弱；而另外一些人，在一开始就表现得足够坚强，如果他们冲破困境，将变得比以前更坚强（Siebert, 2009）。于是我们会问：为什么有些人能够摆脱困境，而有些人不能？为什么那些摆脱困境后的人反而比以前更强更好呢？他们是怎样做到的？

随着对这些问题的深入思考，"韧性"这一概念逐渐浮现。韧性研究是从心理学领域的危机应对和压力应对研究中发展而来的。韧性（resilience），也叫心理韧性、心理弹性、复原力、抗逆力，是个体应对压力、挫折、创伤等消极生活事件的能力或特质（Werner, 1995）。韧性研究的权威 Luthar 等人认为韧性具有特定领域性，建议在研究韧性时，应该明确指出其所属领域，并使用限定词（Luthar，Cicchetti & Becker，2000），如在职业领域的韧性即职业韧性。London 最早把"职业"作为韧性的限定词，他认为职业韧性是一种个人特质，是指克服职业生涯中的挫折与压力以及战胜与应对职业逆境的能力（London，1983）。

2014 年教师节前夕，"腾讯教育"频道通过近 42 万份问卷调查，试图展示中国教师群体目前的生存状况，该问卷三分之一的问题与教师压力状况相关。总体来看，逾八成教师表示工作压力大。关于压力来源，80% 的教师认为压力源自繁重的工作，61% 的教师认为个人近两年的收入状况为其带来了压力。此外，造成压力的原因还包括"工作量"及"学校的制度和管理"，分别占 47% 和 43%。"压力"成为了大部分教师无法回避的一个热词。同样在外语界，对全国 10 所高校英语教师的叙事问卷调查（见第三章）也揭示了教师面临巨大的生存压力和发展困境（顾佩娅等，2014）。因此，教师如何在一个高压力、高期望和高挑战的环境下求得生存和发展，日益成为教师发展研究领域的一个热点议题。然而，纵观近 20 年教师发展研究文献，虽然国外已有教师职业韧性的相关研究（Gu & Day，2007；Kelchtermans，1996），但还未涉及英语教师。国内有关优秀教师素质和中国传统师德的研究部分涵盖了教师职业韧性的内容（史耕山、周燕，2007，2009；徐少锦，2002），但未见有针对教师职业韧性特质和发展过程的研究。

教师作为社会中的人，其本身也是所处环境的重要组成部分（Giddens，1984）。尽管目前高压力的环境或刺激或制约着教师的发展，但教师自身也有可能反作用于环境。本研究正是基于上述研究背景和现实意义，以教师职业韧性产生和发挥作用的过程为切入点，通过选取 4 个典型教师个案，试图揭示教师如何在特定的社会和学校文化环境下通过发挥自身的职业韧性应对职业发展困境，研究影响其发挥职业韧性的有利和不利因素，并探讨该过程体现的教师职业韧性的特质构成，以期对我国高校英语教师的专业发展有所启示。

第二节 教师职业韧性概述

教师职业韧性是在职业韧性概念的基础上发展演变而来，本研究将重点关注高校英语教师的职业韧性。由于目前与高校英语教师直接相关的职业韧性研究较少，本节将从职业韧性的普遍意义出发，通过回顾相关定义、国内外相关研究等，评述相关文献对本研究理论构建的重要启示。

一、教师职业韧性定义

国外研究在界定职业韧性时的侧重点不同，一般把职业韧性的定义分为三种类型：结果性定义、品质性定义和过程性定义。结果性定义强调在遭受职业逆境后通过发挥职业韧性最终取得了良好结果，不管产生这一结果的原因是个人的优秀品质、突出能力还是环境中的有力支持或是机遇（Hively，2003）。结果性定义只突出结果。而品质性定义则强调处在职业逆境中的个人是否拥有突破这一逆境的某些特质或能力，只要具备这些品质，无论最后是否能战胜不良境遇都可以认为是具有职业韧性的（Youssef & Luthans，2007），因此这一定义强调的是个人能力或品质，不追求最后的结果。过程性定义则强调个人应对职业压力或职业逆境是一个过程，是个人与环境，个人品质或能力与具体的不良事件相互作用的动态过程，其中环境因素也是动态的，个人对困难、压力的应对方式和品质也会有变化，即"职业韧性既不是一个稳定的状态也不是一种特质，而是一个过程"（Caverley，2005）。

从以上职业韧性的界定类型和研究内容来看，教师职业韧性作为职业韧性研究范畴下的一个子概念，应具备一般职业韧性的特质，两者既有联系又有区别。教师职业韧性在界定时应更多地考虑教师的职业性质、个体性格和社会环境的影响（Day et al.，2007）。由于高校英语教师所处工作环境和面临工作压力的复杂多样性，结果性定义很难全面反映教师的职业韧性，因此本研究不单纯以应对职业逆境后的良好结果作为职业韧性发挥的唯一标准，而是将其特质和过程结合起来，即教师职业韧性是指教师在面对职业压力和挑战时表现出的应对、适应和实施变化的态度与能力，而教师职业韧性的发挥是一个动态发展的过程。

二、国内外教师职业韧性研究

职业韧性研究在西方社会受到较高的关注和认可。国外对于职业韧性的研究主要集中于理论模型和定量调查两个方面。

第一，20 世纪 90 年代，涌现了一批职业韧性理论模型（Collard, Epperheimer & Saign，1996；Conner，1993；London & Noe，1997；Richardson，2002）。这些学者因为研究目的和对象的不同，提出模型的重点和结构成分存在着很大差异。如 London & Noe（1997）假设职业韧性由三个维度构成，包括自我效能、冒险和依赖性，能维持员工良好的职业动机。Collard，Epperheimer & Saign（1996）用职业弹性车轮模型来解释员工在企业中的职业自我依赖，强调个人和企业可以通过采取一系列的干预措施来提高员工的职业韧性。而 Conner（1993）则发现了能成功实施重大组织变革的人所具备的职业韧性，包含以下 5 种主要成分：集中精力、灵活性、积极性、组织性和前瞻性。

在这些职业韧性理论模型中，Richardson（2002）的韧性过程模型比较经典地展示了一般职业韧性的发展过程。他认为韧性似乎是人类机体中存在着的一种自我保护的本能，它会在逆境下自然地展现出来，推动着人们去克服生存威胁，追求自我实现并维持精神和谐（于肖楠、张建新，2005）。这个模型认为，在面对生活刺激（如结婚、失业）时，原本处于"身心精神平衡状态"的个体为了继续维持平衡，就会调动起诸多的保护性因素与生活刺激相抵抗。当压力过大、抵抗无效时，平衡就会发生瓦解。此时个体不得不改变原有的认知模式（如世界观、信念体系等），并同时体验到恐惧、内疚、迷惑等情绪。随后个体会有意识或无意识地开始重新进行整合，这个过程可能会导致不同的结果：（1）达到更高水平的平衡状态，即增强了个体的韧性；（2）恢复到初始平衡状态，因为个体为了维持暂时的心理安逸而不肯改变，失去了成长的机会；（3）伴随着初始平衡的丧失而建立起更低水平的平衡，这时个体不得已放弃生活中原有的动力、希望或者动机；或者（4）伴随着功能紊乱而出现的失衡状态，在这种情况下个体转而采用破坏行为或其他不健康的方式来应对生活压力。这个模型成功地整合了发展、人格、情绪、社会、认知、应激及健康心理学等研究领域的现有成果，展示了人的职业进程就是一个不断从瓦解到整合的循环过程，职业韧性是人们有意识选择的一种结果。这对下面我们推理教师职业韧性过程框架有重要启示。

第二，在职业韧性调查方面，很多专家基于不同的理论模型编制了不同目的、针对不同群体的职业韧性量表（Gowan, Craft & Zimmermann, 2000；Grezda & Prince, 1997；London & Noe, 1997），但这些量表调查并未涉及到教师这个职业。目前国际上对于教师工作生活心理状况的研究成果颇丰（Hargreaves, 2000；Leithwood, 2007；Schutz & Pekrun, 2007；Zembylas & Schutz, 2009），但真正将教师与职业韧性联系起来的研究为数不多，并局限于对中小学教师的研究（Day & Gu, 2010；Kelchtermans, 1996），也未涉及外语教师。

国内对于职业韧性的研究起步较晚，多在心理学和管理学研究领域展开，以研究述评类居多（李霞等，2011；席居哲等，2008；于肖楠、张建新，2005）；也有少量涉及中小学教师或高校教师的职业韧性，通过借鉴国外职业韧性研究量表进行的定量研究（贾晓灿等，2013；寇冬泉、黄技，2008），与参与者共同构建知识的质性研究罕见。但纵观国内教师素质的相关文献发现，虽然没有直接提及职业韧性这一概念，在中国备受推崇的优秀教师素质性研究部分涵盖了教师职业韧性的内容（史耕山、周燕，2007，2009；徐少锦，2002），如教师的事业心、和学生建立的师生情、自我发展和终身学习的意识等。吴一安（2005）的规模性调查结果显示，崇高的职业观和职业道德是中国优秀教师群体的共同特点，也是他们成长的原动力。但迄今尚未发现针对高校英语教师职业韧性特质和发展过程的研究。

三、教师职业韧性发展过程框架

上述国内外为数不多的教师职业韧性研究侧重点为教师抵抗压力和逆境的能力或品质，均未涉及"韧性如何产生作用"的问题。而纵观心理学领域的韧性研究，发现这方面已有不少研究成果，甚至目前已经出现一些兼容性极强的研究框架，如上述 Richardson 的韧性过程模型（于肖楠、张建新，2005）。鉴于高校英语教师本身的职业特点，其职业韧性的产生和发展与普通韧性的产生和发展既有共性也有差异性，因此研究者尝试在 Richardson 模型的基础上，推理出一个教师职业韧性发展过程框架，用于指导本研究。我们的理解是，教师在遇到职业压力时，原有的平衡状态被打破瓦解，同时其职业韧性开始发挥作用。当教师职业韧性发挥水平过低时，就无法克服工作逆境，从而退到低于原有状态的层面；当教师职业韧性发挥强度与工作逆境相抵时，就会恢复到原有的平衡状态；而当教师职业韧性发挥出更高水平时，教师个人不仅可以抵制逆境，更能求得进一步发展，在实现发展又相对稳定后，达到高于原有状态的平衡。

该框架仅是理论层面上对教师职业韧性发展过程的假设性分析。在实际工作环境中，教师面对的往往不是一个单纯的职业压力。某个职业压力会对教师产生多重累积，甚至连环影响，如论文发表困难会影响科研项目申报和职称评定，也会使得科研奖励相应减少，等等。同样，在应对逆境的过程中，职业韧性也会发挥多重作用，应对职业逆境的多重负面影响，形成一种复杂应对情境。

在面临失败和挫折时，根据马斯洛的"大陆分水岭"原理，乐观的人会认为失败和挫折是暂时的，是特定性的情境事件，是外部原因引起的，而且这种失败和挫折只限于此时此地；悲观的人则会把失败和挫折归咎于长期的或永久的原因，具有普遍性，是由自己内在原因引起的，并认为这种失败和挫折会影响到自己所做的其他事（Seligman & Csikszentmihalyi, 2000）。我们认为，在压力面前不同教师的职业韧性发挥程度有高有低，这对教师职业发展产生的后续影响也有了高低之分，这也从教师职业发展角度印证了"大陆分水岭"原理。每个人之所以会有如此迥异的处世方式，一方面是个体在成长发展过程中学习的结果，同时在某种程度上也受到一些先天因素影响，包括父母的教养方式、自身的生活阅历，甚至社会媒体宣传影响等，因此在压力面前人们选择何种应对方式，或者韧性发挥水平的高低应该是人的个人特质、社会文化环境等因素交互作用的结果（任俊，2006）。

总之，我们认为，教师在其职业生活中会经历各种压力或挑战，这就可能引发他们的职业韧性，从而适应和应对这些压力和挑战；不同的职业韧性发挥程度会对教师在压力下复原或成长起到不同作用，而教师发挥韧性的整个过程受到个人和社会多方面因素的影响。本文尝试以此为指导性研究框架，探讨某高校4位英语教师发挥职业韧性的过程及其影响因素。

第三节　研究设计

一、研究问题

本课题通过对某高校 4 位英语教师个人职业发展的深度访谈，倾听一线教师自己的声音，描绘和分析这些教师在特定环境下职业韧性产生和发挥作用的动态过程及其复杂影响因素，并在此基础上重点探讨该过程体现的教师职业韧性特质构成。具体研究问题为：

1）高校英语教师职业韧性产生与发挥作用的过程是怎样的？

2）在特定环境中，影响教师职业韧性发挥的重要因素有哪些？

3）高校英语教师的职业韧性由哪些特质构成？

二、研究方法

本研究选取国内东部发达地区某综合性高校（简称 A 校）为研究场景，以深度访谈的方式收集资料，访谈对象的抽取遵循了质性研究中"目的性抽样"原则中的"分层目的抽样"策略。先将该学院参与高校教师专业发展叙事问卷调查（见第三章）的 40 多位英语教师按照年龄差异分为 55 周岁以上、40–55 周岁和 40 周岁以下三个类别，然后在这三个不同年龄层面进行目的性抽样，主要选取标准为叙事问卷数据的丰富度以及本人参与研究的意愿。由于考虑到 40 周岁以下教师的教龄相对较短，个人经历不够丰富，故在此年龄层面抽取了两名教师（男女各一名），而其他两个年龄段各一名。这样既可以了解每一个年龄段教师的具体情况，又可在不同层面进行比较，达到对总体异质性的了解。4 位参与教师的基本情况见表 7-1。

表 7-1　参与教师基本情况

教　师	性　别	年　龄	教　龄	学　历	职　称	教学岗位
T1	女	58	31	本科	教授	公共外语系
T2	女	49	26	研究生	副教授	公共外语系
T3	女	36	7	研究生	副教授	英文系
T4	男	35	6	研究生	讲师	英文系

数据来源主要是深度访谈，其他的数据来源为受访者填写的教师专

业发展环境叙事问卷、与受访者及其部分学生和同事的多轮非正式交谈。深度访谈为半开放式，访谈提纲根据研究问题并查阅相关文献整理而成，在访谈前一天将提纲交给受访者准备。在征得每位受访教师同意后，对整个访谈过程进行了录音，并对采访录音进行文字转录。每位受访者的访谈时间是一个小时左右，访谈转录文本字数 7.5 万字左右。在此基础上，笔者还利用课间、午休时间与这 4 位教师进行了一些非正式交谈，作为对深度访谈材料的验证和补充。

数据分析主要依据扎根理论进行，首先仔细阅读访谈等原材料的转录文字，同时进行初步编码（见附录二）。然后基于具体研究目的，采用情境分析和类属分析相结合的方法，对编码材料内容进行动态情境分析和主题维度提炼。通过情境分析，可将资料放置于研究对象所处的环境中，按照故事发生的先后顺序对相关事件和人物进行描述性分析（陈向明，2000）。例如，从情境分析的角度，可以把教师 T2 科研经历中遇到的压力和她的应对方式列出一条故事线。首先，教师 T2 遇到了升职称的工作逆境，而压力源于她周围的同事。随后，教师 T2 的职业韧性开始发挥作用，意识到科研是必须的，但也经历了一段时间的迷茫与困惑。最后在一些同事的帮助下，她慢慢摸索，从教学中寻找启发，开始参加学术会议并尝试写论文。最后，教师 T2 最初的科研尝试获得了认可，增强了信心。

通过类属分析可以在资料中寻找反复出现的现象以及可以解释这些现象的重要概念（陈向明，2000），凸显事物间的异同关系，提取主题类别和从属维度（见表 7-2、7-3）。因此将类属和情境分析两者结合起来，可以做到"点"和"线"的有机结合，突出材料间的异同并兼顾其完整性、连续性，努力重现教师职业韧性发展的动态过程，析出其中的影响因素和教师职业韧性特质，探究两者的互动机制与规律。

第四节　教师职业生涯发展故事

在教师职业生涯中，教师职业韧性产生与发挥作用的过程不断循环往复，因此要理解教师的职业韧性就必须展现教师的职业生涯进程以及对其职业生涯产生重要影响的特殊环境、个人经历和相关人物。通过对这 4 位教师访谈资料的分析，笔者整理出了他们的职业生涯发展故事，作为研究他们职业韧性的背景资料和参考。由于这4位教师的成长环境、工作经历、性格特征各不相同，因此他们的职业生涯也特点鲜明。教师T1代表着"文革"后期成长起来的一批教师，他们珍惜来之不易的学习机会，在教学和科研上都孜孜以求；教师T2代表了改革开放后成长起来的教师，虽身处"中年危机"，但仍试图通过个人努力与毅力，求得职业上的发展；教师T3代表着通过早期兴趣培养和个人不懈努力而获得充分职业发展的青年教师；教师T4则代表了同时背负着职业发展和个人生活巨大压力的一大批高校青年教师。这些故事从多个角度呈现了三个年龄层面的不同类型的高校英语教师的职业发展现状，是本研究中探究教师职业韧性的第一手资料。

一、教师T1：饱受历练的智者

教师T1是一位有着30多年教龄、受人尊敬的公共外语系的教授。她早期的人生经历异常坎坷。她目睹了父亲在"文革"期间受到迫害，经历过辍学。20多岁的时候，她被父亲的一封信从正在打工的羊毛衫厂召回了家乡。回乡后，她发现所谓的帮她"找了份工作"就是替她患病的高中英语老师代高三课程。她"非常懊恼"，但还是去找那位老师请教，同时给北京的舅舅写信求助，最后"硬着头皮"把课程上完了。大学毕业后，她感觉分配去工作的学校氛围像"托儿所"，因为种种"土政策"没有给她任何应得的待遇。她克服重重困难，最终通过同事和领导的帮助，进入了自己理想的高校任教。直到临近中年她才慢慢摸索出自己的科研发展之路，在确立了自己的科研目标后，稳扎稳打，充分利用每个假期完成自己的科研任务，发表论文和申报课题从未间断过，但做科研对她来说是一个"痛并快乐着"的过程。她也是一位勤奋、富有经验的教师，认真上课，还善于从日常教学中汲取灵感，把自己的科研成果和发现运用到教学中。但她总感觉自己"学历不够高"，"不放弃任何一个可以学习的机会"。

二、教师T2：夹缝生存的勇者

教师T2也来自于公共外语系，26年的职业生涯更加"一波三折"。她从俄语系毕业后留校任教，度过了风平浪静的十年。和很多人一样，为了寻求进一步发展，她又报考了俄语方向的研究生，外出求学两年。

就在她兴冲冲回到学校，准备毕业论文的时候，因为受当时形势的影响，俄语系正面临着生存危机，她也将被迫转行，这无疑颠覆了她十多年的学习和工作经历。无奈之下，30多岁的时候，她再次回到大学课堂，整整学习了三年英语，并转入公外任教。随后，教师2带着女儿随先生去加拿大访学，并在加拿大攻读英语硕士学位，但后因家庭、工作等种种原因放弃学位回国。几番周折后，教师2再次回到大学英语课的讲台，但她发现自己又落在了后面。40岁左右，她的科研生涯才刚刚起步，跟着比自己年轻很多的老师慢慢学慢慢磨，当她刚刚摸出些门道准备申报职称时，学校的评审要求已经大幅度提高了。她"每次申报失败后再继续，因为觉得没有其他出路，不能放弃"。连续好几年，她仔细研究对公外教师职称评审的要求，发现可以改投其他专业类的核心期刊，终于发表成功，"为自己找了另外一条生路"。

三、教师T3：风生水起的"幸运儿"

相对于上面两位较资深教师的艰难经历和苦苦打拼，教师T3在访谈中很少有这样的表述。她在七年的职业生涯中，无论科研还是教学都收获颇丰，也经营着自己幸福的家庭生活。虽然生长在农村，但受兄弟姐妹和周围同学的影响，她自幼阅读大量文学书籍，有了丰富的积累。从大学本科、研究生的专业学习，到博士阶段和当前的研究工作，她从未改变过这个最初的爱好。教师T3总结她职业发展顺利的最主要因素就是"自己喜欢"。她确实是为数不多的在幼年时期就明确且从未改变职业发展方向的"幸运儿"。正因为有着兴趣的指引，加上勤奋和天资聪颖，以及安静沉稳的性格，从事当前的大学教学和科研工作正合她的心意，"如鱼得水"。相对于科研的"顺风顺水"，教师T3在教学上稍有波折。博士毕业后初踏大学讲台，因为缺乏经验，她的授课方式曾受学生质疑，但她以非常开放和宽容的心态对待，组织学生评课提意见，虚心向教学经验丰富的教师请教，逐渐改进了教学。通过这次经历，她又充分发挥自己缜密的思考能力和扎实的表达能力，一举获得校级教学奖，重获教学上的自信。同时，作为一名年轻的母亲，教师T3也必须同时承担家庭责任。在女儿生病、工作繁重的时候她也感到有压力，但短暂的情绪宣泄后她冷静思考，按事情的轻重缓急从容应对，"当最困难的时候过去，其他也就过去"。当然，她的事业有成也离不开家人不遗余力的支持。

四、教师 T4：来回奔忙的"工蜂"

教师 T4 是所有受访者中最年轻、入职时间最短的教师。他带着对这个城市的向往、对这所大学的期待以及对某些老师的敬仰，应聘到该校英文系任教。回顾 6 年多的职业生涯，让他最自信最有成就感的就是教学工作，"不管是英语专业的精读课，还是成教的培训部的课"，他"都能拿下来"，是一个热爱教学，受学生喜欢的老师。但是教学上的出色表现并没给他的科研发展带来太多的帮助。他曾经在博士毕业后不久，尝试着用其中的一部分成果投稿到学校规定的核心期刊，但屡投不中，这些挫折让他感到很"惭愧"，也对自己的科研能力产生了质疑。他目前只是在教学和家庭琐事之余，继续关注着自己研究领域相关的最新成果，并着手一些项目的申请，论文投稿基本处于停滞状态。同时，教师 T4 任职的这几年，面临着个人生活十分重要的阶段，买房、结婚、生子每件事都无法回避，同时作为家中的独子，他还要承担照顾父母的责任。他这六年多职业生涯的感觉就像是"工蜂"，在教学、科研和家庭这三个层面来回奔忙着：享受着教学，承担着家庭责任，科研则渐行渐远。

第五节　发现与讨论

一、高校英语教师职业韧性产生和发挥作用过程

当高校教师面临着不可预见的、不确定的非线性的职业逆境时，其职业韧性的发挥也必将是一个复杂的前后影响的过程。为了更全面地分析和理解这些参与教师的职业韧性，本节将通过描述这些个案教师在他们职业生涯中，面对逆境如何产生职业韧性以对抗不断出现的职业压力，从而比较这些有不同经历的教师在职业韧性发挥作用过程中有何总体特征和差异。

（一）教师职业韧性发挥过程的总体特征

研究发现，4 位参与教师职业韧性的发挥是一个复杂的动态循环过程。教师在遇到职业压力时，原有的平衡状态被打破瓦解，同时其职业韧性开始发挥作用，应对压力。因为这些教师不间断地遇到各种各样的压力和困境，职业韧性的发挥贯穿了他们的职业生涯。同时，教师每一次职业韧性的发挥都在不同程度上影响着他们各自的职业生涯发展。然

而，对每位参与教师来说，个人经历的不同使其各自韧性发挥过程体现出明显的个体差异。

例如，教师 T1 的故事分析显示，在 30 多年的职业生涯中，她所面对的职业压力总体呈递增趋势，但她面对这些压力的第一反应却逐渐缓和。在工作环境和生活环境未发生根本性转变的前提下，随着教师 T1 年龄的不断增长，阅历的不断丰富，她的职业韧性发挥也日渐成熟，职业发展更显游刃有余。

而教师 T2 每一次职业韧性发挥都几乎不是独立完成的，需要借助很多外界力量，从最初的同事、领导，直到后来的同学、家人，甚至家人的朋友。随着教师 T2 个人经历的丰富和阅历的增加，她对职业压力的感觉依然是"蛮痛苦的"，即使最终都成功了也认为只是"打了个擦边球"。

再回到两位较年轻的教师 T3 和教师 T4 的故事，他们的职业生涯都少于 10 年，所处的社会大环境和学校小环境都相对稳定，因此他们不会有教师 T1 和教师 T2 那样丰富宽广的职业压力应对经历。教师 T3 没有出现类似于教师 T1 和教师 T2 那样辗转起伏的职业经历，她凭借着浓厚兴趣、个人努力，以及深谋远虑的能力，主动规划和稳步发展自己的职业蓝图，经营着自己的人生。她的韧性发挥显示出一种未雨绸缪、审时度势的长久耐力。

教师 T4 则远没有教师 T3 那么"顺风顺水"，他是廉思（2012）新作《工蜂：大学青年教师生存实录》所呈现的处于生存发展困境的高校青年教师中的一员。据教育部截至 2011 年年底的统计，高校青年教师总人数已达 88 万，占全国高校教师的 62%。当科研经费、职称晋升、结婚生子、养家糊口等诸多因素，在现实中发生了复杂的因果联系之后，"夹心层"、"不上不下"、"境遇尴尬"早已成为贴在这些青年教师身上的标签（胡波，2013）。教师 T4 几次尝试发表论文，但都没能成功；教师 T4 就开始逐渐回归家庭和个人生活，慢慢也获得了一种平衡，虽然这与他原来理想的职业发展状态相比要低一个层面。

（二）教师职业韧性发挥的过程样式：主动出击 vs 被动防御

通过对以上 4 位教师职业发展故事的进一步深入分析和对比研究，得出了 4 位参与教师发挥职业韧性的两种特殊过程样式，一种是主动出击，另外一种是被动防御。下面分别分析这两种过程样式，以呈现教师为应对职业压力而发挥职业韧性的过程特征。

1. 主动出击

人作为具有自我意识的存在物，总具有一定的自我认识，即关于自身存在状态的认识，并总是试图打破一切外在事物以及自身存在和发展的种种限制（旷三平，2004）。正是人所具备的这种打破对自身发展限制的自我意识，导致了教师职业韧性的产生也具有一定的前瞻性，通过主动出击、采用各种手段，抵御极有可能到来的职业压力。在 4 位教师的职业生涯中，都有主动抵抗职业压力的过程，而教师 T1 和教师 T3 尤为突出。这样的职业韧性发挥是有前瞻性和针对性的。如，两位教师在访谈中提到：

> 我当时在那个学院里，老师的精力不在科研上。他们的精力分配在有多少课、有多少培训班，你有多少工作量，她有多少工作量等方面，我觉得这个氛围也不对。我想 XX 大学也不光是排几节课啊，还有点讲座啊，还有点老教师带领啊，那个时候不是 XXX 老师也开始弄字典什么的，好像比我这边轰轰烈烈得多了。(T1)

> 在家里一直这么带带孩子也慢慢开始厌倦，我就想申请个项目，申请成功我就会有一点压力，有这个压力我就必然去做点什么。(T3)

可见，教师 T1 对当时所处的工作环境较不满意，因为这个学院缺乏比较好的学术氛围，就像一个"托儿所"一样。在这样的环境中，教师 T1 明显感觉对自己将来的职业发展并没有很大的帮助。同时，她所熟悉的 XX 大学在这方面有着明显的优势。因此教师 T1 萌生了离开原工作单位，去 XX 大学任教的愿望。尽管工作调动充满各种困难，但教师 T1 还是义无反顾地接受这些挑战，并以此为目标开始寻求各种帮助，通过多方努力成功实现了调离。而教师 T3 当时的境遇是刚生女儿不久，带孩子等家务事让她暂时放下了自己很喜欢的工作，所以她想在休假期间尝试申请一个级别不高的科研项目，给自己一点压力，并以此为契机，慢慢让自己从家庭琐事回归到事业上。两位教师所面临的职业压力（工作调动、项目申请）都是为了更好的职业发展而主动寻求的，因此她们的应对也是准备充分的从容应对。这样的职业韧性往往带有明显的自我意识，具有一定的前瞻性和预见性，而韧性的发挥不管是否能够抵抗压力、达到目的，教师们都能比较坦然地面对，而不会因失败而感到沮丧或者消沉。

在事业比较成功的教师 T1 和教师 T3 的职业生涯中，这样的主动应对屡见不鲜。他们凭借着对自己职业领域的熟悉和敏感，能比较准确地感知和把握发展动向，且比较顺利地达到自己设立的目标。教师 T1 在申报国家社科基金项目的时候，一开始也很难选择到一个合适的切入点，但她还是凭借着经验和对领域的熟悉，找到了方向。

> 我自己也在悟道理，大家都在谈提高跨文化交际能力，政府在提，教学大纲里也写，那如何测评呢？跨文化交际能力的好和差，怎么来评估呢？其实也真的挺难，但是总归要有吃螃蟹的人，哪怕后来被人家批得体无完肤也没关系。(T1)

同样，教师 T3 博士后进站的申请异常顺利，但这看似幸运的背后完全依赖于她前期非常充分的积累和深入的思考。

> 我以前在做这个学院派的过程中，就一直在想中国有没有这一类作品。然后偶尔听到 XXX 老师说中国的学者型作家这样一批人其实也挺值得研究的，这正好符合我的要求，我就想看看中国的这一批作家在做什么，然后跟西方的是不是有什么相似或不同。我就去找了 XXX 老师，把我的想法和他说了，然后就顺利进站了。(T3)

在充分了解了所处的职业环境和职业发展动向的同时，教师 T1 和教师 T3 也完全了解自身的应对能力。她们不断地给自己设立一个个目标，推动着自己的职业发展，但同时又不脱离自身实际，让目标的实现处于所控范围之内。例如，在发表论文方面，教师 T1 是"每年保证一篇，这样十年也有十篇。没有突然一下子发表很多，今年为明年做好准备"。教师 T3 也提到"现在觉得稳步地能保证一年一篇已经很好了，因为发起来比较难。如果一味地在这个上面投入过多精力，会有连锁反应，会影响很多其他的事情"。

通过对教师 T1 和教师 T3 职业压力的应对分析可以看出，她们的职业压力更多来自于自己设立的职业发展目标，即追寻更好的职业发展环境，熟悉和把握职业发展动向，同时量力而行地实现目标。她们从容不迫的韧性发挥一方面得益于从未改变的研究方向，长期的阅历和积累使她们在需要面对压力、实现目标的时候，能厚积薄发，发挥巨大潜能。另一方面，她们对所处的职业领域具备敏锐的洞察力，她们"在其位，谋其职"，往往先思而后行，每一项工作的完成也许是在为下一项做准备、做铺垫，最后水到渠成，实现目标。这使教师 T1 和教师 T3 能稳扎稳打地获得职业提升。

2. 被动防御

尽管人的自我意识可以激发人们对未来的预见性和前瞻性，但在很多时候，教师职业生涯中也存在着很多突发事件和不可抗因素，或者教师不能对所处的职业环境做出具有超前性的判断，当面对突如其来的职业压力时，教师职业韧性的发挥往往比较被动，只能采用一些防御措施来进行应对，尽可能避免不良后果。

材料分析显示，在4位教师的职业生涯中，虽然教师T1和教师T3职业生涯的初期也有类似的过程，如教师T1"硬着头皮"去代高三的课程，但教师T2和教师T4的被动防御比较突出。相对于主动出击的从容不迫，这样的应对通常比较困难且无法预知结果，而且结果成败与否对教师的职业发展影响较大。以下面三位教师的访谈材料为例：

> 跟我一起留校的人，他们基本上都已经升了副教授了，有几个都差不多升教授了，我都让他们不要在外面讲是我的同学，我觉得压力比较大。(T2)

> 最大的困难是发文章，大家都要发论文，很难很难的。(T4)

> 我爸爸当时写信让我回来，说帮我找到工作了，回来才知道让我代高三英语课，因为老师病了。我毕业三四年了，都忘光了，而且我本来就是高中毕业，怎么可以代高三的课？我心里非常懊恼，只能硬着头皮去见我的高中老师，流露出对代课不能胜任的态度。(T1)

首先，教师T2是在经历了职业上的种种变故（俄语系转英语系、留学又放弃学位回国）后，在职业上稍稍稳定下来，才开始感觉到评职称的压力，这个压力来自于她的同伴。教师T4作为一名青年教师，自然摆脱不了发表论文的压力，但因为"僧多粥少"，核心期刊数量有限，所以难度很大。教师T1的情况比较特殊，她当时高中毕业，在羊毛衫厂当工人，因此突然去代高中英语课让她有些措手不及。无论是面临来自同伴的压力（T2）、社会大环境的压力（T4）还是突如其来的变故（T1），这些教师的职业韧性发挥都比较被动，过程艰难，且无法预测结果。也正因为没有选择余地，每位教师在完全被动的状态下试图用仅有的方法来应对各自的压力，但结果让他们又陷入了困境。如下面三人的引言所示：

> 我一开始还不了解学校的评审政策，等我读到文件的时候，我

发现是不可能达到要求的。基本上每年觉得有点进步了我就去评，但要求年年提高，我每年都差那么一点点。(T2)

核刊我也投了好多，但最后都没了音信。(T4)

我要去代课，但那个时候什么材料都没有，我只能听听广播教材 *Follow Me*。(T1)

同样是陷入了困境，但在进一步应对的过程中，三位教师最终的结果却不尽相同，呈现出了三种发展轨迹，如下所示：

后来我再去看，再去问清楚了政策，知道随便什么杂志，只要是那个 list 里面的核心都可以的，那么我就没有顾虑了，所以我就去投那个教育类的杂志了。(T2)

我一口气读了二十多年书，现在也没工作多久，就面临着结婚成家，然后是生孩子、养老人、买房子这些问题，这都是不应该回避的。科研呢，也只能先放一放了。(T4)

那一年就把那个高三的课处理掉了。也因为那里的中学缺老师，就把我招了去了。(T1)

很明显，教师 T1 和教师 T2 最终都成功地对抗了压力，她们的职业韧性得到了充分发挥。尽管教师 T1 在面对代课任务时犹豫、懊恼，但扎实的英语功底和勤奋刻苦的作风，让她不仅胜任了工作，而且获得了老师、领导的赞赏，从一名工人转为家乡中学的一名英语教师，也为她日后参加高考、成为大学教师做了铺垫。教师 T2 虽然达不到评审要求，但她善于关注与此相关的人和事，对政策变化高度敏感，又保持着良好的人际关系，因此也找到了突破口。而教师 T4 所处的人生阶段比较特殊，30 出头的青年男教师，买房、结婚、生子、赡养老人等生活负担较重，教学也是日常的必须，因此只能回避不是那么紧迫的科研了。

3. 两种过程样式异同比较

从表面上理解，职业韧性主动发挥作用和被动抵御压力似乎有着本质的不同，结果也必然不尽相同。但从上文的分析来看，两者又有着共同之处。

首先，不管是主动还是被动地发挥职业韧性，其最终目的都是为了获得更大的职业发展，简言之，就是要把教师这份职业干好。发表论文、申请项目、评职称、教学，无论何种压力，可预知或不可预知的，压力的来源就是因为教师想谋求更好的职业发展，如果没有这样的基本诉求，压力就无从谈起了。

其次，两种职业韧性的发挥过程也很相似，都是通过自身主观努力、寻求外界帮助等手段对抗压力。这确有其道理，无论主观内在还是客观外在的职业压力，其核心都是阻碍教师职业发展，因此在对抗的过程中基本手段也会相似，并以冲破阻碍、实现反弹为最终目的。

当然，职业韧性的主动发挥和被动抵御的不同之处，相对于其共同点而言更加明显。

第一，两种职业韧性发挥的结果不同。从上文分析看，主动应对职业压力的教师 T1 和教师 T3，她们每次都能比较顺利地发挥职业韧性，有的放矢，以更沉着稳健的方式应对压力。她们牢牢把握着事态发展动向，适时调整、修改应对措施，因此她们获得成功的几率很大。而以被动抵御为主的教师 T2 和教师 T4，他们的应对就略显仓促且无法把控结果。无论教师 T2"每年有了点进步就去评（职称）"，还是教师 T4"核刊也投了很多"，他们的职业韧性发挥和压力之间是有脱节和断层的，即主动权没掌握在自己手中，因此最终的结果是否成功也在两可之间。

第二，两种职业韧性发挥的后续影响也有不同。主动发挥职业韧性的教师 T1 和教师 T3，在外界看来，她们的职业发展轨迹相对比较顺利，稳步向上，教师 T3 尤其明显。她们能从容处理工作和生活的关系，能一次次成功发表论文、申报项目，教学、科研相长，在职业领域中游刃有余。而教师 T2 和教师 T4 的职业发展比较坎坷。教师 T2 在 26 年职业生涯中屡经波折，每一次的应对都让她感觉很艰难，感觉快要"沉到水底淹死"了。她的职业韧性发挥都是被动抵御外在的职业压力，而主动针对自身职业发展的行动较少。教师 T4 则在无法对抗职业压力的情况下选择了暂时回避，因此他的职业发展可能暂时难有突破。

综上所述，教师职业韧性的产生和发挥作用是一个复杂的动态循环过程。在这个过程中，教师为主动寻求职业提升或被动应对职业逆境而调动自身职业韧性，与职业压力进行抗衡；教师职业韧性发挥的高低直接影响到教师能否回到甚至超过原有的职业平衡状态。教师职业韧性发挥的过程在其整个职业生涯中不间断地进行着，每次回到平衡状态也许会随时被职业逆境所打破，从而产生新一轮的职业韧性发展过程。

二、高校英语教师职业韧性的影响因素

在讨论教师职业韧性的影响因素，即教师职业韧性从何而来的问题之前，需要先回归韧性的本质。韧性也叫复原力或反弹力，物理学中把弹性物体的反弹能力称为弹性势能，同一弹性物体在一定范围内形变越大，具有的弹性势能就越多，反之则越小。也就是说弹性是物体本身所具备的，而要形变产生反弹力，必然是受到了外力的作用。

在高校这一职业领域，教师的职业韧性发挥是否也与教师本身以及他们所处的外部环境有关呢？尽管不能直接从物理学中反弹力产生的原理推导出教师职业韧性从何而来，但从上文描写的 4 位教师应对职业压力的真实故事可以看出，他们对各自的压力采取着不同的应对措施，韧性发挥水平也有高低，这应该是他们的个人特质和所处的社会文化环境等因素交互作用的结果（任俊，2006）。本研究在对这 4 位教师的访谈资料深入分析编码后，得出了影响教师韧性发挥的 9 个本土概念，并据此归纳出 3 个维度，即教师与生俱来或后天培养的个人特质、纷繁复杂的社会环境和影响深远的中国传统文化（见表 7-2）。

表 7-2　高校英语教师职业韧性的影响因素

维　度	类　别	参与教师素材例证
个人特质	勤奋笃学	"我要把他们所有的专著一部一部啃，做笔记，其中一个作家做了三万多字的 notes"（T3）
	积极性格	"不能放弃，要坚持"（T2） "开辟出一条血路"（T2）
	兴趣爱好	"一开始就对这方面感兴趣，我是最早去搞这个研究的"（T1） "小时候家里兄弟姐妹都在一个学校，经常借点小说回来大家轮流看，还一起参加文学社。"（T3）
社会环境	个人经历	"我本来是在 XX 的羊毛衫厂里的，那里三班制，很苦"（T1） "在国外转了一圈，经济上损失肯定有，吃的苦肯定也是够多的了"（T2）
	亲友支持	"对我影响比较大的是 XXX 老师，他非常坚定地支持我"（T2） "XXX 老师给我传递了正能量。"（T4）
	形势所迫	"毕竟有这个体制的压力，科研还是要去做的"（T4） "跟我一批的人，他们基本上都已经升了副教授了，我还没升上去"（T2）

（待续）

（续表）

维　度	类　别	参与教师素材例证
传统文化	良好师德	"教学方面，我觉得，一是师德，一是责任心，还有就是敬业精神"（T3） "我对待学生，真的是出于自己的良心"（T4）
	顺势而为	"我试着改投教育类杂志，至少我找到了另外一条生路"（T2）
	忧乐共存	"那时候我坐班，还带孩子，回家就做饭，这就是我的全部工作吗？"（T3） "在自己能力范围内，保证自己健康，生活能够调节过来的情况下，我会去接受一些也许不太愿意去做的事情"（T3）

（一）个人特质的影响

物理学中弹性物体的弹性势能是这些物体本身具备的，那这些教师本身是否也具备了某些特质使他们能应对职场中的压力呢？个人所具备的某些性格特点，如乐观、积极向上等，不仅是学习的结果，在一定程度上也受个体的一些先天因素影响，包括父母的教养方式、教师的教育风格，以及个体自身的生活经历等（任俊，2006）。

这4位受访教师中，无论是比较资深的教师T1、教师T2，还是年轻的教师T3、教师T4，都具备着高学历，从学生时代起就是出类拔萃的，一直在学习上名列前茅，非常优秀。这说明他们从小就具备勤奋刻苦的笃学精神，也对他们的职业发展产生了积极影响。教师T1说起有一年暑假为了赶论文，"天天像疯子一样，把门一关，就钻进去了。"教师T3在参与导师项目的过程中，因为有两位作家不太熟悉，她认真阅读了他们所有的相关专著，并做了十几万字的笔记。教师T4也提到他自己论文的写作过程充满艰辛，"一篇论文写出来到最后定稿录用，将近二十份修改稿，一个字一个字，一个标点符号一个标点符号地改"。在真正的学术研究领域，就像这些教师提及的，没有捷径，唯有努力和勤奋才能应对困难。

同时，这些教师大多具备积极向上、不言放弃的性格特征，教师T2尤为突出。她的职称申请过程漫长而曲折，尽管要求逐年提高，尽管一次次受挫，她也没有想过放弃，"每一次痛苦之后我再继续，因为我觉得没有其他出路啊，没有。我不能放弃。"教师T3在她瘦削文静的外表下，却有着非常强大的内心，她也会感到有压力，"但这是生活中可能比较支流的一些东西，我一向是比较善于自我调节的，任何郁闷的事很快我就争取把它丢开来。"这些积极的性格特征也支持着教师们在压力面前坚定地走下去。

　　除了这些与生俱来的性格特征之外，对所学专业和所从事工作的兴趣也往往会增强教师应对困境的职业韧性。这种积极的情感是"一个人行为的必要准备，是行为的动力系统，它为人的自我组织提供最原始却又是最直接的动力"（任俊，2006）。教师 T3 说自己生长在农村，"那个年代，最好的娱乐方式可能就是读书，读书可以获得很多东西。"教师 T1 在访谈中也反复提及她走上科研之路最初的动力就是兴趣，因为看了跨文化研究的一本书，觉得很有意义，又随之发表了一篇论文，于是就走上了该领域的研究之路，一路走来，从未改变。兴趣是最好的老师，在很多人看来痛苦不堪的科研，因为教师 T1 和教师 T3 有了兴趣，所以应对起来游刃有余，并产出了大量成果。

（二）社会环境的影响

　　教师作为社会人，本身也是环境的重要组成部分（Giddens，1984）。外部环境不可避免地融入教师内部的认知和行为体系，能够激励或制约教师发展。从材料分析来看，教师的职业韧性激发，除部分受到个人成长经历的影响，也受到他们所处的家庭、学校，甚至整个社会大环境的横向影响。

　　首先，职业韧性的发挥受到个人成长环境和阅历的影响。社会建构主义观认为，"知识"或"真理"是我们在社会过程中的一种建构，而这一过程依赖于参与者在其中所表现出的主动性（Gergen，1999）。面对职业压力，教师们所激发出的职业韧性，不仅是一种本能基础上的天生必然，更是在一定程度上的一种构建，无论是积极还是消极的应对，都是他们自身主动寻求的结果。教师 T1 在 4 位受访教师中最年长，因此个人经历也最为丰富。她从小生活在苏南农村，是家中长女，经历过"文革"，亲眼目睹父亲受到不公正对待，自己的学业也因此被耽误，毕业后迫于生计当过"三班制"工人。在这段充满艰辛的成长经历中，教师 T1 只要有一点机会可以改变现状，可以向上，她就会紧抓不放，用自己一切力量取得最积极的效果。学业被耽误后，当教师 T1 再次回到学校，她就"很用功很用功，比其他人更懂事"；当离开羊毛衫厂成为代课教师，她就"硬着头皮把高三的课代掉"。教师 T1 的这些经历慢慢积存起来而构建成她应对困境的一种模式，而随着她个人经历越多，这种应对模式也会在综合这些行为的基础上变得越来越丰富，也就不难解释教师 T1 在 30 多年的教师生涯中为何能够一次次克服工作中的困难和逆境。同样，纵观教师 T2 的 26 年充满坎坷的职业发展历程，这些经历的积累使她逐步构建成自身应对困境的模式，并在申报职称时发挥到淋漓尽致。尽管一次次受挫，但她的职业韧性似乎有增无减，最终找到了峰回路转、柳暗花明的那一刻。

其次，真正对教师发展产生重大影响的，不仅是他们的知识结构，更是教师作为一个完整的人与周围的人和环境的关系（顾佩娅等，2014）。因此教师职业韧性的发挥很大程度上也取决于他们亲友的支持以及同伴的影响。接受访谈的 4 位教师反复提到了家人以及同事、同学对他们的支持和帮助。教师 T2 在访谈中一直提到她的同事兼领导ＸＸＸ老师对她的支持，而教师 T3 则是从小在同伴的影响下培养了自己的兴趣。

在这个过程中，对我影响比较大的是ＸＸＸ老师。他非常坚定地支持我，他让我不用考虑那么多，就要去申请，没有成功也是正常的，因为本来就没达到要求。但他让我不要放弃，要坚持。（T2）

我小学就和同学一起参加了学校的文学社。那里可以借书回家看，小学三年级我就开始写日记，抒发感情啊、对文学作品的读后感之类的。（T3）

领导、同事、朋友的帮助能在很大程度上激发并维持教师职业韧性的发挥，而家人以及配偶的支持往往是教师在遭遇职业压力和困境的时候最强有力的后援，是走出黑暗的希望之光。但反过来，如果在教师遭遇职业压力时，得到的不是亲友、同事的正面帮助，而是"负面消极的背离，那后果会极其严重，将成为压垮骆驼的最后一根稻草"（李霞，2010）。

第三，除了教师所处的家庭、学校等最近环境对教师职业韧性的发挥产生直接影响外，教师所处的社会大环境的影响更加深远。当前的高校外语教师"处在复杂多变的社会关系网中，既是行使权力的主体也受权力制约，在这些制约中产生和发展的职业韧性是一个动态变化过程，具备多元化的社会性"（Day et al, 2007：157）。换言之，这些社会规则是教师职业压力的来源，也是激发教师职业韧性的重要原因。当前的国内高校，重科研、轻教学已是普遍现象，究其根本原因，"是现行的高校评价机制。对于大学而言，最大的'政绩'不是教学成绩，而是科研成绩"（胡乐乐，2015）。虽然受访教师都是非常优秀的教师，能"hold住学生"，为学生的进步而欢欣鼓舞，但因为整个大环境的原因，老师在教学上的付出无法得到应有的承认，而科研又像一根无形的枷锁，牢牢套住了大部分高校教师，他们在"发文章"、"拿项目"的硬杠子面前苦苦挣扎。

教师 T2 在她职业生涯的前期并不很清楚科研对高校教师的重要性，后来才慢慢领悟到。"我肯定也要弄论文的！因为发现不弄论文是不可能有出路的。"教师 T1 也在访谈中提及类似的情况。"你要去评职称，不能说课上得好就能评上，不可能呀！课上好是应该的，已经是 take it for granted，然后就是科研这一块了。"因此在当前主流的高校评价体系面前，在这场教师与科研、职称的博弈中，热爱科研、成果颇丰的教师 T1 和教师 T3，占据了主动有利的位置，评价体系让她们更自如地在科研领域中驰骋，进一步正向激发了她们的职业韧性。而在科研领域上下求索、苦苦探寻的教师 T2 和教师 T4，也无奈地投入到这场博弈中，只是站到了被动受控制的位置，在已经深入他们内心的评价标准面前，艰难顶住压力，或夹缝求生，或暂时回避。

（三）传统文化的影响

有别于西方的职业韧性研究，在中国的环境下讨论高校教师的职业韧性，还有着第三个极其重要的贯穿始终的影响因素，即中国传统文化。有着几千年历史沉淀的中国文化，不同于西方的基督教文化和印度的佛教文化，是"人本文化"而非"神本文化"。人本文化基于人和人之间的关系，在人本文化里面就有与人有关的观念，如忠、孝、恕、仁等，也产生了中华民族文化中特有的"韧性"（杨振宁，2004）。中国的人本文化不是消极无为、逃避现实的，而是刚健有力、坚韧不拔的，如：天行健，君子以自强不息；地势坤，君子以厚德载物（郭齐家，1999）。通过对上述教师材料的分析，在影响教师职业韧性发挥的传统文化因素中涌现出来的三个最突显的类别是：良好的师德、顺势而为的方法和忧乐共存的人文精神。

首先，从这4位教师完成的专业发展环境叙事问卷来看，尽管面临着种种压力和不合理，但如果可以再选择一次职业，他们都毫不犹豫地选择继续当老师。这个结果再次说明，在我国，教师是一个崇高的职业，这有其历史渊源。作为中国传统教育思想的儒家思想，对中国本土教师教育理念的形成有着深远的影响。中国现代最伟大的教育理论家和教育实践家陶行知提出的现代师德观念，包括献身教育、追求真理、创造革新、以身作则、团结协作等（成云雷，2000）。例如，教师T4在学生时代曾受两位恩师指导，培养了他的学习兴趣，为他指明了今后研究的方向。因此在他自己的教学生涯中，特别关心学生，注重对他们的培养，同时以身作则，把自己树立为学生的榜样。他教学生是出于自己对教学、对学生的那份热爱，"出于自己的良心"，实现自己作为教师的价值，从而求得内心的平衡。又如，教师T3是一名出色的研究者，同时也是一名有责任心的优秀教师。她如果哪节课上不好，就会很自责，然后去反思，听取学生的意见，尽量把自己的课上好，这种想法一直没有改变过。

就是凭着对教师职业的使命感和对学生的责任感，教师们即使面对体制上的种种问题，仍然义无反顾地投身于这一职业。正如教师T4在访谈中提到，

> 环顾四周，我的同学甚至我的学生很多都似乎已经功成名就，而我依旧很清贫，为很多杂事所累。但这并不能动摇我对教师这份职业的热爱。它可以让我充分阅读、自由思考，它让我能在如此纷繁复杂的环境中求得内心的一份平和。(T4)

其次，反复研究这些教师职业韧性的发挥过程之后，我们发现，在教师面临非常强大的职业压力，似乎已没有办法改变被动局面时，往往会出现转机，整个局面也因此扭转过来。究其原因，就在于顺势而为。前文提到的教师T2的职称评审就是一个很典型的例子。她在经历了种种挫折后开始思考、研究评审要求中很多容易被忽略的细则，同时寻求一些外界的帮助，不再盲目努力，做到有的放矢，其职业韧性才得到充分发挥，最终有所成就。因此，只有在顺应大环境和相应政策情况下的作为才能有所建树，否则就无法与周围的环境、世道和人和谐相处，无法成就事业。作为中国传统文化一部分的道家思想就强调无为而治、顺势而为（叶自成，2013）。"顺势而为"作为其思想精华，关键在于一个

"顺"字，顺应、适应，而不是违背、悖逆；其次在于"势"字，代表着大方向，大趋势。同样，教师 T1 也谈到了在面对学校的科研政策时，教师们"无法改变的话，只有去适应。达尔文的话还是对的，'适者生存'，要去适应环境。"

第三，在前文讨论中，可以很明显看出教师 T1 和教师 T3 在真正的职业压力到来前，她们往往主动出击，从容应对。这两位教师都不愿意沉溺于过分安逸的工作或家庭氛围中，她们感知到的也许是安逸背后隐藏的危机，这样的环境反而激发了她们对自己职业发展的忧患意识。而忧患意识作为"中国文化的深层特质"，其最具特色的，不在于身居困境时，才担当起问题的责任，而在于一种居安思危的理性精神（徐复观，1990），在于安乐顺心的环境中，依然不忘职责，生于忧患。

但当真正的困难、压力来临时，此时具有高度职业韧性的教师就可能不再需要这种忧患意识，而应选择其对立面——临危不惧、履险如夷、乐以忘忧的理智和意志（庞朴，2014：11）。教师 T3 无论家庭还是工作中有让人手足无措的事情发生时，她总是比较沉静，"告诫自己，慢慢来面对，不管有多困难。如果以这样的心态来对待所有的事情，哪怕很大的困难也慢慢会化解。"她有一年接手了一个班的语法课，有次上课时，一个学生直接站起来质疑她的教学方法。课后，教师 T3 主动和学生们沟通，虚心听取学生的意见，调整了教学方法，学生也从心底里接受了这位老师。忧患之真正所在，不在于困境，而在于安乐。正是这样的传统文化内涵，激发着高校教师的职业韧性，使他们在顺境中安而不忘危，在逆境里乐观积极地应对。

三、高校英语教师的职业韧性特质

受个人特质、社会环境和中国传统文化影响而激发产生的高校英语教师职业韧性，是有意识地选择的一种结果，与普通意义上的"复原"是有区别的（于肖楠、张建新，2005）。从材料分析来看，职业韧性发挥作用的过程实际为激发职业韧性的那些特质（心理学上称之为"保护因素"）与职业压力间的抗衡。在压力无法改变的前提下，如果能将那些职业韧性特质合理增强，让整体职业韧性居于强势的转折点上，即可回到，甚至超过原有的平衡状态。根据对 4 位教师的访谈数据分析，我们得出了教师职业韧性特质的 8 个本土概念，据此归纳出 4

个维度，即心理调适能力、顺应环境能力、创造环境能力和持续发展能力（见表 7-3）。

表 7-3　高校英语教师职业韧性特质

维　度	类　别	参与教师素材例证
心理调适能力	自我激励	"既然都申请了两次，干脆再试试"（T1） 坚持、不放弃（T2）
	情绪宣泄	"大哭一场"，写日记（T3）
顺应环境能力	适应要求	研究文件（T1） 吃透政策，注意细则（T2）
	避重就轻	有生存压力，"人各有志"（T4）
创造环境能力	外部援助	得到同学、领导、同事、家人的帮助（T2）
	寻找契机	获奖，发表论文，得到领导或学生的认可（T3）
持续发展能力	趁热打铁	推进后续研究（T1）
	经验迁移	"触发我做更多的尝试"（T3）

　　然而，细读数据后我们发现，每位受访教师这四种能力的发挥状况都存在着个体差异。以教师 T1 为例，她在申报国家社科基金项目过程中充分展示了其所具备的职业韧性特质。教师 T1 在两次申报失利后，暂时有了放弃的想法，但放弃也意味着原来所有的准备白费了，经过深思熟虑，她还是能调整好心态，积极地工作，准备第三次申报。她通过不断摸索、思考，来适应、满足申报要求。这时她表现出的职业韧性特质为心理调适能力和顺应环境能力。在这个不断适应的过程中，教师 T1 不断学习借鉴新知识，她自身的积累也在慢慢增加，并逐步有条件地服从一些申报要求，那些外在的标准在她不断的适应中慢慢被内化了，她也从原来受制于规则的被动状态，逐渐转化为主动创造条件去适应规则，最终成功申报项目，迎来了事业的新高度。这里体现出她的职业韧性特质为创造环境能力和持续发展能力。

　　为了更好地呈现 4 位参与教师职业生涯故事中体现的不同韧性特质，特制作表 7-4，用以指导下面的比较分析。

表 7-4　参与教师职业韧性特质比较

教师	职业韧性发挥事件	心理调适	顺应环境	创造环境	持续发展
T1	课题申报，越挫越勇	+	+	+	+
T2	职称评审，道路艰辛	+	+	+	－
T3	语法课教学迎难而上	+	+	+	+
T4	论文发表，困难重重	+	+	－	－

注："+"表示具备该特质；"－"表示不具备该特质

（一）心理调适能力

心理调适能力作为职业韧性最基本也是最首要的特质，直接决定了教师们面对压力时，能否快速灵活地适应变化，从而充满自信地应对压力，而不是内心焦灼、外表麻木，在无奈和不知所措的情绪影响下，再也没有能力去应对，丧失原有的平衡位置。4 位受访教师整体都具备较强的心理调适能力，除了上文提到的教师 T1，教师 T2 在职称评审连续几次未果的情况下，还是鼓励自己，没有放弃。教师 T3 有一次女儿生病发高烧，自己在照料孩子的同时正准备一门新课，备课量非常大，偏偏那时她的计算机硬盘出了故障，还没有备份。在这么困难的时候，她也崩溃地"抱着女儿和她一起狂哭"，但事后平静下来，她觉得"该做的还是做，就是把最紧急的事情做一下就行了，因为其他事情慢慢可以推后嘛"。因此，无论是教师 T2 的自我激励还是教师 T3 的情绪宣泄，在压力前能否调整好心态，能否避免负面情绪的影响，直接关系到能否客观、积极地判断事态发展，能否理性地调动其他职业韧性特质应对压力。

（二）顺应环境能力

如果说调整好心态是重要的第一步，那第二步就是适时地顺应所处的环境，因为以教师的一己之力很难改变他们所处的学校环境和社会大环境。4 位受访教师在顺应环境方面也都有着深刻的认识和良好的表现。教师 T1 一直强调要适应环境，因为"适者生存"，"美国总统当然可以要求改变，但是我们无法去改变，我们只有去适应，去想怎么把自己定位好"。高校英语教师的职业特点就要求教师能适应他所从事的研究方向和领域的动态发展，顺应社会和学校提出的人才培养要求。教师 T2

223

即使在科研方面起步较晚，但也慢慢觉悟到发表论文的重要性，"科研肯定要去弄，否则对大学老师来讲没出路的，因为教学再怎么好，也没办法认可，不可能认可。"如果说教师T1、教师T2和教师T3都是从正面积极地顺应他们所处的特殊环境，教师T4则用比较消极的方式来回避压力、顺应环境，因为"现在这个社会也越来越宽容，越来越多元化，每个人都可以有自己不同的选择"，"健康和家庭可能更重要一些"，所以教师T4选择了避重就轻的应对方式，这也决定了他目前就停留在这种状态，很难获得进一步的职业发展。

（三）创造环境能力

当教师能够通过自身努力从心理上接受、从行动上适应他们面临的职业逆境后，他们需要借助外力来进一步扭转被动局面，从而彻底抵御职业压力。一方面，教师可以充分利用人力资源，例如向职业关系中更高层次的领导、专家求助，也可以从同等层次的朋友、同学、同事那里获得援助。教师T1曾因参加某次重大的学术会议订不到车票而向学院的党委书记求助，最后顺利订到了机票；她也因为新开一门研究生课程没有合适的参考书而向她在英国留学时认识的法国同学求助，请她帮忙购买书籍。教师T2在她的职业生涯中，借助了更多的外界力量，包括同事、领导、同学、家人，甚至家人的朋友。教师T2的科研之路就是在比她年龄小很多的同事帮助下开始的，她回忆说，"当我不知道怎么弄的时候，我跟XX老师请教得比较多。我第一次去北外参加写作研究会议，最初就是XX给我的建议。"而教师T3似乎具备更灵活的思维，擅长用开放的态度来看待问题，善于寻找契机，变被动为主动。她的语法课一开始受到学生质疑，但她虚心听取各方意见，并以此为契机，获得了校级教学奖，感觉"比拿到国家项目还开心"，从而彻底扫清了教学上的阴霾。

（四）持续发展能力

前文提及的三种职业韧性特质直接决定了教师能否顺利抵御住逆境，回归到原有的职业平衡状态，而最后的持续发展能力将决定教师能否获得进一步的职业提升。从4位教师的访谈数据看，教师T1和教师T3充分具备了这样的能力。教师T1申请到了国家社科基金项目后，并不意味着她该领域工作的结束，而是真正的开始。在后续更加繁重的研究工作中，教师 T1 投入更多的精力和时间，沿着这条"痛并快乐"的科研之路，走向事业的新高度。而教师 T3 则善于总结、反思她抵御职业压力的过程，并将经验迁移到其他领域。在她获得教学奖后，作为一名文学研究者，她正逐渐开始学习并尝试进行英语教学方面的实证研究，希望以此进一步拓宽自己今后的研究方法和思路。相比之下，教师 T2 的职业韧性发挥具有很强的目的性，发表了文章，评到了职称，打到了"擦边球"，目的达到了，可能就意味着奋斗的结束。

综上所述，高校英语教师职业韧性的发挥是受个人特质、社会环境和传统文化等因素综合影响的一个主动或被动抵御压力的动态过程。为了清楚呈现 4 位参与教师职业韧性发挥过程、影响因素和特质性研究发现，笔者参照 Richardson 的韧性过程模型，特制作以下框架图，以更好地呈现高校英语教师职业韧性研究发现。

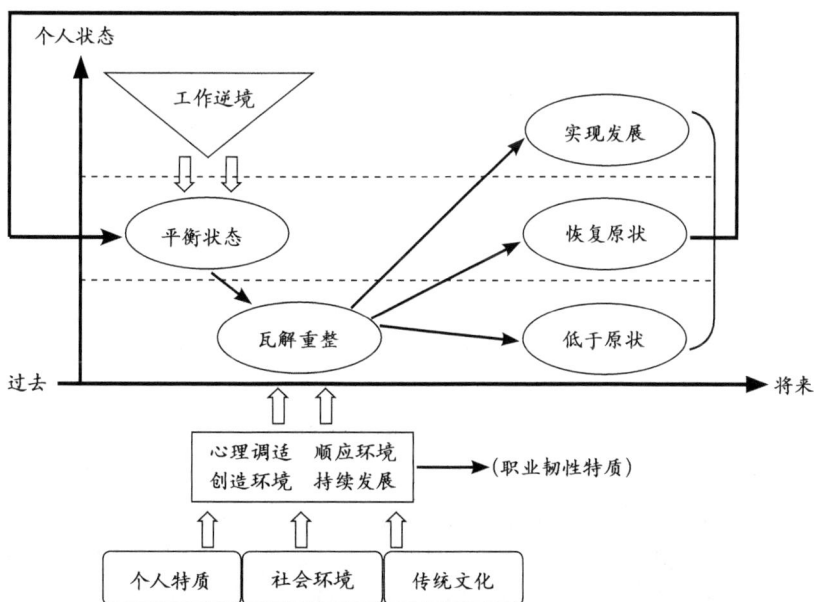

图 7-1 教师职业韧性的发挥过程、影响因素和特质

如图 7-1 所示，纵坐标表示教师的个人发展状态，横坐标表示时间。初始状态为教师个人生活、工作的平衡状态，随着工作逆境的出现，原

有的平衡状态被打破瓦解，此时受个人特质、社会环境和中国传统文化影响的职业韧性开始发挥作用。职业韧性包含了心理调适、顺应环境、创造环境和持续发展四个方面的特质。职业韧性特质不是孤立的单独存在，也不是不变的静态存在，它随着时间的推移和情境的变化在教师职业生涯中不断地发挥着不同程度的作用。这些教师每次回到平衡状态就意味着下一轮职业韧性作用即将开始，因为这样的平衡状态会随时被新一轮的工作逆境打破。

第六节　研究启示

本课题在梳理了关于韧性、职业韧性以及高校教师职业韧性等相关概念的基础上，采用访谈为主的质性研究方法，以某高校4位不同年龄层的英语教师为研究对象，分析了他们职业韧性产生和发挥作用的过程，探究了影响职业韧性产生的因素，并试图呈现这些教师的职业韧性特质。当然，本研究还存在一定的局限性，如参与者数量有限和数据来源还不够丰富等，但确实努力从深层次剖析了这些教师职业韧性的基本状况，对该领域的深入研究和实践均有一定的启示和参考意义。

在研究层面，本课题探索了中国高校英语教师职业韧性与横向的社会环境和纵向的文化环境互动这个新领域，得出以下三点启示：首先，中国传统文化是影响教师职业韧性的重要因素，这点与西方文献报告的教师职业韧性有明显不同，这一话题值得深入探讨，为拓展教师发展研究领域做贡献。其次，对教师职业韧性的研究在国内刚处于起步阶段，本研究也仅仅涉及了部分高校英语教师的职业韧性，就研究内容而言，可在理论上进一步探讨教师在职业逆境中认知图式的建立、改变和完善，教师情绪的调节等，从而逐步建立起教师应对职业逆境的正确认知。第三，在研究方法方面，本研究是以访谈为主的定性研究，其局限性必然导致研究结果的局限性。如果能以此为基础适度引入必要的定量研究方法，在研究深度和广度上有效互补，可最大程度发挥该课题的现实意义。

在实践方面，教师个人、教育管理层及社会的共同努力将有效提高高校教师的职业韧性。首先，教师积极的个性和良好的职业素养，是推动其职业韧性发展的重要条件。本研究中，职业韧性发挥较好的教师一方面具备自身良好的个人特质，如平稳的心态、浓厚的职业兴趣、较高的自我认同感；另一方面他们也维护着良好的人际关系，包括专业发展的人际网络、和谐的家庭氛围和朋友关系，这是发挥教师职业韧性最强有力的后盾。同时，教育管理层对英语教师职业发展的关注度，也直接关系到教师职业韧性水平发挥的高低。本研究发现教师在应对职业逆境时往往以他们的个人行动为主，因此为教师提供与专业发展相关的培训讲座、政策解读、经费支持等，可帮助教师们少走弯路，把时间精力投入到更有价值的研究和教学工作中。第三，社会对教师主要压力来源进行控制，改善当前高校教师的生存状态，特别是推进高校教师评价体系改革,能让教师不再为"科研 GDP"所累,更自由更充分地发挥职业韧性,应对各种挑战，获得实实在在的存在感和成就感，也有助于推进整个高教事业的发展。

参考文献

Caverley, N. M. (2005). *Mapping out Occupational Resiliency and Coping in a Public Service Work Setting*. Unpublished doctoral dissertation. University of Victoria, California.

Collard, B., Epperheimer, J. W., & Saign, D. (1996). *Career Resilience in a Changing Workplace*. Columbus, OH: ERIC Clearinghouse on Adult, Career, and Vocational Education.

Conner, D. R. (1993). *Managing at the Speed of Change: How Resilience Managers Succeed and Prosper Where Others Fail*. New York: Villard Books.

Day, C., & Gu, Q. (2010). *The New Lives of Teachers*. Abingdon: Routledge.

Day, C., Sammons, P., Stobart, G., Kington, A., & Gu, Q. (2007). *Teachers Matter: Connecting Lives, Work and Effectiveness*. New York: Open University Press.

Gergen, K. J. (1999). *An Invitation to Social Construction*. London: Sage.

Giddens, A. (1984). *The Constitution of Society: Outline of the Theory of Structuration*. Cambridge: Polity.

Gowan, M. A., Craft, S. L. S., & Zimmermann, R. A. (2000). Response to work transitions by United States army personnel: Effects of self-esteem, self-efficacy, and career resilience. *Psychological Reports*, 86, 911-921.

Grezda, M., & Prince, J. B. (1997). Career motivation measures: A test of convergent and discriminant validity. *The International Journal of Human Resource Management*, 8, 172-196.

Gu, Q., & Day, C. (2007). Teachers resilience: A necessary condition for effectiveness. *Teaching and Teacher Education*, 23(8), 1302-1316.

Hargreaves, A. (2000). Four ages of professionalism and professional learning. *Teachers and Teaching: Theory and Practice*, 6, 151-182.

Hively, J. D. (2003). *Resilience Among School Psychologist: Applying Positive Psychology to Burnout Prevention*. Unpublished doctoral dissertation. California State University, Fresno.

Kelchtermans, G. (1996). Teacher vulnerability: Understanding its moral and political roots. *Cambridge Journal of Education*, 26(3), 307-323.

Leithwood, K. (2007). The emotional side of school improvement: A leadership perspective. In T. Townsend (Ed.), *The International Handbook on School Effectiveness and Improvement* (pp. 615-634). Dordrecht: Springer.

London, M. (1983). Toward a theory of career motivation. *The Academy of Management Review*, 8(4), 620-630.

London, M., & Noe, R. A. (1997). London's career motivation theory: An update on measurement and research. *Journal of Career Assessment*, 5, 61-80.

Luthar, S. S., Cicchetti, D., & Becker, B. (2000). The construct of resilience: A critical evaluation and guidelines for future work. *Child Development*, 71, 543-562.

Richardson, G. E. (2002). The meta theory of resilience and resiliency. *Journal of Clinical Psychology*, 58(3), 307-321.

Schutz, P. A., & Pekrun, R. (2007). *Emotion in Education*. San Diego, CA: Academic Press.

Seligman, E. P., & Csikszentmihalyi, M. (2000). Positive psychology: An introduction. *American Psychologist*, 55(1), 5-14.

Siebert, A. (2009). *The Resiliency Advantage*. San Francisco, CA: Berrett-Koehler Publishers.

Werner, E. E. (1995). Resilience in development. *Current Directions in Psychological Society*, 4(3), 81-85.

Youssef, C., & Luthans, F. (2007). Positive organizational behavior in the workplace: The impact of hope, optimism, and resilience. *Journal of Management*, 33, 774-800.

Zembylas, M., & Schutz, P. (Eds). (2009). *Teachers' Emotions in the Age of School Reform and the Demands for Performativity*. Dordrecht: Springer.

陈向明，2000，《质性研究方法与社会科学研究》。北京：教育科学出版社。

成云雷，2000，论陶行知教育观念的现代性，《河南师范大学学报（哲学社会科学版)》(4)：94-96。

顾佩娅、古海波、陶伟，2014，高校英语教师专业发展环境调查，《解放军外国语学院学报》(4)：51-58，83。

郭齐家，1999，儒家的教育思想传统与未来教育，《山西师大学报》(4)：1-7。

胡波，2013，何时才是"青椒"们的春天，《中国青年报》9月13日02版。

胡乐乐，2015，高校"重科研，轻教学"的现状亟待改变，《光明日报》4月2日02版。

贾晓灿、张涛、张威杰、常煜博、白云明、孙长青，2013，高校教师职业韧性现状分析，《中国卫生事业管理》(12)：940-943。

寇冬泉、黄技，2008，职业韧性与教师职业生涯高原的产生，《广西师范学院学报（哲学社会科学版)》(3)：111-114。

旷三平，2004，预见性的本体论指归，《现代哲学》(2)：16-23，58。

李霞，2010，《管理者的职业弹性研究：结构及其前因后效关系》。博士学位论文。天津：南开大学。

李霞、谢晋宇、张伶，2011，职业韧性研究述评，《心理科学进展》(7)：1027-1036。

廉思，2012，《工蜂：大学青年教师生存实录》。北京：中信出版社。

庞朴，2014，《儒家精神：听庞朴讲传统文化》。北京：中国华侨出版社。

任俊，2006，《积极心理学》。上海：上海教育出版社。

史耕山、周燕，2007，儒家教育思想与中国外语教育传统，《四川外语学院学报》(4)：129-133。

史耕山、周燕，2009，老一代优秀英语教师素质调查，《外语与外语教学》(2)：26-29。

吴一安，2005，优秀外语教师专业素质探究，《外语教学与研究》(3)：199-205，241。

席居哲、桑标、左志宏，2008，心理弹性（resilience）研究的回顾与展望，《心理科学》(4)：995-998，977。

徐复观，1990，《中国人性论史》。台北：台湾商务印书馆。

徐少锦，2002，中国传统师德及其现代价值，《道德与文明》(5)：73-78。

杨振宁，2004，中国为什么能以奇迹般的速度发展，《光明日报》6月25日。

叶自成，2013，华夏主义：中国的本土人文精神，《人民论坛·学术前沿》(2)：64-83。

于肖楠、张建新，2005，韧性（resilience）——在压力下复原和成长的心理机制，《心理科学进展》(5)：658-665。

附录一：访谈提纲

尊敬的 _____ 老师：

您好！感谢您百忙之中接受我们的访谈。在您的工作中，难免会有各种各样的压力和困境，如评职称，发论文，完成教学任务，处理与学生、领导和教辅人员的关系，平衡工作和家庭生活的关系等等。通过本次访谈，我们想了解您在工作中曾经或正在应对的一些困难，倾听您对这些经历的看法。希望您能尽量通过详细举例和描述让我们最大程度了解您的感受与想法。为避免遗漏重要信息和满足深入分析数据的需要，我们将对本次访谈进行录音，但承诺对您所讲述的所有内容严格保密，并且仅用于本次研究。

我们在访谈中可能会问到以下问题：

1. 自入职以来，您的职业生涯大致分为几个阶段？请回忆下每个阶段的大致过程，在此期间您遇到的最大的压力或困境分别是什么？

2. 您觉得自己是否最终战胜了这些困境？

    a. 当困境来临时，您最初有怎样的反应？

    b. 请仔细回忆下整个应对过程：您是如何一步步走过来的？有哪些人给了您怎样的帮助？

3. 这段经历能让您从中汲取什么经验？对您后来的职业发展产生了怎样的影响？

4. 请您再回忆一下从小的生活和学习经历，这样的经历对您当前的工作是否产生过影响？

5. 您当初为什么选择教师这一职业？现在还是否持有同样的想法？为什么？

6. 根据您这些年的职业发展经验，请您总结一下，当一名高校英语教师遇到无法避免的各种压力时，怎样做才能最大程度克服压力的负面影响？

再次感谢您的支持！

附录二：访谈资料编码示例

表7-5 访谈资料编码示例

访谈录音的文字转录	编　码
访谈者：什么时候开始注重科研方面的？ *教师2：等到05年，06年的时候，跟我一批的人，他们基本上都已经升了副教授了。跟我一起留校的，比方王xx差不多升教授了，我一直跟他讲，别到外面说我跟你是同学啊。我就觉得压力比较大。差不多就是说，要么就升，要么就不要升了。那时候真的是蛮迷茫的。怎么办？（强调地说）我也要弄，肯定也要弄论文！因为发现不弄论文是不可能有出路的。然后我同时还发现论文和教学方面，论文弄出来更加好一点，更加得到认可。你的教学再怎么弄，也没有办法认可，不可能认可。*	升职称 同伴压力 困惑 自我激励 符合要求

（待续）

（续表）

访谈录音的文字转录	编　码
这个我慢慢也觉悟到，一开始没有觉悟到。后来04，05年慢慢觉得是的，我就去弄论文了。 访谈者：这是全靠你自己摸索，还是得到了一些帮助？ 教师2：弄论文起步的时候，对我影响比较大的，<u>我觉得是张XX和李XX，对我帮助是蛮大的</u>。她们俩都在南大读博士了。<u>我跟张XX联系比较多，就觉得我们挺讲得来</u>，然后就讲到了工作。当我不知道论文怎么弄的时候，我跟张xx请教的比较多，我第一次去北外开那个写作研究会议，<u>就是张XX给我的建议</u>。她说她要去北京开个写作会议，要不让我也写一个abstract，去投稿，录用了也会有通知的。然后我就关注了一下，我就把<u>我自己上课做的一个课堂研究</u>，就是我的精读课上让学生怎么写英语作文，整个的写作过程，我留意研究了一下。这个研究的框架设计大概怎么弄，<u>我基本上都问过张XX</u>，然后我就把摘要寄出去，全英文的。 访谈者：后来呢？ 教师2：然后很快通知就来了，<u>我就去北京开会</u>。这次会议是征文的，开完会我就把这篇文章写出来了，写完再寄到北京。结果就是<u>被会议的论文集收录了</u>，里面的作者他们也都是大牌。（微微激动）我的论文也在里面哎，还是可以的！说明<u>我的方法他们认可了</u>，所以我就觉得自己可以再弄下去。	同事帮助 人际关系 教学启发 学术会议 得到认可 增加信心

第八章
如何把握自我人生：高校英语教师能动性探究[①]

陶丽

第一节 引 言

能动性作为人掌握自我生活的能力，对个体发展具有重要意义。自20世纪80年代开始，能动性在教育学、社会学及心理学等领域引发了广泛的关注。一方面，现代社会确立了人的主体地位，并把对人的自由、意义和生命价值的追求作为最根本的价值追求，能动性有助于主体自主开展自我生活已成为共识；另一方面，现代社会给个人带来的巨大生存压力也让人们意识到只有积极发挥主体能动性才能寻求更加适合自我发展的道路，走出生存困境。

能动性对教师的职业发展具有重要意义。教师职业发展不仅包括知识和技能的增长，还包括教师身份和能动性的发展（Lipponen & Kumpulainen, 2011: 817）。在21世纪，教师是压力最大的职业之一。高校英语教师由于其职业的特殊性，面临着和其他职业人群不同的生存危机和发展困境。在职场之中，高校英语教师身兼"教师/研究者"的双重角色，需要同时建立和维持教学身份和学术身份，才能够获得本体安全。从教学层面看，教师必须在课堂内承担传统的"传道授业解惑"任务，同时迎合自上而下的教学改革浪潮，通过成功的教学实践建立其教学身份；从科研层面看，教师又必须通过发表论文、申报项目等形式建立其学术身份。目前多数高校将学术成果作为评价教师实践的主要标准，以发表论文的数量与刊物的级别量化对教师的考核。虽然"教师成为研究者"这一目标为教师重新审视自己的职业生活和发展目标提供了

[①] 本章主要内容发表于《外语界》2016年第1期。感谢参与研究教师的支持和课题组其他成员的帮助。

机会，然而如何成功地进行研究实践令许多教师头疼不已，成为制约他们专业发展的重要因素（顾佩娅等，2014；张莲，2013）。教学的压力依然存在，但教学的成功实际沦为无效行为，而科研实践一旦受挫又会使他们对自己的学术身份产生质疑。教师在重重压力下丧失了寻求自我意义和价值的立足点，产生了身份认同的危机，自我身份感的丧失成为笼罩在教师自我评价、自我发展和自我实现之上的阴云。而在职场之外，教师们还必须承担家庭生活的压力，如何实现职业生活和家庭生活的双赢也使许多教师感到力不从心。

为了解决教师面临的职业发展危机，许多研究者提出了不同对策。一方面，教师可以通过"共同体"等形式突破个人奋斗的局限，以群体价值观和实践方式为参照进行个人实践以改善个人生存环境（Hadar & Brody，2010；Wenger，1998）。另一方面，教师需要重新审视个人把握自我生活的本质，重新理解个人建构和重构现实的可能（Ketelaara et al.，2012；Little et al.，2006）。能动性是主体控制自我生活的能力，是个人在动荡变化的社会环境中保持稳定性并建构个人身份的重要保证，因此成为包括教师在内所有职业人群都必须具备的能力（Giddens，1991）。教师在困境中如何通过发挥自己的主观能动性以掌控自我生活，成为具有现实意义的研究课题。本研究正是基于高校英语教师面临的挑战和困难，选取了 4 位职业发展路径各具特色的高校英语教师，采用叙事探究方法，考察能动性如何影响教师在职业发展道路上的抉择与行动，并最终形成各具特色的职业发展路径，以探求他们所展现的能动性的内涵、特征、作用以及影响因素。通过这样的研究，笔者希望能够揭示高校英语教师发挥能动性塑造自我职业生涯的真实图景，帮助教师群体认识到能动性在自我职业发展道路中的意义和方式，为他们走出发展困境提供理论支持和实践依据。

第二节　能动性概述

一、能动性研究综述

近年来，能动性在教育学、社会学、心理学、职业生活研究、性别研究等领域都引发了越来越多的关注（Eteläpelto et al.，2013）。能动性强调主体并不只是简单地应对和重复特定实践，而是具有认识和改变世界的能力，能够进行自主的社会实践以改变物质世界并控制自我生活。它与主体有意识的实践相联系，隐含了自主选择、行动、反思和负责的自由（Holland et al.，1998）。将个人视为能动和自发的主体这一理念成为西方社会的重要哲学传统，为社会学、心理学、教育学等领域的研究提供了认识论基础。

能动性对个体的学习过程和知识建构具有重要意义。自 20 世纪 80 年代以来，能动性与学习者知识建构之间的关系得到广泛讨论，学习者在知识建构中的能动角色在建构主义学习理论中被烘托出来（Packer & Goicoechea，2000）。个人不但能够自主地建构知识，还能运用特定的认知策略与反思策略监控、管理自己的学习过程（Prawat，1996）。社会建构主义理论进一步提出，学习不仅是个体独立的建构行为，也包括个体在知识群体中自我身份的建构（Lave & Wenger，1991；Wenger，1998）。近年来，许多对终身学习展开探讨的文献也对能动性进行了广泛的研究（如 Billett，2006；Edwards，2005；Lipponen & Kumpulainen，2011；Vähäsantanen et al.，2008）。个体的知识建构不仅发生在教育机构中，也发生在职场和生活中，而个体的能动性在其中发挥了关键作用（Biesta & Tedder，2007）。能动性不是个体职业生活中孤立的存在，它与个人的过去经历、当前实践及未来目标都密切相关（Emirbayer & Mische，1998）。

能动性是推动教师职业发展的重要动因，因此在过去 20 年中引起了教师发展研究领域的重视，相关研究不断涌现。同时，教师实践知识合法化等认识论转向使包括叙事研究在内的质性研究得到了长足发展。通过教师叙事，教师的表意过程与教师实践联系起来，从而使我们从概念上重新理解能动性的概念、内涵、类别、影响因素及对教师发展的意义，也为教师提供了表达、反思、借鉴个体生活经验的机会。研究显示，能动性和教师的职业价值、自我认知等都有密切的关系（Billett，2006；Fenwick，2006），也是教师身份发展和维持中的重要因素（Beijaard，Meijer & Verloop，2004）。能动性既受到个人价值观、认知方式等个人特征的影响，也受到微观和宏观社会环境的影响（Ketelaar et al.，2012；Lasky，2005；Vähäsantanen et al.，2008），随着社会变迁，能动性也会产生相应的变化（Antikainen et al.，1996）。教师和环境之间组成了一个结构-能动性的连续体，教师根据其与环境之间的互动关系分别处于这一连续体的不同位置（Jessop & Penny，1998）。教师能动性有多种表现方式，不一定都是对环境的积极应对，它可以表现为积极的行为，也可以表现为消极的行为（Edwards，2009；Vähäsantanen，Saarinen & Eteläpelto，2009），例如，抗拒也是一种教师能动性的表现方式，拥有较高能动性和较强信念的教师在与改革发生冲突时，会选择能动地抗拒改革（Sannino，2010）。

在国外研究结果的推动下，国内教师发展研究出现了蓬勃发展的景象。教师自我成长、发展过程、特征、制约因素及对策研究引发了学界广泛的关注（顾佩娅，2008；刘学慧，2005；文秋芳、任庆梅，2011；吴一安，2008；战菊，2010；张莲，2013；周燕、张洁，2013）。然而由于国内定量研究占据主流地位，叙事探究等质性研究方法依然为许多研究者所排斥和怀疑。教师能动性等相关话题的研究无论是在数量还是在深度上都要落后于国外，且研究内容和研究方法依然以借鉴国外已有框架为主。例如，张娜（2012）研制的教师专业发展能动性量表就借鉴了西方认知心理学权威班杜拉及其他研究者对能动性概念的研究。

当前教师能动性研究的主要局限在于对能动性概念本身的内涵没有进行深入的剖析，因为"许多理论学家在证明能动性和结构之间相互渗透的同时，没有把能动性本身看作一个可以分析的范畴"（Emirbayer & Mische，1998：962）；许多研究只提供对教师表层行为的描述，没有对行为背后的过程和深层原因做出足够的阐释；对能动性的描述也多局限于个别孤立的场景，忽视了其与时空关联的情境性和动态性特征；现行对教师能动性的界定和理解多以国外研究为基础，对中国外语教师能动性特征的研究相对缺乏；此外，能动性具有个体差异，不同主体的能动性形式、强弱各不相同，这一点也是已有文献中讨论较少的一点。

二、能动性概念解析

20世纪80年代中期至90年代末，研究者们将能动性与个体有意识的选择、计划、行动和反思联系在一起（Bandura，1991；Giddens，1984；Holland et. al，1998），探讨个人作为能动主体如何改变自我生活。近20年来，人们更加关注能动性在时间维度上的延展，将主体的当前行为与过去经验及未来期望联系起来（Biesta & Tedder，2007；Emibayer & Mische，1998），并通过大量实证研究证实能动性对个人的影响可以从单独场景扩大到整个生命历程——它不仅指引着个体的短期行为，而且能够在连续的时间轴上以个体的整体生活为背景，帮助其构建特定的生命路径（Evans，2007；Hitlin & Elder，2007）。从对教师职业发展的意义来看，能动性是教师通过在面对历史和社会环境中的机会与障碍时做出选择及行动，从而构建自我职业人生历程的能力（Elder，Johanson & Crosnoe，2003）。它与教师的情绪、自主性、控制感、效能感、赋权等一系列概念密切相关（Bandura，2006；Little，Snyder & Wehmeyer，2006；郭旭澄、郭永玉，2012）。

个体践行能动性包括两个方面：采取能够产生长期影响的行动，以及保持对个人实现生命历程目标能力的反思性信念（Eteläpelto et al.，2013）。从行动层面看，个体需要采取一系列受需要驱使、以目标为导向、受自我监控的行动，包括选择发展目标、行动计划并进行必要的调整等，以使自己的行为符合个人发展的需要（Little，Snyder & Wehmeyer，2006）；从信念层面看，个体会通过对思维和行动的反思维持对自我能动性的基本认知，这种"元认知能力"是能动性最鲜明的核心特征（Bandura，2006：165）。个人反思包括对个人能效、思维与行动的有效性以及个人追求合理性的审视，其目的在于使个体相信自己有能力以某种方式影响或改变自己的生活，当个体行为遭受挫折时显得尤其重要——它不仅能够帮助个体寻求最合适的替代策略（Snyder，1994），更重要的是能够帮助个体有效地处理失败和损失、保护自己的动机和情感不受失败的负面影响（如失去成功的信心、自尊降低、失去希望等），从而补偿失败对个人评价带来的负面影响（Heckhausen，Wrosch & Schulz，2010）。

能动性具有连续性。个体生活由多个行动周期构成，在每个周期内，个体会通过发挥自我适应能力调整动机、目标和行动，从而实现自己的发展潜力。个体的过去经历使其形成了特定的思考和行为模式，在面对当前环境的机遇或挑战时，个人基于过去的经验选择可行的目标和行动，而当前选择的过程和结果对其未来的能动性又会产生影响（Emirbayer & Mische，1998）。因此对能动性的考察不仅需要研究某个独立的场景，更要将整个职业生活视为连续的统一体，考察能动性在时间和逻辑上的前后联系。

虽然能动性体现了个人控制和改变自我生活质量的能力，但这并不意味着它的实现不受限制。教师能够影响自己的生活和周围的环境，但其行为也受到各种因素的影响。能动性是教师与环境相互影响中体现的能力，是其面对环境中的资源和限制最大限度实现自我发展的保障，因此需要从个人与环境两个方面予以探讨（Vähäsantanen，Saarinen & Eteläpelto，2009）。一方面，能动性受到个体知识、实践、信念等个人特质的影响，另一方面，个体发挥能动性的过程也受到环境因素的影响（Ketelaara et al.，2012；Lasky，2005；Vähäsantanen et al.，2008）。个体通过最大程度地利用环境提供的资源，解决环境导致的障碍，实现既定的目标，从而获得最大程度的发展，因此个人会根据对环境提供的支持和设置的障碍的评估做出特定抉择，其发挥能动性的方式也不尽相同。此外，个体实践的重复会在人们的意识中促发指导人们行为举止的非言语性实践意识，使个体和他人达成默认的共识。在实践意识的潜移默化下，人们能够反思性地评价和监管自我的行为。个体能动性和群体意识之间形成了互相激发、相辅相成的双向关系（Giddens，1984）。

第三节　研究设计

一、研究问题

本研究通过聆听高校英语教师叙述自我生活故事，考察教师在特定情境中如何发挥能动性以掌控自我职业发展路径，在此基础上重点探讨该过程体现的教师能动性的内涵和特征，同时分析能动性对教师职业发展的意义及其影响因素，重构教师主体在和环境的交互作用中能动把握职业生活的动态场景。为此，本研究提出了 3 个研究问题：

1) 高校英语教师能动性具有什么内涵和特征？
2) 高校英语教师能动性对他们的职业发展产生了什么影响？
3) 高校英语教师能动性受哪些因素的影响？

二、研究方法

本研究采用叙事探究方法，收集、描写、分析教师个体的生活事件，探求数据背后隐藏的意义和模式（Connelly & Clandinin，1990）。能动性的关键在于主体做出的决定和采取的行动都是有意识、有目的而为之，因此研究高校英语教师能动性不能凭主观臆断评判研究对象的行为，更重要的是探究他们的初衷，倾听研究对象对自我行为的解释（Ahearn，2001；Vähäsantanen，Saarinen & Eteläpelto，2009）。这使得叙事探究成为最为合适的研究方法。

（一）研究参与者

笔者根据研究需要，在我国东部一所综合性大学（简称 A 校）对 11 位英语教师进行了高校英语教师专业发展叙事问卷调查（见第三章）及访谈。通过对问卷调查及访谈数据的整理，尤其是通过对比反映教师职业发展过程中能动性实践的材料，我们选取了 4 位职业发展路径具有鲜明特色的高校英语教师作为研究对象，以反映不同职业发展类型的教师的心声。他们中包括因为科研而感觉苦不堪言的"青椒"，通过自身奋斗在教学和科研中均取得瞩目成就的"平衡型选手"，娴熟地处理职场关系的"人际关系专家"以及致力于为同事创造良好发展环境的教师领导者。虽然本研究的初衷并不在于归纳与概括，但也尽量选取具有较大典型性的研究参与者，尽可能满足选取研究参与者的"最大差异化"原则（Miles & Huberman，1994：28），以使研究结论对更多的教师产生启发和借鉴意义。4 位教师的个人信息可见表 8-1：

表 8-1　参与教师个人信息

教　师	教　龄	性　别	学　历	任教专业	职　称
T1	5	男	博士	英语专业	讲师
T2	9	女	博士	英语专业	副教授
T3	25	男	博士	英语专业	副教授
T4	29	女	本科	大学外语	教授

（二）数据收集与分析

本研究的素材主要来自对 4 位教师的访谈。研究者围绕 4 位教师的职业发展路径，通过一系列半开放性问题（见附录一），引导其回顾和反思职业生涯关键事件的过程、结果、影响因素等，尤其是注重倾听教师对自我行为的解释和说明。访谈征得参与者同意后进行了录音，访谈结束后，对采ём录音进行转录，获得文字材料。4 位教师的访谈录音总计时长为 4 小时 43 分 48 秒，转录文字为 77,065 字。此外，笔者还通过平时对这些教师的观察、与他们之间的聊天和针对这项研究的非正式交流，对采访数据进行验证和补充，以提升研究数据的科学性和丰富程度。

在获得初始数据后，本研究按照叙事研究的原则首先从内容和主题两方面对数据进行整理、分类和分析：在内容层面寻找数据内部反映教师能动性的故事线、主要事件、次要事件以及它们彼此之间的关系；在主题层面寻找与研究问题有关的、反复出现的行为和意义模式以寻求数据内部之间的联系。然后按照情境分析的方法，"在归类的基础上将内容浓缩，以一个完整的叙事结构呈现出来"（陈向明，2012：295），即将相关数据重组成完整的、位于真实情境中的故事。之后对每个个案访谈内容进行总结，列出访谈中浮现出的关键主题和线索，为之后的数据分析勾勒出整体方向。然后重新研读数据，从横向分析和纵向对比两个方面寻找教师发挥能动性的过程、方式以及影响他们行为的资源和障碍（Vähäsantanen，Saarinen & Eteläpelto，2009）。通过对教师故事内部和故事之间的分析与比较（见附录二），研究进而讨论了高校英语教师能动性的内涵、特征、作用结果以及影响因素。

第四节　教师能动性与职业发展故事

教师能动性是教师在与环境互动时试图把握自身职业生涯的过程中体现的，因此要分析能动性就必须展现教师的职业生活以及对其职业生活产生重要影响的个人生活的其他组成部分。通过对采集数据的分析，研究者整理出了 4 位参与者包括职业生涯在内的个人生活史，作为剖析他们能动性的背景资料和参照说明。4 位教师的个体经验各不相同，其职业发展路径也各具特点。教师 T1 代表了一批渴望在大学建立自己教师身份却遭受挫折的"青椒"；教师 T2 代表了通过个人努力与坚持在教学、科研实践上都取得成功的"平衡型选手"；教师 T3 代表了善于处理与领导、同事、学生间关系的"人际型"教师；教师 T4 则代表了兼具教师和管理者角色的教师领导者。他们的故事生动地展现了几种不同类型的高校英语教师的生存和发展现状，成为本研究探究教师能动性的基本背景。

一、教师 T1：挣扎的"青椒"

教师 T1 是一名参加工作 5 年的青年教师。在过去的 5 年里，他通过积累教学经验，获得了教学上的充分信心。他通过实践积累了教学技能，例如会坚持"一定要让学生做 presentation"，同时对自己的教学行为进行反思，包括发现"时间控制这一块我做得不是很好"。他还在课堂之外积极参与学院的学生指导活动，"基本上每次都参加"。对于诸如"读书无用论"、"拼爹"、"潜规则"对学生的影响，他"觉得现在学习也不是学生唯一的出路"，"以一种开放的心态来看待学生的学习"，鼓励学生积极参加社团活动，不要虚度青春。他非常自信地宣称教学对自己"没有多大的挑战"，"还是 hold 住学生的"，也不无骄傲地提到"学生还是很喜欢我的"。与教学的成竹在胸相比，教师 T1 用"苦难重重"来形容他的科研实践。初入职时，有感于高校"全民写论文，全民发论文"的现状，他也开始向科研领域进军，包括和同事进行交流、搜集资料、以博士论文为基础撰写论文并向学校规定的核心期刊投稿等，但不幸"冲到最后都被拒掉了"。几次失败后，他认为自己"没有什么科研能力，冲不上去"，进而停止了论文写作和投稿，陷入了"stagnation"的困局。此后，他慢慢地把重心放到了教学和家庭之上，"科研，已经不是 priorities"。他认为科研也许能带来"成功的人生"，但未必是"最有意义的人生"；但他同时也意识到在学校重科研、轻教学的指挥棒下，教师如果科研成果不够的话"日子不好过"。因此在经过一段时间的蛰伏后，他又重新开始了科研工作，并成功地申请到一个研究项目。教师 T1 对教学的热爱以及对科研的矛盾纠结的心态代表了许多教师，尤其是年轻教师的心声。

二、教师 T2：坚持的"平衡型选手"

教师 T2 任教 9 年以来，"如有天助"，各方面的发展都相对顺利。她出生于一个充满文学氛围的家庭中，从小热爱阅读文学作品。她从大学时代开始了以文学作品为对象的研究，并以此为基础陆续完成了硕士、博士阶段的学习。在学生阶段，她就显示出了出色的学术天赋和学术自律。她在阅读文学作品时"从别人的思想的闪光中找到了很多让我愉快的东西"，"感觉做科研还是蛮有意思的"。这种兴趣一直保持到了入职后，因此，让许多教师苦恼的科研在她看来却是"一件很幸福的事情"，学术研究对她而言是让她"自由自在地去做自己喜欢做的事情"。工作之后，她不甘于平淡的家庭主妇角色，"想给自己一点压力往前走"。入职前博士阶段的学习为她提供了很好的积累，帮助她申请到了第一个"很微不足道的项目"。此后，她意识到"在这个体制下还是需要项目的"，开始积极地申请更高级别的项目，并凭借项目研究的成果评上了副教授。在教学上，她征询学生意见，"吸收各方面的，包括负面的信息"，结合自己的教学心得，对教学方法进行改进，还专门申请了教改项目。她把成功的秘诀归结于设立清楚的目标并凭借不懈的努力、专注以及高效率的行动实现这一目标。在职业角色之外，教师 T2 成功地履行了自己的家庭职责，同时，家人的理解和支持也帮助她获得了职业的成功。但另一方面，她不愿意把自己束缚在家庭之内，逃离家庭"波澜不惊的那样一种生活"又成为她追求职业发展的一大动因。教学、科研、家庭三方面的平衡发展与成功使教师 T2 成为令许多同事欣羡的榜样。

三、教师 T3：和谐发展的"人际型"教师

教师 T3 本科毕业后留校任教，积累了丰富的教学实践经验，逐渐形成了成熟的教学理念和教学方法，他以教书育人为理念，关怀、尊重学生，赢得了学生的信任与热爱。但他的科研起步较晚，在入职初期没有意识到要"两条腿走路"，忽略了科研实践，直到工作 7 年后才意识到这一做法对个人发展不利。此后，他开始攻读硕士和博士学位，在博士学习期间开始"真正的研究工作"，研究能力突飞猛进，在一类核心期刊发表论文并成功地评上了副教授。近几年他由于负责领导指派的培训项目的开发和管理，科研受到了一定的影响，但转而以杰出的业绩收获了领导的赞赏以及同事的认可。面对专业发展上的得失，教师 T3 坦然接受，以从容的心态在教学、科研之外找到了新的定位。虽然教师 T3 表示自己并不追求别人的认可，但显然无论是领导的青睐、同事的认可还是学生的爱戴都使他获得了巨大的满足感，也成为他继续践行自己发展观的重要动因，让他最终确认了自己的"活道"。灵活的人际交往技巧以及对和谐发展的追求成为教师 T3 职业生涯中最鲜明的特色。

四、教师 T4：经验丰富的教师领导者

教师 T4 不仅是经验丰富的老教师，还承担了所在院系的管理职务，在普通教师之外又多了一重身份，因此，她对自己职业生涯的叙述也交织着多重心声。在教学方面，作为大学外语部一线教师，随着教学实践

经验的积累，她从初期备课"花很多时间"，"压力也是蛮大的"逐渐成长为"对自己的教书，有一种自信的开始"。她注重满足学生的需求、加强课堂互动、尊重学生，并把这些考量综合在课堂教学之内，称英语教学是"一门艺术"。在科研方面，虽然在任教之初旁听了一些研究生课程，但她在这期间并未进行集中的科研实践，直至从国外进修归来，她开始将所学知识与"课堂一线的灵感"相结合，从事课题研究工作，发表论文、编写教材。另一方面，教师 T4 在承担管理工作的同时，希望为其他教师创造更好的专业发展环境。纵观教师 T4 的专业发展，随着身份的改变，她的工作重心也在发生迁移——从关注自我发展到更关注群体发展，从为自己创造更好的发展条件到为其他教师创造更好的发展环境，教师 T4 成功实现了从普通教师向教师领导者的转变。

第五节　发现与讨论

一、能动性内涵

虽然目前能动性的理论和实证研究已有不少，但在能动性的内涵上至今未有共识。争论的焦点之一是能动性是一个整体能力还是可以进一步分割成更小的要素（Emirbayer & Mische，1998）。基于对 4 位高校英语教师的个案分析及跨案例分析，本研究发现选择能力与补偿能力共同构成了能动性的核心内涵。高校英语教师践行能动性的方式在于为自己的职业发展选择一定的发展目标，并在可能的行动策略中进行取舍以实现该目标，随着教师职业生涯的推进，教师也会对发展目标和行动策略做出新的选择；同时，教师会通过反思个人实践尽量为自我行为赋予积极意义，为自己的成功和失败寻找合理的解释，从而补偿因行动失败而产生的负面影响。选择能力与补偿能力二者彼此交融、相辅相成，帮助教师把握个人职业发展方向和过程。

数据分析显示，虽然 4 位教师的能动性都具有选择能力和补偿能力这两个核心内涵，但由于教师的个人背景和所处情境不同，他们践行能动性的方式和内容各异。下文具体报告和讨论 4 位教师如何运用选择能力和补偿能力改变职业生涯走向，从而塑造各自独特的职业发展路径。

(一) 选择能力

在后传统社会，任何个人和团体在任何时刻都拥有无数行动的可能 (Giddens，1991：32)。如何在这些可能中进行选择以塑造自己的生活正是个人能动性的体现 (Watkins，2005：51-56)。4 位教师并不是被动地参与自我的生活事件，他们能够有意识地根据自己所处的情境选择职业发展目标，并采取合适的行动策略实现预设目标，由此能动地建构自己的职业发展路径，这是他们践行能动性的重要方式之一。

数据分析显示，4 位教师在任教初期设立的目标都包含对提高教学能力的期望，这与传统文化赋予教师"传道授业解惑"的角色职能是相符的。然而与教师 T1 和教师 T2 在从教初期就积极进行科研实践相反，教师 T3 和教师 T4 一开始并没有把科研纳入到职业发展规划之中。这一方面是由于教师 T1 和教师 T2 都是博士毕业后才参加工作，他们在博士学习期间已经具备相当的学术研究能力，使得他们工作后可以直接开始研究工作，而教师 T3 和教师 T4 都是本科留校，科研能力相对缺乏，无法直接从事科研工作，他们在入职后自然地选择了通过教学实践积累教学经验，树立自己的教学者身份。另一方面，教师 T1 和教师 T2 入职时间都在 10 年以内，他们从入职之初就感受到了高校重科研轻教学的氛围和压力，"在大学里不读书（搞科研）也不行"，而教师 T3 和教师 T4 从教时间都超过了 25 年，在他们入职初期，高校对科研的重视程度相对较低，他们并没有立刻感受到科研对教师身份维持的重要性。正如教师 T3 在访谈中所述：

> 当年我刚开始涉足科研这个领域的时候，我就觉得可能我天生适合上课，不适合搞科研……我对自己评价是当时睡觉比较沉，没有意识到这个两条腿走路……但是真的（在科研上）有（帮助）的是跟（某）老师去读博士，我觉得就是一个突破。(T3)

在确定职业发展目标后，教师会选择相应的行动策略实现自我决策，因此教师对行动策略的选择也体现了他的能动性。例如，他们在进行学术研究时，会继续博士学习阶段的研究课题，因为"在这上面投的时间最多，积累的资料也最多"，并且用自己的研究成果"冲"核心期刊 (T1)，"好多东西都是从比如博士论文中间的一些想法、或者课程中的一些想法把它发展出来的" (T2)，"博士读完之后……用中文把文章写出来了" (T3)；有时，教师会选择进修提高自己的研究能力，因为可以学习到"很新鲜的东西"，给自己一些"感悟和反思"（T4）；有时行动遇到瓶颈了，他们会寻求专家引领和团队合作，因为"跟其他人、同一个团队里的人的关系啊、交流啊，其实也是蛮重要的"（T2）。在教学实践中，他们也会采取相应的行动策略，包括鼓励学生"自我展示"（T1），"对每一个学生一碗水端平"，真正做到"教书育人"（T3），精心备课，并且"尊重学生"、"address his needs"（T4）。

无论是教师设立目标还是采取行动，都不仅仅是简单的实现预定计划，主体的目标与行动都处于不断变化之中。在选择目标和行动策略之后，教师会将行动的结果与自己的期望进行对照评估，当行动结果与预设目标偏离时，教师会调整目标或行动方案。这种调整有时意味着放弃原先的目标并选择新的目标，而新的目标往往又意味着行动策略的重新选择。例如，当教师T1屡次投稿不果，他认为自己缺乏必要的科研能力，无法实现预设目标，决定放弃科研，"不同的人生阶段，不同的时间，有不同的优先考虑的事情……我也觉得这个科研嘛也不是我生命中最重要的事情。"在调整了目标之后，教师T1在行动策略上也随之做出了改变，减少了科研工作，将更多的时间和精力转移到教学和家庭上去，"所以我这两年在科研上没怎么花时间。然后就是课余，暑假的时候弄弄，写点申请书啊，改改论文什么的。科研，有时间做做，没时间也只能放放啦，就是这样子的。"

有时，教师的目标没有发生变化，但对行动策略进行了调整。例如，教师T2一直保持着对科研浓厚的兴趣，但最初并没有直接将科研与教学相联系，而后来她开始有意识地申请教改项目，对自己的课堂教学实践进行研究和改进。她解释道：

> 因为教学的过程中本来就在不断摸索，那么把这个摸索变换成比如教学改革这样一种非常正式的一种形式来做，我觉得也蛮好的一件事情，可能更触发我去在这方面做更多的一些尝试。（T2）

随着教师工作年限的增长和生活经验的积累，新的目标不断出现。例如，教师3在入职后最初的几年中，并没有重视科研，"觉得可能我天生适合上课，不适合搞科研"，但后来认识到这样对他整体发展不利，决定提高自己的科研能力，为此他选择了攻读硕士、博士学位。依靠学习期间的积累，教师T3在核心期刊上发表了几篇论文，开始在科研上崭露头角，但此时学院领导决定由他负责一个培训项目的开发与管理工作，"工作太忙，根本坐不下来"，导致他无法兼顾科研，但考虑到"领导要你工作"，最终他选择了将重心放在了事务性工作上。教师 T4 也是早期更加重视教学实践，直到国外进修归来才增加了科研实践，然而在担任管理工作后，她的目标又从实现自我发展转为为自己的同事创造优越的发展环境，"在做这个大外的 team leader 的时候，我觉得我享受了这个环境。我希望每一个在这个环境中的我的同事们，能够得到同样的环境。"

教师设立的目标和选取的行动策略对其职业发展的过程和结果形成了直接影响。例如，教师 T1 在选择放弃科研后，科研陷入了停滞；教师 T2 一直坚持兼顾科研、教学、家庭的平衡发展，在这三方面都获得了成功；教师 T3 将重心转移到领导分配的事务性工作上之后，科研受到了影响，但获得了领导的肯定和赞誉；教师 T4 不仅成为了经验丰富的教学者，还成为了广受爱戴的管理者。

通过对 4 位教师的分析可以看出，选择能力是教师职业能动性的一个重要内涵。教师践行能动性的主要方式之一是权衡取舍不同的可能性，确立职业发展目标，而后采取一定的行动策略指导和落实个人行动，并根据情境的变化进行必要调整。教师在多种可能性之间做出的选择都极大地影响了其职业发展走向，体现了能动性对教师职业发展的重要作用。

（二）补偿能力

西方相关研究聚焦选择能力，而本研究发现，对失败或挫折进行补偿的能力也是教师能动性的一个重要内涵。为了能动地掌控职业生涯，教师不仅需要确立发展目标和行动方案等，还需要在面对挑战时有效处理失败和损失，保护自己的动机和情感（Vähäsantanen et al., 2008）。当 4 位教师的行为遭受挫折与失败时，补偿能力成为他们继续个人实践、实现职业发展的关键能力。一方面，他们会通过认知调整降低失败和挫折对个人信念造成的消极影响；另一方面也会通过行动调整提高实践成功的可能性，维持对自我的积极信念。

教师的补偿能力首先体现为对自我行动合理性和意义的评价上（Bandura, 2006）。当行动失败、控制感降低时，个体尤其注重对行为意义的阐释，试图理解、解释、接受不利事件，尽量为自己的行为赋予积极意义，避免伤及自我的本体安全。

例如，教师 T1 虽然承认放弃科研的决定未必有利于他的职业发展，使他科研效能感降低，但他并没有一味地否定自己的选择，他解释说：

> 我反正觉得一个完整的人生比一个成功的人生更有意义一点。所以我觉得要兼顾……反正个人的选择，一个是（做科研）很辛苦，另外一个究竟是不是最有意义的人生，最有意义的生活方式，这个也值得商榷。(T1)

通过对"成功的人生"和"完整的人生"的对比，教师 T1 为自己放弃科研这一选择赋予了更多的合理性。同样，教师 T2 虽然承认一些学生的（负面）评价曾让她感到挫败，但她依然认为自己的教学活动总体是成功的。教师 T3 也没有因为科研受阻而一味怨天尤人，他说：

> 看问题的角度我和他们不一样，我现在有压力，但各有各的活道，各有各的活法……live and let others live，我就是这个人生态度。(T3)

教师 T4 虽然感觉自己不是一个传统意义上的"官"，因此"很辛苦很辛苦"，但是秉着"公心出发"的原则，"很多老师他想发展的机会我给他了"，这种满足感让她忘却了过程中的艰辛与疲倦。

教师的补偿能力也同样体现在教师对个人行动成败原因的认知上。在总结成功经验时，他们更多地将之与个人的能力或努力联系起来。例如，教师 T1 教学技能的提高源于他对教育的投入，"参与学院的学生指导、学生活动还是比较多的"，教师 T2 认为她在科研上的成功"一个方面，最大的动力是爱好……第二方面就是我有很好的积累"。正确的心态也是重要因素。例如，教师 T3 面对困难"从来都把它作为一个财富，我绝对把它当作一个 asset"，教师 T4 在管理实践中秉持为他人服务的精神，"（我）从来都没有把它作为是为了这个（荣誉）才做，没有，我只是说我觉得我正好要做这个，给我这样一个平台来做，因为做项目的过程，我和我团队的老师们实际上学到了太多的东西啦。"

然而在遭受失败时，4 位教师中有 3 位将大部分责任归咎于环境的不支持。在他们的表述中，导致他们失败的最大原因不是个人能力的缺乏，而是环境对个人实践形成了阻碍。例如，教师要承担教学或其他事务的压力导致他们影响了科研工作，"我们也要完成那么多教学量，一个礼拜 16 节课，还有家庭……我哪有那么多精力去写"(T1)、"回来了之后，就在语言中心，把自己缠住了"(T3)；发表渠道有限，"现在大家都在全民写论文，全民发论文，很难很难的"（T1）；也有教师将科研发展不顺归咎于学校评价机制单一及标准过高，如教师 T4 在访谈中提到：

> 现在 research 对人，对一个大学教师的认可，应该肯定还是最强。你如果教书教得再好，你没有 publications，谁来认可你，对吧……现在因为我们没有一个（综合）评价的尺子，所以老师们实际上是很彷徨。（T4）

虽然也有教师会将部分责任归咎于自身，例如教师 T1 认为自己"没有什么科研能力"，教师 T3 在入职初期也认为自己适合上课，不适合搞科研。但是多数教师将失败更多地归结于学校制定的科研目标过高或个体无法企及等其他不可控环境因素，正体现了他们通过运用补偿能力降低失败对自己等负面影响以及保持积极心态的努力。

补偿能力不仅表现为教师的认知调整，也会表现为行为调整，尤其是对职业发展目标的重新选择——这既是教师对个人发展需要和现实情境中的资源与障碍进行全盘考虑后做出的重新选择，也是教师维持积极情感、维护本体安全的必要措施。当教师放弃原先似乎无法实现的目标并设立新的更可行的目标后，他们会从新目标的实现中获得成功和满足感，从而抵消原先的挫败感。例如，教师 T1 以教学、家庭的成功消减了科研带来的受挫感，教师 T3 以人际关系上的成功也抵消了科研受挫带给他的担忧。因此，教师行为上的调整并不能简单地定性为放弃和回避，而应该看作其补偿能力的体现，它们为教师重新获得自信、保持前进的动力提供了可能。例如，教师 T1 一度放弃科研后又重新开始，正是源于其在教学与家庭两个领域的成功中获得了信心的保证和情感的支持。

生命历程发展理论认为，补偿能力是实现人的最大发展的关键能力之一（Heckhausen, Wrosch & Schulz, 2010），本研究发现似乎验证了这个观点：教师通过对自己行动合理性和意义的评价，以及对成败经验的归因，在心理上避免了因失败而降低对自我的评价，保护了自我的积极情感，在行动上做出了相应的调整，从而使他们即便在挫败的情况下依然能够保持对生活的控制感，同样体现了个体试图理解并赋予自我生活事件特定意义的努力（Rothbaum, Weisz & Snyder, 1982）。总之，补偿能力和选择能力指导教师的思维和实践，引导他们对自我行为做出积极评价，为教师保持持续的努力提供了可能，二者共同构成了高校英语教师能动性的基本内涵。

二、能动性特征

本研究对数据的分析显示，4 位教师通过设立职业发展目标和行动策略，反思个人实践的意义和成败原因，对个人实践进行相应调整，形成了各自的职业发展过程，这些行为体现了他们能动地把握个人职业生活的能力。在此过程中，教师能动性体现出了连续性、个体差异性、动态性等特征。

（一）连续性

教师的能动性实践并不是孤立的行为，它们具有连续性特征。Emirbayer 和 Mische（1998）指出，能动性既受到过去思维、行为模式的影响，也受到对未来成就预期的制约，同时主体会根据当前场景中的需求、面临的抉择等做出实际的判断。简而言之，教师能动性处于过去、现在、将来这一连续性维度上，无论是教师的决策、行动还是反思，都是其过去经历、当前现实和未来期望三者共同作用的结果。

以教师 T2 为例，从其过去来看，教师 T2 幼年时就对文学产生了浓厚的兴趣，"喜欢读书……从别人的思想的闪光中找到了很多让我愉快的东西"，在研究生阶段很自然地选择了文学专业，发现除了阅读，"做科研还是蛮有意思的一件事情"，硕士论文的研究课题在博士阶段得到了继续和扩充，她的学术素养和研究能力得到了很好的发展，为她申请项目提供了可能，"好多东西都是从比如博士论文中间的一些想法、或者课程中的一些想法把它发展出来的。"教师 T2 对当前现实的考量在于要评定职称必须有一定的科研成果，因此"我们在这个体制下还是需要项目的"，同时她发现"别人都在申请"，也想去"申请一下、去尝试一下"。而她对未来的计划是能够在职业发展的道路上"推着自己往前再走一点"，而不是"沉溺在家庭的这种氛围中间"。当她将过去的积累、将来的目标整合于当前场景综合考虑后，做出了申请第一个科研项目的决定并获得了成功，成为她职业生涯中的一个关键事件。

个体的职业生涯是由一系列行动周期构成的（Heckhausen，2000），行动周期之间具有内在的联系。过去、现在、将来总是在变化之中，当前的行动相对未来的决定而言又会成为可供参考的过去经验。例如，教师 T2 的第一个项目的成功既可以看作前一个行动周期的结果，又可以看作下一个行动周期的过去经验，为她在新的行动周期内开始新的实践提供行为参照和信心保证，帮助她在科研的道路上坚定前行，并最终取得科研事业的丰收。

（二）个体差异性

能动性帮助人们获得对生活的最大控制感，为此他们需要采取一系列的首要或次要控制策略，或使环境满足个人需求，或使个人符合环境需求（Rothbaum, Weisz & Snyder, 1982）。在此过程中，教师会进行一系列认知和行为调整，其能动性的强弱和表现形式都不尽相同。

当教师采用首要控制策略时，他们更多地试图以个人行动获得符合（社会和个人）期望的结果，能动程度更强。这方面两位年轻教师的个体差异尤其明显。教师 T2 通过投身科研实现典型意义上的职业成功，一直保持着对科研、教学的热情，更多地运用了首要控制策略，能动性表现较强，对职业生活的控制感也较高。而教师 T1 因为遭受挫折决定放弃科研时，从积极改变自我生存现状、推动职业发展的角度来看，他的能动性要低于教师 T2，对职业生活的控制感也较低。

教师对自我实践的反思同样体现了个体能动性的差异。教师 T1 在反思自己的失败时，凸显教学、家庭、学校评价机制等因素与科研实践失败间的因果关系，并调整自我预期，不再将科研视为"生命中最重要的事情"，而转为追求"完整的人生"；而教师 T2 虽然也承认学校的评价机制挫伤了教师的积极性，但她对自我经验的叙述弱化了评价机制对她的影响程度，而更多地选择用个人努力来消弭这种不利影响。她与研究者分享了自己的态度和经验：

> 我会先把我自己的生活调整好，其他的事情我管不了那么多吧，有时候也会去关心一下，但如果我对自己就没有太大信心能起到很大的一个作用，那么我干脆就（不关心了）……（T2）

无论是认知还是行为的调整，教师 T1 都更多地运用了补偿能力，教师 T2 则更多地运用了选择能力。当然，选择能力和补偿能力并不具有排他性，教师 T1 对补偿能力的运用不表示他完全没有运用选择能力，教师 T2 运用选择能力也不表示她完全没有运用补偿能力，只是在不同的阶段，某种能力在不同的教师个体身上表现得更加突出而已。

个人面对环境时，可以接受、忽视、抗拒已有环境，也可以创造出新的环境（Billett, 2006；Fenwick & Somerville, 2006；Weedon, 1997）。

教师面对压力与挑战的不同反应也让他们以不同的形象出现在人们的视野之中：教师 T1 成为了困境中的挣扎者，教师 T2 成为以积极行动获得成功的职场赢家，教师 T3 成为娴熟的人际关系专家，教师 T4 成为成熟的教师领导者。

（三）动态性

个体的能动性并不是一成不变的存在，它的目标指向和强弱程度在人生不同的发展阶段会发生波动。当人们的行动受到环境的挑战和日常压力源的影响时，会降低对实现目标可能的预估，这又迫使个体调整甚至放弃既定计划或目标，转而将能动性重新投入到新的目标或路径上（Little, Snyder & Wehmeyer，2006）。以对科研的投入而言，教师 T1 的能动性先强后弱。他在入职之初还是对科研投入了相当大的期许，希望在这一领域获得成功，同时他刚刚完成的博士阶段的学习为他提供了一定的研究基础。在这一阶段，他的科研能动性很强。然而在发现他的努力没有相应的成果后，教师 T1 的能动性明显下降，取而代之的是对教学和家庭的更多投入。教师 T2 的能动性则是在经历一段上升期后保持了相对稳定。她在工作以后不愿意局限于家庭主妇的角色，决定"想往前走"，同时她也意识到"这个体制下还是需要（科研）项目的"，因此凭借自己一贯的执着和认真，通过积极地申请科研项目、撰写学术论文，实现了科研的从无到有。加上教学方面的付出也取得了较好的成果，教师 T2 赢来了自己事业有成的发展态势。这正是教师通过发挥自己的能动性，积极推动自我职业发展的典型案例。教师 T3 和教师 T4 由于教龄较长，科研能动性的波动更加明显和复杂。教师 T3 刚参加工作时对科研没有任何投入，几年后决定通过攻读学位提高科研能力，这一时期他的科研能动性最强，科研成果也最为丰富，后来领导安排的工作"把自己缠住了"，同时也因为他希望回报领导的器重，科研能动性随之下降。教师 T4 的科研能动性和教师 T3 类似，也经历了弱-强-弱的变化过程，只是导致她后期科研能动性下降的因素是她希望同事"能够得到同样的（良好）环境"，职业重心从追求个人发展转移到支持一线教师群体发展上。

三、能动性对教师职业发展的影响

基于对教师职业生活的分析，研究发现能动性对教师职业发展的影响主要体现在三个方面：教师情绪、教师知识以及教师认同。

（一）教师情绪

在教师发挥能动性的过程中，其情绪的不断变化影响着他们对自我生活世界产生的控制感、自主性和效能感（郭旭澄、郭永玉，2012）。教师的情绪既包含在他们对环境的转化之中，也包含在环境对主体行为倾向的转化之中（Barbalet，2002）。这种变化既可以是教师行为的结果，也可能成为其采取特定行动的诱因。当教师的行动产生了其预期的结果之后，教师会经历积极的情绪体验，对职业发展产生信心，体验较高的控制感，而控制感高的个体能够更好地面对逆境（Frazier et al.，2011），更加积极地做出决定，采取行动。例如，教师 T2 作为控制感较高的个体，在面对挫折时尽管也会出现焦虑、急躁的情绪，但很快就能调整情绪，"哪怕很大很大的困难在我这里也慢慢会化解"。这种积极的心理帮助她获得了积极情绪体验，因而她用"如有天助"来描述自己的职业发展。而当教师发现自己的行动并未产生预期的结果时，教师的效能感会降低，会产生焦虑、畏惧等消极情绪；当教师持续体会到行为与结果的不一致性时，甚至会产生对生活的不可控制感。教师 T1 就是一个典型个案：

> 我也冲过，但是冲到最后都被拒掉了，所以我觉得我还是没有什么科研能力的……我觉得只有像某某老师这种达到一定程度的人去做定性研究才能发出（文章）来的，像我这种做是发不出（文章）来的。（T1）

因此，他只能感慨科研之路"苦难重重"。当教师感受到失去控制感时，他会主动或被动地调整目标并调节自我以投入新的目标实现过程，从而摆脱现有的不利局面，恢复一定程度的控制感。例如，教师 T1 将焦点转向教学、家庭，并藉此获得了更多的成就感、满足感。这表面上似乎是教师面对失败的无奈之举，但从教师试图获取对生活的掌控角度看，这是教师为了摆脱消极情绪影响、维持职业发展动力而采取的积极策略。

（二）教师知识

教师在从事教学和科研实践过程中会不断积累相关知识，而能动性对教师知识的积累具有明显的促进作用。教师知识具有技术性、实践性和解放性等特征（陈向明，2003；吴一安，2008）。它包括相对固定的学科知识、受环境制约的实践性知识，以及涵盖教师职业观、职业道德、职业态度和职业发展观的解放性知识。教师发展过程中，三种知识都有可能增长，但个体知识增长的类型和程度有所区别。一方面，成功的实践能够推动教师知识的积累。通过攻读学位、国外进修、阅读文献等渠道，4 位教师有关英语语言的学科知识有了一定增长，为他们积累教学和科研的实践性知识提供了条件。在践行教学活动的基础上，他们积累了课堂内有关教学策略、方法的技术性知识，找到了提高教学成效的工具。教师 T1 认为让学生做展示是一种好的教学方法，教师 T2 重视将学生的反馈结合到教学之中，教师 T3 认为在基础阶段要帮助学生"把知识点打开，培养一个发散性的东西"，教师 T4 则通过给不同层次的学生布置不同的课堂任务增强学生的自信。更重要的是，课堂内外实践的进行使他们对教师这一职业形成了独特的认识，帮助他们在精神层面重新定义了自己的角色和责任。教师 T1 意识到老师不仅需要课堂内认真教学，更要对学生"爱在心头"。教师 T2 认为作为教师"得到学生的认可"是很重要的。教师 T3 提出不仅要教书，更要"育人"，教师 T4 则强调教师不但教书，更要关注学生的情感需求，将教学上升到"艺术"的高度。教师通过重新审视自己的职业身份和职业发展获得了解放性知识，对教师的教学理念、行为等都产生了积极的影响。另一方面，未能达成既定目标的行动使得教师对已获得的实践性知识产生质疑。例如教师 T1 在科研上通过查找资料、阅读文献、写论文等种种方式进行学术研究，但没有成功地发表论文，对相关实践性知识的有效性产生了质疑，最终甚至放弃了同样的实践，也使得先前获得的知识无法在这一时期以合理的形式固定为其知识系统的一部分。

（三）教师认同

教师的自我认同是教师依据个人专业经历所形成的作为反思性理解的自我，是教师对于自己作为教师的整体看法。自我认同是一个持续的过程，是教师将自身的行为、语言和实践放置于一定的社会情境中进行解释和归因从而达到内心的平和状态的过程，随着教师职业发展的进程不断演化（Huberman，1993）。它影响着教师专业发展的主体性、归属感和自我价值的寻求。能动性能够建构和重构教师的身份认同。教师实践或成功或失败的经验使教师获得了一定场景下的自我效能感，自我效能感的累积则是教师自我认同的必要基础。当教师面对挑战时，他可以采用不同的方法来应对和解决，其行动的结果对教师个人效能又有反馈作用。当教师的行动成功时，其个人效能感增强，当行动失败时，个人效能感削弱。个人效能感的变化"会对个体的发展产生深远的定向作用"(Bandura，1994：75)。例如，当教师 T1 初次涉足科研之时，他的自我效能感处于高点，因而采取了积极的行动来应对科研压力；当他的行为受挫后，自我效能感降低，对科研挑战采取了回避的态度，这又进一步弱化了他的自我效能感。当这些经验累加之后，教师 T1 认为自己缺乏科研能力，否定了自己作为"研究者"的能力，无法将自己定位为合格的"研究者"，出现了身份认同危机。教师 T2 则因为科研上的一帆风顺使她的效能感愈来愈强，也推动她继续重复科研实践活动，同时她对自己的课堂教学也具有自信，从而成功地建立了她的"教学者 / 研究者"身份，维护了其身份认同。教师 T3 和教师 T4 对"教学者"的身份认同强于对"研究者"的认同，二者形成了不平衡关系，同时由于他们在教学、科研之外还需要从事额外工作，又获得了"人际关系专家"(T3)或"教师领导者"(T4)的身份认同。

四、能动性影响因素

个体能动性和社会结构并不是两个互相孤立的概念，而是两种互补的看待社会实践的角度 (Giddens，1984，1991)。能动性既影响教师职业的结构和环境特征，也受到该特征的影响 (Datnow, Hubbard & Mehen，2002)，是个人与特定社会情境互动调节的结果 (Lasky，2005)。本研究对 4 位教师叙事材料中蕴含的影响因素进行聚类分析，发现个人特质和环境因素能够统领一系列相关子类别，而对素材的进一步分析又发现了个案差异。

(一) 个人特质

研究显示，影响高校英语教师能动性的个人因素包括教师的专业知识、教师职业信念和价值观、心理稳定性、人际交往能力等。

教师是否拥有专业发展所要求的知识是其能否发挥主观能动性的前提条件，同时能动性的发挥又可以帮助教师获得更多的知识，确立和实现更高的目标，从而实现教师发展的良性循环。教师的知识可以来自于入职前的学习或培训，如教师 T1 和教师 T2 博士阶段的学习积累了一定的专业知识；可以来自于入职后的学习或进修，如教师 T3 和教师 T4 攻读学位或到国外进修；可以来自于其他同行专家的指导，如教师 T2 参加导师的项目，可以来自于资深教师的引领，如教师 T1 得到了同事的鼓励和引导。当教师拥有充足的知识储备时，其教学和科研实践更容易取得成功，也会鼓励他们继续已有的实践。当教师实践失败时，他们往往也会以进修等方式扩大知识储备，提高实践成功的可能性。

教师的职业信念和价值观也会直接激发教师的行为动机和策略。作为一线教师，高校英语教师的课堂教学直接反映了他们对职业角色和职责的定义。他们认为，"对学生要爱护，要爱在心头"，要"以一种开放的心态来看待学生的学习"，鼓励学生在学习之余积极参加社团活动 (T1)；虽然科研已经占据了很多时间，但"学生的事情该顾的还是要顾"，哪怕"科研上要稍微滞后一点"也愿意 (T2)；"不仅是教语言"，更要"真正地做到教书育人"，给学生的教育"一定 positive"(T3)；当学生"掌握了他们应该了解的知识，掌握了他们应该掌握的能力"时，便是"做教师的最大幸福"(T4)。

面对工作中的种种挑战，是否具备稳定的心理素质是教师能否更好地面对并解决不利因素的重要条件。有些教师"心理素质还是蛮强的"，"哪怕很大很大的困难在我这里也慢慢会化解"(T2)；"化解压力（的能力）比较好"，"对压力的看法不一样"(T3)；即便遭受别人的误解，"可能当时有一点点不舒服，但是很快就排解掉了"(T4)。而如果教师的心理素质不够稳定就会因为当前情境中的"重重困难"而更容易放弃追逐既定目标，"（职称）评上就评上，评不上也不能把自己逼死。只能是这样子的咯"(T1)。

教师的工作环境充斥着各种复杂的人际关系，是否具有良好的人际关系能力也影响着教师的职业发展。教师会维护师生间的良好互动，"要让学生喜欢上你的课"(T1)；面对同行专家，"别人交代的事情不做好的话是对人家信任的一种辜负，我是不能去做这种事情的"(T2)；用 "live and let others live" 的人生态度处理和学生、同事之间的关系，"和大家完全融合在一起"(T3)；虽然领导的安排影响了业务工作，但依然对"领导很感激"(T3)；在担任管理职务时重视和同事的交流，"你一件事情你总要沟通嘛，让人家理解你嘛"(T4)。

（二）环境因素

教师所处的生活环境包含多个层面，推动或阻碍他们的行动（Bronfrenbrenner，1995）。教师能动性的发挥不仅受到教师个人因素的影响，也是教师个人生活和社会、文化及机构环境之间互动的结果（Day et. al.，2007）。

分析显示，环境对教师发挥能动性的支持主要体现为榜样人物的引领作用。这些榜样可能是他们的老师，让他们得到严谨的学术训练，感受到"观点、思想的碰撞"（T2），学习到严谨的"scientific spirit"，（T3），得到"一种自信心的增加"（T4）；可能是年长的同事，他们会成为教师心中"偶像级的人物"（T1），也可能是单位的领导，他们的"远见和他站在很高的高度为教师的个人发展提供了支持"（T4）。他们在专业知识、教学方法、科研精神、为人处世等不同方面展现出了令教师们欣赏甚而崇拜的素质，而后者在自己的职业生涯中将这种欣赏、崇拜转化为模仿和实践，从而对自己的职业发展产生了积极影响。

教师的职业环境中充斥着各种权力关系，对其行为产生影响。受到重视"人和"的传统文化的影响，教师会尽量避免冲突，并可能因此进行妥协，做出未必符合个人意愿的选择。例如，教师感觉"导师的任务是不得不接的一个任务"（T2），或者因为领导"交给我一个任务"而无法拒绝（T3）。尽管服从权力关系从结果来看对教师职业发展并不完全是负面的，例如教师T2接受导师任务后锻炼了科研能力和人际交往能力，教师T3接受领导任务后出色的表现也为他带来了新的职业发展契机，但服从他人安排的行为本身意味着他们被剥夺了独立选择和行动的自由，个体能动地掌控职业发展命运的程度也受到削弱。

此外，目前高校英语教师普遍面临重科研、轻教学的机构文化所带来的压力，即便他们可以通过教学等其他领域的成功获得一定的成就感，但在评价体制中无法得到肯定，"教书教得再好，你没有publications，谁来认可你"（T4）。面对群体共同默认的事实，即便对科研不感兴趣的教师也不得不无奈地投入相当的时间、精力，试图通过科研实践改变自身的处境，而他们对自我努力的成果也寄予了更多的期望。当期望无法达成时，教师在心理上困惑、无助，在行为上却又无法完全放弃，只能感慨科研是"必须要做的事情，但是不容易做的"（T1）。另一方面，他们的实践又进一步强化了科研为先的氛围，迫使更多的教师采取同样的行为，也进一步加大了自己的压力，成为"全民写论文，全民发论文"的受害者和推动者。

在中国这样一个以家庭为基本单位的文化中，虽然家庭生活质量不等同于职业发展水平，但它能在很大程度上影响教师做出的选择和行动。例如，教师 T1 把"家庭要平稳"视为首要任务（T1），教师 T2 重视家庭和工作的平衡，即便工作繁忙也要保证为家人付出"精力和时间"，教师 T3 选择自己承担工作压力，不让家人"烦这个事"（T3），教师 T4 则在繁忙的工作之余更珍惜陪伴家人的"那种幸福感觉"（T4）。家庭的支持成为教师在职场驰骋的重要保障，家庭的需要也成为教师减少职业投入的直接原因，而当职业发展的努力受挫时，家庭也为他们提供了回归的避风港，成为他们获得控制感和满足感的另一源头。

通过对高校英语教师能动性影响因素的分析，我们发现教师的能动性是在个体与环境中的结构及文化特征的互动中形成并体现出来的，一方面，教师的个人生活经历和经验具有不可复制性，每个个体都是独一无二的，拥有的资源、面对的挑战也不尽相同，因此每个个体都会在科研、教学、家庭之间进行相应的权衡和取舍，并采取一系列行动，形成具有鲜明个人特色的发展道路。另一方面，当个体进入教师这一职业人群后，社会对该群体的期望、要求、规则、资源、限制等以群体默认符号的形式进入教师的视线，使其对自我身份形成基本认知，引导其从事相关实践并对其行动进行监管和反思。这一过程对教师个体的认知、行为和信念又产生了约束，对个体能动性的发挥产生了影响。显然，如果单从个人特质或环境因素着手都只能揭示影响教师能动性的部分因素，因此我们必须将教师的职业生涯置于其个人生活乃至社会生活的全景中，从认识论的高度展示教师能动改变其职业命运的广阔图景及教师个人特质与环境因素间复杂而深刻的联系。

第六节　结　语

高校英语教师能动性对其知识建构、自我效能、自我认同等具有重要意义，因此研究能动性是在叙述与反思、对话与协商中关注这一群体，为教师教育和发展点亮的一盏明灯，是对教师生存状态的直接关怀。

通过叙事，4 位教师向我们展现了他们在复杂的职场环境中试图把握个人命运的努力。虽然他们的职业生活充满着各种不确定性，有时教师的自尊、效能感和自我定位会受到挑战甚至伤害，但他们不但能够通过设置职业发展目标并积极采取行动从而提升专业发展水平，也能够在面临失败的威胁时通过反思和调整最大程度地避免职业动机的丧失和自我定位的坍塌。虽然他们处于重压边缘，但依然能为掌控个人生活进行努力——即便是一些看似消极回避的做法之下也暗含着对生活的不言放弃、对生命价值的再定义和再追索，这为教师建构和重构自我身份提供了基本锚点。显然，能动性的意义不仅在于帮助教师实现职业发展，更在于将职场行为同教师对生命本质和价值的追寻联系起来，帮助他们重新审视职业发展对个人生活的意义，从而为教师建构和重构自我身份提供了基本锚点。

　　教育叙事研究的意义不仅在于教师个体经验的叙述和表达，也在于群体对该经验的分享和诠释。这 4 位教师能动把握职业发展的经历能够为身处现代矛盾和冲突中的教师群体和其他职业人群提供重新审视生命历程的积极借鉴，帮助大家重新认识个体能动"自救"的意义与可能，从而在矛盾重重的现代社会中积极探索，塑造自我人生，成为个人命运的掌控者。

参考文献

Ahearn, L. M. (2001). Language and agency. *Annual Review of Anthropology*, 30(1), 109-137.

Antikainen, A., Houtsonen, J., Kauppila, J., & Huotelin, H. (1996). *Living in a Learning Society: Life-Histories, Identities and Education*. London: Falmer Press.

Bandura, A. (1991). Human agency: The rhetoric and the reality. *American Psychologist*, 46, 157-162.

Bandura, A. (1994). Self-efficacy. In V. S. Ramachaudran (Ed.), *Encyclopedia of Human Behavior* (Vol. 4, pp. 71-81). New York: Academic Press.

Bandura, A. (2006). Toward a psychology of human agency. *Perspectives on Psychological Science*, 1, 164-180.

Barbalet, J. (2002). Introduction: Why emotions are crucial. In J. Barbalet (Ed.), *Emotional Sociology* (pp. 1-9). London: Blackwell Publishing.

Beijaard, D., Meijer, P. C., & Verloop, N. (2004). Reconsidering research on teachers' professional identity. *Teaching and Teacher Education*, 20(2), 107-128.

Biesta, G., & Tedder, M. (2007). Agency and learning in the life course: Towards an ecological perspective. *Studies in the Education of Adults*, 39(2), 132-149.

Billett, S. (2006). Work, subjectivity and learning. In S. Billett, T. Fenwick & M. Somerville (Eds.), *Work, Subjectivity and Learning: Understanding Learning Through Working Life* (pp. 1-20). Dordrecht: Springer.

Bronfenbrenner, U. (1995). Developmental ecology through space and time: A future perspective. In P. Moen & G. H. Elder, Jr. (Eds.), *Examining Lives in Context: Perspectives on the Ecology of Human Development* (pp. 619-647). Washington, DC: American Psychological Association.

Connelly, M., & Clandinin, D. (1990). Stories of experience and narrative inquiry. *Educational Researcher*, 19 (4), 2-14.

Datnow, A., Hubbard, L., & Mehen, H. (2002). *Educational Reform Implementation: A Co-constructed Process*. London: Routledge.

Day, C., Sammons, P., Stobart, G., Kington, A., & Gu, Q. (2007). *Teachers Matter: Connecting Lives, Work and Effectiveness*. Maidenhead: Open University Press.

Edwards, A. (2005). Relational agency: Learning to be a resourceful practitioner. *International Journal of Educational Research*, 43(3), 168-182.

Edwards, A. (2009). From the systemic to the relational: Relational agency and activity theory. In A. Sannino, H. Daniels & K. Gutierrez (Eds.), *Learning and Expanding with Activity Theory* (pp. 197-211). Cambridge: Cambridge University Press.

Elder, G. H., Johnson, M. K., & Crosnoe, R. (2003). The emergence and development of life course theory. In J. T. Mortimer & M. J. Shanahan (Eds.), *Handbook of The Life Course* (pp. 3-19). New York: Kluwer.

Emirbayer, M., & Mische, A. (1998). "What is agency?" *American Journal of Sociology*, 103(4), 962-1023.

Eteläpelto, A., Vähäsantanen, K., Hökkä, P., & Paloniemi, S. (2013). What is agency? Conceptualizing professional agency at work. *Educational Research Review*, 10, 45-65.

Evans, K. (2007). Concepts of bounded agency in education, work and the personal lives of young adults. *International Journal of Psychology*, 42(2), 85-93.

Fenwick, T. (2006). Escaping / becoming subjects: Learning to work the boundaries in a boundaryless work. In S. Billett, T. Fenwick & M. Somerville (Eds.), *Work, Subjectivity and Learning: Understanding Learning Through Working Life* (pp. 21-36). Dordrecht: Springer.

Fenwick, T., & Somerville, M. (2006). Work, subjectivity and learning: Prospects and issues. In S. Billett, T. Fenwick & M. Somerville (Eds.), *Work, Subjectivity and Learning: Understanding Learning Through Working Life* (pp. 247-265). Dordrecht: Springer.

Frazier, P., Keenan, N., Anders, S., Perera, S., Shallcross, S., & Hintz, S. (2011). Perceived past, present and future control and adjustment to stressful life events. *Journal of Personality and Social Psychology*, 100(4), 749-765.

Giddens, A. (1984). *The Constitution of Society: Outline of the Theory of Structuration*. Cambridge: Polity.

Giddens, A. (1991). *Modernity and Self-identity*. Stanford: Stanford University Press.

Hadar, L., & Brody, D. (2010). From isolation to symphonic harmony: Building a professional development community among teacher educators. *Teaching and Teacher Education*, 26, 1641-1651.

Heckhausen, J. (2000). Developmental regulation across the life span: An action-phase model of engagement and disengagement with developmental goals. In J. Heckhausen (Ed), *Motivational Psychology of Human Development: Developing Motivation And Motivating Development* (pp. 213-231). Oxford, England: Elsevier.

Heckhausen, J., Wrosch, C., & Schulz, R. (2010). A motivational theory of life-span development. *Psychology Review*, 17(1), 32-60.

Hitlin, S., & Elder, G. H. (2007). Time, self and the curiously abstract concept of agency. *Sociological Theory*, 25(2), 170-191.

Holland, D. C., Lachicotte, W., Skinner, D., & Cain, C. (1998). *Identity and Agency in Cultural Worlds*. Cambridge, MA: Harvard University Press.

Huberman, M. (1993). *The Lives of Teachers*. London: Cassell.

Jessop, T., & Penny, A. (1998). A study on teacher voice and vision in the narratives of rural South African and Gambian primary school teachers. *Educational Development*, 18(5), 393-403.

Ketelaara, E., Beijaarda, D., Boshuizen, H. P. A., & Brok, P. J. D. (2012). Teachers' positioning towards an educational innovation in the light of ownership, sense-making and agency. *Teaching and Teacher Education*, 28 (2), 273-282.

Lasky, S. 2005. A sociocultural approach to understanding teacher identity, agency and professional vulnerability in a context of secondary school reform. *Teaching and Teacher Education*, 21, 899-916.

Lave, J., & Wenger, E. (1991). *Situated Learning: Legitimate Peripheral Participation*. Cambridge: Cambridge University Press.

Lipponen, L., & Kumpulainen, K. (2011). Acting as accountable authors: Creating interactional spaces for agency work in teacher education. *Teaching and Teacher Education*, 27(5), 812-819.

Little, T. D., Snyder, C. R., & Wehmeyer, M. (2006). The agentic self: On the nature and origins of personal agency across the lifespan. In D. Mroczek & T. Little (Eds.), *Handbook of Personality* (pp. 61-79). New Jersey: Lawrence Erlbaum Associates, Publishers.

Miles, M. B., & Huberman, A. M. (1994). *Qualitative Data Analysis: A Sourcebook of New Methods* (2nd ed.). Thousand Oaks, CA: Sage.

Packer, M. J., & Goicoechea, J. (2000). Sociocultural and constructivist theories of learning: Ontology, not just epistemology. *Educational Psychologist*, 35(4), 227-241.

Prawat, R. S. (1996). Constructivism, modern and postmodern. *Educational Psychologist*, 31(3-4), 215-225.

Rothbaum, F., Weisz, J. R., & Snyder, S. S. (1982). Changing the world and changing the self: A two process model of perceived control. *Journal of*

Personality and Social Psychology, 42, 5-37.

Sannino, A. (2010). Teachers' talk of experiencing: Conflict, resistance and agency. *Teaching and Teacher Education*, 26, 838-844.

Snyder, C. R. (1994). *The Psychology of Hope: You Can Get There from Here*. New York: Free Press.

Vähäsantanen, K., Hökkä, P., Eteläpelto, A., Rasku-Puttonen, H., & Littleton, K. (2008). Teachers' professional identity negotiations in two different work organizations. *Vocations and Learning*, 1(2), 131-148.

Vähäsantanen, K., Saarinen, J., & Eteläpelto, A. (2009). Between school and working life: Vocational teachers' agency in boundary-crossing settings. *International Journal of Educational Research*, 48, 395-404.

Watkin, C. (2005). *Classrooms as Learning Communities*. London: Routledge.

Weedon, C. (1997). *Feminist Practice and Poststructuralist Theory* (2nd ed.). Oxford: Blackwell.

Wenger, E. (1998). *Communities of Practice: Learning, Meaning, and Identity*. New York: Cambridge University Press.

陈向明，2003，实践性知识：教师专业发展的基础，《北京大学教育评论》（1）：104-112。

陈向明，2012，《质性研究方法与社会科学研究》。北京：教育科学出版社。

顾佩娅，2008，解析优秀外语教师认知过程与专业成长，《外语研究》（3）：39-45。

顾佩娅、古海波、陶伟，2014，高校英语教师专业发展环境调查，《解放军外国语学院学报》（4）：51-58，83。

郭旭澄、郭永玉，2012，社会情境中的控制感，《心理科学进展》（11）：1860-1868。

刘学惠，2005，外语教师教育研究综述，《外语教学与研究》（3）：211-217。

文秋芳、任庆梅，2011，探索我国高校外语教师互动发展的新模式，《现代外语》（1）：83-90，110。

吴一安，2008，外语教师专业发展探究，《外语研究》（3）：29-38，112。

战菊，2010，大学英语教师的叙事分析：信念及其构建，《中国外语》

（5）：68-76。

张莲，2013，高校外语教师专业发展的制约因素及对策：一项个案调查
报告，《中国外语》（1）：81-88，102。

张娜，2012，教师专业发展能动性量表的研制，《心理研究》（3）：78-84。

周燕、张洁，2013，外语教师的课堂角色——重要他者，《中国外语》
（6）：96-102。

附录一：访谈提纲

尊敬的＿＿＿＿＿＿＿＿老师：

本次访谈意在通过下面一些问题进一步了解您的<u>工作和生活故事</u>，<u>倾听您对自身成长和发展过程的描述和总结</u>。请您在回答时畅所欲言，尽量辅以详细的例子或者故事与我们分享您的感受与想法。由于您讲的肯定比我写得快，为了不漏掉重要信息和深入研究的需要，我们的谈话需要录音，我们承诺对您的讲话内容严格保密，并仅用于本次科研目的。感谢您的支持！

我们在访谈中可能会问到的问题包括：

1. 您对自己的整个职业生涯发展过程有什么感受？在您回顾自己的职业生涯时，有哪些人或事对您产生了重大影响？

2. 您在刚开始工作的时候，是否为自己设立了什么目标？如果有的话，为什么会设立这样的目标？

3. 您在设立目标之后，采取了什么行动实现这些目标？

4. 在您采取行动的过程中，有哪些因素推动或阻碍了您的行动？

5. 随着您工作时间的增加，您的目标是否出现了变化？如果有的话，是在什么样的情境下产生了这样的变化？

6. 在您的职业发展过程中，是否遇到过什么挫折或困难？您是怎么处理的？

7. 当您将入职初期和如今的职业发展状态做对比的时候，有哪些变化？导致这些变化的最大原因是什么？

8. 关于您的职业发展经历，您还有其他需要分享的故事或补充的内容吗？

再次感谢您的支持和帮助！

附录二：个案数据分析

表 8-2　个案数据分析

能动性内涵	能动性践行方式	教师 T1	教师 T2	教师 T3	教师 T4
选择能力	设立目标	提高教学能力 提高科研能力	教学、科研、家庭平衡发展	提高教学能力	提高教学能力
	选择行动策略	进行教学实践 向核心期刊投稿	申请项目 进行教学实践 照顾家人	进行教学实践	进行教学实践 在职进修
	调整目标	暂时放弃科研 重新开启科研		提高科研能力 完成领导指派任务	提高科研能力 为同事创造发展环境
	调整行动策略	重视教学与家庭 暂停科研实践 申请科研项目	申请教改项目	攻读硕士、博士学位 发表论文 减少科研实践	国外进修 发表论文、编教材 协调教师关系 主持集体科研项目 申请教师集体进修项目
补偿能力	认知调整	行动评价： 有效掌控学生 拥有完整人生	行动评价： 平衡发展	行动评价： 自有活道	行动评价： 公心出发
		归因： 缺乏科研能力 发表渠道有限 时间、精力不足	归因： 个人兴趣 团队交流 专注与高效 心理素质	归因： 科研能力不足 时间、精力不足	归因： 评价机制 个体拼搏有难度
	行动调整	重视教学与家庭	申请教改项目	专心做管理	促进群体成功

第九章
解放自我：高校青年英语教师转化性学习研究[①]

陶伟

第一节　引　言

《国家中长期教育改革和发展规划纲要（2010–2020）》提出，要"建设高素质的高校教师队伍"。当前中国深度变革的时代更是呼唤教师成为"转化性知识分子"（吉鲁，1988 / 2008）。根据教育部发布的 2013 年教育统计数据，40 岁以下的青年教师是高校教师队伍的主体，占比接近 60%，他们的生存与发展状态直接关系着高校发展、人才培养和教育事业的未来。但近年来的研究显示，高校青年教师面临巨大的生存压力和发展困境（郝迪婧、闫志刚，2014；胡萍萍、陈坚林，2014；吴寒，2011；徐浩，2014；于兰，2007），被称为"青椒"和"工蜂"，有些教师甚至不愿意继续从事这一职业（廉思，2012）。在此背景下，高校青年教师迫切需要专业学习，以深入理解和有效应对各种困境。但国内教师学习实践仍受工具理性制约，不利于教师挣脱自我和外在环境的束缚，其中一个重要原因是对教师作为成人学习者的本质特征认识不足。因此，借用成人学习理论和方法指导教师学习研究和实践成为一条必然出路。

成人学习视角认为教师本身也是强大的变革力量，其作为成人的学习具有转化和解放潜能（Day，1999；Webster-Wright，2009；朱旭东、周钧，2007），这与近些年普通教育领域兴起的批判视角一致。批判视角的研究分布在从通过批判性自我反思实现自我转变到通过社会现象批判追求社会公正的连续统上（Brookfield，2005）。我们认为，对当前中国高校青年教师而言，解放自我和转变社会并不矛盾，教师需要通过深度学习实现个体生命价值、解放自我，并进而推动学生、课堂、学

---

① 本章部分内容发表于《外国教育研究》2015 年第 1 期。

校和社会的变革性发展（韩明、王世伟，2010；周钧、罗剑平，2014）。这种聚焦个人转变的同时辐射社会转化的教师学习应该成为重要的探究话题。国外成人学习领域的转化性学习理论（transformative learning theory）为此提供了良好的理论视角和研究框架。

本研究以转化性学习理论为指导，探究中国社会文化环境下高校青年英语教师的转化性学习经历、过程和影响因素。研究希望通过揭示高校青年英语教师的深度学习过程和机制，为他们深入理解和有效应对当前的生存和发展困境，实现深度学习和发展，并进而推动课堂乃至社会的变革提供参考。

第二节　文献综述

一、转化性学习概念内涵

转化性学习是成人学习领域的一个新兴概念，最早由美国哥伦比亚大学已故教授 Jack Mezirow 于 1978 年基于对女性学习的扎根理论研究提出，它包含这样一个过程，即"转变人们习以为然的认识参照体系（frame of reference），使其更具包容性、辨识性、开放性、情感应变力和反思性，以产生更加正确合理的信念和观点，指导实践"（Mezirow，2000：7-8）。目前，转化性学习这一概念同时包含三层互相关联的涵义，即转化性学习过程（transformative learning）、转化性学习结果（transformation）和转化性教育实践（transformative education）（Fisher-Yoshida，Geller & Schapiro，2009）。转化性学习过程指的是学习者在转化性学习经历中的内在心理和行为过程（感受到了什么，体验到了什么，做了什么）；转化性学习结果指的是已经发生的深刻持续的变化；转化性教育实践则是为达成转化性学习目的而设计的项目、经历、干预措施、教学实践等（Fisher-Yoshida，Geller & Schapiro，2009）。

转化性学习是一种"醍醐灌顶"式的学习（陈向明，2013），是一种质变性学习（Illeris，2014），是一种深度学习（宋广文、刘凤娟，2014），与以增加或延展已有知识为主的知识性学习（informative learning）不同，它不仅改变知识结构，还转变认识体系。认识体系指的是成人"过滤感官印象的假设和期望结构，包括认知、情感和意动三个维度；认识体系通过预设我们的意图、期望和目的选择性地形塑和限制我们的感知、认知、感情和倾向；为我们提供了阐释经验意义的参照"（Mezirow，2000：16）。认识体系由具体观点和思维习惯组成（Mezirow，2000），思维习惯是宏大的世界观、人生观、价值观层面的认识，对应日常所说的深层次"信念体系"（Mezirow，1991），信念体系不直接指导实践，但通过外显为多个直接指导实践的具体观点内隐地、间接地发挥导向作用。因此，转化性学习是转变具体观点及信念体系的深度学习。

本研究关注高校青年英语教师的转化性学习过程及其影响因素，主要探究高校青年英语教师入职后在转化性学习经历中体验到了什么，做了什么，有哪些人和事影响了他们的转化性学习经历，这些经历给他们带来了哪些方面深刻且持续的变化。研究也希望为各方如何创造条件以实现教师的转化性学习提供启示。

二、转化性学习理论模型

转化性学习概念一经提出便引发了热烈的学术研讨。在过去30多年的争鸣中，该理论找到了以 Habermas 为代表的解放性学习思想作为其哲学支撑，也对认识体系、批判性反思、反思性交流等主要概念进行了详细的探究，使其内涵更加清晰明确。现在，该理论已走向成熟。转化性学习理论的核心思想集中反映在其理论模型中，该模型由4个阶段10个步骤组成（见表9-1）。转化性学习起始于成人在现实生活中遭遇的迷惘困境，即危机性事件，包括给成人带来较大冲击的单一事件或一系列逐步累积和强化影响的相关事件（Cranton，2006；Mezirow，1991）。这种危机仅靠成人现有认识体系很难理解、阐释和应对。因此，在困境出现后，成人需要批判性反思，他们会带着特定情感对困境本身进行审视，继而批判性地评价困境背后的认识体系，前者包含内容反思和过程反思，后者则是对前提预设的反思（Kitchenham，2008；Mezirow，1995）。仅有自身的批判性反思还不够，成人需要积极地与他人对话，在相互分享和交流中意识到他人也有类似或不同的经历，并在综合反思各种认识的基础上探索新的角色、行动和关系。最后，成人在批判性反思和交流中形成的新信念还要通过实践的检验。为此，成人需要计划行动路线，获取相关知识和能力，并实际尝试新角色、新行动和新关系，进而对新理念产生信心，最终用新理念指导更多实践。

这一关注转化性学习过程的模型凸显了成人学习的三个本质特点：

首先，深层的成人学习触动其世界观、人生观和价值观，指向成人认知、情感和行为各方面的深度转化和发展，直达自我解放，也即摆脱原有价值观念的桎梏。其次，成人实践，特别是实践中的迷惘困境是成人学习及转变的前提。与 Dewey 的经验学习、Schön 的反思性实践理论一样，转化性学习理论特别重视成人的实践经验在他们学习与发展中的重要作用。与这些理论不同的是，转化性学习理论突出强调了实践中的迷惘困境，认为没有迷惘困境，触及世界观、人生观和价值观的深层次转化性学习很难发生。第三，批判性反思和反思性交流是成人认识体系转变的关键要素（Mezirow，2006）。正是批判性反思使得转化性学习有可能走向解放性学习（Mezirow，1990），引领着成人挣脱固有认识的束缚，重新形塑更具包容性、辨识性、开放性、情感应变力和反思性的认识（Mezirow，2000，2012）。而自由充分地参与反思性交流有助于成人跳出依赖传统方式和权威人物做决定的窠臼（Mezirow，2003）。

表 9-1　转化性学习理论模型（Mezirow，2000）

阶　段	步　骤
1. 迷惘困境	1）迷惘困境
2. 批判性反思	2）带着恐惧、愤怒、内疚和羞愧感进行自我审视
	3）对假设进行批判性评价
3. 反思性交流	4）意识到个体的不满和转化过程是共享的
	5）在实践中探索新角色 / 行动 / 关系
4. 行动	6）计划行动路线
	7）获取执行个人计划的知识与技能
	8）尝试新角色 / 行动 / 关系
	9）在探索性活动中建立能力和自信
	10）带着新信念进入实践

以 Mezirow 的这一模型为参考，不同领域的研究者对转化性学习框架进行了本土化，多数研究发现具体情境中的转化性学习过程很难细化到如此具体的 10 个步骤，因而多归纳出一些类似于本模型 4 个阶段的转化性学习阶段。比如，Nohl（2015）基于对不同领域多个群体转化性学习叙事访谈数据的分析，提炼出了转化性学习的 5 个典型阶段：

（1）不确定性的新开始；（2）试验性和无方向性的探究；（3）社交性的测试和映射；（4）新实践从边缘转向中心；（5）社交性的强化和重构认识体系。这些研究的启示是：实际的研究中更应该以转化性学习阶段而不是具体步骤为参考，同时需要结合宏观社会文化和具体研究情境对转化性学习框架进行本土化。因此，本研究以 Mezirow 过程模型中的 4 个阶段为指导，对中国情境下的一组高校青年英语教师进行研究，收集和分析他们的转化性学习数据，以基于数据分析建构本土化转化性学习框架。

三、教师转化性学习研究

转化性学习对成人学习本质特点的深刻认识，以及其理论模型的可操作性使它成为成人学习研究的主导理论之一，目前已广泛应用于成人学习研究（Taylor & Synder，2012）。近年来在国外教师学习研究领域也得以快速发展，顺应了将教师发展置于成人发展大环境之下，关照教师作为成人学习者需求的这一呼吁（Farrell，2014）。笔者同时以 teacher 和 transformative learning 为主题词在 ERIC、PQDT、Elsevier 等主要外文数据库中搜索到期刊论文、学位论文和学术专著三类文献近百篇。这些研究的内容可概括为四大主题：教师发展项目中转化性学习现象描述，转化性学习过程研究，转化性学习项目、模型设计和转化性学习影响因素探索。

转化性学习现象描述研究（如 MacKenzie et al.，2010；Hutchison & Rea，2011；McBrien，2008）多通过调查分析教师在各种专业发展项目中的学习经历，揭示出一些转化性学习的本质特征，据此指出这些项目在促进专业发展中的作用。转化性学习过程研究刚起步，主要是应用 Mezirow 的理论模型进行的探索性实证研究（如 Carracelas-Juncal et. al.，2009；Cuddapah，2005；Osterling & Webb，2009），这些研究在基本验证 Mezirow 转化性学习理论模型可操作性的同时结合本土情境对转化性学习过程进行了拓展和深化，研究成果集中反映了批判性反思的引领作用以及转化性学习过程的复杂性和非线性特征。一些研究（如 Baran，2011；Dyson，2010；Sifakis，2007）批判地分析了教师发展存在的现实问题或研究局限，呼吁引入转化性学习理论，并尝试设计为特定情境服务的转化性学习项目、课程或模型。转化性学习受多元环境因素的影响，但相关研究极少。一些转化性学习过程研究涉及了影响因素，但只是简要概括。也有几项研究（如 Peters，2014；Saavedra，1996）专门论述了特定教师教育实践项目中哪些因素促进了教师的转化性学习，发现影响转化性学习的因素有三个共同特征：与教师的实践紧密相连、有助于教师的批判性反思、促进了教师间的互动交流。

已有教师转化性学习研究采用了质性研究、非材料研究、混合研究和量化研究多种方法，其中质性研究占绝对优势，且质性研究的具体数据收集和分析策略呈多样化特征，这与转化性学习在扎根理论研究中产生有关，也与该现象的成熟程度、哲学理念和关注的问题有关（Merriam & Kim，2012）。研究参与者方面，已有研究涉及职前、中小学和大学教师，其中职前和中小学教师所占比例较大，对大学教师的研究较少。研究场景方面，美国文化背景下的研究占据着绝对优势，其他也以加拿大、澳大利亚、英国等英语国家为主。

整体而言，国外教师转化性学习研究在内容、方法与参与者三方面存在明显不足。第一，内容上，已有研究过于重视描述教师转化性学习现象，主要通过揭示具体观点或信念体系的转变说明转化性学习的发生，对教师转化性学习过程和影响因素的关注不够，特别是尚未充分探究人际关系、情感、文化等因素如何在教师转化性学习中发生作用；此外，已有研究未探索教师转化性学习过程中的迷惘困境、批判性反思、反思性交流、行动这些阶段本身在具体情境中所具备的丰富内涵和特征。第二，方法上，研究过于聚焦教师在特定项目中的转化性学习，对教师日常工作生活实践等自然状态下的转化性学习研究不够；研究场景过于集中在英语国家，其他文化背景下的教师转化性学习研究亟待开发。第三，研究参与者偏重于职前和中小学教师，对大学教师研究不够。相比国外，国内教师转化性学习研究尚处于起步阶段，只有极少数研究者介绍并探讨了该理论对教师学习研究的启示，呼吁将教师学习的价值从人作为教师的专业发展转向教师作为人的健全发展（陶伟、顾佩娅，2015；伍叶琴，2013；张永，2013），相关实证研究还很鲜见。

第三节　研究设计

一、研究问题

本研究以转化性学习理论为指导，探究一组中国高校青年英语教师的转化性学习经历、过程及影响因素，以深化对高校青年英语教师深度学习和发展的理解。研究特设计如下3个问题：

1）高校青年英语教师入职后经历了哪些方面的转化性学习？
2）高校青年英语教师的转化性学习过程是怎样的？
3）哪些因素影响了高校青年英语教师的转化性学习？

二、研究方法

本研究的关注点是描述和解释作为全人的高校青年英语教师这一生命群体的深度学习和发展，其人文属性决定了质性研究方法的适切性。因此，本研究采用质性案例研究方法开展研究，以叙事访谈为主要方法收集资料，并采用案例内和跨案例分析的方法对质性资料进行分析，以求从参与教师的角度呈现他们的转化性学习过程，揭示多层面的影响因素。

（一）研究场域与参与者

本研究以我国东部发达地区一所综合性大学（简称A校）为场域，选取在A校外国语学院攻读博士学位的高校青年英语教师9名为参与者（见表9-2）。从在读博士生中挑选参与者主要出于三点考虑：第一，博士学历正在成为高校对青年英语教师群体的硬性要求，代表了当前及未来青年教师群体专业发展的一种必然趋势。第二，在读博士生群体多遭遇了一定的职业瓶颈，但积极追求学历提升和自我发展，再次成为学习者，获得专家指导和同伴交流也为他们提供了外部支撑，这种内在主动性与外在支撑的结合使他们存在巨大的转化可能，适宜本研究的主题。第三，研究者本人也是该场域在读博士生，因而同时具有"局内人"和"局外人"的两重身份，既能走近参与者，与他们一同重温和重构他们的体验，又可以跳出参与者视角，远距离地对他们的经验进行综合审视，全面理解和阐释研究资料。

表 9-2　参与教师基本信息

教师	性别	年龄	教龄	职业状态*	职称	授课	学校类型和层次	备注
T1	女	33	4	职初读博	讲师	大外	师范	省属普通本科	有中小学教学经验
T2	女	35	10	职中读博	讲师	大外	工科	部属211本科	
T3	女	36	10	职中读博	讲师	大外	综合	省部共建本科	专教非英专研究生
T4	女	34	9	职中读博	讲师	英专	综合	市属普通专科	
T5	女	36	10	职中读博	讲师	大外	财经	省属重点本科	
T6	女	35	12	职中读博	讲师	大外	工科	省部共建本科	本科毕业后即教书
T7	女	37	14	职中读博	讲师	英专	财经	省属重点本科	本科毕业后即教书
T8	男	34	8	职中读博	副高	英专	师范	省属普通本科	
T9	女	27	2	职初读博	助教	英专	医学	省属重点本科	国外读研

* 入职 1—5 年内为职初期，第 6 年开始计为职中期，读博后独立作为读博期。

　　本研究的 9 名参与者能够代表在攻读博士学位的高校青年英语教师的基本情况。参与者中有 8 名女性教师，1 名男性教师；他们的年龄分布在 27 到 37 岁之间，平均年龄为 34.11 岁；教龄也多在 10 年左右，平均为 8.78 年；职称主要是讲师，包含了来自不同类别高校的英语专业和大学英语教师；7 位教师在职业中期考上博士，2 位教师在职初期就进入博士阶段的学习；这里的职初期和职中期是针对本研究参与者全为青年教师的特殊性所做的划分。全部参与者表示愿意参与研究，并与研究者较为深入地分享了自己的职业发展故事。

（二）质性资料收集

　　本研究的资料收集在 2014 年 7 月到 2015 年 1 月之间完成。在参与者合适的时间，研究者先邀请他们完成一份涵盖学习和工作背景、教师相关信念以及所遇重要事件等的基本信息问卷（见附录一），为深度访谈打下基础。然后，研究者结合基本信息问卷内容对参与者进行了60到100分钟时长不等的访谈（访谈提纲见附录二），在参与者同意的情况下对访谈进行了录音。收集的访谈材料时长为10小时55分03秒，转写的文字稿为162,740字。本文以这些材料为主要分析对象，并通过参与者发表的学术论文和获奖情况等案例素材进行交叉验证。

（三）数据整理与分析

案例研究的数据分析具有反复性、循环性和归纳性，在数据整理前的收集阶段，也就已经开始了数据分析（Duff，2011）。每次访谈之后，研究者立即撰写"接触摘要单"，记录印象深刻的议题、访谈拿到的材料、特殊的内容以及后续接触需要注意的事项（Miles & Huberman，1994），继而将访谈录音转写为文字稿，并按照统一的格式对所有材料分类进行命名。初步整理质性资料之后，首先反复阅读原始资料，做到高度熟悉，并初步寻找资料字里行间所包含的意义。然后通过叙事的方法把个案材料浓缩成教师转化性学习故事（25个），并交本人核实。接着根据研究问题对所有质性资料进行了分层级的、逐步聚焦的编码分析（编码表见附录三），并通过制表呈现编码分析结果。在完成编码分析的基础上，开展案例内分析，也即反复阅读每一位参与教师的转化性学习故事及其背景数据，逐渐辨认出个案教师转化性学习的主题、特征和影响因素。接着进行跨案例分析，找出共性，即归纳和阐述这组参与教师转化性学习的总体特征、过程样式和影响因素。最后在将研究发现与已有文献和相关理论比较讨论的基础上，揭示中国高校青年英语教师转化性学习的过程和机制，最终尝试构建本研究的高校青年英语教师转化性学习框架。

第四节　研究发现

本研究以9位在攻读博士学位的高校青年英语教师为对象，通过质性案例研究方法对他们的深度学习经历进行探究，以揭示他们的转化性学习过程和影响因素。基于质性数据分析，这里逐一报告对教师转化性学习经历、转化性学习过程和影响因素三个研究问题的发现。

一、教师转化性学习经历

基于对 9 位教师分享的 25 个转化性学习经历的分析，我们发现他们入职后经历的转化性学习涉及教学、科研、人际关系、职业发展和人生多个维度，具有多样性。这些经历因为情境的不同而表现出内容、形式、程度、发生方式和时间上的差异（见附录四）。

首先，9 位教师的 25 个转化性学习故事内容各不相同。这些故事内容反映的转化性学习涵盖了教学观、科研观、人际关系观、职业发展观和人生观 5 个维度及其下属具体次类别的认识转变，其中，教学观转变涉及教学目的 / 方法 / 内容观、教学评价观和教学竞赛 / 技术观；科研观包括教研关系观、科研性质观和科研价值观；人际关系观涵盖师生关系观、同事关系观和与领导关系观；职业发展观分为职业性质观和学习性质观；人生观是指教师的人生态度。这表明，该组教师的转化性学习经历具有多样性，渗透他们职业生活的各个方面。也就是说，转化性学习有可能促进教师实现全方位学习和发展。

其次，这组教师上述转化性学习分布在职初（10 / 25）、职中（10 / 25）和读博之后（5 / 25）各个时期。但是，职初期的转化性学习多以教学观转变为主，如教师 T5 有关教学侧重文化内容的具体观点转变和教师 T9 有关教学竞赛等与真实课堂有联系的信念体系转变；也涉及少数人际关系观和人生观转变。职中期的转变横跨教学观、科研观、人际关系观和职业发展观多个维度，如教师 T7 追求教研平衡的信念体系转变和教师 T2 有关教师关怀学生的具体观点转变。读博之后的转化性学习则主要是科研观转变，如教师 T3 认为自己不再是伪学者的信念体系转变和教师 T4 认为科研项目申请没有难到不可尝试的具体观点转变。上述研究发现表明，这些青年教师认识转变的内容随着所处职业发展期的变化不断扩展和深化。

再次，对 25 个转化性学习故事形式的分析显示，所有教师经历的转化性学习中，渐变远多于突变（18：7），也就是单一事件反复发生或多元事件连续推动引发的教师信念逐步转变要多于单一事件直接导致的突然转变。这一发现显示了该教师群体的转化性学习多体现为基于实践的循序渐进的共性特点。

此外，在转化性学习故事反映的程度上，这组教师的信念体系转变稍多于具体观点转变，但两者较为接近（14：11）。前者涉及教师对教育教学某个方面的深层认识改变，而后者是教师深层认识外化而成的具体认识改变。这说明，有些转化性学习直接触及信念体系，而有些转化性学习先触及具体观点，多个具体观点转变的累积可能最终导致深层信念体系的转变（Mezirow，2012）。

最后，9位教师转化性学习故事的显著特征还体现在发生方式上。这些教师的转化性学习主要发生于非正式个体活动中，如教师日常的教学和生活、论文获奖和发表以及同事离世。其他三种方式中的转化性学习很少，其中正式个体活动包括读博和参加教学比赛，正式群体活动是指暑期培训，而非正式群体活动是指教师自发的精品课程建设。这一结果说明，该群体教师的转化性学习主要是他们独立自主体验的非正式学习。

以上述总体特征为基础，对教师转化性学习故事的进一步分析显示，这些转化性学习故事覆盖教师教学、科研、人际关系、职业发展和人生等职业生活中的各个重要维度，表现出解放性发展的特征：参与教师不断挣脱已有观念的桎梏，积极形塑更加合理和有利于生存发展的新观念。下面举例报告这方面的主要发现。

材料分析显示，有4位教师的教学观从纯粹教书转向育人为本，体现为教师的教学目的、方法、内容观从教师中心转向学生主体；教师评价观从单一浅表转向多元深刻；而教师教学竞赛观/技术观从轻视否定转向重视肯定。其中，教师T5关于教学内容观的转变是一个典型。教师T5刚上班时聚焦"单词的读音啊、用法呀"，后来才明白"人的思想、生活方式"等文化内涵才是教学的主体内容。

6个科研观转变故事反映了教师从消极无为转向积极有为的态势。具体而言，教师教研关系观从相互冲突转向平衡发展；教师科研性质观从遥不可及转向深入开展；而教师科研价值观从缺乏认同感转向具有效能感。教师T8的科研性质观转变是科研观转变的很好说明。教师T8自入职以来一直从事科研，一开始"就是为了跑个量"，但到了冲击副教授的关键时刻，他意识到科研"要有一个相对系统的方向"，要"围绕一个方向去往里面去走"，拓展研究深度。

对4位教师的人际关系观转变故事的分析结果集中体现了教师从原来更注重自我感受到亲和学生同事但疏远领导的转变趋向：其中师生关系观从不太关注转向关怀亲和；同事关系观从不可交流转向可以互助；

与领导关系观则从单纯积极转向消极复杂。以教师 T2 的师生关系观转变为例，教师 T2 刚入职时，与学生年龄差距不大，那时候的师生关系表现为一种"大孩带小孩"的玩伴关系，但当一个大外的学生遇到困难向她求助时，她感受到现在很少人管理和关心大学生，所以需要教师"去关怀他们"。而教师 T4 与领导关系的认识转变故事，则反映了一个年轻教师从刚入职"单纯得不得了"走向认识到高校人际关系复杂性的成熟过程。

教师职业发展观和人生观转变故事较少。对教师职业发展观转变经历的分析表明，这些变化表现为教师从安逸被动转向进取能动：他们的职业性质观从满足安逸转向追求进取；而他们的学习观从被动接受转向主动建构。例如，教师 T5 以前一直觉得高校教师只要"教好书啊，跟学生处好关系就行"，但学校突然提出的科研要求使她看到了这种认识的不足，转向将科研也纳入高校教师职业的重要组成部分。只有教师 T1 分享了一个人生观转变故事，表现为从功利计较转向宽怀淡然。努力的教师 T1 以前对身外之物还有些许计较，如果应该属于自己的东西没有给自己，"会生气好几天"。但在经受同事离世的突发事件后，她转向了宽怀淡然的人生观，"什么事情都不较真了"，认为真正重要的是开心和健康。综上所述，9 位教师教学、科研、人际关系、职业发展和人生 5 个维度的转化性学习故事说明，经过转化性学习，他们的教学观、科研观、人际关系观、职业发展观和人生观每一维度都比原来的认识更加贴近新时代对教师的要求，更加有助于教师在职业和生活中的生存和发展，也更能促进学生的学习与成长。从转化性学习理论角度说，这些新的认识比原有认识更具包容性、辨识性、开放性、情感应变力和反思性（Mezirow，2012），表明参与教师在职业生活的各个方面不断走向成熟和解放。

二、批判性反思引领下的教师转化性学习过程

本研究最初以 Mezirow（2000）过程模型中的 4 个阶段为框架对教师转化性学习经历数据进行分析，但在整理和编码数据时发现教师还分享了丰富的转化性学习结果，因而最终以触发事件、教师反思、对话交流、行动和结果 5 个阶段为主要参照框架展开分析，得出了两个主要特征：一是该组教师转化性学习过程的共性特征，二是不同教师转化性学

习的三种特殊过程样式。

首先，对于这组青年英语教师而言，他们转化性学习过程的不同阶段在具体内容上表现出一些显著共性特征。第一阶段的触发事件具有多样性，包括三个类别，即消极事件（如教学效果差、学生批评、同事批评、课程学习困难和职称评定受阻），积极事件（如学生认可、领导同事帮助、同事专家导师榜样、学术论文发表）和其他新情况（如学校新要求、同伴考上博带来压力、孩子出生与成长、自己读研读博、学生求助、学生出国、同事去世等）。这些事件可能单一发挥作用也可能共同产生影响。第二阶段的教师反思包含两个维度，即"反思其他"（如学生、同事、家长、专家等的状态与期望和微观、中观与宏观的教育情况），以及反思自我（即教师当前状态、过去经历和未来感受）。这些反思最终都促使教师重新审视、批判和转变自身在过去经验基础上形成的认识，并进而形成更能指导当下和未来实践的新认识。正是因为这些反思最终都反诸批判和解构教师原有认识，所以他们具有批判性，而正是批判性反思使得转化性学习得以走向自我解放，故而成为转化性学习最重要的阶段，在整个转化性学习中发挥着引领作用。第三阶段的对话交流涉及教师周边的各类重要他人，涵盖职业圈内的交流（如与同事和学生）、学业圈内的互动（如与导师和同学），以及生活圈内的沟通（如与家人和朋友）。第四阶段的行动缺失很多，仅仅出现在半数以下的故事中，主要是少数教师做出的计划、进行的学习、一些新尝试和具体改进。最后一阶段的结果丰富多元，涵盖教师行为改进（如改进教学方法、提升科研积极性、规划条件成熟后的行为），教师情感提升（如师生情感更加积极）和教师遭遇实践困难（如学生不配合，家庭任务重），这说明转化性学习具有积极的解放性作用但也受复杂环境的制约。

其次，按照阶段的完整程度，9位教师的25个转化性学习故事涌现为三种过程样式，也即"五阶段"、"四阶段"和"三阶段"转化性学习。下面具体呈现各种样式转化性学习过程的共同点和差异。

（一）五阶段转化性学习

在25个转化性学习故事中，有5位教师的8个经历过程完整，包含了触发事件、教师反思、对话交流、行动和结果所有五个阶段（见表9-3）。

表9-3　五阶段转化性学习故事过程分析

教师	转化性学习故事	触发事件			反思		对话交流			行动				结果		
		消极	积极	新情况	其他	自我	职业圈	学业圈	生活圈	计划	学习	尝试	改进	行为改进	情感提升	实践困难
T3	教学需要学术含金量	X		X	X	X			X	X				X		
T4	科研项目申请没有困难到不敢尝试			X		X	X	X				X		X		
	女教师要有自己的追求			X		X	X	X	X	X	X					X
T5	高校不仅是教教书就行			X	X	X						X		X		
T8	教学需要通过获奖得到专家认可		X	X	X	X	X					X		X		
	科研要有系统的方向		X		X	X	X	X		X						
T9	教学竞赛等与真实课堂是有联系的	X			X	X							X	X		
	教师需要考虑学生需求	X			X	X	X					X				

由表9-3可以看出，5位教师完整的转化性学习经历每一阶段都有一些独特特征。

第一，完整的转化性学习起步于三类触发事件中的单一类别或两个类别的共同作用，但是新情况触发的完整转变最多，说明新情况比消极和积极事件更能引发完整转变。比如，教师T5意识到高校教师不能仅仅局限于教书，就是因为学校提出了对科研的要求，并将其与各种评奖评优和福利挂钩，逼着教师发文章。与教师T5由学校新情况单类事件触发不同，教师T3认为教学需要学术含金量，这不仅仅是因为学校不断向青年教师灌输这个新要求，还由于教师T3自身感觉到知识匮乏和缺乏学术深度，因而教学效果差。另外，关系好的同伴考取博士也给她

带来了巨大压力。实际上，她在基本信息问卷中，将同伴压力作为重要
事件。

第二，紧接着的教师反思半数是教师对自我或者其他方面的单维度
反思，另外半数则同时包含两者，这些反思最终都反馈到教师对自我认
识的批判，正是这种批判性引发了转变。在教师 T9 关于教学竞赛等的
认识转变中，她只反思了专家对精品课程录像有怎样的期待这一方面，
通过反思，她意识到自己原来"只要表面上讲得好就可以了"的认识很
狭隘而有所转变。而在她关于教师要考虑学生需求的转变中，她同时反
思了其他和自我两个方面。她自问了一系列批判性问题，如，既然学生
接受不了其教学安排，那学生自己有怎样的需求？原来的方法是不是不
适合学生？有没有其他更直观形象的方法？与此同时，她还审视了自己
与学生的关系，意识到自己与学生可能还是太疏远了。这些深刻反思使
她意识到自己原来远离学生、不考虑学生需求的做法是不正确的。可以
看到，在两个故事中，教师 T9 都在批判自身认识的基础上对其进行了
解构。这种批判性反思为新认识的形成扫清了障碍，铺平了道路，可以
说是转化性学习的引领阶段。

第三，在对话交流中，职业圈、学业圈和生活圈内的交流都有出现，
但是职业圈内的交流更多，说明与教师职业最接近的职业圈更能促进完
整的转化性学习。比如教师 T8 关于教学要获得专家认可的转变中就有
与系主任和另一位老教师的交流。

第四，教师在完整的转化性学习中采取了做出计划、进行学习等行
动，说明行动阶段对完整的转化性学习产生了推动作用。比如，教师
T4 读博后如果没有尝试申请项目，也就不会感受到项目申请没有那么
难。这一发现验证了 Mezirow（2000）重视行动阶段及其具体步骤的观点。

最后，完整的转化性学习结果多带来行为改进，情感提升和遭遇实
践困难的故事较少，说明完整的转化性学习更多产生行为改进。比如，
教师 T8 因为意识到科研要有系统的方向，而更积极地应对科研挑战，
力争将科研做深。

综上所述，完整的转化性学习多为新情况触发下，教师经过充分的
批判性反思和职业圈内的对话交流，并采取计划和学习行动，最终带来
行为改进的过程，这一过程较少遇到实践困难。

（二）四阶段和三阶段转化性学习

剩余 17 个转化性学习故事属于四阶段和三阶段转化性学习，它们与五阶段转化性学习存在差异。触发事件方面，四阶段转化性学习故事多由消极和积极事件触发，而积极事件更能促进三阶段转化性学习。教师反思阶段，四阶段转化性学习与五阶段转化性学习没有太大差异，但三阶段转化性学习中的教师反思多聚焦"其他"方面，针对教师自我的反思较少。对话交流中，与五阶段转化性学习交流多聚焦职业圈不同，四阶段转化性学习的交流多在学业圈和生活圈内，三阶段转化性学习的交流更是大量减少。而到了行动阶段，四阶段和三阶段转化性学习的行动迅速减少，只有少数故事中存在。结果方面，与五阶段转化性学习行为改进结果明显不同，四阶段转化性学习在多产生行为改进的同时也产生了一些情感提升，而三阶段转化性学习的行为改进有所减少，且两种转化性学习都更易遭遇实践困难。

综合上述三种教师转化性学习过程样式结果，我们发现，转化性学习的发生并不总是需要经历完整的五个阶段，三种过程样式的转化性学习都可能发生在教学、科研、人际、发展和人生多个维度。但是，三种转化性学习过程样式存在差异，且这种差异不仅体现在阶段的完整程度上，还反映出背后实质内容的不同。比如，阶段完整的转化性学习多涉及深度信念体系转变，阶段不够完整的转化性学习则多为浅层的具体观点转变。同时，阶段完整的故事多是渐变，而阶段不完整的故事中突变更多。而且，不同样式转化性学习过程每一阶段的具体内容存在较大差异，比如，各种样式的主要触发事件和教师反思类别就存在明显的不同。不过，不论是哪种过程样式，深刻的教师反思都具有批判性，显示出很大的引领作用，也使得转化性学习过程具有解放性特点。总之，9 位教师的转化性学习过程整体可以描述为：在多类别事件的触发下，受教师批判性反思推进，在对话交流中得到强化，再部分经过行动检验，最后给教师带来行为改进和情感提升等结果的过程。这一过程不但带来了教师的认识体系解放，也推动了教师行为和情感的转变。不过，在中国当下的文化背景下，一些转化性学习可能因为外在环境的制约而最终遭遇实践困难。

三、影响教师转化性学习的多类别因素

材料分析显示，参与教师的转化性学习深受多元因素的影响，这些因素可概括为个人因素、人际因素和情境因素三个类别。最重要的个人因素包括教师情感、教师人格特质和所处职业阶段。最重要的人际因素都是教师周边的重要他人，如职业圈中的同事和学生，学业圈内的导师和同学，以及生活圈内的家人和朋友。影响最大的情境因素是组织氛围和评价体系。本节对这些因素进行分析。

（一）个人因素

在转化性学习过程中，9 位教师的信念转化都受个人因素的影响，这些个人因素包括教师情感、教师人格特质和所处职业阶段，三大因素均可能同时成为促进或阻碍因素。

首先，积极情感和消极情感均可促进转化性学习，但消极情感也可能阻碍转化性学习。（1）大多数教师的转化性学习过程受到积极情感的推动。比如，教师 T4 进入博士阶段学习后"学得很开心"，特别是与导师和同学们的交流增强了她的"信心"，开心和自信的情感体验强化了她要有所追求的认识。教师 T1 之所以能够看到科研的价值，重要的原因之一是其论文得到了导师和期刊的肯定，她在基本信息问卷中将"幸遇恩师"作为职业中的关键事件之一。导师的肯定转化成了她的自信，论文的最终发表更是让她"蛮有成就感的"。学生的"认可"让教师 T5 感到"很开心"，"有很多事情让你很感动"，开心和感动的情感体验使她看到"学生是活生生的人"。可以看出，自信、开心、认可等积极情感具有促进转化性学习的作用。（2）一些教师提到消极情感也能促进转化性学习。比如，教师 T3 的转化性学习过程糅合了多重消极情感，同事考上博士带来的压力、教学效果不好带来的不满意以及强烈的"空洞和贫乏"甚至心虚和羞愧感共同指引她不断提升自我、强化学术涵养。教师 T4 的职业观转变正是受到了"不安"这种消极情感的触发。博士阶段课程学习的不顺利让教师 T2"特别难受"、"很痛苦"，但也正是"这样一轮磨炼"使她转变了固守多年的被动接受式学习观。可见，焦虑、羞愧、难受等消极情感促进了转化性学习。（3）大多数教师也指出过度消极的情感可能阻碍转化性学习。比如，在打算提升自我的时候，教师 T4"怕自己考不上，又怕自己读不出来"，真正考上了，对其读博的价值，

"经常会有人怀疑",同时面临多元角色的冲突,"就又觉得很累",害怕、怀疑、疲惫的消极情绪影响了她的奋斗热情。面对科研的停滞不前,教师 T7 觉得"不进步,你非常难受","天天困恼","自信心非常低",难受、困扰和不自信让她对如何冲破科研藩篱感到迷茫。学术论文的发表给教师 T3 带来了科研自我效能感,但她也感觉"学术的压力真的是很大……我又开始焦虑了",压力和焦虑削弱了其自我效能感。难受、焦虑、害怕成为阻碍教师转化性学习的重要情感因素。

其次,与教师情感一样,进取型人格特质也发挥着促进和阻碍转化性学习的双重作用。多数教师提到进取型的人格特质使他们具有追求发展和提升的内在动力,也为他们创造了良好的外在环境。教师 T7 多次提到从小就有"要强"的性格,这给了她很强烈的驱动力,指引着她不断地"挑战不同的自己"。教师 T8 在职业生活中一直"还是主动跟人交流的",总会第一时间向年长一些的、科研做得好的教师请教,这为他赢得了很大的外在帮助。"要强"和"主动"的品格推动了教师的转化性学习。一些教师也提到不够进取的人格特质阻碍了自己的转化和发展。比如,教师 T3 认为自己"恒心不足"、"急性子"和"羞于交流",一定程度上限制了自己的转化。教师 T7 则认为自己属于"感性思维"、比较"随性"、对什么事都"不争",这些特质不利于自己的科研观转变。这些不够积极的人格特质不利于教师主动进行反思和与他人交流。

最后,职业初中期这一特殊阶段也兼具机遇和挑战,促进或阻碍着转化性学习。少数教师认为处于职业初中期有一些机遇。比如教师 T2 指出,刚入职的几年里自己的人生阅历迅速丰富,其中一些体验就推动了转化性学习。教师 T6 特别提到这一时期的硕士学历进修对她重新认识教学发挥了积极作用。整体上,这一时期的机遇蕴藏在教师各方面的体验和学习之中。还有少数教师认为处于职业初中期的青年教师,人生轨迹还没有稳定,而又在年龄上缺乏优势等挑战是阻碍因素。如教师 T1 认为,作为新教师,自己的整体人生规划尚不清晰,存在较大的可变性。教师 T4 和 T7 都认为自己处于非常尴尬的年龄。年龄和职业的不稳定性使得教师在计划追求发展时总会有所顾虑。

上述分析表明,个人因素积极地参与了教师的转化性学习过程。积极情感、适度的消极情感、进取型的人格特质、作为青年教师的机遇尤其对转化性学习具有促进作用。

（二）人际因素

与个人因素具有双重作用不同，所有教师都提及的人际因素以促进作用为主。同事、家人、导师和专家、同学、朋友、学生等教师周边的重要他人发挥了积极的促进作用，只有极个别教师的朋友、家人和同事等质疑了人文学科研究及女性读博的实用价值，这对教师具有一定程度的阻碍作用。人际因素的作用交织在整个转化性学习过程之中，因为触发事件、教师反思、对话交流的各个阶段都涉及教师与他人的互动(比如，他人帮助或批评、涉及他人的新情况可能成为触发事件，教师反思很多也以他人状态和期望为对象，教师与他人交流更是充实了整个对话交流阶段)。这些人际互动可以归结为职业圈内的交流、学业圈内的互动以及生活圈内的沟通。比如，教师 T9 的转化性学习深受职业圈内的交流影响：同事的批评使她意识到"录制精品课程不是我原来想的那个样子的"，而是"和真实的课堂还是有一定的联系的"，而同事的帮助使她体验到"同事之间还是可以交流的"；领导"跟我一指导了之后"，她便明白教学中要突出重难点，实际上，她在基本信息问卷的概念图中将参加精品课程和教学竞赛看成是一种"充电"；学生的批评让她知道"确实是需要去了解一下学生的需求"。学业圈内的互动，特别是导师的鼓励，对教师 T1 的转化性学习产生了重要影响。"每次拿一个小论文过去，(导师）他也会给你肯定"，有时还会分享自己的经历，提供指引。而师兄师姐和同学的积极投入也影响着教师 T1。教师 T4 较受家人和朋友影响。她的职业观转变中就有孩子、先生和父母的支持，以及朋友的经历分享；相反，作为文科博士生，教师 T4 学习和研究的实用价值也被朋友，甚至先生所质疑。整体上，各种人际因素的影响渗透在教师整个转化性学习过程之中，大都发挥着积极作用，反映出中国传统人际文化的影响。

（三）情境因素

除个人和人际因素外，所有参与教师都提到了情境因素的作用。最重要的两个因素是组织氛围和评价体系。研究发现，(1)绝大多数教师提到组织氛围是最大的阻碍因素，主要表现是教师所处单位文化坚守着落后的理念，不利于教师个人的积极进取以及同事之间的深度交流。教师 T3 发现同事之间的日常交流多"局限于一些比较常规的话题"，不利于深层交流，而且学院很多教师"觉得我就一辈子做讲师也挺好"，并不积极追求发展。教师 T4 发现进入单位后"没有任何斗志了"，因为单位氛围不利于教师去尝试和追求提升。教师 T6 所在单位基本上"就是领导说什么大家就去做什么"，而有时候领导并不能看到日常教学在培养学生个人素养中的作用，而且当前对以学生为中心的过度宣扬让"教师的地位太低了……普遍现象是学生根本就不尊重老师"，在很多问题面前，老师无能为力。这种不够进取、不具合作性的学院文化阻碍了教师的转化性学习。（2）虽然近来高校评价体系广受质疑，但是从本研究看来，半数教师认为重视科研的评价体系在他们的科研起步阶段促进了转化性学习的发生。比如，教师 T5 反复提到"还是上面的政策迫使你下面必须去考研，必须去考博，必须发文章，必须做科研"。教师 T8 发现科研"越来越现实了，就跟你的这个职称啊，年终奖啊挂钩了"，使他不断追求具有系统方向的深度科研。教师 T4 之所以不满自身职业现状而转向有所追求，一个原因就是"最怕领导开会说发文章、发文章……后来就隐隐地引发了我的危机感"，这种重科研的评价体系促使她要有所追求。不难发现，学院对科研的重视和反复宣扬的确逼迫着教师要在这一方面有所追求。总之，当前的学院文化不太有利于教师的转化性学习，而广受质疑的重科研的评价体系却具有促进作用，这可能与中国人的社会取向和遵从权威的特性有关。

综上所述，教师的转化性学习过程充斥着个人、人际和情境因素的共同影响，而这些因素发挥作用的态势透视着中国传统文化环境的痕迹。

第五节　总结与讨论

基于第四节的研究发现可以得出，本研究参与教师的转化性学习既反映出西方转化性学习的整体规律，也烙上了独特的本土特色，值得深入分析和讨论。本节在与西方文献的对比分析中进一步探究对三个研究问题的发现，进而构建一个高校青年英语教师转化性学习框架，以揭示该研究群体转化性学习的深层结构与机制。

一、指向全人发展的转化性学习经历

本研究发现，参与教师的转化性学习经历具有多样性，覆盖了教学、科研、人际关系、职业发展和人生多个维度；渐变远多于突变；具体观点和信念体系转变经历相近；多数发生在非正式个体活动中；且各职业阶段转化性学习的重点各不相同。其中，转化性学习经历的多样性、渐变的丰富性和非正式活动的重要性表现出全人发展的特征和中国文化特色。

首先，与国外研究发现多聚焦教学认识（教学、课堂管理、学生、家长、学校管理、家校合作、自我等）转变不同（Cuddapah，2005；Curran & Murray，2008），本研究中参与教师的转化性学习经历具有多样性。参与教师这种职业"生活世界"各维度并行发展的态势体现出全人发展的特征（顾佩娅等，2014），反映出我国复杂社会文化环境因素的影响。比如，科研是目前我国高校评价体系的重心（陈桦、王海啸，2013）；强调人际关系的社会取向则是中国人的重要性格（杨国枢，2012）。这些可能是导致本研究参与教师转化性学习呈现多样化特征的重要因素。

其次，本研究参与教师的转化性学习渐变远多于突变，这点与国外研究发现相同。比如，美国研究者 Cuddapah（2005）也发现中小学教师的转化性学习多以渐变的形式出现。中西方发现相同可能是因为转化性学习转变的是教师习以为然的认识体系，而教师惯习的解构并非轻而易举之事（李伟、李润洲，2010）。但是，本研究教师深度学习的这一特征可能还与中国独特的思维文化有关。对于中国教师而言，他们深受后馈性思维的影响，常常不敢轻易怀疑和批判，通常缺乏否定和超越的精神，甚至思想上好常恶变（连淑能，2002），所以他们的转化性学习更多地需要单一事件的重复和延续或者相关事件的连续发生来逐步推进。

最后，与国外研究多聚焦教师在正式的职前和在职发展项目中的转化性学习（如 Hoover，2010；Hutchison & Rea，2011；Saavedra，1996）不同，本研究参与教师的转化性学习大多发生在非正式个体活动中。最主要的原因是国内教师教育项目缺乏对教师深层需求的调研（周燕，2005，2008）和对束缚教师认识因素的思考，未能创造教师对关键问题和认识进行反思和批判的平台，不利于转化性学习的发生。因而，教师抓住非正式学习机遇成为必然的选择。

二、具有本土特点的转化性学习过程

本研究中的教师转化性学习过程可以描述为：在多样化事件的触发下，受批判性反思的推进，并在对话交流中得到强化，再经过少许行动，最后给教师带来行为改进和情感提升等结果的过程。与西方研究发现的转化性学习过程相比较，本研究发现的过程表现出本土化特点，尤其是在触发事件的多样性、批判性反思的深刻性和结果的多元化三个方面。

首先，与西方文献多发现触发事件为消极事件不同，本研究发现的转化性学习触发事件包含了积极事件、消极事件和其他新情况，具有多样性。这可能与中国人属伦理型而西方人属认知型思维有关（连淑能，2002）。受认知型思维影响，消极事件引发的"迷惘困境"、"认识震颤"、"认知失调"（Charteris，2014）、"摄动"、"认知冲突"（Peters，2014）等更能触发西方人的积极思考、推理、证明和探究。而在伦理型思维影响下，孩子出生、学生出国、得到认可等积极事件也可以促使教师联想到职业和人生而触发转变；外在改革等新情况也具有促进转变的潜能（Leung，2014）。

另一重要发现是，教师的批判性反思针对周边多样的重要人物和自我，反映了中国人重视周边人际关系和讲究内修的品质（前者在下文中论述）。自古以来，中国人就注重内修，特别体现在"吾日三省吾身"的自我反思当中。中国人具有这种重视自我反思的特点，还因为中国人具有强烈的耻感情绪，即个人言行不符合外在社会规范或标准招致他人贬抑或批评而引起的不愉快感（杨国枢，2012）。因为这种耻感，教师偏向审视自我，以揭示自我状态是否符合外在要求，这可能是自我状态成为参与教师反思主要对象的一个重要原因。

最后，与西方文献中行动阶段相对清晰具体，但不重视揭示转化性学习具体结果的情况不同，本研究中多数转化性学习故事不包含计划和学习等行动阶段，但带来了行为改进、情感提升和实践困难等多类结果。其中，行为改进和情感提升的出现反映出转化性学习同时促进了教师认知、情感和行为，具有重要影响。而行动阶段少和实践困难多可能有两大原因。第一，中国人具有模糊性思维（连淑能，2002），与西方人侧重精确性、行为严格按照科学步骤进行不同，中国人虽有大致行为方向但具体步骤并不明晰，这可能导致参与教师确实没有或者在叙事中有意无意地模糊了行动环节。第二，高校外语教师面临复杂困难的专业发展环境，这种环境未能为他们提供充足的时间、条件和自主权，甚至产生了制约作用（顾佩娅等，2014；张莲，2013）。因此，多数教师没有进行周密计划和专心学习的条件，而一些教师在实践新认识时也可能遭遇困难。

三、映射文化印记的多类别影响因素

本研究分析了影响参与教师转化性学习的多类别因素：个人因素中的情感、人格特质和职业初中期的机遇与挑战，人际因素中的职业圈、学业圈和生活圈人物，以及情境因素中的学院文化氛围和评价体系。这些因素的影响大都反映出中国传统文化的痕迹。

情感因素和人格特质等个人因素对转化性学习的影响就反映了中国传统文化的作用。情感在中国传统哲学中具有突出的地位（黄玉顺，2014），情感渗透在教师工作的方方面面，对其生存和发展具有重要意义（Xu，2013；胡亚琳、王蔷，2014）。而在当前专业发展环境不够优良的情况下，具有进取型人格的教师能够发挥中国传统文化中自强不息的奋斗精神，积极发挥主观能动性，寻找和创造适宜自己发展的条件（顾佩娅等，2014），不够进取的教师则可能选择维持常态甚至转向暂时放弃。因而对于9位教师的转化性学习而言，情感和人格特质因素发挥的作用非常显著。

人际因素，特别是教师职业圈、学业圈和生活圈等最近环境中的重要他人对其转化性学习具有促进作用，透视着中国差序格局的人际关系和浓郁家文化的影响。在差序格局和家文化的影响下，中国人最重要的人际关系包括生而有之的血缘关系、成长过程中的亲情和地缘关系以及学习和工作中形成的业缘关系等。个人与这些关系取向中的人联系最紧密，相互影响最大。对于本研究中正在攻读博士学位的高校青年英语教师而言，职业圈中的同事和学生、学业圈中的同学和导师、生活圈中的家人和朋友也是联系最紧密、对教师影响最大的人，因而也更能影响他们的转化性学习。

本研究发现最重要的情境因素是组织氛围和评价体系。消极组织氛围的阻碍作用和重科研的评价体系的促进作用分别反映了中国人的社会取向和信仰权威的性格：在社会取向的影响下，当学院其他教师因为面临多重理念矛盾和实践困扰而不够积极进取时，参与教师偶尔也压抑自

我的真实想法，选择隐匿锋芒、放弃主动交流等以维持外在的和谐。而在信仰权威性格的作用下，当具有重大权威的学校提出科研要求时，教师即便不接受、不认可，也会服从，并转变自身认识体系。但是，在没有真正接受这种理念的情况下，带着委屈、挫折甚至压抑情绪被动接受，就容易产生"累积性的敌意"（杨国枢，2012：10），因而这种被动式的机制从长远角度来说并不利于深度的转化性学习及其效果的实现。

四、参与教师的转化性学习框架

基于以上分析与讨论，本文建构了一个教师转化性学习框架结构图（见图 9-1），以总结和概括本研究发现，并据此提出对未来研究和实践的启示。

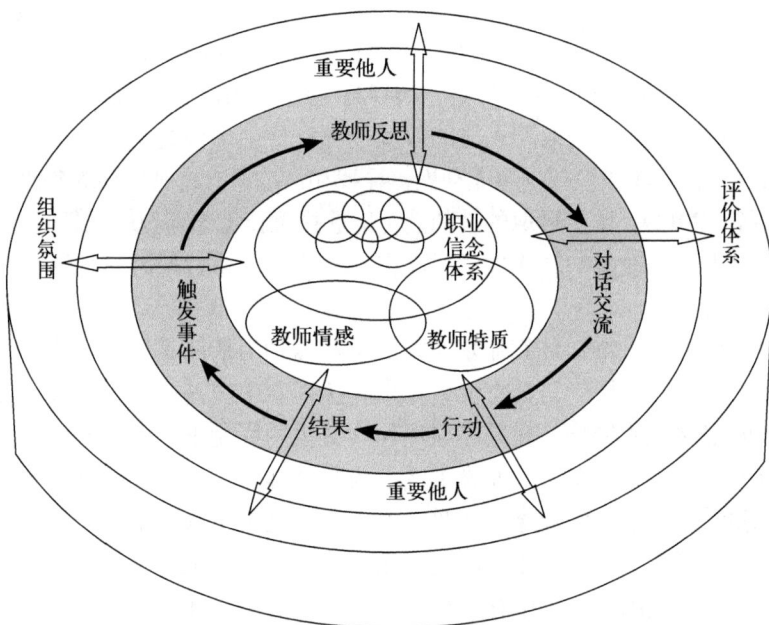

图 9-1　高校青年英语教师转化性学习框架

该框架最内层的五环表示教师转化性学习所包含的教学、科研、人际关系、职业发展和人生五个维度的信念体系。每个环内模糊的点表示构成每一维度信念体系的各种具体观点；环与环之间的交叉表示五个维度的信念体系相互关联，而非彼此独立；这五个维度构成教师整个职业信念体系的核心内容，因此五环被包裹在表示教师职业信念体系的椭圆当中。表示教师职业信念体系的椭圆与表示教师特质和教师情感的椭圆三者相互交叉，旨在说明作为全人的教师（同时包裹教师职业信念体系、教师特质和教师情感的椭圆代表作为全人的教师），其职业信念体系与情感和人格特质因素紧密相连，因而转化性学习这种触动教师信念体系的学习必然受到他们情感和人格特质等个人内在因素的影响。

再往外的灰色椭圆代表转化性学习过程的五个主要阶段，即触发事件（积极事件、消极事件和其他新情况）、教师反思（反思其他和反思自我）、对话交流（职业圈的交流、学业圈的互动和生活圈的沟通）、行动（计划、学习、尝试和改进）和结果（行为改进、情感提升和实践困难）。其中，带箭头的黑线有两层内涵。箭头的方向表示转化性学习大致的方向。而每个阶段后面黑线的长度表示相应阶段在转化性学习过程中的重要性。在转化性学习中，触发事件发挥着启动作用，而教师反思因指向教师原有认识的解构与新认识的重构而具有批判性，发挥了引领作用，因此触发事件和教师反思后面的黑线最长。

最外层的两个椭圆分别代表影响教师转化性学习的人际和情境环境。人际环境中职业圈人物（同事、学生），学业圈人物（导师、同学）和生活圈人物（家人、朋友）是最主要的影响因素。而情境因素中学院文化氛围（教师是否积极进取，教师之间是否深度交流）和重视科研的评价体系对教师产生了最大的影响。图中教师（特别是教师职业信念体系）与人际和情境两类因素由双向箭头连接，表示推动教师转化性学习的是教师与最近环境中的重要他人以及所处情境之间的互动。五个双箭头表示这种互动在教师转化性学习从触发事件到教师反思再到对话交流和行动以及结果的整个过程中一直发挥作用。

整体上，这一框架综合三个研究问题的发现，很好地反映了本研究教师群体的转化性学习经历、过程和影响因素的特征，是高校青年英语教师转化性学习机制的有效反映。依据这一框架，教师转化性学习集中反映出教师个人与外在环境积极互动的发展机制，这种互动催生了触发事件，促进了教师反思，引发了对话交流和少许行动，带来了复杂情感，并最终导致了教师信念体系或具体观点的转变。

第六节 研究启示

本研究采用质性的案例研究方法，深入探究了 9 位在攻读博士学位的高校青年英语教师的转化性学习经历，分析了他们的转化性学习过程，呈现了影响转化性学习的因素，并据此得出了对未来相关研究和实践的重要启示。

研究方面，转化性学习指向重要的解放性人文价值，是国内外语教师学习领域值得深入探究的议题。首先，研究者自身的认识转变是前提条件。国内外语教师学习领域尚未充分认识到外语教师作为成人学习者的本质特点，只有研究者转变了认识才能真正转向对教师批判性深度学习的探究。其次，教师的深度学习机制是研究方向。本研究仅探究了高校青年英语教师的转化性学习过程和影响因素，小学、中学和高校各级各类外语教师在自身情境中的转化性学习过程和影响因素也需深入分析，以促进中国特色外语教师转化性学习理论的建构，进而指导相关外语教师教育项目的开发。最后，多种研究方法的综合使用是必然要求。本研究采用质性研究方法，虽然揭示了参与教师的转化性学习经历及其机制，但研究的覆盖面较小，研究结果的受益面也就相对有所弱化；量化方法是有益的补充，能够扩大研究的覆盖面以及研究结果的受益面，因而两者的结合能够最佳地深化相关研究。

实践方面，只要外语教师个人、教师教育者和教育管理人员通力合作，就能够推动教师的转化性学习。第一，一线高校外语教师主观能动性的发挥具有极端重要性。本研究的青年教师虽然面临各种困境，但在自身进取型人格和有效情感管理策略的帮助下，他们适时把握各种触发事件所引发的机遇，积极开展批判性反思和建构性对话交流，最终冲破了外在环境和内在自我的束缚，实现了深度学习和发展。第二，教师教育者提供的学术支撑具有脚手架作用。本研究发现教师的转化性学习多发生于日常职业生活中，专业学习项目中的转化很少。因此，教师教育者对一线教师日常生活的调研有助于探究他们的认识现状和发展需求，这又有助于发掘和运用隐匿于其中的专业发展机遇和开发促进教师深度反思和积极对话以重新审视自身认识体系的专业发展项目，最终帮助教师同时实现非正式和正式学习情境中的转化性学习。第三，教育管理人员创造的良好环境具有激励效应。本研究发现教师的转化性学习深受环境影响。这就启迪教育管理人员要创造有梯度的外在发展环境——既有最基本的强行要求，又有中等强度的激励措施，还有高度积极的奖励政策，从而为进取型教师搭建充分的自主发展平台，也为不够进取的教师设立一定的推动机制。丰富的教师发展活动（如适合本学院的日常化教研活动）和活跃的学院氛围（如教研实践共同体），也能够让各种形式的反思和交流成为教师的日常生活，不断推动教师在转化性学习中实现深度学习和自我解放。

参考文献

Baran, E., Correia, A-P., & Thompson, A. (2011). Transforming online teaching practice: Critical analysis of the literature on the roles and competencies of online teachers. *Distance Education*, 32(3), 421-439.

Brookfield, S. D. (2005). *The Power of Critical Theory for Adult Learning and Teaching*. England: Open University Press.

Carracelas-Juncal, C., Jenny Bossaller, J., & Yaoyuneyong, G. (2009). Integrating service-learning pedagogy: A faculty reflective process. *InSight: A Journal of Scholarly Teaching*, (4), 28-44.

Charteris, J. (2014). Epistemological shudders as productive aporia: A heuristic for transformative teacher learning. *International Journal of Qualitative Methods*, 13, 104-121.

Cranton, P. (2006). *Understanding and Promoting Transformative Learning*. San Francisco: Jossey-Bass.

Cuddapah, J. L. (2005). *Exploring First-Year Teacher Learning Through the Lens of Mezirow's Transformative Learning Theory*. New York: Teachers College, Columbia University.

Curran, E., & Murray, M. (2008). Transformative learning in teacher education: Building competencies and changing dispositions. *Journal of the Scholarship of Teaching and Learning*, 8(3), 103-118.

Day, C. (1999). *Developing Teachers: The Challenge of Lifelong Learning*. London: Palmer Press.

Duff, P. A. (2011). *Case Study Research in Applied Linguistics*. Beijing:

Foreign Language Teaching and Research Press.

Dyson, M. (2010). What might a person-centred model of teacher education look like in the 21st century? The transformism model of teacher education. *Journal of Transformative Education*, 8(1), 3-21.

Farrell, T. S. C. (2014). *Reflective Practice in ESL Teacher Development Groups: From Practices to Principles*. New York: Palgrave MacMillan.

Fisher-Yoshida, B., Geller, K. D., & Schapiro, S. A. (2009). Introduction: New dimensions in transformative education. In B. Fisher-Yoshida, K. D. Geller & S. A. Schapiro (Eds.), *Innovations in Transformative Learning: Space, Culture, & the Arts* (pp. 1-19). New York: Peter Lang.

Hoover, L. A. (2010). Comprehensive teacher induction: A vision toward transformative teacher learning. *Action in Teacher Education*, 32 (4), 15-25.

Hutchison, A., & Rea, T. (2011). Transformative learning and identity formation on the "smiling coast" of west Africa. *Teaching and Teacher Education*, 27(3), 552-559.

Illeris, K. (2014). *Transformative Learning and Identity*. New York: Routledge.

Kitchenham, A. (2008). The evolution of John Mezirow' transformative learning theory. *Journal of Transformative Education*, 6(2), 104-123.

Leung, B. W. (2014). Teachers' transformation as learning: Teaching Cantonese opera in Hong Kong schools with a teacher-artist partnership. *International Journal of Music Education*, 32(1), 119-131.

MacKenzie, J., Bell, S., Bohan, J., Brown, A., Burke, J., Cogdell, B. et al. (2010). From anxiety to empowerment: A learning community of university teachers. *Teaching in Higher Education*, 15(3), 273-284.

McBrien, J. L. (2008). The world at America's doorstep service learning in preparation to teach global students. *Journal of Transformative Education*, 6(4), 270-285.

Merriam, S. B., & Kim, S. (2012). Studying transformative learning: What methodology. In E. W. Taylor, P. Cranton & Associates (Eds.), *The Handbook of Transformative Learning Theory, Research, and Practice* (pp. 56-72). San Francisco: Jossey-Bass.

Mezirow, J. (1990). How critical reflection triggers transformative learning. In J. Mezirow & Associates (Ed.), *Fostering Critical Reflection in Adulthood: A Guide to Transformative and Emancipatory Learning* (pp. 1-20). San Francisco: Jossey-Bass, 1990.

Mezirow, J. (1991). *Transformative Dimensions of Adult Learning*. San Francisco: Jossey-Bass.

Mezirow, J. (1995). Transformation theory of adult learning. In M. R. Welton (Ed), *In Defense of the Lifeworld* (pp. 39-70). New York: State of University of New York Press.

Mezirow, J. (2000). Learning to think like an adult: Core concepts of transformation theory. In J. Mezirow & Associates (Eds.), *Learning as Transformation: Critical Perspectives on a Theory in Progress* (pp. 3-33). San Francisco: Jossey-Bass.

Mezirow, J. (2003). Transformative learning as discourse. *Journal of Transformative Education*, 1(1), 58-63.

Mezirow, J. (2006). An overview of transformative learning. In P. Sutherland & J. Crowther (Eds.), *Lifelong Learning: Concepts and Contexts* (pp. 90-105). New York: Routledge.

Mezirow, J. (2012). Learning to think like an adult: Core concepts of transformation theory. In E. W. Taylor, P. Cranton & Associates (Eds.), *The Handbook of Transformative Learning: Theory, Research, and Practice* (pp. 73-96). San Francisco: Jossey-Bass.

Miles, M. B., & Huberman, A. M. (1994). *Qualitative Data Analysis* (2nd ed.). Thousand Oaks: Sage Publications.

Nohl, A-M. (2015). Typical phases of transformative learning: A practice-based model. *Adult Education Quarterly*, 65(1), 35-49.

Osterling, J. P., & Webb, W. (2009). On becoming a bilingual teacher: A transformative process for preservice and novice teachers. *Journal of Transformative Education*, 7(4), 267-293.

Peters, S. A. (2014). Developing understanding of statistical variation: Secondary statistics teachers' perceptions and recollections of learning factors. *Journal of Mathematics Teacher Education,* 17, 539-582.

Saavedra, E. (1996). Teachers study groups: Contexts for transformative learning and action. *Theory into Practice*, 35(4), 271-277.

Sifakis, N. (2007). The education of teachers of English as a lingua franca: A transformative perspective. *International Journal of Applied Linguistics*, 17(3), 355-375.

Taylor, E. W., & Synder, M. J. (2012). A critical review of research on transformative learning theory, 2006-2010. In E. W. Taylor, P. Cranton & Associates (Eds.), *The Handbook of Transformative Learning Theory, Research, and Practice* (pp. 37-55). San Francisco: Jossey-Bass.

Webster-Wright, A. (2009). Reframing professional development through understanding authentic professional learning. *Review of Educational Research*, 79(2), 702-739.

Xu, Y. (2013). Language Teacher Emotion in Relationships: A Multiple Case Study. In X. Zhu & K. Zeichner (Eds.), *Preparing Teachers for the 21st Century* (pp. 371-394). Heidelberg: Springer.

陈桦、王海啸，2013，大学英语教师科研观的调查与分析，《外语与外语教学》（3）：25-29。

陈向明，2013，从教师"专业发展"到教师"专业学习"，《教师教育研究》（8）：1-7。

顾佩娅、古海波、陶伟，2014，高校英语教师专业发展环境调查，《解放军外国语学院学报》（4）：51-58，83。

韩明、王世伟，2010，转化型知识分子：教师在课程实施中的角色与实践，《教育发展研究》（8）：68-73。

郝迪婧、闫志刚，2014，透视高校青年教师生存与发展，《教育与职业》（28）：16-23。

胡亚琳、王蔷，2014，教师情感研究综述：概念、理论视角与研究主题，《外语界》（1）：40-48。

黄玉顺，2014，情感与存在及正义问题——生活儒学及中国正义论的情感观念，《社会科学》（5）：117-123。

亨利·吉鲁著，朱红文译，1988 / 2008，《教师作为知识分子——迈向批判教育学》。北京：教育科学出版社。

胡萍萍、陈坚林，2014，高校英语教师学术阅读的质性调查研究：阅读观念、策略与困难，《外语界》(1)：71-78。

李伟、李润洲，2010，论教师文化的重塑，《教师教育研究》(6)：26-28。

连淑能，2002，论中西思维方式，《外语与外语教学》(2)：40-46，63。

廉思，2012，《工蜂：大学青年教师生存实录》。北京：中信出版社。

宋广文、刘凤娟，2014，转化学习理论与实践的意义探讨，《全球教育展望》(1)：23-32。

陶伟、顾佩娅，2015，国外教师转化性学习研究述评，《外国教育研究》(1)：118-128。

吴寒，2011，高校青年外语教师自主专业发展现状和对策研究，《中国外语》(4)：71-75。

伍叶琴，2013，教师学习的现实深描与学者想象——基于成人教育哲学视域结构的分析，《教师教育研究》(3)：14-20，26。

徐浩，2014，高校外语新教师专业发展现状的调查研究——参与教师的视角，《解放军外国语学院学报》(4)：59-66，114。

杨国枢，2012，中国人与自然、他人、自我的关系，文崇一、萧新煌主编，《中国人的观念与行为》。北京：中国人民大学出版社：1-13。

于兰，2007，初任期外语教师的教学问题研究——生存关注，《外语与外语教学》(7)：32-35。

张莲，2013，高校外语教师专业发展的制约因素及对策：一项个案调查报告，《中国外语》(1)：81-88。

张永，2013，变革性学习理论及其对教师学习研究的启示，《当代教师教育》(1)：5-9。

周钧、罗剑平，2014，西方"教师学习"研究述评，《比较教育研究》(4)：70-76。

周燕，2005，高校英语教师发展需求调查与研究，《外语教学与研究》(3)：206-210。

周燕，2008，中国高校英语教师发展模式研究，《外语教学理论与实践》(3)：40-47，67。

朱旭东、周钧，2007，教师专业发展研究述评，《中国教育学刊》(1)：68-73。

附录一：参与教师基本信息问卷

尊敬的 _____ 老师：您好！

非常感谢您参与本研究！本研究旨在探究中国社会文化环境下高校青年英语教师的转化性学习经历、过程和影响因素，为促进教师深度学习、实现专业发展提供启示。为了方便我们的后续交流，请您首先填写一些您的个人信息、主要求学经历以及入职后的进修培训经历。请直接填写在横线或空白处。谢谢！

A. 基本信息

1）个人信息

性 别：_____ 年 龄：_____

教 龄：_____ 职 称：_____

职 务：_____ 授课对象：英专　　大外

任教学校：_____

2）主要求学经历 [起止时间、学校、专业方向、学历 / 位、重要人 / 事]

3）主要在职进修 / 学习经历 [起止时间、地点、项目名称、形式（如暑期学校）、主要学习内容]

4）入职后获奖情况

5）学校日常重要的活动 [如师徒讨论互动、教研组活动、经常性的同事交流包括在线交流]

	有	无	频　次	参与感受
师徒讨论互动				
教研组活动				
同事交流				
其他				

其他您认为重要的个人信息（如特殊经历）

B. 概念图

老师，您好！此部分旨在了解您对教学、科研、专业发展、人际关系和人生五个方面的看法，即对您而言，教学、科研、专业发展、人际关系和人生分别意味着什么？请逐一在下面五个简易图中呈现您的看法。非常感谢您参与本研究！

步骤：

1）首先请看图 1，该图以教学为主题；

2）请花费两分钟时间进行头脑风暴，在纸上空白处写下此时呈现在您脑海中的与教学相关的内容、概念、观点、隐喻等；

3）请对您写下的内容进行归类后呈现在图 1 的各个方框中（所给方框可能填不满，也可能不够，填不满没有关系，不够请写在旁边空白处）；

4）请采用类似的方式完成其余四个简易图，谢谢。

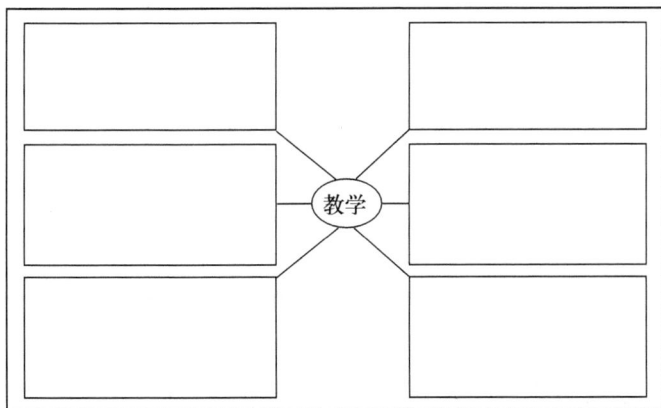

图 1　教学（考虑到版面问题，此处省去其他四个形式相近的图形）

图 2：科研

图 3：专业发展

图 4：人际关系

图 5：人生

C. 重要事件

说明：请您回顾入职以后的职业和生活。相信您在入职初期、中期以及近期每个阶段都会有 2-3 件记忆深刻的事件。

请您在下面横线上写下这些事件的主题 / 内容、发生的时间地点、参与 / 相关的人物，以及对您的影响 / 您的变化等信息。这些事件可以来自教学、科研、专业发展、人际关系任何方面，可以是积极的，也可以是消极的，还可以是意外的经历。

下面给出了三个阶段、每个阶段给出了三个事件的空间。您可以有其他的阶段划分方式（比如两个阶段）；也可能每个阶段少于或多于三个事件，或者某个事件的信息记不全，这都没有关系，您可以按自己的方式写下这些内容。谢谢！

职初期重要事件（考虑到版面问题，此处省去中期及近期事件）

事件 1

主题 / 内容：_____

时间地点：_____

相关人物：_____

对您的影响 / 您的变化：_____

事件 2

主题 / 内容：_____

时间地点：_____

相关人物：_____

对您的影响 / 您的变化：_____

事件 3

主题 / 内容：_____

时间地点：＿＿＿＿＿＿＿＿＿＿＿＿＿＿＿＿＿＿＿＿＿＿

相关人物：＿＿＿＿＿＿＿＿＿＿＿＿＿＿＿＿＿＿＿＿＿＿

对您的影响／您的变化：＿＿＿＿＿＿＿＿＿＿＿＿＿＿＿＿

附录二：访谈提纲

老师：您好！非常感谢您接受我的采访！该采访涉及对您上次完成的基本信息问卷的进一步澄清和解释，还会请您聚焦一些重要经历，进行详细描述。鉴于我的笔书肯定跟不上您的口述，希望您同意录音。您的这些材料仅用于本研究，除研究成员之外，其他人都不会接触到。另外，转写的文字稿及我的分析阐释将交由您审阅；在研究报告中，也会进行匿名处理，保证您所提供信息的安全。谢谢支持！

A．学习背景

1. 请您回顾一下您的成长历程，您是怎样走上英语教师这一岗位的？

2. 请您回顾一下入职后的学习生存和发展情况？

B．概念图追问

1. 接下来，我们看看您完成的概念图，请您具体谈谈这个图。

C．关键事件追问

1．接下来我们来看您完成的关键事件，请您具体描述和解释这些学习经历。

2．入职后，您是否有什么正式或非正式的机会反思作为一个教师的学习（如研究生课程、日志、专业发展、与师傅共事、同事闲聊、总结 performance review、电话等）？

3．入职后，有没有这样的时刻：您被激发去思考一些您从未想过的事情？

D．影响因素

1．您认为哪些因素对高校青年英语教师的成长影响最大？

E．结束访谈

关于您的学习与成长，您还有其他需要分享的故事或补充的内容吗？

再次感谢您的支持和帮助！

附录三：编码表

表 9-4　编码表

三级编码	二级编码	一级编码	备　注
E = TL Experiences 转化性学习经历	ET = 教学观	ET1 = 目的 ET2 = 方法 ET3 = 内容 ET4 = 评价	方法含教学设计等
	ER = 科研观	ER1 = 科研价值 ER2 = 科研性质 ER3 = 教研关系	价值含自我效能感等
	EI = 人际关系观	EI1 = 师生关系 EI2 = 同事关系 EI3 = 与领导关系	
	EP = 职业发展观	EP1 = 职业观 EP2 = 学习观	
	EL = 人生观	EL1 = 人生态度	
P = Process of TL 转化性学习过程	PT = 触发事件	PT1 = 积极事件 PT2 = 消极事件 PT3 = 其他新情况	他人（含榜样等）帮助
	SR = 教师反思	SR1 = 反思自我 SR2 = 反思其他	
	SD = 对话交流	SD1 = 家人、朋友 SD2 = 同事、学生、领导 SD3 = 导师、同学	
	SA = 行动	SA1 = 计划 SA2 = 学习 SA3 = 尝试 SA4 = 改进	
	SC = 结果	SC1 = 师生认识 SC2 = 师生情感 SC3 = 师生行为	

（待续）

（续表）

三级编码	二级编码	一级编码	备 注
C = Characteristics of TL 转化性学习特征	CF = 形式	CF1 = 渐变 CF2 = 突变	
	CC = 途径	CC1 = 正式 CC2 = 非正式	CC1-1 正式个体 CC1-2 正式群体
	CD = 程度	CD1 = 信念体系 CD2 = 具体观点	
F = Factors Influencing TL 转化性学习影响因素	FP = 个人	FP1 = 特质 FP2 = 情感 FP3 = 职业阶段	含职业阶段、人格等
	FI = 人际	FI1 = 家人、朋友 FI2 = 同事、学生、领导 FI3 = 导师、同学	
	FS = 情境	FS1 = 组织氛围 FS2 = 评价体系	

附录四：高校青年英语教师转化性学习经历的总体特征

表 9-5　高校青年英语教师转化性学习经历的总体特征

教师转化性学习故事	形式		程度		方式		发生时间			内容维度
	渐变	突变	观点	体系	个体	群体	职初	职中	读博	
1. 教学要满足学生不同的需求-T5		X	X		X			X		教学观
2. 高校外语教学要培养学生个体素养和批判性思维-T6	X		X		X			X		
3. 教学方法还是需要启发式-T1	X		X		X		X			
4. 教学重难点需要突出-T9		X	X		X*		X			
5. 高校外语教学要侧重文化思想-T5	X		X		X		X			

（待续）

（续表）

教师转化性学习故事	形 式		程 度		方 式		发生时间			内容维度
	渐变	突变	观点	体系	个体	群体	职初	职中	读博	
6. 学生评价并不完全反映教学情况-T2	X		X		X		X			教学观
7. 教学需要学术含金量-T3	X			X	X			X		
8. 教学需要通过获奖得到专家认可-T8	X			X	X			X		
9. 教学竞赛等与真实课堂是有联系的-T9		X		X	X	X				
10. 课件可以有高技术含量-T1		X	X			X*	X			
11. 高校教师要追求教研平衡-T7	X			X	X			X		科研观
12. 教学与科研其实可以平衡-T9	X			X	X*				X	
13. 科研项目申请没有困难到不敢尝试-T4	X		X		X*				X	
14. 科研要有系统的方向-T8	X			X	X			X		
15. 科研是实现自我价值的途径-T1	X			X	X				X	
16. 自己不是伪学者，已进入学术外围-T3		X		X	X				X	
17. 教师需要关怀学生-T2	X		X		X			X		人际观
18. 学生是活生生的人-T5	X			X	X			X		
19. 教师需要考虑学生需求-T9	X			X	X		X			
20. 同事之间可以进行专业交流-T9		X	X		X*		X			
21. 高校人际关系复杂-T4	X		X		X		X			

（待续）

（续表）

教师转化性学习故事	形 式		程 度		方 式		发生时间			内容维度
	渐变	突变	观点	体系	个体	群体	职初	职中	读博	
22. 女教师要有自己的追求–T4	X			X	X			X		发展观
23. 高校不仅是教教书就行–T5	X		X		X			X		
24. 知识需要主动建构–T2	X			X	X*				X	
25. 人不应该对身外之物较真–T1		X		X	X		X			人生观
总计	18	7	11	14	23	2	10	10	5	

备注：发生方式中，未带*的表示非正式活动，带有*的表示正式活动；发生时间中，入职1–5年内为职初期，第6年开始计为职中期，读博后独立作为读博期。

第十章
对话的绿洲：大学英语教师 PART 学习共同体实践研究

金琳、顾佩娅

第一节 引 言

当前大学英语教师专业发展态势十分严峻。在目前科研能力不可或缺的高校教师评价体制下，受不利于外语教师发展的科研环境和自身相对薄弱的科研能力的制约，大学英语教师因为职业晋升困难而面临生存和发展危机（蔡基刚，2013；夏纪梅，2012）。面对重重困难与压力，大学英语教师自发抱团取暖或组建团队合作发展已经成为一种实践取向，而该取向的具体形式之一就是"教师学习共同体"。

教师学习共同体的实践研究属于教师专业发展领域的范畴。近年来，对教师学习共同体的关注体现了教师专业发展领域的研究范式由内向外的社会文化转向。这种认识论的转向，引发了对教师专业发展情境性的关注，尤其是对促进方式的研究，如什么样的外在环境与条件能促进外语教师专业发展以及如何改善或提供这些环境与条件。因此，作为一种促进方式，教师学习共同体的理论与实践正成为目前教师专业发展研究的一个重要议题（Avalos，2011）。

有关教师学习共同体的研究在国内外已有大量成果，主要涉及三个方面，即教师学习共同体构建及其对促进教师专业发展的作用（Brody & Hadar，2011；Grossman et al.，2001；王京华、韩红梅等，2014；文秋芳、任庆梅，2012），教师在共同体中的学习和成长过程（Cuddapah & Clayton，2011；吴宗杰、黄爱凤等，2005），以及影响教师学习共同体成效的条件与因素（Doppenberg et al.，2012；Hindin et al.，2007；周燕，2008）。大多数研究验证了教师学习共同体的助发展效应，如有利于打破教师之间的孤立状态，改善同事关系，促进学校内部规范的统一，促进群体价值观及发展定位形成等。然而，更深入的研究发现，学习共同体的实践过程也会带来一些负面影响，例如教师们依托共同体进行的交流活动有时会引发教师争论和冲突而给教师造成又一重压力（Dooner et al., 2008；Gates & Robinson, 2009）。国内教师发展领域对学习共同体的研究起步较晚，但也出现了一批有影响力的实践与理论探索（王京华、韩红梅等，2014；文秋芳、任庆梅，2012；吴宗杰、黄爱凤等，2005；周燕，2008），这些研究启示我们：行政管理的支持、对教师需求的关照以及合作探索的精神等，是保障教师学习共同体成效的关键要素。可见，虽然教师学习共同体对于教师专业发展的积极作用已受肯定，但在实践中如何优化具体设计和实施过程成为一个重要命题；而共同体中的知识流动、对话沟通以及人际关系发展等微观过程，更需通过探索性实践进一步深挖。

本文报告了一项对国内某所综合性大学中一个基于项目的、由行政支持的、有研究者指导的教师学习共同体（Project-based, Administration-supported, Researcher-guided, Teacher-oriented, 简称 PART 学习共同体）为期一年半的跟踪研究，旨在回答如下研究问题：

1）参与 PART 学习共同体的教师的学习动机是什么？

2）参与教师在 PART 学习共同体中有什么样的学习体验？

3）PART 学习共同体在何种程度上影响参与教师的科研成长？

4）哪些因素影响了 PART 学习共同体的成效？

第二节　文献概述

本研究本质上是一项探索型实践研究，旨在实践中探究 PART 学习共同体对教师科研成长的作用机制及其成效。四个研究问题涉及该共同体的实践背景、实践过程、实践结果及影响因素四个维度。为此，本节对相关文献进行概述，首先界定了三个核心概念：教师学习动机、教师学习共同体和对话学习，并对相关理论进行了评述；然后对外语教师科研和教师学习共同体两方面的相关研究进行了回顾和评析，以期得出对本研究的启示。

一、关键概念及其理论背景

(一) 教师学习动机

学习动机是学习理论中的经典议题，学者从各个角度对其定义。有关动机比较一致性的看法是：动机是指引起个体活动，维持已引起的活动，并将该活动导向某一目标的过程 (如 Schunk et al., 2008)。动机包含活动、行为持续性和过程三要素。有关学习动机的理论在文献中有大量论述，学者们从行为主义、人本主义、认知主义视角提出了丰富的理论。最早兴起的是行为主义的动机观，而后逐渐被人本主义及认知主义的动机观所替代。

持有认知主义动机观的学者 Houle (1961) 提出的成人动机类型的理论被认为是持续最久和最有用的动机导向理论 (Boshier, 1971)，他将学习动机按照成人需求和期望划分为不同的导向。Houle 提出成人参与学习的三种动机导向是：学习导向、目标导向和活动导向。目标导向是指为了完成明确的目标而开展学习，活动导向是指为了通过参与社交实现人际沟通而开展学习；学习者是否参与社交团体的学习取决于该团体中的人际关系和氛围。学习导向是指为了学习而学习，学习就是目标，学习成为了一种不间断的行动。也就是说，成人学习应该是在理性的驱使下进行的，相比儿童学习而言，是更具有个性化和自我控制的学习。而教师作为成人应该是在其独一无二的个体经历基础上的自主的或自我导向 (self-directed) 的学习者，这点启示将指导本研究从成人学习特征出发考察教师参与共同体的学习动机。

Miller (1967) 提出的动机势力场分析论 (Force Feild Analysis) 也是从认知视角出发，不仅关注个人内在心理，还考虑到了外部环境影响。Miller 认为，个人愿意参与继续教育，不仅显示其本身具有某些需求存在，而且提示个人需求同时受到个人所处社会的、组织的关系所构成的外部环境力量的作用。个人需求和外部环境这两个重要变项的交互作用，可用于预测参与继续教育动机的强弱。当个人需求与外部环境力量均属强烈，就产生参与某种教育活动的强烈意愿，可见该类动机强烈且持续性强；倘若个人需求微弱而外部环境力量强烈，两变项的交互作用产生了初期相当高的参与意愿，但其后迅即降低，该类动机虽也强烈但持续性较前者弱；若个人需求强烈，而外部环境力量微弱，则参与意愿低落。

可以说，外部环境力量对参与学习的动机有关键影响，外部环境力量高于个人内在需求。Miller（1967）的动机理论从个人和社会两个角度对学习动机进行分析，是对 Houle（1961）动机导向理论的有力补充。

不同动机理论从不同角度对学习动机进行了阐释，可见单从某一个角度来探讨学习动机难以全面揭示教师参与共同体的复杂动机。首先，普通教师学习背景与个人经历复杂多变，教师学习动机的来源不同，所获学习效果亦不同。因此，本研究首先参考了学者 Houle（1961）提出的成人动机导向理论，以分析教师多样化的学习动机。其次，在当前教育改革大背景下，教师感受到各方面压力，他们参与共同体学习出于个人内在需求以及外在压力的共同影响，因此本文借助 Miller（1967）提出的动机势力场分析论，尝试分析外在环境对教师持续性学习动机的作用，进一步补充本研究有关教师学习动机的分析框架。

（二）学习共同体

美国学者 Lave & Wenger（1991）基于情境学习理论提出了"实践共同体"概念。Wenger（1998）进而将"实践共同体"定义为由一群有着共同关注点和热情、通过有规律的相互交流来促进专业水平提高的个体组成的团体。这样的实践共同体，其内涵也即是一个有着共同确定的实践、信念和理解的多个个体组成的学习共同体。学习共同体的涵义似乎比实践共同体更为宽泛，因为实践本身就是学习的一个基本维度，我们因此将实践共同体看作学习共同体的一个原型，并基于 Wenger 理论将本文中的教师学习共同体定义为：一个在学校内部为了提高科研素质、摆脱专业发展困境而形成的教师协作学习实践群体。

Wenger（1998）的共同体理论全面而深入，不仅提出了"实践参与即是学习"的理念，将超越个人或机构的非正式的"实践共同体"作为教师学习的单位，而且还阐释了教师在共同体内的发展轨迹。Wenger（1998）提出成员认同一个共同体的过程是动态的过程，并且将成员的发展轨迹按照身份认同建构的过程归为五类：边缘参与、向内发展、局内人、边界参与和向外发展。第一类边缘参与是指成员虽然归属于共同体，但总是在边缘位置，不能成为完全成员。第二类向内发展是指新成员进入共同体并且逐渐发展，有成为完全成员的预期。第三类局内人，是指共同体的完全成员，其身份建构仍然随着新的实践继续发展。第四类边界参与，其发展轨迹跨越不同实践共同体之间。第五类向外发展是指成员向共同体外部发展而逐渐脱离原本的共同体。可见，局内人是指核心参与者，而边缘参与是不完全的参与者。边缘参与与局内人是相对静止的发展轨迹，向内发展和向外发展是变化明显的发展轨迹。其中，向内发展是指从共同体边缘向中心移动，向外发展是指从共同体中心向边缘移动。该理论启示本研究关注不同参与教师在共同体学习项目中的不同成长轨迹。

（三）对话学习

对话学习的理念可以追溯到古希腊哲学家苏格拉底的问答式哲学方法。历经时代变迁与理念革新，对话学习的内涵仍是指通过同他人的沟通展开的探究对象意义的行为。西方的现代学习理论继承了苏格拉底的这种问答式的沟通性学习，但不局限于人与人之间的一问一答，而是强调了个人与环境的交互。如教育家Dewey（1938）的经验学习思想，就是强调个人在情境中通过经验反思而解决问题。而这种经验反思是通过与环境中的其他人的沟通实现的。同样，心理学家Vygotsky（1978）也将学习定位在人与自己以及与他人的沟通过程中，其中心论题都是将"沟通学习"理论具体化。他的社会文化理论强调学习的过程是一个外化到互动再到内化的沟通过程。Vygotsky（1978）认为，内化指的是从外部的、社会调节的活动逐步进展到学习者个人控制的、内部调节的个人认知发展过程。可见，内化是一个认知发展过程，而外化是指外部的、社会调节的活动，而互动则是指交流沟通，意义就是借助沟通不断生成变化的。语言是沟通学习的工具，对话是学习的外在表现，这样的学习被称之为"对话学习"。一般认为，明确提出"对话学习"理论的学者是文艺理论家及语言学家Bakhtin，他继承并发展了Vygotsky的社会文化理论中关于语言和对话的功能以及重视言语和对话的观点，认为对话性关系就是同意和反对关系、肯定和补充关系、问和答关系（Bakhtin，1982）。关于意义，Bakhtin（1982）反对个人主义的观点（即"我拥有意义"），而是提出沟通学习的观点（即"我们拥有意义"），认为意义产生于多种声音的相互碰撞。

基于上述对话学习理论，日本学者佐藤学提出了"对话性实践的三位一体论"。佐藤学（2004：38）的三维对话学习理论把学习看作意义与人际的"关系重建",包含三个维度:"学习者与客体的关系、学习者与自身的关系、学习者与他人的关系";"通过意义的叙述建构关系的学习的实践,在客体、自身与他人的关系之中形成三种对话实践的领域"。佐藤学倡导将学校转变成一个学习共同体,让学校中所有学习者(包括管理者、教师、学生)构筑起一种共生的关系,通过共同体中的人际对话,体验学习的快乐。佐藤学将对话学习理论运用于学校学习共同体的建设,集中体现了对话在学习中的价值和功能。我们认为,佐藤学的三维对话学习实践,是 Dewey、Vygotsky 等学者的对话学习观的具体阐述,而教师学习共同体能够为这种三维对话得以实现提供一个可能的、真实有效的学习情境。

因此,在上述对话学习观的指导下,本研究重点应用佐藤学的三维对话学习理论,构建了本案例研究学习共同体实践的三维分析框架:第一维度是教师与项目的对话;第二维度是教师与共同体其他成员的对话;第三维度是教师与自我的对话。在学习共同体中,教师们以课例或项目为客体,实际开展的是一种有关科研的知识性对话,在实践中依赖课例或项目这类外部的、社会调节的活动使知识外显,进而实现科研知识与能力的提高;教师与其他成员的交流合作,开展的是一种沟通性对话,通过与共同体环境及他人的互动使科研知识流动;教师们与自我内部的对话,是一种反思性对话,通过自我内部语言构建科研知识。这三个对话维度共同构成了教师在共同体中的学习实践,也成为本研究考察实践过程和效果的分析框架。

二、相关研究

(一)外语教师科研

目前有关外语教师科研的研究,根据研究的具体内容大体分为两类:1)教师从事科研的价值评价;2)教师科研困境及支持条件。

国内外众多学者认为外语教师从事科研有诸多益处。如,有利于促进教师建构教学学科知识,有利于提高教师的职业身份地位,有利于促进社会变革等(Borg,2010;Cochran-Smith & Demers,2010;Cochran-Smith & Lytle,1999;Roulston et al.,2005;吕乐、戴炜华,2007;夏纪梅,2012)。具体而言,教师参与研究能够产生直接有利于教师的"地方化知识"，从而直接对教学有益（Cochran-Smith & Demers，2010）。不仅如此，教师从事科研对教师本身还有一种解放作用，有利于将教师从知识的局外人身份中解放，使其成为知识的建构者，从而促进教师职业发展（Borg，2010；吕乐、戴炜华，2007）。尽管也有学者不认同教师研究的价值，认为教师研究的规范性和质量不够（Hammersley，1993，2004），然而争议恰恰证实了教师开展研究的迫切性。已有研究表明，教师是否参与课程改革的研发活动，对改革成败有决定性的意义（Stenhouse，1976）；而教师个人实践性知识的合法化亦证实了教师在日常教学中所投入的创造性劳动的价值应获承认。然而，目前外语教师从事科研活动尚未常态化，仍面临重重困难（Borg，2010）。

外语教师专业发展主要受困于个人科研意识薄弱与科研能力不足（Borg，2009；陈桦、王海啸，2013；周燕，2002）和外部支持条件的不足（Firkins，2005；顾佩娅等，2014；Xu，2013）。在个人科研意识与能力方面，美国学者Borg（2009）对13个国家505名高校英语教师的问卷调查以及后续访谈发现，教师个人态度认识上的误区导致阅读文献和开展科研实践的程度总体不高。国内学者周燕（2002）对全国900多位高校英语教师的调查表明，大学英语教师的科研意识非常薄弱，如82.2%的教师认为只要自己的英语功底好就能教好外语，不需要通过研究改善教学。陈桦、王海啸（2013）对全国747名大学英语教师的科研观的调查结果也显示，教师们普遍只专注教学，科研意识和科研能力弱。

有关外部支持条件的不足，国外学者Firkins等（2005）报告了一项中国香港某高校与中学合作开展的行动研究项目，发现一线外语教师受到学术资源、研究方法等限制而很难独立开展研究，提议通过与专业研究者合作的途径来提高教师研究能力。Borg（2010）同样提议通过在资源、资金和行政导向等方面支持语言教师，倡导教师与研究者的合作，呼吁学界对教师研究价值的肯定等。国内也有学者，如Xu（2013）通过叙事问卷与访谈探究了高校外语教师构建研究者身份认同的各种困难，呼吁通过高校行政人员、导师、教师教育者及教师个人的合力来促进教师的科研成长。

综上所述，教师科研对于教学以及教师本身专业发展具有无可替代的价值。然而目前一线外语教师仍面临科研意识薄弱、科研方法不规范、外部支持条件不足的种种障碍，从而导致教师单独开展研究困难，教师科研实践无法常态化。科研实践的必要性与落后的环境条件形成巨大反差。对于大学英语教师而言，其职业困境正是科研困境，走出困境亟需外部条件的系统支持。

（二）教师学习共同体

如前文所述，教师学习共同体的概念和相关研究主要来自西方文献。根据研究焦点，国外教师学习共同体研究可归为三类：学习共同体成效研究、共同体中的学习过程研究和学习共同体的影响因素研究。

第一类研究肯定了教师学习共同体对教师发展的积极作用。Thomas 等人（1998）较早开展了教师学习共同体的效果研究，他们跟踪由 22 名高中英语教师和社会学教师组成的跨学科教师学习共同体长达两年半时间，研究发现，共同体能够改善部门内和不同部门的教师之间的同事关系，打破教师之间的孤立状态。Grossman 等人（2001）基于对 Thomas 等人（1998）的跟踪研究，总结出教师共同体从形成到发展演变，最后走向成熟的三个阶段的教师共同体发展模型。近年的一些研究也得出与之相似的结论，如 Brody & Hadar（2011）等基于对由 7 位教师教育者组成的专业发展共同体的跟踪研究，指出教师协作有利于打破教师个人生活和职业的孤立状态，相互支持并有安全感的共同体环境有利于改进教学、促进个人专业成长。

第二类研究聚焦教师在共同体中的学习体验。较早的研究有 Clair（1998）报告的一项历时一年、追踪教师认知变化的教师学习小组项目。该研究发现，教师在共同体中的学习体验较为复杂，小组讨论一方面有利于促进教师观念变化，同时也存在不少问题和矛盾。Cuddapah & Clayton（2011）对一个由 12 名新教师组成的共同体历时一学年的跟踪发现，教师通过基于实践的对话重构他们的经历，获得教师身份认同的成长。

第三类研究探讨影响教师合作的个人与环境因素。例如，Hindin 等人（2007）跟踪了 10 位教师组成的合作小组的学习活动，发现教师人际关系、前期经历以及个人信念等多种因素影响教师学习的参与度，进而影响学习效果；Doppenberg 等人（2012）通过对 411 位小学教师的问卷调查发现，学校的环境以及教师合作的焦点共同影响了教师的学习。

国内的教师学习共同体研究起步较晚，大多研究集中在近 10 年。

实证研究成果不多，主要也涉及学习共同体成效、学习过程和影响因素三方面。如，王京华、韩红梅等（2014）基于对一个校本英语教师团队建设实践的长达5年的跟踪调查，从教学团队和专业学习共同体相结合的角度探讨了教师团队建设的有效运行机制及其对参与教师专业发展的促进。文秋芳、任庆梅（2012）基于一项持续了四个学期的"基于课堂关键问题研究的教师—研究者合作发展团队"课题研究，报告了研究者—教师互动发展模式对外语教学研究者专业成长作用的质性研究结果。研究表明，这种基于学习实践共同体理念的研究者与教师互动发展模式既有助于提高研究者的人际沟通能力，又有利于拓展其理论联系实践的能力。吴宗杰、黄爱凤等（2005）的"RICH课程实践和教师发展"项目研究，报告了浙江大学一项持续近十年的围绕研究性教学探索的教师共同体建设成果，反映了该群体教师合作探索、互动发展的过程和效果；周燕（2008）通过为期一年的大学英语教学改革的实验，探索大学英语教师在教学实践中实现发展的历程和促进教师成长的基本条件。研究表明，教师的发展愿望和反思实践能力是教师成长的动力，而一个以项目为基础、由教师研究者与一线教师组成的积极团结的教师实践共同体，是促进教师在实践中实现发展的一个重要途径。

国内外已有研究验证了教师学习共同体是教师在职发展一种有效的促进方式，然而上述共同体的落脚点最终在探索改进教学效果方面，主要关注学生的全人发展，对于教师本身的科研发展没有进行充分研究。教师学习共同体的运作包含许多复杂微观的机制与过程，尤其是教师共同体如何促进教师科研发展的成效机制值得深入研究。

第三节　研究方法

一、项目背景及参与者

本研究场域为国内东部发达地区一所综合性大学（简称A校）。上述大学英语教师PART学习共同体于2011年9月启动，一直延续至今。本研究聚焦该共同体启动后为期一年半的探索性实践。共同体的参与者是10位大学外语部的大学公共英语教师、5位英文系的硕士生或博士生导师（简称导师）、和一位主管教学的院长（简称行政）。10位大外教师是共同体的核心成员，也即本研究的主要观察和跟踪对象，她们全部是女教师，基本信息见下表 10-1。

表 10-1 教师学习共同体核心成员基本信息

教师	年龄	教龄	职称	学历	研究领域	个人教学研究课题
T1	37	12	讲师	硕士	外国文学	网络互动学习教学策略研究
T2	37	10	讲师	博士	比较文学	项目教学法对培养学生"21世纪技能"的效果研究
T3	35	9	讲师	博士	词汇学	跨文化语境下大学生词汇动态搭配能力研究
T4	36	11	讲师	硕士	应用语言学	英语新闻词汇附带学习研究
T5	46	6	讲师	硕士	应用语言学	二语学习者词汇自主学习研究
T6	38	13	讲师	硕士	语言学	论坛支持的写作环境下学生思辨能力发展研究
T7	35	9	讲师	硕士	语言学	以译促说英语精读课程探索
T8	43	17	讲师	硕士	语言学	网络视频实时交流环境下中国学生交际策略发展研究
T9	48	25	副高	本科	应用语言学	基于新理念网络平台的学生听说自主学习研究
T10	47	23	讲师	本科	语言学	基于自然语料的门诊会话分析

由表 10-1 可见，多数共同体核心成员是处于职业发展中期的中青年教师。他们都有一定教龄（6-25 年，平均 13.5 年），有丰富的教学经验，学历结构方面呈现出两头尖的状况（有硕士学位的教师占 60%，而有博士与本科学历的教师各占 20%）。可见参与教师总体科研基础不强，尽管在学生时代经历过一定程度的科研学习，但是对某一个特定领域的系统性研究缺乏基础。从教师自选的课题可以看出，多数研究围绕教学实践展开，大部分教师并未延续其学生时代所攻读的语言学或文学研究方向。

二、PART 学习共同体及其活动设计

A 校 PART 学习共同体的名称由其英文翻译的四个首字母缩写组成，其中，P 是指以项目为基础（Project-based），A 是指受到行政支持

(Adminitration-supported)，R 是指以研究者为指导（Researcher-guided），T 是指以帮助一线教师学习成长为目标（Teacher-oriented）。

PART 学习共同体的活动设计是以项目为基础的（Project-based）。每位参与教师都有自己的教学研究课题，这是一个贯穿始终的学习任务。围绕着这些课题项目，共同体教师每学期集中 10 多次，参加专题研讨。以各自的课堂教学研究项目为媒介，教师们在日常教学间隙也有频繁的面对面交流和网络交流，与导师也有私下沟通。

PART 学习共同体的活动得到了很好的学院行政支持（Administration-supported）。一名主管教学的院长给予 10 位大学英语教师的个人课堂教学研究项目一定的经费资助，通过参与启动会、报告会以及非正式的交流活动等予以支持。

由本院 5 位硕博士生导师参与指导的（Researcher-guided）专题研讨是共同体的核心活动。研讨活动分三个学期三个阶段进行。第一学期为自主研讨，在共同体联络人（兼本文研究者）组织下，围绕个人课堂教学研究，10 位教师进行选题交流讨论，分享经验，最终确定了各自的选题（见表 10-1）。第二学期为有指导的正式研讨，5 名导师轮流主持点评教师的课题研究设计与研究报告，参与讨论，推进研究。第三学期为课题研究中的问题讨论，最后 10 名教师通过递交"学习档案袋"的形式，总结汇报各自课题研究的结果和启示。

在笔者跟踪的一年半时间内，PART 学习共同体以参与研究的 10 名大学英语教师的学习成长为目标（Teacher-oriented），在强有力的行政支持和研究者帮助下，展开了一系列科研学习活动，包括 18 次专题研讨、7 次院青年教师论坛、19 次外籍教师工作坊等，并建立了"英语教师学习与发展"QQ 群，为教师日常交流提供了平台。

三、数据收集与分析

本研究者作为该共同体的协调联络人，与共同体的 10 名教师一起参加各类学习活动，因此得以作为参与观察者，对 10 位研究参与者开展了为期一年半（2011 年 9 月初到 2013 年 2 月末）的个案跟踪研究，通过参与式观察、深度访谈以及参与者提供的案例素材来采集数据。

参与式观察是本研究最主要的数据收集方式。观察数据来源有两类途径：一是在参与教师的许可下，对共同体的专题研讨会进行现场录音。

二是对教师参与其他相关活动，包括青年教师论坛、外教工作坊等作现场观察笔记，同时对活动后与教师的个别交谈（包括电话和网络交流）撰写日志。网络交流通过 QQ 聊天工具自动记录后分类归档。

深度访谈也是本研究数据收集的重要方式（见附录一：个案教师访谈提纲样例）。由于 10 名教师在共同体的构建过程中形成了融洽的关系，经常私下交流，这些内容无法通过直接观察获得，因此，研究者在跟踪研究的前后分别对每位参与教师做了两次深度访谈，访谈主要围绕教师参加共同体前后的教学科研经历，倾听教师对自身科研成长的看法与感受。访谈分期初和期末两次进行，每次约 45 分钟左右，所有访谈录音也转录成文字。期初与期末访谈合计总时长为 14 小时 59 分 38 秒，转写的文字稿篇幅为 276,979 字。

案例素材成为本研究的补充数据，主要为参与教师在共同体学习过程中所撰写的课题提纲、论文初稿、申请书和总结报告等。这些内容以"学习档案袋"的形式供教师互相分享交流，从而进一步丰富了案例素材。

本项目的数据整理和分析是一个从研究一开始就持续不断的过程（Miles & Huberman，1994），具体分跟踪研究期间和跟踪研究结束后两个阶段进行。在跟踪研究阶段，对数据的整理和初步归类分析工作包括：在共同体教师专题研讨会后，当天撰写"接触摘要单"（Miles & Huberman，1994：51）（见附录二）；在与教师日常接触后，当天撰写观察日志，并给日志标注标题、撰写摘要、归类整理（Miles & Huberman，1994：54）。研究者利用这两项数据精简工具及时做好初步分析，为下一步原材料编码分析作重要参考。

在跟踪研究结束后，数据的深入分析大体分为三步：第一步是对照接触摘要单并观察日志摘要，对每位参与者的各类原材料进行反复阅读，这些材料包括访谈数据、观察数据、其他案例素材等。然后在高度熟悉这些数据的基础上进行内容分析，寻找浮现的主题，并在此基础上撰写教师学习故事。故事交由教师本人核实确认和补充。

第二步是对所有原材料进行编码和主题聚类分析。编码依据为在本研究理论框架指导下构建的编码总表（见表 10-2）。该框架按照研究问题分为 4 个范畴：参与动机、学习过程、学习结果以及影响因素。每个范畴根据相关文献分为内外需求、动机指向、三维对话学习、科研素养、发展轨迹、促进因素及阻碍因素 7 个维度，每个维度又根据编码分析和通过聚类得出 19 个类别，详见下表。

表 10-2　数据编码总表

范　畴	维　度	类　别
参与动机（RQ1）	A. 内外需求	自我发展、科研压力、行政促进
	B. 动机指向	同行交流、学习知识、自我实现、完成目标
学习过程（RQ2）	C. 三维对话学习	知识性对话、沟通性对话、反思性对话
学习结果（RQ3）	D. 科研素养	科研心态、科研知识与能力、科研实践
	E. 发展轨迹	走向成熟、边缘参与、临时偏离
影响因素（RQ4）	F. 促进因素	教师个人特质、课题特点、人际关系特征
	G. 阻碍因素	

　　第三步是在编码结果的指导下，获得每一子类别的关键引证（如附录三中研究者对"学习结果"范畴下、"科研素养"维度中的教师科研知识与能力类别的编码及参考点举例）。接着，以完整的教师学习经历为面，以这些关键引证为点，结合教师学习故事与编码结果进一步开展主题与情境分析，得出针对每个研究问题的研究发现。最后，通过其他案例素材进行三角互证，确认数据可靠性，为呈现和讨论研究发现做准备。

第四节　PART 学习共同体三维对话实践

　　从期初访谈得到的数据可知，所有教师在科研重压下处于身心疲劳与耗竭的状态。他们普遍感到焦虑，不能顺利应对科研压力，如教师 T6 认为"科研是一个沉重的话题"，"科研是一种痛"，从一开始的"天之骄子"，慢慢变成"温水煮青蛙"，面临职业危机。这代表了高校扩招后大批留校的大学英语教师共同的生存状态。教师们本科或研究生毕业后留校，科研底子薄、课务繁重，很难自发自觉地开展科研活动，于是处于"长期懈怠"的状态。这种职业倦怠（Freudenberger & Richelson，1980）也是教师们伴随着长时期科研压力而产生的一种科研焦虑，"逃避"或"拖延"的科研态度，以及"有心无力"、"长期荒废"的身心衰竭状态。这种状态导致这些骨干教师对自己的科研现状总体评价较为消极，例如"我这人水平太差"（T4），"自己比较落后了"（T7）。同时，这种职业倦怠和教师对所处的科研环境不满相关，例如教师认为在职业场合自己与同事的日常交流只是"在一起瞎聊天"（T3），"我感受到的就是好像大家都不怎么做科研"（T6）。正是在这种背景下，参与教师自愿报名参加了 PART 学习共同体。本节将根据上述 4 个研究问题，通过深描和探究这 10 名一线大学英语教师参与该共同体的学习动机、三维对话学习体验、学习成效以及影响学习共同体成效的因素来报告研究发现。

一、教师学习动机

数据分析显示，这些教师就是在科研倦怠的初始状态下，产生了强烈的自救愿望和参与共同体的学习动机。如教师 T2 提到，"长期一个人看书、写文章，非常孤独"（T2）；教师 T10 和 T9 也分别表达了相似的渴望，"我经常一个人在家胡思乱想，我就是需要把我的（研究）想法说给别人听听"（T10）；"人还是要有所追求的"（T9）。参与教师将有行政支持的校本共同体看成是职业发展的"最后一根稻草"，是帮助摆脱科研困境的最近资源和出路。

进一步数据分析发现，身处科研困境的教师们或渴望交流，有强烈的求知欲，追求自我价值，或为了某个确定的目标而参与到共同体中来。根据 Houle（1961）的动机导向理论，10 位教师参与共同体的动机可以具体细分为四种不同的动机类别。按照数据丰富度比例高低排列，分别是：同行交流（T2、T3、T5、T10）、学习知识（T1、T4、T6）、自我实现（T7、T8、T9）和完成目标（T6）。其中，教师 T6 参加共同体既有明确的完成目标的动机，也有学习知识的动机。

交流活动导向参与者的主要动机在于寻求社交接触（Houle，1961）。如有教师表示，"一直想要这样一个大家真正进行职业交流的群体"（T3）。他们有时会过分专注于建立人际关系，真正的学习反而较少。学习导向参与者以学习为最终目标，如"想跟在后边学一学研究方法"（T4），他们参与学习的目的具有纯粹性，学习对于他们来说是一项持续的活动。目标导向的参与者出于特定的需要参与学习。对他们而言，学习可能重复发生，但并非持续不断地进行。研究发现，除了上述三种类别外，PART 学习共同体的三位教师还有"自我实现"的动机导向，她们没有明确的任务目标、交流需求或纯粹的学习目标，而是为了自我成长，追寻自我价值，如"我就为了内心的充实，人还是要有所追求的"（T9），这种自我实现的参与动机是一种模糊的远期目标，也是对群体归属感的追求。期初访谈数据还表明，教师的动机导向可以重叠，如教师 T6 既有学习导向的动机也有目标导向的动机，她曾说："我有这个（做研究）的心，但就是不知道怎么弄；我想今年能申请一个项目。"这种双重动机给教师带来明确的近期目标和持续的学习动力。

　　然而，无论何种导向的动机，教师参与共同体学习的动机均受到外部环境的影响，尤其是学院行政决策的影响。事实上，PART 学习共同体的教师均表示参与共同体的一个原因是"行政领导肯定了共同体的价值"（T8），现在学院提倡"通过教学研究来促进教学改革"（T8），领导一直建议大家"在一学期的教学中找到一个切入点，做一些研究"（T6），鼓励大家"一定要有自我发展意识"（T8）。

　　数据表明，教师参加共同体的学习动机强弱与行政推动以及自身动机导向的差异紧密相关。正如 Miller（1967）的动机势力场分析论指出，环境对促进个人学习有很大作用。当教师个人的学习需求同外部环境力量相一致，并且均属强烈时，教师参与学习的动机最为强烈而且持续。如教师 T6 既有强烈的学习和完成项目的目标，又受到学院行政领导的鼓励推动。具体而言，外在的科研压力刺激了教师 T6 的内心愿望，在目前科研压力日益增大的教师发展大环境中，教师 T6 成为积极适应体制、具有良好学习动机的学习者。与之对照的，教师 T8 本身对科研兴趣不大，但是不久前晋升为课程团队的带头人，因此作为普通教师的表率带头参与了共同体。然而由于外部的驱动力量与教师 T8 内心的动力并不一致，因此教师 T8 初期有很高的活动参与度，之后活动积极性快速下降，呈现为 Miller（1967）所说的学习动机持续性较弱的学习者。再如，教师 T7 参与科研学习的内心需求不太强烈，加之由于临时被调离了教师岗位，学校对其不再有科研要求，出现了 Miller（1967）所说的外部环境力量及个人需求均不强烈的情况，因此表现出较低的学习动力，只参加了第一阶段的共同体活动。

　　综上所述，在参与共同体之初，10 位教师在科研上呈现出职业倦怠的状态，她们大多出于自救的动机选择参与了 PART 学习共同体的活动。教师的参与行为是自我发展的内在需求和直接行政领导的支持共同作用下的结果。她们的学习动机强弱不同，动机导向也各有差别，最后科研成长轨迹也不同。

二、教师三维对话学习体验

（一）不同发展轨迹的教师三维对话学习故事

通过对共同体三维对话学习活动数据的初步分析，研究者发现PART 学习共同体 10 位大学英语教师的参与度及自我评价存在明显个体差异，她们的发展路线呈现出 Wenger 的实践共同体理论（1998）中所提及的 3 种不同发展轨迹：（1）走向成熟的成员，即向内、向共同体中心发展、有可能成为完全成员的轨迹；（2）持续边缘参与的成员，即没有向外或向内的发展趋势、始终停留在边缘参与的轨迹；（3）临时偏离，即向外发展、向共同体边缘移动，逐渐脱离原来的共同体的发展轨迹。详见表 10-3（教师参与者按数据丰富度从高到低排列）。

表 10-3　参与教师在共同体中的发展轨迹

发展轨迹	教师参与者	自我评价举例
走向成熟	T6、T4、T5、T10、T2、T3	"渐渐入门了"，"有质的飞跃了"（T6）
边缘参与	T8、T1、T9	"总觉得游离在外面"（T8）
临时偏离	T7	"我没有办法继续参加共同体的活动，我会自我发展"（T7）

根据以上教师发展轨迹的分组，结合教师参与度、教师对自己学习效果的自我评价以及研究者收集的数据丰富度，我们选取了三位特征鲜明的教师 T6、T8 及 T7 作为三类教师代表，以呈现不同的学习和成长轨迹。在"走向成熟"组中，教师 T6 的特征最为典型，她从没缺席过一次共同体活动，其数据丰富度在该组最高。她对自我学习效果的评价也较高，认为自己是"共同体获益最多的人"。教师 T8 是"边缘参与"组的典型，在共同体各类活动间隙与研究者有频繁的接触，她的学习经历具有鲜明的特色，自述对于科研"总觉得游离在外面"。教师 T7 是"临时偏离"组的唯一成员，她在参加共同体活动不久就从教师岗位调至行

政岗位，因此"临时偏离"了以教学研究为核心的 PART 学习共同体。她自称参与共同体是为了发展自己，但是由于行政工作时间与共同体活动时间发生冲突，教师 T7 只参加了第一阶段的共同体研讨。因此本研究不再跟踪其学习体验与过程，下文叙事将围绕前两类教师的典型学习成长故事展开。

1. 教师 T6 的故事：抓住最后一根稻草

这是一个科研逐渐走向成熟的教师的学习故事。主人公教师 T6 是一位有 13 年教龄的优秀教师，当年以保送生的身份攻读硕士并作为优秀毕业生留校任教。留校后参与了很多重要的教改工作，一直努力勤恳地在教学之余完成编字典、编教材、出试题等教学相关工作，成为了学院的骨干教师。然而在参加共同体之初，她慨叹自己"硕士阶段学的知识太陈旧了"，"长期荒废了学业"。在教学上，她虽然"有一些心得"，但也时常感觉"很多理念根本就没有办法实施"。她尤其感到学生的作文"思想空洞"，"即使语言好也写不出好作文"。回首从教这 13 年来，她发现自己在科研上基本没做什么事情，"一直很懈怠"。她认为原因在于自己留校时对"大学老师的认识不够"，那时候以为"读完研究生，好像这个事情就完了似的"。这么多年来，她在科研上没有什么压力，也没有人督促。随着这两年学校科研要求的提高，她感觉"特别忙乱"、"无从着手"、"需要有人推我一把"。于是，她将共同体看作"最后一根稻草"。

教师 T6 从同事处得知共同体的第一时间，就主动要求参与，并且成功申请了通过共同体平台获得美国驻华大使馆文化处组织的为期 12 周、由美国俄勒冈大学（University of Oregon）开设并颁发结业证书的"国际教师在线课程"（Online Teacher Training Course）培训，主修"网络教学的技巧"。她将"在线课程"所学的网络教学技巧运用于自己的课堂，并且和教师 T2 反复商量，确定了"通过论坛支持的写作课程设计来促进学生思辨能力的提高"这一课堂教学研究项目。带着这个课题，她认真参加了与导师的每次研讨，并同步实施了自己的教学实验。她发现"一些新的教学技术，慢慢地在做，是可行的"。她评价共同体的专题研讨会让她获益最多，特别是导师 Y 对她理论框架和数据收集方面提出的一些意见"帮助很大"。经过了几次改动，到在第二轮专题研讨上发言的时候，她觉得自己对于这类研究的理解达到"一个质的飞跃了"。

最终她的项目获得教改课题资助，让她感觉自己实现了"突破"。重新审视这段历程，她发现原来自己"还是可以做点事情，从教学中还是可以做点东西出来的"。目前，教师 T6 打算借教改轰轰烈烈开展的契机，从教学中挖掘更多的研究课题。从教师 T6 的学习故事可见，她获得了持续开展科研实践的动力、信心与能力。

2. 教师 T8 的故事：没人逼就不会去碰了

这是一个科研持续边缘参与的教师学习故事。教师 T8 从教已经有 17 年了。她热爱三尺讲台，不断地通过和同事及学生的交流创新她自己的教学技巧，和学生亦师亦友，享受教学的乐趣。对于自己教学上的成就，她坦言"都是被学生逼出来的"。近几年，她编写了多部教材，是学院教学资源建设的主力教师，参与了多个教改项目。然而，在参与共同体之初，相对于自己教学上的游刃有余，提及科研和职称的问题，她自嘲"像鸵鸟一样，将头埋在沙子里"，选择暂时逃避，因为"前几年孩子小家务重，根本无暇顾及科研"；尽管这几年生活负担有所减轻，但既要在生活中扮演女儿、妻子、母亲的角色，又要在工作中承担教学和管理工作的她，"做研究这个事情，仍旧一拖再拖"、"心有余而力不足"。偶有闲暇，她也"逼自己"看些论文，"但是就不知道看什么，脑子进不去"。对于自己的科研能力，她评价自己"可能在小学预备那个阶段"。

PART 学习共同体是学院开展的推动中青年教师专业发展的举措之一。作为模范教师和教学团队负责人，她率先参与了共同体。尽管偶尔由于院内会议冲突，她会缺席某次共同体的活动，但是从未因为个人事务而推脱。暑假里，她主持了学院与国外大学合作的"视频英语聊天"的学生项目，由此她深信"视频聊天对学生口语的促进作用"，于是决定将其作为她的个人课题。记得在共同体的第一次研讨会上，她带来了厚厚一叠的学生反思日志。作为第一个发言人，她一遍遍诉说自己"焦虑得不行"，即便是一页纸的个人教学研究项目的提纲，也是依赖于共同体协调人与她分享的提纲样本，才"依葫芦画瓢"得以完成。最终能向大家汇报，她感到"很激动"，"大家的争论让她好好思考了"，同时又"有点沮丧"，因为"每次汇报总是被大家挑出那么多毛病"。教师 T8 最后完成了自己的研究报告，然而她也坦言，"如果没人逼我的话，可能就不再去碰了"。从教师 T8 的学习故事可见，她的科研实践主要依赖于外部的促进力量。

从以上两则教师学习故事可以看到，PART学习共同体给教师们提供了一个合作交流，即对话学习的空间。在这个过程中，教师通过确定课题、研究设计、收集数据、分析数据、得出发现等研究步骤，与教研项目这一客体进行了对话；通过请教同伴、请教导师，与他人进行了对话；通过在实践中和实践后反思，同自我进行了对话。这三个维度的对话构成了参与教师的科研学习，下文将对其过程进行具体分析。

（二）三维对话学习过程分析

为了揭示不同教师在学习共同体中的不同学习过程，下文将继续以上述两类教师（T6、T8）为例，进一步分析其三维对话科研学习过程。

1. 教师T6的三维对话学习过程

教师T6是"走向成熟"这一组教师的典型代表。教师T6认为共同体的所有活动中，有研究者现场指导的专题研讨会对她科研能力的提高帮助最大。下面有两则对话片段呈现了教师T6与教研项目（客体）的对话，与导师（他人）的对话，以及与自己（自我反思）的对话。

第一则摘自教师T6首次陈述自己的个人课堂研究项目设计时与导师Y展开的对话。教师T6从日常教学实践中获得的灵感出发，将其在PART学习共同体中的自主课题选定为"学生思辨能力发展研究"。为此，她查阅了文献，找到了一份"美国高中毕业生入学思辨能力问卷"。然而对于能否采用该问卷作为数据收集工具，她感到没有把握，因此急切地期望得到导师的指点：

教师T6：我找到一个测美国高中毕业生入学时思辨能力的问卷，我用在我们大一学生身上可不可以？

导师Y：要看它的概念类别，拿到这个工具以后，你要挖掘背后的理论框架。

教师T6：国内还没有一个公认的测量的工具，我把一个美国学生的问卷拿过来测我们学生，是不是有点太不切实际了？

导师Y：不能说"拿过来"，用的时候要经过修改的。文老师的框架也是从西方那边发展过来的，但是她已经做过本土化工作了，她的模型跟西方的模型已经不太一样了。虽然现在大的类别都比较相近，但是也许你这里面缺一些文老师没有提到的概念，那就得自己设计、比较，然后要挑适应我们的。你拿过来好好研究一下它的框架。可以的，但是要看一下作者在领域里面的地位。

教师 T6：哦，这个我还没好好看（T6-研讨记录-2011-10-12）。

从上述对话可以看出，首先教师 T6 与自己的教研项目开展了对话。该过程中，她查阅了文献，这是一种知识性对话。教师 T6 很快发现自己科研知识的漏洞，具体就是对"调查问卷"的认识不足。显然，由于相关科研知识的缺乏，教师 T6 仅仅同客体的对话不能实现学习目标。

因此，借助共同体这一三维对话空间，教师 T6 进入第二维度——与导师这一他人的沟通性对话。在上述研讨片段中，教师 T6 与导师的一问一答，形成了 Bakhtin 所说的对话性关系。教师 T6 所提出的关于"调查问卷是否适用的问题"，成为双方沟通的焦点。在这个对话关系中，教师 T6 通过提问，导师通过回答，双方共同探寻了"什么是适用的调查问卷"的意义。首先导师 Y 对教师 T6 是否可以采用相关调查问卷，既没有完全反对也没有完全认可，而是用一个具体事例（"文老师的框架"）对教师 T6"如何找到适用的调查问卷"这一知识点进行了补充。而后，又肯定了教师 T6 这一大胆的探索，顺势提醒教师 T6 注意考察问卷原作者的学术地位，而教师 T6 通过与导师对话意识到自己的欠缺，引发了下一步的学习。分析表明，由于研究经验的差异，教师 T6 与导师 Y 双方对于"调查问卷"的理解有很大差异，通过互相将自己的理解外化表达，实现了不同思维的碰撞，引发了更多思考。该对话过程将教师 T6 原本个人单独追求意义的过程转变成有导师引领的认知调节和深化过程。由一个问题衍生出一系列问题，意义也就借助这种双向沟通不断生成变化，促进了知识在共同体中的流动。

最后，知识的内化还依赖于教师 T6 第三个维度的对话：与自我的反思对话。具体发生在上述与导师的对话之后，教师 T6 反思了自己的学习过程：

今天我在看文献的时候，我突然觉得自己会做研究了。我的表述要有很好的框架思维结构，那如果又有一些新意的话，这不就是做研究吗？（T6-反思日志-2012-03-05）

从上述反思日志可见，教师 T6 意识到无论是"调查问卷"还是做其他研究，"框架思维"对科研很重要。这种顿悟促进了教师 T6 研究性思维的养成。通过自我反思，教师 T6 将新的知识融入自己原来的知识体系，实现了反思性对话帮助知识内化的目的。

图 10-1 展示了以上有关教师 T6 的三维对话学习过程。

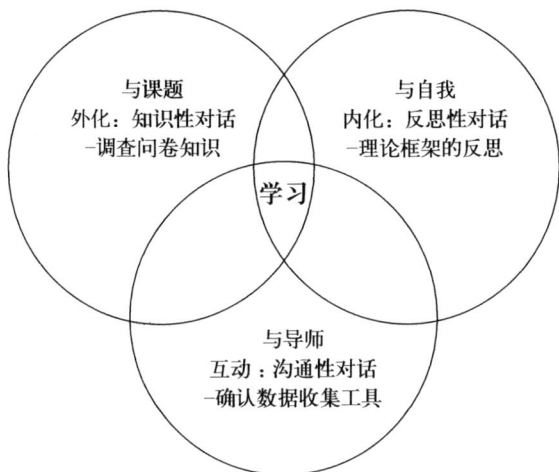

图 10-1　教师 T6 完整的三维对话学习过程

如图 10-1 所示，教师 T6 的三维对话首先是通过与课题的知识性对话，将知识漏洞外化，然后通过与导师的沟通性对话实现了知识的调节深化和流动，最后通过自我反思，实现了知识的内化。通过这一比较完整的三维对话学习过程，教师 T6 在科研上获得了信心，实现了"突破"，她的课题最终成功申报了校级项目，从而实现了科研发展。

2. 教师 T8 的三维对话学习过程

作为"边缘参与"组教师的典型代表，教师 T8 认为在共同体的所有活动中，与同伴的交流对她科研能力的提高帮助最大。让教师 T8 印象最深的是第一次专题研讨发言时大家对她的课题提纲的讨论。虽然让她略感不知所措，但也对其"有所启发"。由前文表 10-1 所示，教师 T8 的教学研究课题是"网络视频实时交流环境下中国学生交际策略发展研究"，这是教师 T8 基于一项暑期培训项目的实证研究。在参加研讨会前，她十分焦虑。因为不知道如何撰写课题提纲，她临时查阅了一些期刊文章，熬夜赶制了课题提纲。下面一则对话片段摘自该专题研讨会中，教师 T8 与其他两位教师（T3、T5）的对话：

T8：我紧张死了，在（科研）这方面我差不多是"大班的幼儿"，汉语拼音是会的，但写文章要从小学学起。我的理论是不是用得太多了？我列出来的合作原则啊，礼貌原则啊，这些在一篇论文里可以放一起吗?

T5: 我认为可以的,前面是指导原则,后面是具体操作方法。

T3: 韩礼德的这句话跟下面这个是完全不同的场合,不同的流派。你要讲这个问题,但是现在讲的又是那个,这样合不到一起去了。

T5: 你应该把问题弄简单。第一个题目要改。第二、第三个问题可以并一并。

T8: 呵呵(面对同伴不同意见,无所适从地笑)(研讨记录-2012-03-21)。

以上对话显示,教师T8在焦虑状态下参加了研讨,对自己的课题没有一个明确的想法,为了参加研讨,只是临时"依葫芦画瓢",因此在研讨时,教师T8与两位同伴展开的对话是不完整的。尽管同伴们从各个方面给予教师T8帮助,包括分析评判、解读理论和直接建议等。教师T8只能是"无所适从地笑",缺乏更深入的互动,对话效果明显不佳。在期末访谈中,教师T8坦言:"当时很激动,但回来就又沉浸在家务事中了"。由于事前没有与自己的课题进行充分对话,参加讨论时无法控制自己内心的焦虑("我紧张死了"),同伴对话没有达到应有效果,也未进行及时反思,因而新知识的内化就没有实现。下图10-2中,我们用三个虚线圈展示了教师T8与课题、与同伴和与自我三维对话没有很好实现的研究发现。与另外两个对话缺席相比较,教师T8与同伴的对话为她反思提供了帮助,但是没有得到她的及时回应和利用,学习也就停滞不前了。

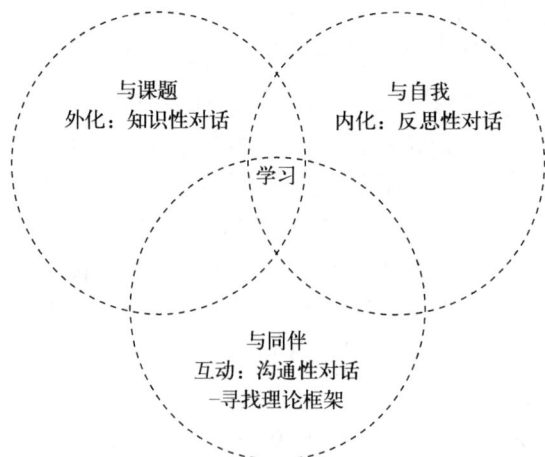

图 10-2　教师 T8 不完整的三维对话学习过程

我们将教师 T6 与教师 T8 进行比较，可以看出，教师在共同体中的对话学习过程三个维度的完整性对教师科研成长起到决定性作用。某一维度上的不充实或者缺失，必定影响教师的学习成效。

三、教师三维对话学习成效

数据分析表明，PART 学习共同体有效促进了教师科研素质的总体提升，具体体现在教师科研心态的转变、教师科研能力的提升、教师科研实践的推进和教师科研环境的优化。

（一）科研心态的转变

科研心态直接影响科研实践的开展，进而影响科研能力。项目前，教师们在科研上呈现出长时期科研压力体验下的一种科研焦虑以及"逃避"或"拖延"的科研态度。经过共同体一年半的学习，教师们体验到"快乐"、"幸福"，对从事科研有了"信心"和憧憬。例如，教师 T2 以前独自盲目的学习"很痛苦"，共同体让她再次拥有了同学和导师，因此"感到幸福"。教师 T4 多年来同样孤军奋战，参加共同体之后，"想想又放弃不了"，对于从教学中做科研有了"肯定很快乐"的憧憬。教师 T5 平时和同事交流不多，但通过共同体与其他教师慢慢熟悉起来，经常在一起讨论，有时候也"一起抱怨抱怨"，发现"原来有很多人和我一样无助和困惑"，"一下子觉得自己原来不是那么差"，科研焦虑得以减轻，甚至开始期盼自己未来的学者生活，她感悟到：

> 发表论文和评职称是功利的，确实给我向前的动力，但那是短暂的，容易让人疲劳的；而追求个人智慧和魅力的提高，是我真正向往的东西。现在我眼前就浮现导师 Y 那种神情，看论文的专注，讲话时闪闪的眼光，浑身散发出活力。我常常想，如果有一样东西让你活力十足，那你会觉得生活有意义了。我常常追求那种活力十足、忘我的境界，但愿研究能够给我带来这样的状态（T5-个人总结-2012-05-18）。

事实上，教师科研焦虑产生于对学习结果的过分依赖。当教师们走出这种功利性的学习倾向，如教师 T5 一样追求科研本身的乐趣，那么普通教师可以找回科研本身的快乐，从科研倦怠走向心灵解放。

（二）科研能力的提升

研究还发现，通过一年半的共同体学习，教师们的科研能力有所提升，在收集资料能力和写作能力方面尤其突出。例如教师T2回忆自己"以前搜集资料没有穷尽，觉得差不多了就满足了"。但是在期末访谈中，她坦言：

> 看到大家做得很认真，我自己也不敢懈怠，我自己在搜集资料上，也算是尽自己所能去搜集资料，我觉得这个（共同体学习）对我搜集资料的信心，还有搜集资料的这种能力还是有提高的（T2-期末访谈-2013-07-06）。

而教师T4在写作能力方面，感受到了明显的提高，她谈到：

> 这个申请改了很多遍啊。刚开始我自以为自己写的文字还不错，但是大家觉得口气不对，也没有突出亮点。第二稿大家又觉得点太多，有点乱。这让我体会到了材料取舍的问题；面面俱到，反而没有重点。然后看了T2的稿子，看出差别来了。发现自己的就是罗列事实，没有"扬一扬"，没有很好地把意义发掘出来。除了罗列事实，还要挖掘事实的意义！然后问题又来了，这个中间，怎么层层递进？导师Y说要像铺红地毯一样，铺到自己的结论。原来这中间的（环节）就是论证！我最后改了一下，努力"扬一扬"（T4-个人总结-2012-05-18）。

教师T4经历了从"自我怀疑"到"艰难开始"，最后从实践中获得领悟。进一步的数据分析显示，PART学习共同体中的资源共享、情感契合和三维对话促成了教师T4科研能力的提升。

（三）科研实践的推进

科研是一种实践性知识，必须在实践中获得提高。PART学习共同体以教学研究项目为契机和动力源，以行政支持和专家指导为支持条件，推进了教师们的科研实践：

> 我总觉得自己能力还是不够的。就说最近这次申请项目，我就觉得我能写好吗？我能做好这件事吗？后来大家都说，你先写，我想我写出来再说吧。看看这个过程性评估（的课题），人家研究的现状是什么样子的，还有自己的突破在哪里，难点在哪里，稍微写了点。后来写了我才知道怎么回事，最后像模像样地把它写出来了。

拿到这个项目，是对自己一个很大的鼓励吧。有个零的突破。我觉得可能我这个项目还不是很有新意。但是做起来了，不管像什么样子，成功不成功，我觉得已经开展了（T4-期末访谈-2013-6-23）。

不仅是行政支持和专家指导，同辈的讨论、平时的交流也促进了单个教师科研实践的开展，例如：在一次平时交流中，教师 T5 受到教师 T10"课堂细化目的"的启发，想起这样一个问题："如何使课堂提问更有效？"从这个问题引起的一番讨论，促成了教师 T10 的项目选题。教师 T10 在研究日志中说：

> T5 的"如何使课堂提问更有效"这个问题激发了我的极大兴趣，因为我正好看到一个文献，指出提问主要分两类：指示性的和陈述性的。指示性的问题有时可以引发陈述性的回答，而陈述性的问题可能得到或得不到指示性的回答。T5 说学习无法衡量，我想到了我从上海学术研讨会上学到的三个标准：学生的反应、学习是否发生以及表现如何。为此，T4 又挑战如何定义学习，我认为学习可以观察到，因为参与即是学习。经过一番讨论，大家都认为课堂提问是有意义的研究，鼓励我继续研究下去（T10-研究日志-2012-01-15）。

（四）科研环境的优化

对于参与教师来说，PART 学习共同体促进了教师之间职业交际圈的形成，自然改善了教师科研环境。教师原本工作中相互孤立、缺乏职业交流的人际关系发生了变化，如许多教师提到，课后大家不再像以前只限于聊"买菜"、"带孩子"、"穿着打扮"等生活琐事，而也会就各自的课题进行研讨，学术氛围有了一定的变化，例如："有同事在一起聊的话，如果你有什么问题呢，他们会给你真诚的帮助的，我赶快咨询咨询，蛮有助于你做出点成绩来"（T6）。

教师之间形成的职业交流圈，是一种互助和互相督促的关系，既有情感上的互相支持，又有直接的资源或者技术的支持。例如，教师 T4 回忆道："T10 打了我几次电话，一直鼓励我"；还感受到教师 T2 的热心帮助："我觉得她特别的帮忙，她把她的申请书拿给我看，至少我觉得挺仗义，一点架子都没有"；这些学习体验促使她的家庭生活和职业生活达到了更平衡的状态，因为她领悟到：

> 作为一个人，离不开两方面的生活，除了家庭，还应该有事业。

而且这一块很能决定你的个人成就感。时间不够，那就取舍一点，家庭生活也不是说全放弃，只能说没有以前多。少花一点时间也还可以，讲究方法，提高效率。（T4-期末访谈-2013-06-23）。

PART 学习共同体同时是一个开放的、动态的、辐射型的组织，吸引一些临时成员的参加，他们成为共同体这个小环境与外界大环境互动的桥梁。比如一位有 20 多年教龄的副教授慕名参加了共同体的一次研讨后说：

> 我来就是想观察这个活动本身，以前成天参加学术活动……这个是手把手教，是吧？这个活动本身的思路、方法很有意义。说实话，我觉得有收获，但是也有压力！我去了也是观察你们，但是这个活动，（你）一定不能成为旁观者，要有参与才行，你看教授就在一边指导，想偷懒也没法偷懒。你们在做一个实质性的进展，大家很有奔头（T11-电话交流-2012-05-07）。

数据分析可见，PART 学习共同体对校本科研环境的优化作用在于为这些参与教师之间创建了职业交际圈，打破了教师之间原本孤立、隔绝的状态，促进了资源、知识、情感的流动，为科研倦怠中的教师提供了职业链接。

四、影响三维对话学习共同体成效的因素

PART 学习共同体尽管总体上对教师科研成长和学习环境都有积极的作用，然而对于参与教师个体而言，成效各有差异。多数教师自述进步很大，如教师 T2、T3、T4、T5、T6、T10；但也有些教师认为有所收获，但是进步不够显著，如教师 T1、T8、T9。进一步数据分析显示，影响 PART 学习共同体的因素涉及三个方面：教师动机强度和动机导向、教师研究兴趣的一致程度以及共同体的人际关系。

（一）教师动机强度和动机导向

教师学习动机强度和动机导向是影响教师在共同体中科研学习成效的一个最重要的因素。在行政推动的 PART 学习共同体中，成员们首先感受到现行高校评估体制下的科研压力，其次感受到共同体中的同伴压力，这两种压力构成 Miller（1967）所说的外部环境力量。强大的外部环境力量下，个人自我动力越强，学习动力持续越久，如教师 T6 的学习经

历最为典型。她个人学习动机强烈，在共同体各项活动中参与度最高（从未缺席任何活动）。她从个人项目申请成功的经验中获得更多的学习发展动力，形成了职业发展的良性循环。目前她正"打算趁教改轰轰烈烈的时候，从教学中挖掘更多的研究课题"，科研动力与后劲充足。与之对照的是教师T8，她个人学习动机较弱，虽然也受到强大外部环境力量的推动，然而她坦言对科研没有太多兴趣，因此她在初期表现出较高的学习动力，但是随后学习动力下降明显。最后尽管完成了自己的研究报告，然而她的科研实践主要依赖外部压力，因此缺乏持久力。由此可见，强烈的内外动机的结合是实现教师科研常态化的关键影响因素。

教师参与共同体学习的不同动机导向也影响了教师在共同体中的科研学习成效。例如，教师T6一方面带着明确的具体目标参与共同体学习，获得了最显著的学习成果。然而另一方面，她感觉到的科研实践仍然是"比较痛苦的"。这似乎与她在计划、实施并完成项目过程中感受到的紧迫感有关。又例如，教师T3明确表示是为了同行交流、自我实现、学习知识的目标而参与共同体学习的，她在共同体中感受到更多的是情感支持，减轻了"科研痛苦"。然而，由于缺乏明确的短期目标，教师T3在共同体中反而获得了较低的科研学习成效。由此可见，对于科研能力较弱的教师而言，除了内在的、与心灵成长有关的学习动机（如"自我实现"），还需要有外在的、有明确具体目标的动机，这样更有益于收获科研学习成果。

（二）教师研究兴趣的一致程度

参与教师研究兴趣的一致程度也极大影响共同体的成效，因为研究兴趣的一致程度直接影响教师之间的合作。例如，教师T1与教师T6年龄、教龄均相仿（见表10-1）并且私交甚笃。两位教师在初期计划合作一项课堂教学研究。教师T1以及教师T6的访谈数据表明，两位教师通过电话及面谈进行了三次深入的交流，从"分头查找文献"（T6），到"在教工食堂里讨论题目"（T1），再到"在T1家中一同对着电脑逐条确认文献"（T6）。两位教师带着极大的热情合作，然而教师T1对教师T6所研究的"思辨能力"不太熟悉，而教师T6对教师T1所提议的"文化研究"兴趣不大，寻找将"思辨研究"与"文化研究"关联的切入点未果，最终决定放弃合作。这是双方研究兴趣的差异最终导致合作研究与学习失败的一个典型案例。相比之下，在参加共同体前交往较少的教师 T4 与教师 T5 之间的合作反而获得了成功。教师 T4 与教师 T5 年龄相差 10 岁，教龄相差 5 年（见表 10-1）。然而双方出于对词汇研究的共同兴趣，"经常在一起讨论"（T5），从专题研讨会上的交流延展为日常持续的双向非正式交流，通过各种交流工具（如电话、QQ、短信等），实现了"真正意义上的学术交流"，他们的合作不仅缓解了彼此的科研焦虑感，而且促进了对有关词汇研究的文献共享和问题探究，有效促进了两人的科研成长。

可见，年龄和教龄的差异对教师合作并无影响，而教师研究兴趣的一致性，尤其是交流内容能否聚焦是影响 PART 学习共同体成效的一个重要因素。这个发现验证了 Levine 和 Marcus（2010）有关合作焦点是否明确会影响共同体成效的论述。PART 学习共同体给教师提供了生活和职场之外互相交流的第三空间。交流的内容和目的越明确，教师获益就更多。而研究兴趣的一致性是有效交流的前提；相同或相近的研究兴趣更有利于教师之间提供直接互助。

（三）共同体的人际关系

PART 学习共同体的成效还取决于教师之间良好的人际关系。融洽的人际关系有利于日常研讨的顺利进行，是实现教师学习交流日常化和规律化的关键。倘若我们将共同体中的人际关系分为疏远和密切两大类，那么通过教师学习故事发现，关系密切的教师之间交流更多，学习也更有效。如教师 T1 为人低调，除与教师 T6 在攻读硕士期间是同学关系而较为熟悉以外，与共同体中的其他教师平素往来很少。教师 T1 在 2008-2009 年间曾出国一年，回国后忙于教改工作，因此与共同体其他成员教师关系较为疏远。在参与共同体学习期间，教师 T1 主要与教师 T6 进行了较为密切的交流，然而随着与教师 T6 合作研究的搁浅，教师 T1 感到自己在共同体中的学习收获不大，"我们团队里的人，其他人都太突出、太优秀，我好像还没有成长到那个地步。我算是共同体里比较失败的那种"（T1）。教师 T9 有 25 年的教龄，多年前已经晋升为副教授，因此没有职称的压力，对于科研抱着随缘的态度，与共同体其他成员之间的关系较为疏远，她坦言："我就为了内心的充实，就是经常想跟你们在一起，了解一些新的东西。就是年轻化一些，否则自己全放了就麻烦了。"她认为教师各有所长，并非都适合做科研，认为自己"无法全身心投入"，因此在共同体中的学习成长也不明显。

另外，在PART学习共同体中，重视"人情"、渴望体验同一种幸福感的群体文化效应在很大程度上激励了教师学习。例如："大家都在努力，无形中你也会想着我要积极一点"（T4）；又例如："发现原来有很多人和我一样无助和困惑，一下子觉得自己原来不是那么差"（T5）。这样的"群体效应"与西方文献不同，大一统的儒家价值让教师们更多地追求同一种幸福体验。受传统群体文化的影响，中国教师追求"相同"，而不是"另类"，比西方教师需要更多的集体归属感，而不是西方人所追求的个性鲜明的特立独行。相对于对自我的身份认同，她们也同样在乎别人如何看待自己以及自己在群体中的地位。因此，中国教师的求同性使得共同体对于中国教师专业发展的影响尤其巨大。

PART学习共同体的群体人际交往模式，还体现为成员经过一年多学习后建立了良好的私人关系，特别体现在教师面临生活困难或工作困难时，共同体的成员成为求助的首要对象。例如：教师T4需要做一份问卷调查，立即通过微信求助于共同体的成员，因为"不好意思求助别人，但是觉得我们这些人肯定愿意帮忙"（T4）。还有一次，教师T10将教科书落在学校，晚上急用时，立即打电话给教师T6，并驱车前往借书，当问及为何不向居住在同一个小区内的同事求助时，教师T10坦言："第一个想到求助的对象就是我们共同体的成员。"这样一种亲密互助的人际关系，进一步促进了教师之间的交流，从而提高了学习共同体的成效。

第五节　研究启示

本研究通过对10位一线大学英语教师为期一年半的PART学习共同体经历的跟踪研究，深入探究了她们参与共同体的学习动机，分析了她们的三维对话学习过程及成效，呈现了影响共同体学习成效的各种影响因素。研究发现：教师参与共同体出于同行交流、学习知识、自我实现、完成目标等不同导向的学习动机；教师与自己、与同事或专家以及与项目的持续的三维对话过程促进了教师科研心态的转变、科研能力的提升、科研实践的推进以及科研环境的优化；教师的动机导向与动机强度、研究兴趣的一致程度以及人际关系共同作用，影响教师学习共同体的成效。

这项对教师专业发展促进方式的探索性实践研究也存在一些不足，如对参与者数据的整理和深度挖掘不够等。但三维对话的学习共同体作为一种有效专业发展模式的实践探索，可望为相似学校创建校本教师学习共同体提供启示，具体可归纳为以下三点：

第一，在中国当前社会文化环境下，行政支持有助于教师共同体的高效创建和运作。我们认为，完全自下而上的自发的共同体较难持续，而过于行政主导的教师学习共同体则会流于形式。有效的教师学习共同体应是自上而下的行政支持与自下而上的自主努力相结合，通过这种合力来促进在职教师的专业发展。因此，教师发展项目应关注行政促进措施，特别是相关评估体系的优化，为教师提供足够的发展机会和希望。

第二，PART学习共同体中，参与教师个人的研究课题成为教师学习的动力源，也是三维对话交流的中介。然而，教师的科研能力、科研兴趣、职业阶段、学习经历等各不相同，个人项目一方面让教师对自己的项目更有责任感、独立性，避免了合作可能产生的著作权问题或者合作失败的风险，另一方面也可能导致了教师之间的合作程度不高，降低了PART学习共同体的凝聚力。今后可以考虑从教师不同的科研兴趣出发，建立不同研究专题和不同规模的教研共同体，以适应不同教师的科研发展需求。

第三，大学英语教师的专业发展依赖于教师职业交际圈的形成。教师是在与同行、导师、同辈这些他人构成的环境中互动成长的。这样的职业交际圈就是教师发展的一个最近支持环境，教师发展所依赖的物质、人力资源，有形或无形的资源在该环境中流动。因此，外部大环境的优化可以从教师所处的最近环境的优化出发，通过教师职业交际圈的形成实现其辐射效果，最终实现教师发展大环境的优化，促进教师队伍的整体发展。这就是PART学习共同体探索性实践的意义所在。

参考文献

Avalos, B. (2011). Teacher professional development in Teaching and Teacher Education over ten years. *Teaching and Teacher Education*, 27, 10-20.

Bakhtin, M. (1982). *The Dialogic Imagination: Four Essays*. Austin: University of Texas Press.

Borg, S. (2009). English language teachers' conceptions of research. *Applied Linguistics*, 30, 358-388.

Borg, S. (2010). Language teacher research engagement. *Language Teaching*, (4), 391-429.

Boshier, R. (1971). Motivational orientations of adult education participants: A factor analytic exploration of Houle's typology. *Adult Education Quarterly*, (2), 3-26.

Brody, D. & Hadar, L. (2011). Personal development trajectories among teacher educators in a professional development community. *Teaching and Teacher Education*, 27(8): 1223-1234.

Clair, N. (1998). Teacher study groups: Persistent questions in a promising approach. *TESOL Quarterly*, 32, 465-497.

Cochran-Smith, M. & Demers, K. (2010). Research and teacher learning: Taking an inquiry stance. In O. Kwo (Ed.), *Teachers as Learners: Critical Discourse on Challenges and Opportunities* (pp. 13-43). Hong Kong: Comparative Education Research Centre.

Cuddapah, J. L., & Clayton, C. D. (2011). Using Wenger's communities of practice to explore a new teacher cohort. *Journal of Teacher Education*, 1, 62-75.

Dewey, J. (1938). *Experience and Education*. New York: Collier.

Dooner, A., Mandzuk, D., & Clifton, A. R. (2008). Stages of collaboration and the realities of professional learning communities. *Teaching and Teacher Education*, 24, 564-574.

Doppenberg, J., Brok, P., & Bakx, A. (2012). Collaborative teacher learning across foci of collaboration: Perceived activities and outcomes. *Teaching and Teacher Education*, 28, 899-910.

Firkins, A., & Wong, C. (2005). From the basement of the ivory tower: English teachers as collaborative researchers. *English Teaching: Practice and Critique*, 4(2), 62-71.

Cochran-Smith, M., & Lytle, S. L. (1999). Relationship of knowledge and practice: Teacher learning in communities. *Review of Research in Education*, 24, 249-305.

Freudenberger, H. J., & Richelson, G. (1980). *Burnout: The High Cost of High Achievement*. New York: Doubleday.

Gates, G., & Robinson, S., (2009). *Delving into Teacher Collaboration: Untangling Problems and Solutions for Leadership*. NASSP Bulletin.

Grossman, P., Wineburg, S., & Woolworth, S. (2001). Toward a theory of teacher community. *Teachers College Record*, 103, 942-1012.

Hammersley, M. (1993). *Social Research: Philosophy, Politics and Practice*. London: Sage.

Hammersley, M. (2004). Some questions about evidence-based practice in education. In G. Thomas & R. Pring (Eds.), *Evidence-based Practice in Education* (pp.133-149). Maidenhead: Open University Press.

Hindin, A., Morocco, C. C., Mott, A. E., & Aguilar, M. C. (2007). More than just a group: Teacher collaboration and learning in the workplace. *Teachers and Teaching*, 13 (4), 349-376.

Houle, C. O. (1961). *The Inquiring Mind*. Madison: University of Wisconsin Press.

Lave, J., & Wenger, E. (1991). *Situated Learning: Legitimate Peripheral Participation*. New York: Cambridge University Press.

Levine, H. T., & Marcus, S. A. (2010). How the structure and focus of teachers' collaborative activities facilitate and constrain teacher learning. *Teaching and Teacher Education*, (3), 389-398.

Miles, M. B., & Huberman, A. M. (1994). *Qualitative Data Analysis: An Expanded Sourcebook*. California: Sage.

Miller, H. L. (1967). *Participation of Adults in Education: A Force-field Analysis*. Boston: Center for the Study of Liberal Education for Adults, Boston University.

Roulston, K., Legette, R., Deloach, M., & Pitman, C. B. (2005). What is "research" for teacher-researchers? *Educational Action Research*, 13, 169-190.

Schunk, D. H., Pintrich, P. R., & Meece, J. L. (2008). *Motivation in Education:*

Theory, Research, and Applications. Upper Saddle River, NJ: Pearson.

Stenhouse, L. (1976). *An Introduction to Curriculum Research and Development*. London: Heinemann.

Thomas, G., Wineburg, S., Grossman, P., Myhre, O., & Woolworth, S. (1998). In the company of colleagues: An interim report on the development of a community of teacher learners, *Teaching and Teacher Education*, 14, 21-32.

Vygotsky, L. S. (1978) *Mind in Society: The Development of Higher Psychological Processes*. Cambridge: Harvard University Press.

Wenger, E. (1998). *Communities of Practice: Learning, Meaning, and Identity*. Cambridge: Cambridge University Press.

Xu, Y. (2013). Becoming researchers: A narrative study of Chinese university EFL teachers' research practice and their professional identity construction. *Language Teaching Research*, 18(2), 242-259.

蔡基刚，2013，大学英语生存危机及其学科地位研究，《中国大学教学》(2)：10-14。

陈桦、王海啸，2013，大学英语教师科研观的调查与分析，《外语与外语教学》(3)：25-29。

顾佩娅、古海波、陶伟，2014，高校英语教师专业发展环境调查，《解放军外国语学院学报》(4)：51-58，83。

吕乐、戴炜华，2007，教学研究：外语教师职业发展的关键，《外语界》(4)：22-27，36。

王京华、韩红梅、李玲玲，2014，基于专业学习共同体理论的教师团队建设实践研究（王京华、韩红梅等著），《高校英语教师专业自主发展研究：理论、现状与策略》。北京：外语教学与研究出版社。

文秋芳、任庆梅，2012，互动发展模式下外语教学研究者的专业成长，《外语界》(4)：16-22，29。

吴宗杰、黄爱凤等，2005，《外语课程与教师发展—RICH教育视野》。合肥：安徽教育出版社；北京：人民教育出版社。

夏纪梅，2012，新时期大学英语教师发展的难点与出路，《外语教学理论与实践》(2)：6-8。

周燕，2002，英语教师培训亟待加强，《外语教学与研究》(6)：408-

409。

周燕，2008，中国高校英语教师发展模式研究，《外语教学理论与实践》
　　(3)：40-47，67。

佐藤学著，钟启泉译，2004，《学习的快乐——走向对话》。北京：教育
　　科学出版社。

附录一：个案教师访谈提纲样例

尊敬的 T4 老师：

大外英语教师学习共同体建立至今已有一年半的时间，此次访谈旨
在了解您在此期间在教学与科研工作上的收获，倾听您对自身作为教师
研究者成长的看法与感受。在回答下列几个问题时，请您畅所欲言，尽
量辅以详细的例子或者故事与我们分享您的感受与想法。我们承诺对您
的讲话内容严格保密，并仅用于本次科研目的。感谢您的支持！

1. 当初您非常支持共同体的成立，并且主动参与其中。这一年半期间
   您积极参与了所有活动。您的日常教学工作和家庭事务都那么繁忙，
   是什么支持您一次不落地参加共同体的活动？还有您最大的学习收
   获是什么？能不能具体说说？
2. 在共同体中，哪位教师与您交流最多，给您的支持最多？（可以是同
   事，可以是作为嘉宾的专家教师，也可以是我们共同体的联络人我
   自己。）有什么具体事件让您印象特别深刻？您们的交流最终促成了
   什么样的收获？能否说一下细节和具体感受？
3. 您觉得现在教学上的挑战大吗？特别是这学期过程性评估改革，您
   有什么心得体会？您觉得最成功的地方有哪些？需要改进的有哪
   些？
4. 请您说说一两次印象最深刻的科研学习经历。是否有哪个人或者哪
   件事对您帮助特别大，让您觉得在教学研究方面有进步？
5. 对今后的教学与科研共同发展，您有什么具体的想法或打算？

再次感谢您的支持和帮助！

附录二：共同体专题研讨会接触摘要单样例

表 10-4　共同体专题研讨会接触摘要单样例

接触类型：专题研讨 会　面：＿×＿ 电话访谈：＿＿＿	地点：外院会议室 接触日期：2012 年 4 月 11 日下午 3 点 30 至 5 点 40 记录日期：2012 年 4 月 11 日

1. 此次接触让你印象最深的主要议题或主题是什么？

  1）教师科研学习氛围增强，科研兴趣和热情表现明显

  2）参与教师与导师、参与教师与协调人 L 及同伴之间的专业交流关系逐步建立

  3）教师研究者素质提高

- 对研究方法的进一步熟悉
- 信心、耐心的增长和批判性分析能力的提高
- 对学习效果的良好自我评估

  4）认识到研究的成功开展依赖于长期的努力

2. 就每一研究问题来看，简述此次接触你拿到（或未拿到）的资料。

研究问题	资料
学习动机	• 自我发展的内在渴望吸引临时成员 T11 参加了共同体活动
学习过程	• 沉浸于文献学习 • 主动创造研讨机会 • 看到目前的研究课题只是学术人生的开端 • 开始思索未来研究方向 • 对导师、其他成员及协调人 L 产生依赖感
教师研究者素质发展	• 焦虑感在研讨中得到缓解 • 熟悉研究流程并且按步骤开展 • 牢牢聚焦各自的研究选题，不再变动 • 对共同体学习活动的效果有良好的评估 • 意识到开展预期性实验的必要性 • "敢于"批评同伴的研究设计 • 信心的增长与批判性分析能力的提高 • 成员的专业交际技能有所提高 • 专题研讨发言提纲符合要求 • 开始使用专业术语进行交流
影响因素	• 互助的关系、畅所欲言的气氛

（待续）

（续表）

3. 此次接触中有什么震撼你的东西吗？即突出的、有趣的、重要的或可作为示例的东西？
• 成员教师逐步意识到开展基于课堂的研究是一个复杂的过程，因此开始表现出一定的耐心，而不像以往抱着急切完成任务的心态；
• 教师们还不是独立的研究人员，他们依赖于他人的帮助。

4. 下次拜访此处时，你应考虑哪些新（或旧）问题？
• 教师们是否会意识到：相比他人的帮助，自己的思维力量更为关键？
• 教师们的学习自主性会有什么变化？

开放式编码：专业交往关系、信心与耐心、批判性分析能力、自我评估

附录三：教师科研知识与能力的编码及参考点举例

表 10-5　教师科研知识与能力的编码及参考点举例

编　码	材料来源	参考点	参考点举例
研究方法	9	17	共同体的专题研讨会上我获益最多。导师对我的理论框架和数据收集方法提出了一些意见。经过几次改动，到第二轮专题研讨会上发言的时候，我觉得有一个质的飞跃了。那时我本身已经有一个比较明确的想法，然后导师再指点一下，最后这个项目申请就写成了。可以说，现在这一类的研究，从定题到设计，我已经很明确该怎么一步步做了。(T6)
思维方式	2	2	problem statement，还有一个 purpose statement 这个资料特别好，以前项目书我可能就是思维的方式不对。因为它有字数规定，比如说三千字什么之类的，我可能就是啰里巴嗦地说了很多，然后再归纳。现在这个就比较清晰，先要从 problem statement 开始去考虑，还有 purpose statement，在（论文）前三句话一定要出来了。(T6)
文献能力	2	2	看到大家做得很认真，我自己也不敢懈怠，我自己在搜集资料上，也算是尽自己所能，我觉得这个（共同体学习）对我搜集资料的信心，还有搜集资料的这种能力还是有提高的。(T2)

（待续）

（续表）

编　　码	材料来源	参考点	参考点举例
写作能力	2	5	这个申请改了很多遍啊。刚开始我自以为自己写的文字还不错。但是大家觉得口气不对，也没有突出亮点。第二稿大家又觉得点太多，有点乱。这让我体会到了材料取舍的问题：面面俱到反而可能没有重点。然后看了 T2 的稿子，发现自己的就是罗列事实，没有很好地把意义发掘出来。这个中间，怎么层层递进？（写了之后才知道）原来这中间的铺垫（环节）就是论证！(T4)
发现问题的能力	2	5	我觉得我感兴趣的，虽然不成一个项目，就是一个小话题一样的，我就发现有好多东西可以写，有的时候虽然没去做但心里还蛮开心的。(T2)

结　语

这是一个亟需关注人的生命价值和直面存在困境的时代。社会发展和时代变革构成了中国外语教师专业发展环境研究的社会大背景。随着全球化进程的不断深入，我国外语教育领域正经历着前所未有的挑战，一些深层次结构性问题不断凸显。在努力适应环境变化和应对环境挑战的过程中，广大高校外语教师切身体会到自身专业发展的多重环境制约，对外部结构与内部发展需求之间的矛盾感到困惑和迷茫。带着对当下高校英语教师专业发展困境的深切关注，本课题组借鉴人本主义的生态学理论，较为系统地探讨了关涉我国外语教师专业发展环境的前沿理论问题和重要实践难题，形成了一个教师发展环境研究的理论视角、研究范式和实践探索有机统一的学术成果。

该成果由背景篇、现状篇和发展篇三个部分组成。第一部分的背景篇，在述评国内外 40 多年的教师发展环境研究文献基础上，指出人与环境的复杂关联，以及视人和环境为孤立个体的二元认识论的弊端，论证了人本主义的生态学理论研究视角的合理性和创新性。在研究范式上，从叙事理念的人文价值观和探究精神出发，论证了叙事方法论对教师发展环境研究的适切性，阐明了叙事问卷与叙事案例在本项目中的具体应用与预期效果。第二部分的现状篇，首次基于规模性的实证调查和对个案的深度描述，展现了我国高校外语教师在职业认知、情感和行为等方面的复杂样态，揭示了教师发展环境的概貌结构与核心内涵，为教育管理人员和广大外语教师直面专业发展的挑战提供了重要启示。第三部分的发展篇，从不同的研究热点（包括教师情感、教师能动性、职业韧性、转化性学习和教师学习共同体）切入到教师的职业生活世界，探究了来自不同群体、具有不同个体特征的教师与环境互动的本质和规律，揭示了教师重要人文素质与多元环境因素之间的互动及其对教师专业发展的作用机制，探讨了教师应对策略等复杂认知和实践问题。

本研究的重要研究成果和研究发现包括：外语教师专业发展环境模型的构建；个案教师文化的外部特征和内部意义结构的提炼；教师面对

科研困境所采取的策略；教师职业韧性的特质、作用过程及影响因素等。本研究还首次通过叙事案例研究的方法，探究了教师能动性、转化性学习、学习共同体发展等解放性素质的重要内涵及其形成的过程性特点。特别值得一提的是，本书发展篇中的多个子课题深度挖掘了外语教师与环境互动的本土化特征，揭示了中国传统社会文化在高校教师专业发展中的重要影响。这些成果不仅为构建我国外语教师发展环境理论提供了实证依据，有助于与国际同行的对话交流，而且对我国外语教育改革进程中的环境研究、教师专业发展和优质环境创建具有重要的社会意义。从更为宏观的视野审视该课题及其成果，本研究对高校外语教师、高校院系领导以及高等教育管理部门具有如下启示和希冀：

首先，呼唤教师主体精神。作为站在"中国走向世界"时代前沿的高校英语教师，面对职业生存压力和发展困境，我们要像本书中那些坚守在教学科研第一线的教师那样，发挥主观能动性，不断调整心态和策略，在与环境的积极互动中通过深度学习转变信念、解放自我，以适应社会变革。我们要主动组织和行动起来，通过挖掘个人以及群体的巨大潜能来改变自己，进而改善所处的专业发展微观环境。尤为重要的是，我们要认识到自己肩负的重要使命，将自己所从事的外语教育事业与国家发展、经济全球化和世界文明进程联系起来，将教书育人进行到底。作为有社会责任感的研究者，我们要走进教师生活世界，深度关注人境多元互动，这样才能触及教师与环境交互作用的内部机制，揭示出教师发展环境在多因素联合作用下的系统变化规律与特征，以实现通过环境研究引导教师全面发展的终极目标，实现研究价值的社会化和实践化。

其次，期盼高校院系创建和谐进取共赢的教师文化。构筑与全球化背景下高校外语人才培养需求相匹配的教师文化，是教师专业发展生态环境建设的核心内容，其价值观导向直接影响教师人格、职业幸福感和教学科研成效。目前，越来越多的高校院系领导开始关注教师的生态环境，支持教师课堂教学改革和研究，甚至为教师学习共同体的发展提供直接帮助和服务。然而，像本研究发现一样，由于体制和社会环境的不利影响，教师普遍感到价值缺失、教学自主受限、科研压力大。过多的评奖、赛事、考核以及缺乏针对教师需求的各种活动和行政干预，占用了教师的宝贵时间，也导致人际关系紧张。为了应对教育行政化的文化规约，教师在冲突中妥协，在高压下回避，在妥协和回避中自救。所有这些教师文化问题启示高校院系领导，在推进教育改革的进程中要引导教师形成正确的价值观，要着力改革现行的"重科研、轻教学"的评价体系，开发多元的教师评价体系，让每位教师的劳动创造得到应有的承认。教师只有自己感受到被尊重和被理解，他们才有可能尊重和理解自己的学生，专注于传道授业解惑和立德树人。同样，教师发展也需要较为宽松的人文环境和机构文化，需要更多话语权和交流平台、专家支持和进修培训机会。为此，高校院系领导要提倡服务精神，践行人性化管理，让每位教师感到被支持和有希望，这样才能激发出教师的创新活力，才能培养出有独立见解和创新思维能力的有用外语人才。

最后，呼吁高等教育管理部门着力改善教师的职业生存和发展环境。教师是提高我国外语人才培养质量的关键。目前高校的行政化管理削弱了高校教师的主体性，与之相关的学术功利化倾向阻碍了高校教师的学术创新，也严重损害了外语教育教学的质量。本研究所揭示的当前高校行政化管理体制下的教师生存发展状况，不仅说明了广大教师所处的职业困境，更说明了现行管理体制中的诸多问题。因此，只有着力落实高校管理中的去行政化、去功利化，充分尊重高校教师的主体性，改革现有的教师管理体系，调动教师的学术潜力和发展诉求，才能使高校外语教育更快实现培养国家发展急需的、能够应对全球化的创新人才的目标。

总之，这是一个考验人类特有的创造和改善自己成长生态环境能力的时代。我们呼吁中国高校外语教师个人、学校以及社会等多方联合起来，共同努力，从理论到实践，全方位探索和创建有利于教师发展和学生成长的生态环境。这不仅是帮助当代教师走出职业困境、增强职业幸福感的有效途径，也是彰显教师发展环境研究人本主义和生态理念的应有之义。"路漫漫其修远兮"，让我们共同探索前行。

课题组成员

古海波 苏州大学外国语学院讲师，博士，研究领域：英语教育、教师教育与发展。

顾佩娅 苏州大学外国语学院教授，博士生导师，研究领域：应用语言学、教师教育与发展、机辅语言教学。

金 琳 苏州大学外国语学院讲师，博士，研究领域：英语教育、教师教育与发展。

陆 倩 苏州大学外国语学院讲师，博士生，研究领域：英语教育、教师教育与发展。

陶 丽 苏州大学外国语学院讲师，博士，研究领域：英语教育、教师教育与发展。

陶 伟 浙江外国语学院讲师，博士，研究领域：英语教育、教师教育与发展。

张 洁 北京外国语大学英语学院，博士生，研究助理，研究领域：外语教育、教师教育与发展、英语语言测试。

周 燕 北京外国语大学英语学院教授，博士生导师，研究领域：外语教育、应用语言学、教师教育与发展。

朱神海 广西师范大学外国语学院副教授，硕士生导师，研究领域：英语课程与教学、教师教育与发展。